Blueprints for Text Analytics using Python

파이썬 라이브러리를 활용한 텍스트 분석

| 표지 설명 |

표지에 있는 동물은 팔레스타인 톱날비늘 독사Palestine saw-scaled viper(학명: *Echis Coloratus*)다. 융단독사, 아라비아 톱날비늘 독사로도 알려진 이 독사는 중동과 아프리카 북동부 일부 지역에서 볼 수 있다. 네게브 사막과 유대 광야의 암석 사막에서 가장 흔한 독사이며, 해수면부터 2,500미터까지 다양한 고도에서도 서식한다. 삼각형 머리, 주황갈색 몸통, 등에 그려진 독특한 톱니 무늬가 특징이다. 일반적으로는 최대 75cm까지 자라며 열을 감지해 먹이를 식별하고 사냥한다.

오라일리 표지의 많은 동물이 멸종 위기종이다. 이 동물들은 모두 세상에 중요한 존재다.

표지 그림은 리처드 리데커Richard Lydekker의 『Royal Natural History』에 수록된 흑백 판화를 바탕으로 호세 마잔Jose Marzan이 그렸다.

파이썬 라이브러리를 활용한 텍스트 분석

텍스트에서 통찰을 이끌어내는 98가지 자연어 처리 전략

초판 1쇄 발행 2022년 10월 11일

지은이 젠스 알브레히트, 싯다르트 라마찬드란, 크리스티안 윙클러 / **옮긴이** 심상진 / **펴낸이** 김태헌
펴낸곳 한빛미디어(주) / **주소** 서울시 서대문구 연희로2길 62 한빛미디어(주) IT출판부
전화 02-325-5544 / **팩스** 02-336-7124
등록 1999년 6월 24일 제25100-2017-000058호 / **ISBN** 979-11-6921-033-1 93000

총괄 전정아 / **책임편집** 서현 / **기획** 서현, 이민혁 / **편집** 이민혁 / **교정** 김묘선
디자인 표지 윤혜원 내지 박정화 / **전산편집** 김민정
영업 김형진, 김진불, 조유미 / **마케팅** 박상용, 송경석, 한종진, 이행은, 고광일, 성화정 / **제작** 박성우, 김정우

이 책에 대한 의견이나 오탈자 및 잘못된 내용에 대한 수정 정보는 한빛미디어(주)의 홈페이지나 아래 이메일로 알려주십시오. 잘못된 책은 구입하신 서점에서 교환해드립니다. 책값은 뒤표지에 표시되어 있습니다.

한빛미디어 홈페이지 www.hanbit.co.kr / **이메일** ask@hanbit.co.kr

지금 하지 않으면 할 수 없는 일이 있습니다.
책으로 펴내고 싶은 아이디어나 원고를 메일(**writer@hanbit.co.kr**)로 보내주세요.
한빛미디어(주)는 여러분의 소중한 경험과 지식을 기다리고 있습니다.

Blueprints
for Text Analytics
using Python

파이썬 라이브러리를 활용한 텍스트 분석

O'REILLY® 한빛미디어
Hanbit Media, Inc.

지은이 소개

젠스 알브레히트 Jens Albrecht

뉘른베르크 공과 대학 컴퓨터공학과 전임 교수다. 주된 분야는 데이터 관리 및 분석으로, 특히 텍스트에 중점을 둔다. 컴퓨터과학 박사 학위를 받고 업계에서 컨설턴트 및 데이터 설계자로 10년 이상 일한 뒤, 2012년 학계로 돌아왔다. 빅데이터 관리 및 분석에 관한 여러 편의 글을 기고했다.

싯다르트 라마찬드란 Sidharth Ramachandran

현재 소비재 산업용 데이터 제품을 구축하고 있는 데이터 과학자 팀의 리더다. 통신, 은행, 마케팅 산업 전반에 걸쳐 소프트웨어 엔지니어링 및 데이터 과학 분야에서 10여 년 경력을 쌓았다. 또한 테크크런치 Techcrunch에 소개된 왓츠앱 Whatsapp용 스마트 개인 비서 앱 기업 WACAO를 공동 설립했다. 인도 공과대학교 루르키 캠퍼스 IIT Roorkee에서 공학 학사 학위를, 인도 경영대학교 코지코드 캠퍼스 IIM Kozhikode에서 MBA를 취득했다. 기술을 이용해 현업의 문제를 해결하는 일에 열정적이며 개인 프로젝트로 해킹을 하며 여가를 즐긴다.

크리스티안 윙클러 Christian Winkler

데이터 과학자이자 머신러닝 아키텍트다. 이론 물리학 박사 학위를 받고 20년 동안 대용량 데이터 및 인공지능 분야에서 일하며 대량 텍스트 처리를 위한 확장 가능한 시스템 및 지능형 알고리즘에 주력했다. 데이터나이징 유한회사 Datanizing GmbH를 창립하고 여러 콘퍼런스에서 강연하며 머신러닝/텍스트 분석을 주제로 다수의 글을 게재했다.

옮긴이 소개

심상진 dyanos@gmail.com

국내 IT 대기업에서 자연어 데이터 분석 및 모델러로 활동 중이다. 물리학을 전공하고, 임베딩 소프트웨어 개발, 단백질 분자 모델링 연구 및 시스템 파이프라인 구축, 기상/지리 데이터 관련 시각화 및 관리 소프트웨어 방면에서 경력을 쌓았다.

데이터 분석을 평생의 업으로 생각하고 일에 매진하고 있다. 자연어 처리가 주 업무이며, 데이터 수집 방법과 레이블링의 효율적 처리 방법을 강구하는 중이다. BERT보다 작으면서도 효율적인 구성을 가진 모델을 연구하며, 자연어를 기계어에 일대일로 대응시킬 방법을 모색하고 있다. 무엇보다 얼마 전에 태어난 아기에게 애정 어린 관심을 쏟으며 연구를 게을리하지 않으려고 노력한다.

추천사

첫 리서치 때 이 책이 있었다면 얼마나 좋았을까 싶습니다. 탄탄한 기초와 수많은 연구를 바탕으로 머신러닝이 필요한 비즈니스 프로젝트에 도입할 수 있는 실용적인 예제를 가득 채운 도서입니다.

K.V.S. 딜립K.V.S. Dileep, 그레이아톰GreyAtom 개발자

엔지니어링 분야의 체계적인 요구와 데이터 과학의 반응적 특성을 매끄럽게 결합했습니다. 기업 프로젝트에 도입 가능한 해법과 혁신적인 기술, 탐색 시나리오를 균형 있게 소개합니다. 실력을 한 단계 높이고자 하는 데이터 엔지니어에게 추천합니다.

크레이그 트림Craig Trim, 캐주얼리티 링크Causality Link 시니어 엔지니어

구글링한 결과를 그대로 옮겨 적고 제대로 돌아가기만을 바랐다면, 이 책을 읽고 나서는 프로젝트를 완성할 코드를 바로 떠올릴 수 있을 겁니다. 소개하는 전략마다 명확한 이름이 붙고 코드를 중심으로 한 설명 덕분에 시간과 수고를 덜게 됩니다.

니란트 카슬리월Nirant Kasliwal, Verloop.io

이 책은 오늘날 생산 시스템에서 수행되는 텍스트 분석 및 NLP 분야에 활용할 유용한 방법과 기술을 빠짐없이 포괄적으로 살펴봅니다. 현업에서 영감을 받은 데이터셋과 사용 사례를 통해 대규모 조직에서 마주할 복잡한 비즈니스 문제의 해결 방법을 통찰하게 됩니다.

수딥 로이 챠우더리Soudip Roy Chowdhury, Eugene.ai 창업자 겸 CEO

NLP를 주제로 하는 수많은 책이 기초부터 응용까지 다루고 있다. 이 책은 현실에서 실제 문제를 다룰 때 맞닥뜨리는 어려움을 어떤 식으로 풀어 나가면 좋을지에 대한 전략 및 빠르게 사용할 수 있는 코드를 제공하는 데 그 초점을 맞춘다. 예를 들어, 특정 문제를 해결하는 데 필요한 데이터를 찾는 방법과 그 과정에서 접하게 될 현실적인 문제를 살펴보고 회귀 또는 예측 모델을 만드는데 필요한 전처리 과정을 알아본다. 그리고 후반부에는 사용할 수 있는 모델의 종류와 학습 방법 그리고 배포하는 방법까지 다룬다. 이 과정에서 기초를 설명하지는 않지만, 제공되는 코드에 기본적으로 필요한 내용을 덧붙여 문제에 빠르게 적용할 수 있게 한다.

이러한 방식으로 서술된 내용은 기초를 보고자 하는 독자보다 다음과 같은 독자에게 더 적절한 출발점이 될 것이다.

- 샘플 결과를 빠르게 만들어 프로젝트의 성공 가능성을 검토하려는 독자
- 문제를 풀기 위한 베이스라인(머신러닝 모델이 넘어야 하는 최소한의 성능)을 빠르게 작성해야 하는 독자

물론 저자는 더 읽을거리도 챙긴다. 이를 통해서 독자가 구축한 모델을 더 고도화하는 방법 또한 찾을 수 있다.

다만, 이 책에서는 영어에 대한 자연어 처리를 다루므로 한국어 문제에서는 바로 적용할 수 없다는 단점이 존재한다. 예를 들면, 전처리 부분에서 토크나이징이나 형태소 분석, 원형 복원, 의존성 분석, 개체명 인식 등을 하려면 한국어로 만들어진 모델을 별도로 구해야 한다(다행히도, 대응되는 모델을 인터넷에서 쉽게 찾을 수 있다). 하지만 이 책에서 설명한 분석 순서나 고려해야 할 사항은 언어와 관계없이 공통적인 사항이기에 적절한 한국어 라이브러리만 구한다면, 한국어에서도 약간의 수정만 거쳐 이 책의 코드를 사용할 수 있을 것이다.

부디 이 책을 구입하신 분들께 도움이 되었으면 한다.

심상진

문자written word는 강력하다. 고대 수메르인들이 최초로 문자the first written language를 발명한 이래 구텐베르크 활판 인쇄술은 문자를 통해 전 세계에 지식과 계몽을 전파했다. 언어가 복잡한 추론을 가능케 하는 인간의 사고력을 진화시키고 그 능력이 언어를 발전시켰다고 인류학자들이 주장할 정도로, 언어는 인간의 사고에 지대한 영향을 미친다. 텍스트 형태로 표현된 언어는 인간의 사고와 행적, 행동의 대부분을 포착하며 우리 삶의 더 많은 영역을 점령하고 있다. 동료들과 이메일로 소통하고, 친구나 가족들과는 메신저로 이야기를 나누며, 소셜 미디어를 통해 여러 사람과 이야깃거리를 공유한다. 지도자는 텍스트로 기록된 연설(및 트윗)을 통해 국민에게 영감을 불어넣고, 연구자는 논문을 발표해 연구 결과를 전하며, 기업은 분기 보고서로 실적을 알린다. 이 책조차도 텍스트로 지식을 전한다. 인간은 텍스트를 분석하고 이해하는 행위로 종국에는 지식을 얻고 결정을 내릴 수 있는 판단력을 갖게 된다. 텍스트 분석이란 텍스트 형태로 제공되는 방대한 양의 정보를 분석할 수 있는 컴퓨터 프로그램을 개발하는 것이다. 또한 제품을 구매하거나 맛집을 방문하기 전에 리뷰를 훑어본다. 기업은 리뷰를 참고해 제품이나 서비스를 개선한다. 출판사는 특정 프로그래밍 언어의 수요를 추정하기 위해 인터넷상의 토론을 분석한 후 책을 기획한다.

컴퓨터는 여러 종류의 데이터 중 유독 텍스트를 잘 이해하지 못한다. 문법과 문장을 구성하는 규칙이 있지만 엄격히 지켜지지 않고 문맥에 크게 의존하는 탓이다. 문법이 바르더라도, 기계가 지문을 정확하게 해석하기란 어렵다. 같은 생각을 표현하더라도, 트윗을 쓸 때와 이메일을 쓸 때 선택하는 단어는 상당히 다를 것이다. 최근 들어 통계 기술과 머신러닝 알고리즘의 발전으로, 텍스트 데이터에서 가치를 도출할 때 걸림돌이 되었던 문제들이 해결되고 있다. 최근 들어 새롭게 개발된 모델은 단어 빈도만을 사용한 이전 모델보다 텍스트의 의미를 더 잘 포착한다. 물론 단어 빈도만 사용하는 단순한 모델로도 가공할 성과를 내는 비즈니스 영역이 많다.

가령 우리가 수행한 '가전제품 제조업체' 프로젝트에서는 제품 리뷰를 분석해 고객의 구매에 영향을 미치는 주요 요소를 간파하고 마케팅 메시지에 반영했다. 전자상거래 소매업체는 심층 신경망을 사용해 고객 질의를 분류하고 이를 적임자에게 이관해 문제를 빠르게 해결했다. 연구개발(R&D) 기업은 과학저널의 초록을 분석해 신소재 동향을 탐지하고 연구를 조정했다. 패션 회사는 소셜 네트워크의 게시물을 주의 깊게 분석해 주 고객층이 중시하는 요소가 무엇인지 식별할 수 있었다. 우리는 수년간 다양한 프로젝트에서 얻은 경험을 이 책에 담았다. 여러분의 프로젝트에서도 쉽게 사용할 수 있기를 바란다.

젠스 알브레히트, 싯다르트 라마찬드란, 크리스티안 윙클러

이 책에 대하여

이 책은 데이터 과학자와 개발자가 텍스트 분석 및 자연어 처리를 비즈니스에 쉽게 도입할 수 있도록 안내한다. 따라서 비즈니스에서 활용할 수 있는 전략을 소개하고 이를 직접 적용할 수 있는 솔루션을 개발한다. 이 전략은 문제에 일반적으로 적용할 수 있는 해법으로, 쉽게 복사하고 조정할 수 있는 템플릿을 제공해 각자 해결하려는 문제에 간단히 재사용할 수 있다. 실제 서비스에 도입할 수 있도록 모든 전략은 데이터 분석, 자연어 처리, 머신러닝 전용 파이썬 프레임워크를 사용한다. 물론 기본적인 모델과 알고리즘도 소개한다.

이 책에서는 자연어 처리 분야를 자세히 다루지 않지만 입문하는 데 필요한 정도의 내용은 다룬다. 각 장에서 문제에 대한 다양한 솔루션 접근 방식을 설명하고 강점과 약점도 소개한다. 독자들은 특정 종류의 문제를 해결하는 방법을 습득할 뿐만 아니라 각자 데이터 및 요구 사항에 맞게 변경해 코드를 즉시 사용할 수 있다.

각 장에서 텍스트 분석을 특정 분야에 적용하는 사례를 소개하고(표 P-1 참조), 예제 데이터셋을 기반으로 전략의 세부 사항을 단계별로 개발하면서 설명한다.

표 P-1 각 장의 개요

장	데이터셋	라이브러리
1장 텍스트 데이터에서 찾는 통찰 • 텍스트 데이터의 통계적 탐색 시작	유엔총회 일반토의	팬더스Pandas, 레직스Regex
2장 API로 추출하는 텍스트 속 통찰 • 인기 있는 API에서 데이터를 추출하는 다양한 파이썬 모듈 사용	깃허브GitHub, 트위터Twitter, 위키백과Wikipedia API	리퀘스트Requests, 트위피Tweepy
3장 웹사이트 스크래핑 및 데이터 추출 • 웹 페이지 다운로드, 콘텐츠 추출 전용 파이썬 라이브러리 사용	로이터Reuters 웹사이트	리퀘스트Requests, 뷰티풀수프Beautiful Soup, 리더빌리티-lxmlReadabilitylxml, 스크래피Scrapy
4장 통계 및 머신러닝을 위한 텍스트 데이터 준비 • 데이터 정리와 언어 처리 소개	레딧 셀프포스트Reddit Self-Posts	레직스Regex, 스페이시spaCy

5장 특성 엔지니어링 및 구문 유사성 • 특성과 벡터화 소개	ABC 뉴스 헤드라인 100만 개	사이킷런scikit-learn, 넘파이NumPy
6장 텍스트 분류 알고리즘 • 머신러닝 알고리즘을 사용해 소프트웨어 버그를 분류하는 텍스트 분류 알고리즘	자바 개발 도구(JDT) 버그 보고	사이킷런scikit-learn
7장 텍스트 분류기 • 모델 및 분류 결과 설명	자바 개발 도구(JDT) 버그 보고	사이킷런scikit-learn, LIME, 앵커Anchor, ELI5
8장 비지도 학습: 토픽 모델링 및 클러스터링 • 비지도 학습으로 텍스트에서 편향 없는 통찰 획득	유엔총회 일반토의	사이킷런scikit-learn, 젠심Gensim
9장 텍스트 요약 • 규칙 기반과 머신러닝 방식을 사용한 뉴스와 포럼 타래글의 요약 생성	로이터 기사, 트래블포럼Travel Forum 타래글threads	서미Sumy, 사이킷런scikit-learn
10장 단어 임베딩으로 의미 관계 탐색 • 단어 임베딩을 사용한 특정 데이터셋의 의미적 유사성 탐색과 시각화	레딧 셀프포스트Reddit Self- Posts	젠심Gensim
11장 텍스트 데이터를 이용한 감성 분석 • 아마존 상품 리뷰에서 소비자의 감성 식별	아마존Amazon 제품 리뷰	트랜스포머스Transformers, 사이킷런scikit-learn, NLTK
12장 지식 그래프 구축 • 사전 훈련된 모델과 사용자 규칙을 사용해 명명된 개체와 개체의 관계 추출	인수 합병 관련 로이터 기사	스페이시spaCy
13장 프로덕션에서 텍스트 분석 사용 • 구글 클라우드 플랫폼에서 감성 분석 서비스를 API로 배포 및 스케일링		FastAPI, 도커Docker, 콘다conda, 쿠버네티스Kubernetes, gcloud

일상적인 텍스트 분석 작업에서 가장 일반적인 유형의 문세를 선정했나. 문세에서 나루는 주세는 데이터 수집, 통계 데이터 탐색, 지도 및 비지도 머신러닝 등이다. 비즈니스 측면에서는 콘텐츠 분석('사람들이 관심 가진 분야는 무엇인가?')에서 자동 텍스트 분류에 이르기까지 다양한 분야를 살펴본다.

읽기에 앞서

이 책에서는 텍스트 분석 문제를 파이썬 생태계를 활용해 효율적으로 해결하는 방법을 배운다. 텍스트 분석 및 머신러닝과 관련된 제반의 개념을 자세히 설명하지만, 독자들이 팬더스 Pandas 같은 기본 라이브러리를 비롯해 파이썬에 대한 기본 내용을 알고 있다고 가정한다. 또한 책을 읽는 동안 코드를 실험할 수 있도록, 주피터 노트북에 익숙해져야 한다. 익숙하지 않다면 `learnpython.org`이나 `docs.python.org`, DataCamp(`https://oreil.ly/oB-eH`)를 참고하자.

사용된 알고리즘의 일반적인 아이디어를 설명하지만 세부적으로 깊게 다루지는 않는다. 예제를 수행할 수 있어야 하며, 수식을 완전히 이해하지 않고도 코드를 재사용할 수 있어야 한다. 선형대수와 통계에 대한 대학 수준의 지식은 도움이 된다.

주요 라이브러리

데이터 분석 프로젝트의 시작은 데이터 탐색 및 데이터 처리다. 이 작업을 위한 가장 인기 있는 파이썬 라이브러리는 분명 팬더스(`https://pandas.pydata.org`)다. 데이터 액세스, 변환, 분석, 시각화를 위한 풍부한 기능을 제공한다. 이 프레임워크로 작업한 적이 없다면, 책을 읽기 전에 공식 문서인 '10 minutes to pandas'(`https://oreil.ly/eWlId`) 또는 인터넷에 공개된 무료 튜토리얼을 추천한다.

사이킷런scikit-learn(`https://scikit-learn.org`)은 오래전부터 사용된 파이썬용 머신러닝

도구로, 다양한 지도 및 비지도 머신러닝 알고리즘과 데이터 전처리를 위한 기능을 많이 제공한다. 이 책의 여러 장에서 scikitlearn을 사용해 텍스트를 숫자 벡터로 변환하고 텍스트를 분류하는 작업을 수행한다.

그러나 심층 신경망 모델deep neural models에서는 사이킷런보다 파이토치나 텐서플로 같은 프레임워크가 분명 더 우수하다. 11장의 감성 분석에서는 이러한 라이브러리를 직접 사용하지 않고 허깅페이스Hugging Face의 트랜스포머스Transformers 라이브러리(https://oreil.ly/f5Ped)를 사용한다. BERT 발표 이후 트랜스포머 기반 모델은 텍스트 의미를 이해해야 하는 작업에서 이전의 접근 방식을 능가하고, 트랜스포머 라이브러리는 많은 사전 훈련된 모델에 액세스하는 쉬운 방법을 제공한다.

자연어 처리를 위해 가장 좋아하는 라이브러리는 스페이시spaCy다. 스페이시는 2016년 출시 이후 사용자가 지속적으로 증가하고 있다. 오픈 소스지만 주로 Explosion 사(https://explosion.ai)에서 개발하고 있다. 품사 태깅part-of-speech tagging, 의존성 구문 분석dependency parsing, 개체명 인식named-entity recognition을 위해 **사전 훈련된 신경 언어 모델**pretrained neural language models을 여러 언어에서 사용할 수 있다. 특히 데이터 준비data preparation(4장) 및 지식 추출knowledge extraction(12장)을 위해 스페이시 버전 2.3.2를 사용했다. 이 책이 출간될 시점에는 스페이시 3.0이 완전히 새로운 트랜스포머 기반 모델, 파이토치 및 텐서플로의 사용자 지정 모델custom models 지원, 종단 간 워크플로end-to-end workflows를 정의하기 위한 템플릿과 함께 출시될 것이다.

이 책에서 사용하는 또 다른 NLP 라이브러리는 젠심Gensim(https://oreil.ly/YJ4Pz)으로, 라딤 르제후르제크Radim Řehůřek가 유지 관리하고 있다. 젠심은 의미론적 분석에 중점을 두고 토픽 모델topic models(8장)과 단어 임베딩word embedding(10장)을 배우는 데 필요한 모든 것을 제공한다.

도움이 될 수도 있지만, 책에 언급하지 않거나 간략하게만 설명한 자연어 처리를 위한 라이브러리가 많이 있다. 가령 NLTK(파이썬 NLP 라이브러리 중 기능이 풍부하며 가장 오래된 라이브러리), TextBlob(시작하기 쉬움), 스탠퍼드 대학교의 Stanza, CoreNLP, Flair(고급 작업을 위한 최첨단 모델) 등이다. 주요 목표는 개발된 모든 라이브러리를 개괄하는 것이 아니라 각 프로젝트에서 가장 잘 작동하는 라이브러리를 선정해 설명하는 것이다.

추천 도서

이 책은 사용 사례에서 활용할 만한 실용적 솔루션에 중점을 두므로, 다루지 않은 내용이나 주제를 잘 설명한 다음의 책을 추천한다. 이 책과 함께 읽기를 권장한다.

- 『Practical Natural Language Processing』(O'Reilly, 2020)
- 『파이썬으로 배우는 자연어 처리 인 액션』(제이펍, 2020)
- 『Mining the Social Web, 3rd』(O'Reilly, 2019)
- 『파이썬으로 배우는 응용 텍스트 분석』(제이펍, 2019)
- 『파이썬 라이브러리를 활용한 데이터 분석, 2판』(한빛미디어, 2019)

코드 예제 사용하기

책에 수록된 모든 코드는 여러분이 복사해서 필요한 상황에 맞춰 재사용하기 편하게 작성되었다. 이 책에서 개발한 모든 코드는 깃허브 저장소(https://oreil.ly/btap-code)에 제공했다.

이 책은 스페이시Spacy의 2.3.2버전을 기준으로 작성되었으나 깃허브 저장소에서 스페이시 3.0 이상을 지원하는 노트북을 제공하고 있으므로 해당 노트북을 참고해 실습을 진행하길 추천한다. 해당 저장소에는 각 장의 코드와 지면상 생략한 추가 코드를 직접 실행할 수 있는 주피터Jupyter 노트북과 실행에 필요한 데이터셋, 함께 보면 좋을 추가 정보도 몇 가지 수록되었다.

구글 콜랩Google Colab(https://oreil.ly/colab) 사용을 추천한다. 콜랩은 머신러닝용 공용

클라우드 플랫폼으로, 로컬 컴퓨터에 파이썬을 설치할 필요 없이 코드를 실행하고 결과를 확인하기 편하다. 깃허브 저장소 메인 화면에 링크를 작성했으니, View or Run the Notebooks 항목에 원하는 장의 [colab] 링크를 클릭하면 된다(구글 계정 필요).

컴퓨터에서 직접 환경을 구성해 실습을 진행하는 방법도 있다. 한국어로 된 설정법은 한빛미디어 깃허브 저장소(http://github.com/hanbit/blueprints-text)에서 제공하니 참고하길 권한다.

라이브러리, 데이터, 웹사이트는 지속적으로 변경될 수 있다. 따라서 코드가 책에 있는 대로 실행되지 않을 수 있다. 이를 방지하기 위해 저장소를 최신 상태로 유지하려 한다. 기술적 문제를 발견하거나 코드를 개선할 방법을 귀띔하고 싶다면 주저하지 말고 저장소에 이슈^{issue}를 생성하거나 풀 리퀘스트^{pull request}를 게시하길 바란다.

감사의 말

책을 쓰는 일은 글쓴이만이 아니라 가족과 친구들에게도 고충이 된다. 십필하는 데 시간이 낳이 걸리리라 예상했지만, 챕터 하나를 구성하는 데 얼마나 많은 시간이 필요한지를 체험한 뒤 매우 놀랐다. 필진 모두가 정규직으로 일했기에 가족과 보내는 시간을 줄여 토론하고 코딩하며 집필해야 했다.

오라일리와의 협업은 우리 모두에게 큰 기쁨이 되었다. 제안부터 집필 기간, 제작 기간 동안 이들과 함께 일한 건 즐거운 경험이었다. 오라일리 측의 힌트와 제안을 통해 많은 도움을 받았다. 가장 힘든 일은 챕터 하나하나를 써 내려가는 일이었다. 그동안 개발 편집자 아멜리에 블레빈스Amelia Blevins의 완벽한 지원을 받았다. 아멜리에의 도움과 수정이 없었다면 이 책은 도무지 읽히지 않는 책이 되었을 것이다.

리뷰어가 되어 준 올리퍼 차이게르만Oliver Zeigermann, 벤자민 복Benjamin Bock, 알렉산더 슈나이더Alexander Schneider, 대런 쿡Darren Cook에게도 감사를 전한다. 이들은 많은 시간을 할애해 훌륭한 제안과 개선 사항을 제시하고 전문 지식을 발휘해 오류를 찾아내기도 했다.

라이브러리의 최신 기능을 사용하는 내용이다 보니 각종 문제나 비호환성이라는 장벽에 부딪쳐야 했다. 스페이시를 분석 파이프라인의 중심 구성 요소로 사용하는 동안, 대응력이 뛰어난 Explosion 팀(이네스 몬타니Ines Montani, 조피 판 란데크헴Sofie Van Landeghem, 아드리아네 보이트Adriane Boyd)과의 공동 작업은 활력소가 되었다. 스페이시를 다루는 부분에서 Explosion 팀의 의견은 매우 큰 도움이 됐다. 일부 코드를 확인한 textacy의 개발자 버튼 드 와일드Burton DeWilde에게도 감사드린다.

젠스 알브레히트, 싯다르트 라마찬드란, 크리스티안 윙클러

CONTENTS

지은이 소개 ……………………………………………………………… **4**

옮긴이 소개 ……………………………………………………………… **5**

추천사 …………………………………………………………………… **6**

옮긴이의 말 ……………………………………………………………… **7**

지은이의 말 ……………………………………………………………… **8**

이 책에 대하여 ………………………………………………………… **10**

감사의 말 ……………………………………………………………… **16**

CHAPTER **1** 텍스트 데이터에서 찾는 통찰

1.1 학습 목표 ……………………………………………………… **29**

1.2 탐색적 데이터 분석 ……………………………………………… **30**

1.3 데이터셋: 유엔총회 일반토의 …………………………………… **31**

1.4 전략: 팬더스로 데이터 개요 확인 ……………………………… **34**

　　1.4.1 열에 대한 요약 통계 계산 ………………………………… **34**

　　1.4.2 누락된 데이터 확인 ………………………………………… **36**

　　1.4.3 값 분포 시각화 ……………………………………………… **37**

　　1.4.4 범주 간의 값 분포 비교 …………………………………… **38**

　　1.4.5 시간 경과에 따른 변화 시각화 …………………………… **39**

1.5 전략: 간단한 텍스트 전처리 파이프라인 구축 ………………… **41**

　　1.5.1 정규 표현식을 이용한 토큰화 …………………………… **42**

　　1.5.2 불용어 처리 ………………………………………………… **43**

　　1.5.3 코드 한 줄로 파이프라인 처리 …………………………… **44**

1.6 단어 빈도 분석을 위한 전략 …………………………………… **46**

　　1.6.1 전략: 파이썬 Counter 클래스를 이용한 단어 계수 …… **47**

　　1.6.2 전략: 빈도 다이어그램 생성 ……………………………… **50**

　　1.6.3 전략: 워드 클라우드 생성 ………………………………… **51**

　　1.6.4 전략: TF-IDF를 사용한 순위 지정 ……………………… **53**

CONTENTS

1.7 전략: 컨텍스트 내 키워드 탐색 ⋯⋯⋯⋯⋯⋯⋯⋯⋯⋯⋯⋯⋯⋯⋯ **57**

1.8 전략: N-그램 분석 ⋯⋯⋯⋯⋯⋯⋯⋯⋯⋯⋯⋯⋯⋯⋯⋯⋯⋯⋯⋯⋯ **59**

1.9 전략: 시간 및 범주에 따른 빈도 비교 ⋯⋯⋯⋯⋯⋯⋯⋯⋯⋯⋯ **62**

    1.9.1 빈도 타임라인 생성 ⋯⋯⋯⋯⋯⋯⋯⋯⋯⋯⋯⋯⋯⋯⋯⋯ **63**

    1.9.2 빈도 히트맵 생성 ⋯⋯⋯⋯⋯⋯⋯⋯⋯⋯⋯⋯⋯⋯⋯⋯⋯ **65**

1.10 마치며 ⋯⋯⋯⋯⋯⋯⋯⋯⋯⋯⋯⋯⋯⋯⋯⋯⋯⋯⋯⋯⋯⋯⋯⋯ **67**

CHAPTER 2 API로 추출하는 텍스트 속 통찰

2.1 학습 목표 ⋯⋯⋯⋯⋯⋯⋯⋯⋯⋯⋯⋯⋯⋯⋯⋯⋯⋯⋯⋯⋯⋯⋯ **69**

2.2 API ⋯⋯⋯⋯⋯⋯⋯⋯⋯⋯⋯⋯⋯⋯⋯⋯⋯⋯⋯⋯⋯⋯⋯⋯⋯⋯ **70**

2.3 전략: 리퀘스트 모듈을 이용한 API 호출 ⋯⋯⋯⋯⋯⋯⋯⋯⋯ **71**

    2.3.1 페이지 매기기 ⋯⋯⋯⋯⋯⋯⋯⋯⋯⋯⋯⋯⋯⋯⋯⋯⋯ **77**

    2.3.2 속도 제한 ⋯⋯⋯⋯⋯⋯⋯⋯⋯⋯⋯⋯⋯⋯⋯⋯⋯⋯ **78**

2.4 전략: 트위피를 사용한 트위터 데이터 추출 ⋯⋯⋯⋯⋯⋯⋯ **83**

    2.4.1 자격 증명 획득 ⋯⋯⋯⋯⋯⋯⋯⋯⋯⋯⋯⋯⋯⋯⋯⋯ **84**

    2.4.2 트위피 설치 및 구성 ⋯⋯⋯⋯⋯⋯⋯⋯⋯⋯⋯⋯⋯ **85**

    2.4.3 검색 API에서 데이터 추출 ⋯⋯⋯⋯⋯⋯⋯⋯⋯⋯ **86**

    2.4.4 사용자의 타임라인에서 데이터 추출 ⋯⋯⋯⋯⋯⋯ **90**

    2.4.5 스트리밍 API를 이용한 데이터 추출 ⋯⋯⋯⋯⋯⋯ **93**

2.5 마치며 ⋯⋯⋯⋯⋯⋯⋯⋯⋯⋯⋯⋯⋯⋯⋯⋯⋯⋯⋯⋯⋯⋯⋯ **96**

CHAPTER 3 웹사이트 스크래핑 및 데이터 추출

3.1 학습 목표 ⋯⋯⋯⋯⋯⋯⋯⋯⋯⋯⋯⋯⋯⋯⋯⋯⋯⋯⋯⋯⋯⋯⋯ **97**

3.2 스크래핑 및 데이터 추출 ⋯⋯⋯⋯⋯⋯⋯⋯⋯⋯⋯⋯⋯⋯⋯⋯ **98**

3.3 로이터 뉴스 아카이브 ⋯⋯⋯⋯⋯⋯⋯⋯⋯⋯⋯⋯⋯⋯⋯⋯⋯ **99**

3.4 URL 생성 ⋯⋯⋯⋯⋯⋯⋯⋯⋯⋯⋯⋯⋯⋯⋯⋯⋯⋯⋯⋯⋯⋯ **101**

3.5   전략: robots.txt 파일 해석 ·· **103**

3.6   전략: sitemap.xml 파일로 URL 획득 ·· **104**

3.7   전략: RSS에서 URL 획득 ·· **106**

3.8   데이터 다운로드 ··· **108**

3.9   전략: 파이썬을 사용한 HTML 페이지 다운로드 ························ **110**

3.10 전략: wget을 사용한 HTML 페이지 다운로드 ························· **111**

3.11 반정형 데이터 추출 ·· **112**

3.12 전략: 정규 표현식을 사용한 데이터 추출 ······························· **112**

3.13 전략: HTML 파서를 사용한 데이터 추출 ······························· **114**

3.14 전략: 스파이더링 ··· **123**

       3.14.1 사용 사례 ·· **123**

       3.14.2 오류 처리 및 생산 품질 소프트웨어 ······················· **127**

3.15 밀도 기반 텍스트 추출 ·· **127**

       3.15.1 리더빌리티로 로이터 콘텐츠 추출 ·························· **128**

       3.15.2 요약 밀도 기반 텍스트 추출 ································· **130**

3.16 올인원 접근 방식 ··· **130**

3.17 전략: 스크래피를 사용한 로이터 아카이브 스크래핑 ················ **130**

3.18 스크래핑과 관련된 문제 ·· **133**

3.19 마치며 ·· **134**

CHAPTER 4 통계 및 머신러닝을 위한 텍스트 데이터 준비

4.1   학습 목표 ··· **135**

4.2   데이터 전처리 파이프라인 ·· **136**

4.3   데이터셋: 레딧 셀프포스트 ··· **137**

       4.3.1 팬더스에서 데이터 로드 ·· **137**

       4.3.2 전략: 속성 이름 표준화 ··· **138**

       4.3.3 데이터프레임 저장 및 로드 ······································ **140**

CONTENTS

4.4 텍스트 데이터 정리 ·· **141**

4.4.1 전략: 정규 표현식으로 노이즈 식별 ······················· **143**

4.4.2 전략: 정규 표현식으로 노이즈 제거 ······················· **145**

4.4.3 전략: textacy를 사용한 문자 정규화 ······················ **146**

4.4.4 전략: textacy를 사용한 패턴 기반 데이터 마스킹 ········ **148**

4.5 토큰화 ·· **150**

4.5.1 전략: 정규 표현식을 사용한 토큰화 ······················· **151**

4.5.2 NLTK를 사용한 토큰화 ······································· **152**

4.5.3 토큰화를 위한 권장 사항 ···································· **153**

4.6 스페이시를 사용한 언어 처리 ································· **153**

4.6.1 파이프라인 인스턴스화 ······································ **154**

4.6.2 텍스트 처리 ··· **156**

4.6.3 전략: 사용자 정의 토큰화 ··································· **158**

4.6.4 전략: 불용어 제거 ··· **160**

4.6.5 전략: 품사 기반 원형 추출 ·································· **161**

4.6.6 전략: 명사구 추출 ··· **165**

4.6.7 전략: 개체명 추출 ··· **166**

4.7 대규모 데이터셋에서 특성 추출 ······························ **168**

4.7.1 전략: 모든 추출 기능을 결합한 단일 함수 ················ **168**

4.7.2 전략: 대규모 데이터셋에 스페이시 사용 ·················· **170**

4.7.3 결과 유자 ·· **172**

4.7.4 실행 시간에 대한 참고 사항 ································· **172**

4.8 더 알아보기 ·· **173**

4.8.1 언어 감자 ·· **173**

4.8.2 맞춤법 검사 ·· **174**

4.8.3 토큰 정규화 ·· **174**

4.9 마치며 ··· **174**

CHAPTER 5 특성 엔지니어링 및 구문 유사성

5.1 학습 목표··178

5.2 실험을 위한 토이 데이터셋··179

5.3 전략: 자신만의 벡터화 객체 구축··179

  5.3.1 어휘 열거···180

  5.3.2 문서 벡터화···181

  5.3.3 문서–용어 행렬···182

  5.3.4 유사성 행렬··184

5.4 단어 가방 모델···186

  5.4.1 전략: 사이킷런 CountVectorizer 사용·····························186

  5.4.2 전략: 유사성 계산···189

5.5 TF–IDF 모델···190

  5.5.1 TfidfTransformer로 최적화된 문서 벡터·······················191

  5.5.2 데이터셋 – ABC 뉴스···192

  5.5.3 전략: 특성 차원 축소···195

  5.5.4 전략: 특성 차원 개선···198

  5.5.5 전략: 단어 대신 원형을 사용한 문서 벡터화·······················198

  5.5.6 전략: 단어 유형 제한···199

  5.5.7 전략: 일반 단어 제거···200

  5.5.8 전략: N–그램으로 컨텍스트 추가·····································201

5.6 ABC 데이터셋의 구문 유사성··203

  5.6.1 전략: 지어낸 헤드라인과 가장 유사한 헤드라인 탐색···············204

  5.6.2 전략: 대규모 말뭉치에서 가장 유사한 두 문서 탐색(고급)··········205

  5.6.3 전략: 관련 단어 탐색···208

  5.6.4 구문 유사도 같은 실행 시간이 긴 프로그램을 위한 팁···············210

5.7 마치며···211

CONTENTS

CHAPTER 6 **텍스트 분류 알고리즘**

6.1 학습 목표··· **214**

6.2 데이터셋: JDT 버그 보고··· **214**

6.3 전략: 텍스트 분류 시스템 구축······························· **219**

　　6.3.1 1단계: 데이터 준비··· **222**

　　6.3.2 2단계: 훈련-테스트 분할··································· **223**

　　6.3.3 3단계: 머신러닝 모델 훈련······························ **226**

　　6.3.4 4단계: 모델 평가··· **228**

6.4 텍스트 분류를 위한 최종 코드································· **236**

6.5 전략: 교차 검증을 사용한 현실적인 정확도 메트릭 추정 ··· **239**

6.6 전략: 그리드 검색을 통한 하이퍼파라미터 조정 ········· **242**

6.7 텍스트 분류 시스템 요약 및 결론···························· **244**

6.8 마치며·· **249**

6.9 더 읽어보기··· **249**

CHAPTER 7 **텍스트 분류기**

7.1 학습 목표··· **252**

7.2 전략: 예측 확률을 사용한 분류 신뢰도 결정············· **252**

7.3 전략: 예측 모델의 특성 중요도 측정························ **258**

7.4 전략: LIME을 사용한 분류 결과 설명······················· **262**

7.5 전략: ELI5를 사용한 분류 결과 설명······················· **269**

7.6 전략: 앵커를 사용한 분류 결과 설명························ **273**

　　7.6.1 마스킹된 단어가 있는 분포 사용······················· **273**

　　7.6.2 실제 단어로 작업하기·· **276**

7.7 마치며·· **279**

CHAPTER 8 비지도 학습: 토픽 모델링 및 클러스터링

8.1 학습 목표 ··· 282

8.2 데이터셋: 유엔총회 일반토의 ··· 282

8.2.1 말뭉치 통계 확인 ··· 283

8.2.2 준비 ··· 285

8.3 비음수 행렬 분해(NMF) ·· 286

8.3.1 전략: NMF를 사용한 토픽 모델 생성 ··························· 287

8.3.2 전략: NMF를 사용한 단락 기준 토픽 모델 생성 ············ 289

8.4 잠재 시맨틱 분석/인덱싱 ·· 291

8.4.1 전략: SVD를 사용한 단락 기준 토픽 모델 생성 ············· 293

8.5 잠재 디리클레 할당(LDA) ·· 295

8.5.1 전략: LDA를 사용한 단락 기준 토픽 모델 생성 ············· 296

8.5.2 전략: LDA 결과 시각화 ·· 297

8.6 전략: 워드 클라우드를 사용한 토픽 모델 결과 비교 ················· 299

8.7 전략: 단락의 토픽 분포 및 시간 변화 계산 ····························· 302

8.8 젠심을 사용한 토픽 모델링 ·· 304

8.8.1 전략: 젠심 모델에 사용할 데이터 준비 ························· 304

8.8.2 전략: 젠심을 사용한 비음수 행렬 분해 수행 ················· 305

8.8.3 전략: 젠심을 사용한 LDA 실행 ····································· 307

8.8.4 전략: 일관성 점수 계산 ·· 308

8.8.5 전략: 최적의 주제 개수 탐색 ······································· 310

8.8.6 전략: 젠심을 사용한 계층적 디리클레 절차 생성 ··········· 313

8.9 전략: 클러스터링을 통한 텍스트 데이터 구조 파악 ·················· 315

8.10 추가 아이디어 ··· 319

8.11 요약 및 추천 ··· 319

8.12 마치며 ·· 320

CONTENTS

CHAPTER 9 텍스트 요약

9.1 학습 목표 ··· 321

9.2 텍스트 요약 ·· 322

    9.2.1 추출 방법 ··· 323

    9.2.2 데이터 전처리 ·· 324

9.3 전략: 주제 표현을 이용한 텍스트 요약 ··· 325

    9.3.1 TF-IDF 값으로 중요한 단어 식별 ·· 325

    9.3.2 LSA 알고리즘 ··· 327

9.4 전략: 지시자 표현을 사용한 텍스트 요약 ·· 331

9.5 텍스트 요약 방법의 성능 측정 ·· 335

9.6 전략: 머신러닝을 이용한 텍스트 요약 ·· 338

    9.6.1 1단계: 대상 레이블 생성 ·· 340

    9.6.2 2단계: 모델 예측을 지원하는 특성 추가 ·· 343

    9.6.3 3단계: 머신러닝 모델 구축 ·· 345

9.7 마치며 ··· 348

9.8 더 읽어보기 ·· 348

CHAPTER 10 단어 임베딩으로 의미 관계 탐색

10.1 학습 목표 ·· 349

10.2 시맨틱 임베딩 케이스 ·· 350

    10.2.1 단어 임베딩 ··· 351

    10.2.2 단어 임베딩을 사용한 유추 추론 ··· 352

    10.2.3 임베딩 유형 ··· 353

10.3 전략: 사전 훈련된 모델에 유사한 질의 사용 ·· 355

    10.3.1 사전 훈련된 모델 불러오기 ·· 356

    10.3.2 유사성 쿼리 ··· 357

10.4 자체 임베딩 학습 및 평가를 위한 전략·· **361**

　10.4.1 데이터 준비··· **361**

　10.4.2 전략: 젠심을 통한 모델 훈련··································· **364**

　10.4.3 전략: 다양한 모델 평가··· **366**

10.5 임베딩 시각화를 위한 전략··· **370**

　10.5.1 전략: 차원 축소 적용··· **370**

　10.5.2 전략: 텐서플로의 임베딩 프로젝터 사용················ **375**

　10.5.3 전략: 유사성 트리 구성··· **376**

10.6 마치며··· **380**

10.7 더 읽어보기··· **381**

CHAPTER **11 텍스트 데이터를 이용한 감성 분석**

11.1 학습 목표··· **384**

11.2 감성 분석··· **384**

11.3 데이터셋: 아마존 고객 리뷰··· **385**

11.4 전략: 어휘 기반 감성 분석··· **388**

　11.4.1 Bing Liu 어휘집··· **389**

　11.4.2 어휘 기반 접근 방식의 단점··································· **391**

11.5 지도 학습 접근법··· **392**

　11.5.1 지도 학습 접근 방식을 위한 데이터 준비················ **393**

11.6 전략: 텍스트 데이터 벡터화 및 지도 학습 알고리즘 적용······ **394**

　11.6.1 1단계: 데이터 준비··· **394**

　11.6.2 2단계: 훈련–테스트 분할····································· **394**

　11.6.3 3단계: 텍스트 벡터화··· **395**

　11.6.4 4단계: 머신러닝 모델 훈련··································· **396**

11.7 딥러닝을 사용한 사전 훈련된 언어 모델························· **398**

　11.7.1 딥러닝 및 전이 학습··· **399**

CONTENTS

11.8 전략: 전이 학습 기법과 사전 훈련된 언어 모델 사용 ·················· **401**

11.8.1 1단계: 모델 로드 및 토큰화 ·················· **402**

11.8.2 2단계: 모델 훈련 ·················· **407**

11.8.3 3단계: 모델 평가 ·················· **411**

11.9 마치며 ·················· **413**

11.10 더 읽어보기 ·················· **414**

CHAPTER 12 지식 그래프 구축

12.1 학습 목표 ·················· **416**

12.2 지식 그래프 ·················· **416**

12.2.1 정보 추출 ·················· **417**

12.3 데이터셋: 로이터-21578 ·················· **419**

12.4 개체명 인식 ·················· **420**

12.4.1 전략: 규칙 기반의 개체명 인식 ·················· **423**

12.4.2 전략: 개체명 정규화 ·················· **424**

12.4.3 개체 토큰 병합 ·················· **426**

12.5 상호 참조 해결 ·················· **427**

12.5.1 전략: 스페이시의 토큰 확장 ·················· **429**

12.5.2 전략: 별칭 처리 ·················· **429**

12.5.3 전략: 이름 변형 ·················· **431**

12.5.4 전략: NeuralCoref로 대용어 해결 ·················· **434**

12.5.5 이름 정규화 ·················· **436**

12.5.6 개체 연결 ·················· **438**

12.6 전략: 동시 발생 그래프 생성 ·················· **439**

12.6.1 문서에서 동시 발생 추출 ·················· **440**

12.6.2 Gephi를 사용한 그래프 시각화 ·················· **442**

12.7 관계 추출··· **443**

　　12.7.1 전략: 구문 일치를 사용한 관계 추출···················· **444**

　　12.7.2 전략: 의존성 트리를 사용한 관계 추출················ **448**

12.8 지식 그래프 생성·· **452**

　　12.8.1 분석을 위한 결과 검토··· **455**

12.9 마치며·· **455**

12.10 더 읽어보기·· **456**

CHAPTER 13 프로덕션에서 텍스트 분석

13.1 학습 목표·· **460**

13.2 전략: 콘다를 사용한 파이썬 환경 구성·························· **460**

13.3 전략: 컨테이너를 사용한 재현 가능 환경 구성··········· **465**

13.4 전략: 텍스트 분석 모델을 위한 REST API 생성·········· **474**

13.5 전략: 클라우드 공급자를 사용한 API 배포 및 확장····· **482**

13.6 전략: 빌드 버전의 관리 및 배포 자동화······················· **487**

13.7 마치며·· **492**

13.8 더 읽어보기··· **493**

찾아보기 ··· **494**

## CHAPTER 1

텍스트 데이터에서 찾는 통찰

데이터 분석 및 머신러닝 프로젝트에서 맨 처음 할 일은 데이터에 익숙해지는 것이다. 확실한 결과를 얻으려면 데이터를 기본적으로 이해해야 한다. 기술 통계는 신뢰도가 높고 강력한 통찰을 제공하며 데이터 품질 및 배포를 평가하는 데 큰 도움이 된다.

텍스트에서 단어와 구의 **빈도 분석**frequency analysis은 주요한 데이터 탐색 방법이다. 절대 단어 빈도는 대개 그다지 흥미롭지 않지만 상대적 빈도나 가중 빈도는 중요하다. 예를 들어 정치와 관련된 텍스트를 분석하면 국민, 국가, 정부와 같이 뜻이 분명하고 흔히 볼 수 있는 일반적인 단어가 매우 많을 것이다. 그러나 서로 다른 정당에서 작성한 텍스트 데이터 또는 같은 정당 소속의 서로 다른 정치인이 작성한 텍스트 데이터에서 상대적 단어 빈도를 비교하면, 그 차이에서 많은 것을 알게 된다.

1.1 학습 목표

이 장에서는 텍스트의 통계 분석을 위한 전략을 제시한다. 또한 이후에 살펴볼 장들을 이해하는 데 필요한 기본 개념을 간단히 소개한다. 먼저 범주형 메타데이터를 분석한 후에 단어 빈도 분석 및 시각화에 중점을 둘 것이다.

이 장을 학습한 후에는 텍스트 처리 및 분석에 필요한 기본 지식을 얻을 수 있다. 텍스트를 토큰화하고, **불용어**stop words를 필터링하고, **빈도 다이어그램**frequency diagrams과 **워드 클라우드**word cloud를 사용해 텍스트 콘텐츠를 분석하는 방법을 알게 된다. 책의 뒷부분에서 언급할 **텍스트 벡터화**text vectorization에 필요한 요소인 TF−IDF 가중치 개념도 알게 된다.

또한 빠르게 결과를 내주고 **KISS 원칙**('단순하게 만든 시스템이 훨씬 잘 작동한다.'[1])에 초점을 맞춘 전략을 살펴본다. 따라서 주로 파이썬의 팬더스pandas 패키지를 사용하며, 정규 표현식 및 파이썬 기본 기능과 함께 데이터 분석에 필요한 라이브러리를 사용한다.

데이터 준비를 위한 고급 언어학적 방법advanced linguistic methods은 4장에서 설명하겠다.

1.2 탐색적 데이터 분석

탐색적 데이터 분석은 수집 수준에서 데이터를 체계적으로 조사하는 과정이다. 일반적인 방법에는 범주형 데이터categorical feature의 빈도 같은 숫자 특성을 나타내는 요약 통계가 있다. 가령 히스토그램과 박스 플롯은 값의 분포를 나타내고 시계열 플롯은 그 변화를 나타낸다.

자연어 처리(NLP)에서는 뉴스, 트윗, 이메일, 업무 통화와 같이 텍스트 문서로 구성된 데이터셋을 말뭉치corpus라고 부른다. 말뭉치의 통계적 탐색은 다양한 양상을 보인다. 어떤 분석은 메타데이터 속성에 초점을 맞추고 또 어떤 분석은 텍스트 콘텐츠를 다루는 데 초점을 맞춘다. [그림 1-1]은 텍스트 말뭉치의 일반적 속성을 나타낸다. 일부는 데이터에 포함되고 나머지는 그 데이터를 계산하거나 파생할 수 있다. 문서 메타데이터는 집계 및 필터링에 유용한 여러 기술적 속성으로 구성된다. 시간 같은 속성은 말뭉치의 진화를 이해하는 데 필수적이다. 사용 가능한 경우 작성자 관련 속성을 통해 작성자 그룹을 분석하고 이러한 그룹을 서로 벤치마킹할 수 있다.

---

1 옮긴이_ 원문은 'Keep it simple, stupid!'이다.

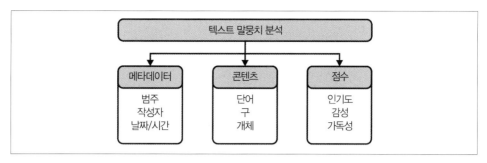

그림 1-1 텍스트 데이터 탐색을 위한 통계 특성

콘텐츠의 통계 분석은 단어와 구phrase의 빈도를 기반으로 한다. 4장에서 설명하는 언어 데이터 전처리 방법을 사용해 특정 단어 유형 및 명명된 개체named entities(또는 개체명)로 분석을 확장한다. 그 외에도 문서에 대한 기술적 점수는 데이터셋에 포함되거나 일종의 특성 모델링에 의해 파생되기도 한다. 예를 들어, 사용자의 게시물에 달린 댓글 수를 인기도의 척도로 사용할 수 있다. 마지막으로 감성sentiment이나 감성 점수emotionality scores 같은 흥미로운 요소를 측정하는 방법은 이 책의 뒷부분에서 설명한다.

절대 수치the absolute figures는 일반적으로 텍스트 작업에서 그다지 흥미롭지 않다. '문제'라는 단어가 백 번 나온다는 사실에는 아무런 정보가 없다. 그러나 '문제'라는 단어의 상대적 빈도가 일주일 만에 두 배로 늘었다면, 이 사실은 주목할 만하다.

1.3 데이터셋: 유엔총회 일반토의

뉴스나 정당 프로그램, 의회 토론 등 정치를 다룬 텍스트를 분석하면 국내 및 국제 주제에 대한 흥미로운 통찰을 얻을 수 있다. 수년 동안 만들어진 텍스트가 사용할 수 있도록 공개되어 종종 시대정신을 통찰하게 된다. 이런 데이터셋을 활용해 분석적 잠재력을 깨워 보자.

이를 위해 유엔총회 일반토의UN General Debate 데이터셋(https://oreil.ly/lHHUm)을 사용한다. 이 말뭉치는 하버드 대학교의 미하일로프Mikhaylov, 바투로Baturo, 다산디Dasandi가 세계 정치에서 국가별 선호도를 이해하고 측정하기 위해 2017년에 만들었다. 1970년부터 2016년까지 유엔총회에서 발표된 연설 7,507편을 담고 있는데, 이는 약 200개의 유엔 가입 국가가 매년 국제 분쟁, 테러리즘, 기후 변화 같은 글로벌 주제에 대한 견해를 발표한 것이다.

캐글Kaggle의 원본 데이터셋은 두 개의 CSV 파일 형식으로 제공된다. 큰 파일에는 연설 텍스트가 있고 작은 파일에는 발표자에 대한 정보가 있다. 여기서는 문제를 단순화하기 위해 압축 CSV 파일 하나에 모든 정보를 담았다. 분석에 필요한 기본 코드와 결과 파일은 깃허브 (https://oreil.ly/btap-code)에서 찾을 수 있다.

팬더스에서 CSV 파일은 pd.read_csv()로 로드한다. 다음 코드는 파일을 로드하고 데이터프레임의 임의 레코드 두 개를 표시한다.

```
file = "un-general-debates-blueprint.csv"
df = pd.read_csv(file)
df.sample(2)
```

| 출력 |

	session	year	country	country_name	speaker	position	text
3871	51	1996	PER	Peru	Francisco Tudela Van Breughel Douglas	Minister for Foreign Affairs	At the outset, allow me,₩nSir, to convey to you and to this Assembly the greetings₩nand congratulations of the Peruvian people, as well as₩ntheir⋯
4697	56	2001	GBR	United Kingdom	Jack Straw	Minister for Foreign Affairs	Please allow me₩nwarmly to congratulate you, Sir, on your assumption of₩nthe presidency of the fifty-sixth session of the General ₩nAssembly.₩nThi⋯

첫째 열은 레코드의 인덱스다. 세션 번호(session)와 연도(year)를 조합해 테이블의 논리적 기본 키로 간주한다. 국가(country) 열에는 표준화된 세 자리 국가 ISO 코드가 있고

그 뒤에는 국가 코드에 해당하는 국가명(country_name)이 있다. 그 뒤를 이어 발표자 이름(speaker)과 직위(position)가, 마지막 열(text)에는 연설문이 위치한다.

지금까지 사용한 데이터셋은 레코드만 수천 개 정도가 담겨 크기가 매우 작았다. 하지만 데이터셋이 작더라도 충분히 사용할 만한 성능이 나오므로 예제에 사용하기가 좋다. 데이터셋이 크다면 '대규모 데이터셋에서의 작업'을 참고하자.

대규모 데이터셋에서의 작업

처음부터 수백만 개의 레코드로 데이터 탐색을 시작하지 말자. 대신 개수가 적은 데이터 샘플을 사용하자. 이렇게 하면 필요한 특성과 시각화를 빠르게 개발할 수 있다. 분석이 준비되면 큰 데이터셋에서 모든 것을 다시 실행해 데이터 전체에서 나타나는 특성을 얻을 수 있다.

데이터 샘플을 선택하는 방법에는 여러 가지가 있다. 가장 간단하고 유용한 방법은 팬더스의 sample 함수다. 다음 코드는 전체 레코드의 10%를 임의로 추출해 기존 데이터프레임을 교체하는 데 사용한다.

```
df = df.sample(frac=0.1)
```

이 방법의 단점은 전체 데이터셋을 샘플링하기 전에 주 메모리에 로드한다는 것이다. 대안으로 데이터의 하위 집합만 로드하는 방법도 있다. 예를 들어 pd.read_csv에는 전체 데이터 중 일부 내용만 읽는 데 사용할 수 있는 선택적 매개변수 nrows 및 skiprows가 있다. 그러나 이 변수는 무작위 샘플이 아닌 읽어들일 행의 범위를 선택한다. 데이터가 관계형 데이터베이스에 저장된 경우에는 임의 샘플링을 지원하는지 확인해야 한다. 다음 두 개와 같은 무작위 샘플링을 위해 PoorMansTSqlFormatter 라이브러리[2]를 사용할 수도 있다.

```
ORDER BY Rand() LIMIT 10000
```

```
WHERE id%10 = 0
```

---

2 옮긴이_ 깃허브 주소는 https://github.com/TaoK/PoorMansTSqlFormatter이다.

1.4 전략: 팬더스로 데이터 개요 확인

먼저 메타데이터와 레코드 수를 이용해 데이터 분포 및 품질을 살펴보는 전략을 소개한다. 이 때 텍스트 내용을 들여다보지는 않을 것이다. 과정은 다음과 같다.

1. 요약 통계summary statistics를 계산한다.
2. 누락된 값missing value을 확인한다.
3. 흥미로운 속성의 분포를 시각화한다.
4. 범주 간의 분포를 비교한다.
5. 시간 경과에 따른 변화를 시각화한다.

데이터 분석을 시작하기 전에 데이터 구조에 대한 최소한의 정보가 필요하다. [표 1-1]은 몇 가지 중요한 속성 또는 함수를 소개한다.

표 1-1 데이터프레임에서 정보를 가져오는 팬더스 명령어

df.columns	열 이름 목록	
df.dtypes	튜플(열 이름, 데이터 유형)	문자열은 팬더스 1.0 이전 버전에서 객체로 표현된다.
df.info()	Dtypes에 따라 메모리 소모가 추가됨	텍스트에 대한 적절한 추정을 위해 memory_usage= 'deep'과 함께 사용한다.
df.describe()	요약 통계	범주형 데이터는 include='O'와 함께 사용한다.

1.4.1 열에 대한 요약 통계 계산

팬더스의 describe 함수는 데이터프레임의 열column에 대한 통계 요약을 계산한다. 전체 데이터프레임뿐만 아니라 단일 시리즈series에서도 작동한다. 단일 시리즈에서 통계 요약을 계산하는 경우 데이터프레임에는 기본 출력이 숫자 열로 제한된다. 현재 데이터프레임에는 세션(session) 번호와 연도(year)만 숫자 데이터로 존재한다. 연설의 길이 분포에 대한 추가 정보를 얻기 위해 텍스트 길이(length)가 포함된 숫자 열을 데이터프레임에 추가한다. describe().T를 사용하면 행과 열을 전환transpose한다.

```
df['length'] = df['text'].str.len()

df.describe().T
```

	count	mean	std	min	25%	50%	75%	max
session	7507.00	49.61	12.89	25.00	39.00	51.00	61.00	70.00
year	7507.00	1994.61	12.89	1970.00	1984.00	1996.00	2006.00	2015.00
length	7507.00	17967.28	7860.04	2362.00	12077.00	16424.00	22479.50	72041.00

describe()는 추가 매개변수 없이 숫자 값만 있는 열에서 값의 총합(count), 평균(mean), 표준 편차(std), 5가지 요약 수치Five-number summary(https://oreil.ly/h2nrN)[3]를 계산한다. 데이터프레임에는 세션, 연도, 길이 등 7,507개 항목이 있다. 연도나 세션에 대한 평균 및 표준 편차는 별 의미가 없지만 최솟값과 최댓값은 흥미롭다. 데이터셋에는 1970년(25차)에서 2015년(70차)까지 유엔총회 일반토의 연설이 세션별로 있다.

숫자가 아닌 열의 요약은 include='O'(여기서 'O'는 np.object의 별칭)를 지정해 생성할 수 있다. 이 경우에는 열에 들어 있는 데이터의 개수, 고윳값의 수, 최상위 요소(또는 발생 횟수가 같은 요소가 많은 경우 그중 하나) 및 최상위 요소의 빈도를 얻는다. 고윳값은 텍스트 데이터에 유용하지 않으므로 국가(country) 및 발표자(speaker) 열을 분석한다.

```
df[['country', 'speaker']].describe(include='O').T
```

| 출력 |

	count	unique	top	freq
country	7507	199	ITA	46
speaker	7480	5428	Seyoum Mesfin	12

데이터셋에는 199개국과 5,428명의 발표자 데이터가 있다. 국가는 표준화된 ISO 코드 형태로 저장되므로 그 수가 유효하지만, 발표자 같은 텍스트 열의 고윳값은 보통 유효한 결과를 제공하지 않는다(다음 절 참조).

----

3 옮긴이_ 5가지 요약 수치는 기술통계학에서 자료의 정보를 나타내는 수치 중에 최솟값, 제1사분위수, 제2사분위수, 제3사분위수, 최댓값 이 다섯 가지를 말한다(https://ko.wikipedia.org/wiki/5가지_요약_수치).

1.4.2 누락된 데이터 확인

이전 표의 count 항목을 비교하면 발표자 열에 누락된 값이 있음을 알 수 있다. 따라서 df.isna()(df.isnull()의 별칭)를 사용해 모든 열에 null 값이 있는지 확인하고 결과 요약을 계산한다.

```
df.isna().sum()
```

| 출력 |

```
session          0
year             0
country          0
country_name     0
speaker         27
position      3005
text             0
length           0
dtype: int64
```

출력에서 볼 수 있듯이 누락된 정보를 사용할 수 없으므로 발표자(speaker) 및 직위(position) 열을 사용할 때 주의해야 한다. 문제를 생기지 않도록, 발표자나 직위 같은 열에서 누락된 값이 무엇인지 모른다면 이를 일반적인 값으로 대체한다.[4]

팬더스는 이를 해결할 수 있도록 df.fillna() 함수를 제공한다.

```
df['speaker'].fillna('unknown', inplace=True)
```

그러나 발표자가 같더라도 이름이 다르거나 모호하게 작성될 수 있기 때문에 기존 값이 문제가 될 수 있다. 다음 명령문은 모든 문서에서 발표자 열에 Bush가 들어 있는 레코드 수를 계산한다.

----

4 옮긴이_ missing value를 특정한 값('계산에 영향을 미치지 않으며, 아무런 의미도 없다'는 의미를 가진 값. 여기서는 'unknown'으로 설정)으로 채우자는 의미다. 이렇게 하는 이유는 발표자 열이나 직위 열이 문자열 정보를 다루는데 missing value는 문자열 값으로 취급하지 않아서 분석 시 오류가 발생하기 때문이다.

```
df[df['speaker'].str.contains('Bush')]['speaker'].value_counts()
```

| 출력 |

```
George W. Bush        4
Mr. George W. Bush    2
George Bush           1
Mr. George W Bush     1
Bush                  1
Name: speaker, dtype: int64
```

이러한 모호성을 해결하지 않은 채 발표자 이름에 대한 분석을 실행하면 잘못된 결과가 나온다. 따라서 범주형 속성의 고윳값을 확인하는 것이 좋다. 이만큼 알아봤으니, 발표자 정보에 대한 이야기는 생략하겠다.

1.4.3 값 분포 시각화

숫자 분포의 5가지 요약 수치를 시각화하는 한 방법은 박스 플롯^{box plot}(https://oreil.ly/7xZJ_)이다. 팬더스에 내장된 플롯 기능으로 쉽게 생성할 수 있다. 길이(length) 열에 대한 박스 플롯을 살펴보자.

```
df['length'].plot(kind='box', vert=False)
```

| 출력 |

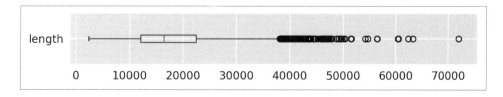

이 플롯에서 알 수 있듯이 연설의 50%(가운데 있는 상자)는 길이가 약 12,000~22,000자이며 중앙값^{the median}은 약 16,000자이고 오른쪽에는 다양한 이상값^{outlier}이 있다. 또 분포가 왼쪽

으로 치우친 것을 볼 수 있다. 히스토그램을 그려 더 자세한 정보를 얻을 수 있다.

```
df['length'].plot(kind='hist', bins=30)
```

| 출력 |

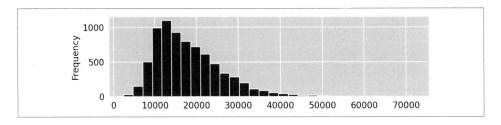

히스토그램에서 길이 범위를 너비가 동일한 구간(bin) 30개로 나눴다. y축은 각 구간(bin)에 속하는 문서의 개수를 나타낸다.

1.4.4 범주 간의 값 분포 비교

데이터의 특성은 데이터의 하위 집합을 검사할 때 종종 보인다. 다양한 범주의 분포를 비교하는 좋은 시각화 도구는 시본Seaborn의 캣플롯catplot(https://oreil.ly/jhlEE)이다.

여기서는 박스 플롯과 바이올린 플롯violin plot[5]을 사용해 유엔 안보리 상임이사 5인의 연설 길이 분포를 비교한다(그림 1-2). sns.catplot의 x축 범주는 country다.

```
import seaborn as sns

where = df['country'].isin(['USA', 'FRA', 'GBR', 'CHN', 'RUS'])
sns.catplot(data=df[where], x="country", y="length", kind='box')
sns.catplot(data=df[where], x="country", y="length", kind='violin')
```

---

5 옮긴이_ https://en.wikipedia.org/wiki/Violin_plot

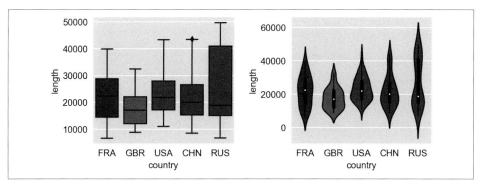

그림 1-2 각 상임이사국의 연설 길이 분포 시각화 – 박스 플롯(왼쪽)과 바이올린 플롯(오른쪽)

바이올린 플롯은 박스 플롯의 '부드러운' 버전이다. 빈도는 바이올린 플롯의 너비로 표현되었지만 바이올린 내부의 박스 플롯으로도 확인할 수 있다. 두 플롯에서 모두 러시아(**RUS**)의 분산 값(연설의 길이)이 영국(**GBR**)보다 훨씬 더 크다. 그러나 러시아 같은 다중 피크의 존재는 바이올린 플롯에서만 분명해진다.

1.4.5 시간 경과에 따른 변화 시각화

데이터에 날짜 또는 시간 속성이 주어졌을 때 시간 경과에 따른 데이터의 변화를 시각화하는 것은 흥미로운 과정이다. 연간 연설 횟수를 분석해 첫 번째 시계열을 만들겠다. 팬더스의 `size()` 함수를 사용해 그룹화한 후 그룹당 행의 개수를 반환한다. `plot()` 함수를 추가해 결과 데이터프레임을 간단히 시각화할 수 있다(그림 1-3, 왼쪽).

```
df.groupby('year').size().plot(title="Number of Countries")
```

각 국가는 일 년에 한 번만 연설할 수 있으므로 타임라인은 유엔 가입 국가 수의 변화를 나타낸다. 현재 유엔 회원국은 193개국이다. 다음 분석 결과에서 알 수 있듯이 더 많은 국가가 토론에 참여할수록 연설 시간이 줄었다는 점이 흥미롭다(그림 1-3, 오른쪽).

```
df.groupby('year').agg({'length': 'mean'}) \
    .plot(title="Avg. Speech Length", ylim=(0,30000))
```

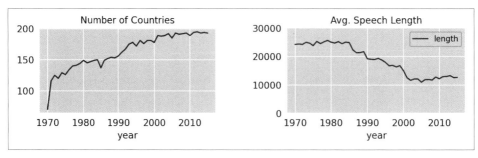

그림 1-3 시간 경과에 따른 국가 수 및 평균 연설 길이의 변화

> **NOTE_** 팬더스의 데이터프레임은 주피터 노트북에서 쉽게 시각화할 뿐만 아니라 내장 기능을 통해 Excel(.xlsx), HTML, CSV, LaTeX 등 여러 형식으로 내보낼 수 있다. 또 to_clipboard() 함수도 사용할 수 있다. 자세한 내용은 참고 자료(https://oreil.ly/HZDVN)를 확인하자.

시간 리샘플링

유엔 데이터셋에는 연간 데이터가 이미 존재한다. 정수 열인 year는 그룹화에 사용할 수 있는 이산값을 포함한다. 그러나 데이터셋은 시각화할 때 적절한 단위로 집계가 가능하도록 세분화된 날짜 또는 시간의 값을 포함한다. 상황에 따라 시간 단위를 연간 또는 수십 년 등 다양하게 사용할 수 있다. 다행히도 팬더스에는 날짜/시간 값에 액세스하는 기능이 내장되었다. 예를 들어 기본 Pandas Series 객체의 dt 접근자를 사용해 dt.year 같은 특정 속성에 직접 액세스할 수 있다. 다음 표에서 몇 가지 예를 보자.[6]

Datetime 속성	설명	Datetime 속성	설명
dt.date	datetime에서 날짜 부분	dt.hour	datetime에서 시간 부분
dt.year	연도	dt.month	연도 안에서의 월
dt.quarter	연도 안에서의 분기	dt.week	연도 안에서의 주

앞서 권장한 대로 데이터프레임에서 time이란 이름의 열에 datetime 데이터를 저장한다고 가정하자. 그러면 다음 명령으로 데이터프레임에 연도(year) 열을 추가할 수 있다.

---

6 전체 목록은 팬더스 설명서(https://oreil.ly/XjAKa)를 참조하자.

```
df['year'] = df['time'].dt.year
```

적절한 레이블이 있는 시계열을 그리려면 2020/Week 24 같은 형태로 결합된 값이 필요하다. 팬더스에서 제공하는 dt.strftime()을 사용하면 유연하게 해결할 수 있다. 이 함수는 파이썬에서 기본으로 제공하는 함수 strftime()^{string from time}(https://oreil.ly/KvMjG)을 내부적으로 호출한다.

```
df['week'] = df['time'].dt.strftime("%Y/Week %W")
```

팬더스는 시계열 리샘플링을 위한 내장 함수 resample()(https://oreil.ly/E0oOX)을 제공한다. 그러나 시계열 데이터를 일 단위로 집계^{aggregate}하므로 텍스트 작업에는 유용하지 않다.

1.5 전략: 간단한 텍스트 전처리 파이프라인 구축

범주, 시간, 작성자, 기타 속성 등의 메타데이터를 분석하면 말뭉치에 대한 첫 통찰을 얻는다. 그러나 실제 콘텐츠를 더 깊이 파고들어 다양한 하위 집합 또는 특정 기간에 자주 사용된 단어를 탐색하는 것이 훨씬 더 흥미진진할 것이다. 이 절에서는 첫 번째 분석에 사용할 텍스트를 준비하기 위해 간단한 단계^{sequence}를 구성한다(그림 1-4). 한 작업의 출력이 다음 작업의 입력을 형성하므로 단계는 원본 텍스트를 여러 토큰으로 변환하는 **처리 파이프라인**^{processing pipeline}이라고도 한다.

그림 1-4 간단한 전처리 파이프라인

여기에 제시된 파이프라인은 **대문자를 소문자로 변환**^{case-folding into lowercase}, **토큰화**^{tokenization}, **불용어 제거**^{stop word removal}의 세 단계로 구성된다. 이 세 단계는 스페이시를 사용하는 4장에서 깊고 자세하게 설명하겠다. 여기에서는 빠르고 간단하게 설명할 수 있도록 정규 표현식을 기반으로 자체 토큰화 작업^{tokenizer}을 만들고 임의의 불용어 목록을 사용한다.

1.5.1 정규 표현식을 이용한 토큰화

토큰화^{tokenization}는 일련의 문자에서 단어를 추출하는 절차다. 서양의 언어는 단어를 공백과 구두점 문자로 구분한다. 따라서 가장 간단하고 빠른 토큰화 함수는 공백으로 분할하는 파이썬의 기본 str.split() 메서드인데, 이보다 더 유연한 방법이 바로 정규 표현식을 사용하는 것이다.

정규 표현식과 파이썬 라이브러리인 re와 regex는 4장에서 자세히 소개하고, 이 절에서는 단어를 일치시키는 간단한 패턴을 적용한다. 또 하나 이상의 문자와 숫자, 하이픈으로 구성된 문자열을 단어로 정의하겠다. 순수한 숫자만 들어 있는 문자열은 보통 말뭉치의 날짜나 연설 또는 세션 식별자를 나타내므로 건너뛴다.

자주 사용되는 표현식 [A-Za-z]는 ä 또는 â와 같이 특수 문자가 붙은 문자를 놓치기 때문에 문자 일치에 좋은 옵션이 아니다. 훨씬 더 나은 방식은 모든 유니코드 문자를 선택하는 POSIX 문자 클래스 \p{L}다. POSIX 문자 클래스로 작업하려면 re 대신 regex 라이브러리 (https://oreil.ly/hJ6M2)가 필요하다. 다음 정규 표현식은 하나 이상의 문자(\p{L})와 영숫자 문자(\w에는 숫자, 영문자 및 밑줄 포함), 하이픈(-)으로 구성된 토큰과 일치시킨다.

```
import regex as re

def tokenize(text):
    return re.findall(r'[\w-]*\p{L}[\w-]*', text)
```

말뭉치의 샘플 문장으로 실행하면 다음과 같다.

```
text = "Let's defeat SARS-CoV-2 together in 2020!"
tokens = tokenize(text)
print("¦".join(tokens))
```

| 출력 |

```
Let¦s¦defeat¦SARS-CoV-2¦together¦in
```

1.5.2 불용어 처리

텍스트에서 가장 자주 사용되는 단어는 한정사, 조동사, 대명사, 부사 같은 일반적인 단어다. 이러한 단어를 **불용어**stop word라고 한다. 불용어는 많은 정보를 전달하지 않지만 출현 빈도가 높기 때문에 중요한 내용을 놓치게 만든다. 그러나 데이터 분석이나 모델 훈련 전에는 불용어를 제거하는 경우가 많다.

이 절에서는 미리 정의된 불용어 목록을 이용해 불용어를 제거하는 방법을 소개한다. 모든 언어는 일반적인 불용어 목록이 있으며, 이 목록은 거의 모든 NLP 라이브러리에 통합된다. 여기서는 NLTK의 불용어 목록을 사용하지만 사용자 지정 단어 목록을 필터로 사용할 수도 있다.[7] 빠른 조회를 위해 목록을 항상 파이썬의 Set 타입으로 변환한다. Set 타입은 사전 타입과 마찬가지로 해시 기반 구조로 조회 시간이 거의 일정하다.

```
import nltk

stopwords = set(nltk.corpus.stopwords.words('english'))
```

다음과 같이 간단한 리스트 컴프리헨션list comprehension을 사용해 구현한 함수로 불용어를 제거한다. NLTK의 목록에는 소문자 단어만 포함되므로 입력 토큰을 소문자로 변환한다.

```
def remove_stop(tokens):
    return [t for t in tokens if t.lower() not in stopwords]
```

도메인에 따라 주로 사용되는 불용어를 미리 정의된 목록에 추가할 수도 있다. 이메일을 예로 들면 분석 시 dear이나 regards라는 단어가 문서마다 등장한다. 이와 달리 일부 단어를 미리 정의된 목록에 추가해 불용어에서 제외할 수도 있다. 목록에서 불용어를 추가하거나 삭제할 때는 파이썬의 집합 연산자 |(합집합) 및 -(집합)를 사용한다.

```
include_stopwords = {'dear', 'regards', 'must', 'would', 'also'}
exclude_stopwords = {'against'}

stopwords |= include_stopwords
stopwords -= exclude_stopwords
```

---

7 예를 들어, 스페이시 패키지의 `spacy.lang.en.STOP_WORDS`를 사용할 수 있다.

NLTK의 불용어 목록은 보수적으로 179개 단어만 포함한다. 놀랍게도 will은 불용어로 간주하지 않지만 would't는 불용어로 간주한다. 이는 미리 정의된 불용어 목록의 고질적 문제인 불일치의 한 예다. '불용어를 제거하는 것이 위험한 이유'에 설명한 대로 불용어를 제거하면 의미론적 분석 성능에 상당한 영향을 미칠 수 있다.

불용어를 제거하는 것이 위험한 이유

불용어 제거는 대충 만든 규칙을 기반으로 한다. 불용어 목록을 유심히 살펴보고 소중한 정보를 삭제하지 않도록 하자. 다음과 같은 간단한 예제를 보자.

I don't like ice cream.

NLTK와 스페이시 불용어 목록에는 I와 don't(do not과 동일)가 모두 있다. 이 불용어를 빼면 like와 ice cream만 남는다. 이러한 전처리는 모든 종류의 감성 분석을 크게 왜곡한다. 이 절의 뒷부분에 소개한 TF-IDF 가중치는 자주 발생하는 단어의 가중치를 자동으로 낮추지만 해당 용어는 어휘 목록에 유지한다.

미리 정의된 목록에 불용어를 추가하거나 사용자가 지정한 불용어 목록을 사용하지 않고 그 대신 문서에 등장한 단어 중 빈도가 80% 이상인 단어를 불용어로 처리하는 편이 유용할 수 있다. 이렇게 빈도가 높은 단어는 내용을 파악하기 어렵게 만든다. 5장에서 다루는 사이킷런의 벡터화 객체에서 사용하는 매개변수 `max_df`가 정확히 이런 단어들을 제거한다. 또 다른 방법은 단어를 단어 유형(품사)에 따라 필터링하는 것이다. 이 개념은 4장에서 다시 설명한다.

1.5.3 코드 한 줄로 파이프라인 처리

말뭉치 문서가 포함된 데이터프레임으로 돌아가자. 각 단어를 '소문자화'하고, 불용어가 제거된 토큰화된 텍스트가 포함된 tokens라는 새 열을 만들어야 한다. 이를 위해 처리 파이프라인processing pipeline에 확장 가능한 패턴extensible pattern[8]을 사용한다. 여기서는 모든 텍스트를 소문자

---

8 옮긴이_ 코드 디자인 패턴을 의미한다. 디자인 패턴은 특정한 문제를 풀기 위해 자주 사용하는 코드 패턴을 정리한 것이다. 여기서는 본문의 코드에서 for transform in pattern: 이하 부분을 의미한다. 이때 transform은 호출 가능한 함수 포인터에 해당한다. 이런 형태의 코드 패턴은 폭넓게 사용된다. '확장 가능한 패턴'에서 '확장 가능한'이란 코드의 첫째 줄에서와 같이 pipeline 변수에 수행할 일련의 작업을 등록하기만 하면 나머지는 본문의 코드에 의해 등록된 순서대로 실행되는데, 이때 등록만 하면 되는 것을 확장 가능하다고 표현한 듯하다(https://en.wikipedia.org/wiki/Software_design_pattern 참조).

로 변경하고 토큰화하고 불용어를 제거한다. 파이프라인을 확장해 다른 작업을 추가할 수 있다.

```
pipeline = [str.lower, tokenize, remove_stop]

def prepare(text, pipeline):
    tokens = text
    for transform in pipeline:
        tokens = transform(tokens)
    return tokens
```

이 모든 것을 함수에 넣으면 팬더스의 map 또는 apply 연산의 완벽한 사용 사례가 된다. 다른 함수를 매개변수로 사용하는 map 및 apply 같은 함수를 수학과 컴퓨터과학에서는 고차 함수 higher-order function라고 한다.

표 1-2 팬더스의 고차 함수

함수	설명
Series.map	팬더스 Series에서 요소별로 작동
Series.apply	맵과 동일하지만 추가 매개변수 허용
DataFrame.applymap	팬더스 데이터프레임의 요소별 요소(Series의 맵과 동일)
DataFrame.apply	데이터프레임의 행 또는 열에서 작동하고 집계 지원

팬더스의 시리즈series 및 데이터프레임DataFrame에서는 다양한 고차 함수를 지원한다(표 1-2). 이 기능을 사용하면 일련의 함수를 사용한 데이터 변환functional data transformations을 이해하기 쉬운 방식으로 작성할 뿐 아니라 쉽게 병렬화할 수도 있다. 예를 들어 파이썬의 pandarallel 패키지(https://oreil.ly/qwPB4)는 병렬 버전의 map 및 apply를 제공한다.

아파치 스파크(https://spark.apache.org)와 같은 확장 가능한 프레임워크는 데이터프레임에서 유사한 작업을 훨씬 더 우아하게 지원한다. 분산 프로그래밍에서 Map과 Reduce 연산은 함수형 프로그래밍의 동일한 원리를 기반으로 작동한다. 또한 파이썬 및 자바스크립트를 비롯해 많은 프로그래밍 언어는 List 또는 Array에 대한 기본 맵 작업을 지원한다.

팬더스의 고차 연산을 사용하면 코드 한 줄로 다양한 함수를 사용한 데이터 변환을 할 수 있다.

```
df['tokens'] = df['text'].apply(prepare, pipeline=pipeline)
```

토큰 열은 각 문서에서 추출된 토큰을 포함한 파이썬 리스트가 된다. 물론 추가 열은 데이터프레임의 메모리 사용량을 두 배로 늘리지만 추가 분석을 위해 토큰에 직접 빠르게 액세스할 수 있다. 그럼에도 다음 전략에서는 분석 중에 즉시 토큰화가 수행된다. 이런 식으로 성능이 메모리 소비를 상쇄한다. 분석 전에 한 번 토큰화하고 메모리를 소비하거나 아니면 즉석에서 토큰화하고 기다린다.

그리고 차후의 요약을 위해 토큰 목록의 길이를 포함한 열을 추가한다.

```
df['num_tokens'] = df['tokens'].map(len)
```

> **NOTE_** tqdm(아랍어로 진행progress을 의미하는 타콰둠taqadum으로 발음)은 파이썬에서 작업 진행률 표시줄을 위한 훌륭한 라이브러리다. 예를 들어 범위 대신 **tqdm_range**를 사용해 기존 반복문을 지원하고 데이터프레임에 **progress_map** 및 **progress_apply** 작업을 제공해 팬더스를 지원한다.[9]

1.6 단어 빈도 분석을 위한 전략

논의 주제에서 자주 사용하는 단어와 구를 살펴보면 기본적인 내용을 이해하게 된다. 그러나 단어 빈도 분석은 단어의 순서와 문맥을 무시한다. 이는 마치 모든 단어를 가방에 집어넣고 얼마간 돌아다녀 가방 안에서 단어가 뒤죽박죽 섞인 상태와 다름없다. 텍스트의 원래 배열은 손실되고, 용어의 빈도만 고려한다. 이것이 유명한 **단어 가방 모델**bag-of-words model의 아이디어다 (5장 참조). 이 모델은 감성 분석이나 질의 응답 같은 복잡한 작업에는 잘 작동하지 않지만, 분류 및 토픽 모델링topic modeling에는 놀라울 정도로 잘 작동한다. 또한 텍스트의 모든 내용을 이해하기에 좋은 출발점이다.

이 절에서는 단어 빈도를 계산하고 시각화하는 여러 전략을 수행한다. 빈번하게 등장하는 단어를 제외하면 절대 빈도raw frequency 값이 중요하지 않으므로 파이프라인의 마지막에서는 TF-

---

9 자세한 내용은 설명서(https://oreil.ly/gO_VN)를 확인하자.

IDF도 도입한다. 간단하면서도 매우 빠른 Counter를 사용해 빈도 계산을 구현하겠다.

1.6.1 전략: 파이썬 Counter 클래스를 이용한 단어 계수

파이썬의 표준 라이브러리에는 Counter 클래스가 있다. 이 클래스는 이름 그대로 객체의 수를
센다.[10] Counter 클래스를 가장 쉽게 사용하는 방법은 측정하려는 항목을 리스트로 만드는 것
이다. 지금 측정하려는 항목은 단어 또는 토큰이다. Counter 클래스의 실행 결과는 기본적으
로 해당 항목을 키로, 빈도를 값으로 포함한 사전 객체다.

간단한 예제를 보면서 기능을 알아보자.

```python
from collections import Counter

tokens = tokenize("She likes my cats and my cats like my sofa.")

counter = Counter(tokens)
print(counter)
```

| 출력 |

```
Counter({'my': 3, 'cats': 2, 'She': 1, 'likes': 1, 'and': 1, 'like': 1,
        'sofa': 1})
```

Counter 클래스의 입력은 파이썬 리스트가 필요하므로 모든 텍스트를 미리 토큰화한다.
Counter 클래스의 좋은 점은 두 번째 문서의 토큰 목록을 추가로 업데이트할 수 있다는 점이
다.

```python
more_tokens = tokenize("She likes dogs and cats.")
counter.update(more_tokens)
print(counter)
```

---

10 NLTK의 FreqDist 클래스(https://oreil.ly/xQXUu)는 Counter에서 파생되었으며 몇 가지 편의 기능을 추가했다.

```
Counter({'my': 3, 'cats': 3, 'She': 2, 'likes': 2, 'and': 2, 'like': 1,
         'sofa': 1, 'dogs': 1})
```

말뭉치에서 가장 많이 나온 단어를 찾으려면 모든 문서의 모든 단어 목록에서 Counter를 만든다. 간단한 방법으로 모든 문서를 하나의 거대한 토큰 목록으로 연결하는 것이 좋아 보이지만, 더 큰 데이터셋에서는 메모리 문제로 실행이 안 될 확률이 높다.

각각의 단일 문서에 대해 Counter 객체의 업데이트 기능을 호출하는 것이 훨씬 더 효율적이다.

```
counter = Counter()

df['tokens'].map(counter.update)
```

여기서 비법은 map 함수 안에 counter.update를 실행하는 것이다. update 함수 내부에서 마법이 일어난다. 전체 데이터에 대한 map 함수 호출이 매우 빠르게 실행돼서 7,500개의 유엔 연설에 약 3초가 소요되는데, 이 시간은 총 토큰 수에 비례해 늘어난다. 일반적으로 파이썬의 dict 타입과 Counter 클래스가 해시 테이블로 구현되기 때문이다. Counter에는 고유 단어와 그 단어의 발생 빈도가 저장되어 있어 전체 말뭉치에 비해 매우 간결하다.

이제 counter의 most_common 함수를 사용해 텍스트에서 가장 빈번하게 나오는 단어를 검색할 수 있다.

```
print(counter.most_common(5))
```

```
[('nations', 124508),
 ('united', 120763),
 ('international', 117223),
 ('world', 89421),
 ('countries', 85734)]
```

추가 처리 및 분석을 위해 Counter 클래스를 팬더스 데이터프레임으로 변환하는 것이 훨씬 더 편리하다. 토큰은 데이터프레임의 인덱스가 되며 빈도값은 freq라는 열에 저장된다. 이때 가장 자주 사용되는 단어가 행의 첫 부분에 표시되도록 정렬된다.

```python
def count_words(df, column='tokens', preprocess=None, min_freq=2):

    # 토큰들을 처리하고 counter를 업데이트한다.
    def update(doc):
        tokens = doc if preprocess is None else preprocess(doc)
        counter.update(tokens)

    # counter를 생성하고, 모든 데이터에 대해 update를 실행한다.
    counter = Counter()
    df[column].map(update)

    # counter를 데이터프레임으로 변환한다.
    freq_df = pd.DataFrame.from_dict(counter, orient='index', columns=['freq'])
    freq_df = freq_df.query('freq >= @min_freq')
    freq_df.index.name = 'token'

    return freq_df.sort_values('freq', ascending=False)
```

이 함수는 팬더스의 데이터프레임을 첫 번째 매개변수로 사용하고, 토큰 또는 텍스트를 포함한 열 이름을 두 번째 매개변수로 사용한다. 이미 데이터프레임의 토큰(tokens) 열에 연설을 토큰화한 토큰이 저장되었으므로, 다음 두 줄의 코드를 사용해 단어 빈도로 데이터프레임을 계산하고 상위 5개 토큰을 표시할 수 있다.

```python
freq_df = count_words(df)
freq_df.head(5)
```

| 출력 |

token	freq
Nations	124508
United	120763
International	117223
World	89421
Countries	85734

몇몇 특별한 분석을 위해 미리 계산된 토큰을 사용하지 않는다면, 세 번째 매개변수로 사용자 지정 전처리 함수를 사용해 텍스트를 즉석에서 토큰화할 수 있다. 예를 들어 단어 빈도를 계산하기 직전에 주어진 텍스트에 대한 토큰화를 바로 진행해 10자 이상의 단어를 모두 찾고 빈도를 계산할 수 있다.

```
count_words(df, column='text',
            preprocess=lambda text: re.findall(r"\w{10,}", text))
```

count_words의 마지막 매개변수는 결과에 포함될 토큰의 최소 빈도를 정의한다. 한 번만 나타난 토큰을 없애기 위해 기본값을 2로 설정한다.

1.6.2 전략: 빈도 다이어그램 생성

파이썬으로 테이블과 다이어그램을 그리는 방법은 수십 가지다. 그중 팬더스는 플롯 기능이 내장되어서 일반 맷플롯립^{Matplotlib}보다 더 쉽게 사용하고 많은 사람이 선호한다. 시각화를 위해 이전에 생성한 데이터프레임 freq_df을 사용하겠다. 데이터프레임을 기반으로 빈도 다이어그램을 그리고 시각화하는 코드는 한 줄로도 가능하다. 다음 코드는 서식 지정을 위해 두 줄을 추가한다.

```
ax = freq_df.head(15).plot(kind='barh', width=0.95)
ax.invert_yaxis()
ax.set(xlabel='Frequency', ylabel='Token', title='Top Words')
```

| 출력 |

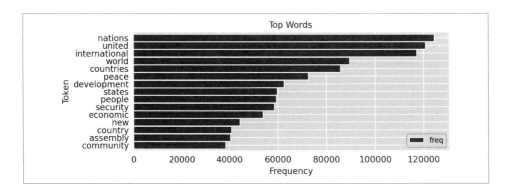

단어 빈도를 가로 막대(barh)로 표시하면, 단어를 읽을 수 있는 형태로 표시할 수 있어서 가독성이 크게 향상된다. 차트의 맨 위에 상위 단어를 배치하도록 했다. 각 축의 레이블과 제목은 상황에 맞게 수정할 수 있다.

1.6.3 전략: 워드 클라우드 생성

이전에 살펴본 빈도 분포 플롯은 토큰 빈도에 대한 자세한 정보를 제공한다. 그러나 시차, 범주, 작성자 등의 빈도 다이어그램과 비교하기는 매우 어렵다. 대조적으로 워드 클라우드는 다양한 글꼴 크기로 빈도를 시각화한다. 내용을 이해하고 비교하기가 훨씬 쉽지만 표와 막대 차트처럼 정밀하지는 못하다. 긴 단어나 대문자가 포함된 단어가 상대적으로 더 높은 관심을 받는다는 점을 명심해야 한다.

파이썬의 wordcloud 모듈(https://oreil.ly/RV0r5)은 텍스트 또는 카운트에서 멋진 워드 클라우드를 생성한다. 이 모듈을 사용하는 가장 간단한 방법은 최대 단어 수 및 불용어 목록 같은 몇 가지 옵션을 사용해 워드 클라우드 객체를 인스턴스화하는 것이다. 그러면 wordcloud 모듈이 토큰화 및 불용어 제거를 처리한다. 다음 예제는 2015년 미국 연설 텍스트에 대한 워드 클라우드를 생성하고 맷플롯립을 사용해 결과 이미지를 표시한다.

```python
from wordcloud import WordCloud
from matplotlib import pyplot as plt

text = df.query("year==2015 and country=='USA'")['text'].values[0]

wc = WordCloud(max_words=100, stopwords=stopwords)
wc.generate(text)
plt.imshow(wc, interpolation='bilinear')
plt.axis("off")
```

하지만 이 코드는 큰 문서 세트가 아닌 단일 텍스트에서만 작동한다. 더 큰 데이터셋을 이용할 때는 빈도 counter를 먼저 생성한 다음 generate_from_frequencies() 함수를 사용해야 훨씬 빠르다.

여기서는 count_words에 의해 생성된 빈도값을 포함하는 팬더스의 시리즈series도 지원하도록 함수를 둘러싼 작은 래퍼wrapper를 준비했다. WordCloud 클래스에는 결과를 미세 조정할 수 있는 다양한 옵션이 이미 존재한다. 다음은 그중 일부를 사용해 결과를 조정한다(자세한 내용은 문서 참조).

```python
def wordcloud(word_freq, title=None, max_words=200, stopwords=None):

    wc = WordCloud(width=800, height=400,
                   background_color="black", colormap="Paired",
                   max_font_size=150, max_words=max_words)

    # 데이터프레임을 사전형으로 변경한다.
    if type(word_freq) == pd.Series:
        counter = Counter(word_freq.fillna(0).to_dict())
    else:
        counter = word_freq

    # 빈도 counter에서 불용어를 필터링한다.
    if stopwords is not None:
        counter = {token:freq for (token, freq) in counter.items()
                              if token not in stopwords}
    wc.generate_from_frequencies(counter)

    plt.title(title)

    plt.imshow(wc, interpolation='bilinear')
    plt.axis("off")
```

이 함수에는 단어를 필터링하는 편의 매개변수convenience parameter가 두 개 있다. `skip_n`은 목록의 상위 n개 단어를 건너뛴다. 유엔 말뭉치에는 분명 united, Nations, International 같은 단어가 빈도 목록의 앞에 나올 것이다. 이 다음으로 나열된 단어를 시각화하는 것이 더 흥미로울 수 있다.

두 번째 필터는 불용어를 추가한 목록이다. 자주 사용되지만 시각화를 위해 흥미롭지 않은 특정 단어를 필터링하는 것이 도움이 된다.[11]

그럼 2015년 연설을 살펴보자(그림 1-5). 왼쪽 워드 클라우드는 필터링되지 않은 가장 빈번한 단어를 시각화한다. 오른쪽 워드 클라우드는 전체 말뭉치에서 가장 자주 사용된 단어 50개를 불용어로 처리한 것이다.

----

11 generate_from_frequencies 함수가 호출되면 wordcloud 모듈은 불용어 목록을 무시한다. 따라서 추가 필터를 적용한다.

```
freq_2015_df = count_words(df[df['year']==2015])
plt.figure()
wordcloud(freq_2015_df['freq'], max_words=100)
wordcloud(freq_2015_df['freq'], max_words=100, stopwords=freq_df.head(50).index)
```

그림 1-5 2015년 연설을 워드 클라우드로 표현 – 모든 단어를 포함한 워드 클라우드(왼쪽), 자주 사용된 단어 50개를 제외한 워드 클라우드(오른쪽)

분명히 말뭉치에서 가장 많이 등장한 단어를 제외한 오른쪽 워드 클라우드는 2015년에 다룬 주제의 분석에 유용하지만, today나 challenges처럼 빈번하게 등장하나 의미를 명확하게 파악하기 힘든 단어를 여전히 포함한다. 이러한 문제를 완화하기 위해 빈번하게 등장한 단어의 가중치를 줄이는 방법이 필요하다. 다음 절에서 자세히 살펴보자.

1.6.4 전략: TF-IDF를 사용한 순위 지정

[그림 1-5]에서 볼 수 있듯이 일반적으로 가장 많이 사용된 단어를 시각화하면 많은 통찰을 얻을 수 없다. 불용어가 제거되더라도 대부분의 문서에 공통으로 등장하는 단어는 보통 해당 영역에서 많이 쓰는 용어다. 그러한 단어보다 주어진 개별 데이터에만 자주 등장하는 단어가 더 중요하다. 여기서 개별 데이터란 단일 연설이나 특정 10년 동안의 연설, 한 국가의 연설처럼 말뭉치의 하위 집합일 수 있다.

개별 데이터의 단어 빈도word frequency가 전체 데이터의 단어 빈도보다 더 높은 단어를 강조해 표시하려 한다. 이러한 단어의 '놀라움surprise' 요소를 측정하는 알고리즘이 많이 있다. 가장 간단하지만 가장 효과적인 접근 방식 하나는 문서 빈도를 '역 문서 빈도inverse document frequency'로 보완하는 것이다(다음 글상자 참조).

역 문서 빈도

역 문서 빈도inverse document frequency(IDF)는 말뭉치에서 용어terms의 '비정상성unusualness'을 측정하는 가중치 요소다. 데이터 분석이나 머신러닝에서 일반적인 용어의 영향을 줄이는 데 자주 사용된다. 이를 설명하기 위해 먼저 용어 t의 문서 빈도를 정의하겠다. 말뭉치(문서 집합) C가 주어지면 문서 빈도 df(t)는 C에서 용어 t를 포함한 문서 수 d다.

수식은 다음과 같다.

$$df(t) = |\{d \in C \mid t \in d\}|$$

많은 문서에 공통으로 등장한 용어는 문서 빈도가 높다. 이를 기반으로 역 문서 빈도 idf(t)를 다음과 같이 정의할 수 있다.

$$idf(t) = log\left(\frac{|C|}{df(t)}\right)$$

로그는 서브리니어 스케일링sublinear scaling에 사용된다. 그렇지 않으면 희귀 단어가 매우 높은 IDF 점수를 얻게 된다. 모든 문서에 등장한 용어는 idf(t) = 0, 즉 df(t) = C다. 이러한 용어를 완전히 무시하지 않기 위해 일부 라이브러리는 전체 용어에 상수를 추가한다.[12] 여기서는 0.1을 더한다. 이는 대략 문서의 90%에 나타나는 토큰 값(log 1/0.9)이다.[13]

문서 집합 D ⊆ C에서 용어 t의 가중치를 부여하기 위해 TF-IDF 점수를 용어 빈도 tf(t, D)와 용어 t의 IDF의 곱으로 계산한다.

$$tfidf(t, D) = tf(t, D) \cdot idf(t)$$

이 점수는 선택된 문서(들) D에는 자주 등장하지만 말뭉치의 다른 문서에는 드물게 등장한 용어에 높은 값을 산출한다.

---

12 예를 들어 scikit-learn의 `TfIdfVectorizer`는 +1을 추가한다.

13 또 다른 방법은 df(t) = 0인 처음 보는 용어(terms)가 0으로 나뉘는 것을 방지하기 위해 분모에 +1을 추가하는 것이다. 이 기술을 스무딩이라고 한다.

말뭉치의 모든 용어에 대해 IDF를 계산하는 함수를 정의하자. count_words와 거의 동일하지만, 각 토큰이 문서당 한 번만 계산(counter.update(set(tokens)))되는 점과 IDF 값이 용어의 총 개수를 계산한 후에 계산된다는 점이 다르다. 매개변수 min_df는 사용 빈도가 낮은 롱테일[14]에 대한 필터 역할을 한다. 이 함수는 데이터프레임을 반환한다.

```python
def compute_idf(df, column='tokens', preprocess=None, min_df=2):

    def update(doc):
        tokens = doc if preprocess is None else preprocess(doc)
        counter.update(set(tokens))

    # 토큰 개수를 얻는다.
    counter = Counter()
    df[column].map(update)

    # 데이터프레임 생성 후 idf를 계산한다.
    idf_df = pd.DataFrame.from_dict(counter, orient='index', columns=['df'])
    idf_df = idf_df.query('df >= @min_df')
    idf_df['idf'] = np.log(len(df)/idf_df['df'])+0.1
    idf_df.index.name = 'token'
    return idf_df
```

IDF 값은 전체 말뭉치에 대해 한 번만 계산해야 하며(여기서 부분 집합을 사용하지 말자!) 모든 종류의 분석에 사용할 수 있다. 이 함수를 사용해 각 토큰(idf_df)에 대한 IDF 값이 있는 데이터프레임을 만든다.

```python
idf_df = compute_idf(df)
```

IDF와 빈도 데이터프레임에는 모두 토큰으로 구성된 인덱스가 있으므로 두 데이터프레임의 열을 곱해 용어에 대한 TF-IDF 점수를 계산할 수 있다.

```python
freq_df['tfidf'] = freq_df['freq'] * idf_df['idf']
```

단어 수(용어 빈도)만을 기준으로 워드 클라우드와 말뭉치에서 첫 해와 마지막 해의 연설에 대

---

14 옮긴이_ 롱테일이란 통계적으로 발생 수치가 낮은 80%를 의미한다.

한 TF−IDF 점수를 비교하자. 각 토론 세션의 수를 나타내는 일부 불용어는 제거한다.

```
freq_1970 = count_words(df[df['year'] == 1970])
freq_2015 = count_words(df[df['year'] == 2015])

freq_1970['tfidf'] = freq_1970['freq'] * idf_df['idf']
freq_2015['tfidf'] = freq_2015['freq'] * idf_df['idf']

#wordcloud(freq_df['freq'], title='All years', subplot=(1,3,1))
wordcloud(freq_1970['freq'], title='1970 - TF',
          stopwords=['twenty-fifth', 'twenty-five'])
wordcloud(freq_2015['freq'], title='2015 - TF',
          stopwords=['seventieth'])
wordcloud(freq_1970['tfidf'], title='1970 - TF-IDF',
          stopwords=['twenty-fifth', 'twenty-five', 'twenty', 'fifth'])
wordcloud(freq_2015['tfidf'], title='2015 - TF-IDF',
          stopwords=['seventieth'])
```

[그림 1-6]의 워드 클라우드는 TF−IDF 가중치의 힘을 나타낸다. 1970년과 2015년에 가장 일반적으로 사용한 단어는 거의 동일하지만 TF−IDF 가중치를 적용한 시각화 결과로 1970년과 2015년 동안 세계가 주목한 정치적 주제가 무엇인지 정확히 알 수 있다.

그림 1-6 각 연도의 연설에 대한 워드 클라우드. 미보정(위쪽), TF−IDF로 각 단어별 가중치 부여(아래쪽)

숙련된 독자라면 사이킷런의 `CountVectorizer` 및 `TfidfVectorizer` 클래스를 사용하는 대신 단어 수를 계산하고 IDF 값을 계산하는 함수를 구현한 이유가 궁금할 것이다. 여기에는 두 가지 이유가 있다. 첫째, 벡터화 객체는 데이터셋의 임의 하위 집합 대신 각 단일 문서에 대해 가중치가 적용된 용어 빈도를 가진 벡터를 생성한다. 둘째, 결과는 데이터프레임(나누기, 집계, 시각화에 적합)이 아니라 행렬(머신러닝에 적합)이다. [그림 1-6]의 결과를 생성하려면 결국 거의 같은 줄의 코드를 작성해야 하지만 이 중요한 개념을 처음부터 소개할 기회를 놓치게 된다. 사이킷런을 이용한 벡터화는 5장에서 자세히 설명한다.

1.7 전략: 컨텍스트 내 키워드 탐색

워드 클라우드와 빈도 다이어그램은 텍스트 데이터를 시각적으로 요약하는 훌륭한 도구다. 그러나 특정 용어가 왜 그렇게 두드러지게 등장하는지 의문을 제기하기도 한다. 예를 들어, 앞서 논의한 2015년 TF-IDF 워드 클라우드(그림 1-6)에는 pv, sdgs, sids라는 용어가 나타났지만, 그 단어들의 의미를 알 수가 없다. 내용을 이해하려면 전처리되지 않은 원본 텍스트에서 해당 단어가 사용된 곳을 직접 찾아 확인해야 한다. 이를 간단하면서도 영리하게 처리하는 방법은 **컨텍스트 내 키워드**keyword-in-context(KWIC) 분석법이다. 이 분석법은 키워드를 중심으로 왼쪽 및 오른쪽에 있는 일정한 개수의 단어를 목록화한다. sdgs란 용어를 설명하는 KWIC 목록의 샘플을 보자.

```
5 random samples out of 73 contexts for 'sdgs':
  of our planet and its people. The    SDGs  are a tangible manifestation of th
nd, we are expected to achieve the    SDGs  and to demonstrate dramatic develo
ead by example in implementing the    SDG   sin Bangladesh. Attaching due impor
the Sustainable Development Goals (    SDGs ). We applaud all the Chairs of the
new Sustainable Development Goals (    SDGs ) aspire to that same vision. The A
```

결과를 통해 sdgs가 sustainable development goals지속 가능 개발 목표의 약어 SDG의 소문자임을 알 수 있다. sids는 small island developing states군소 도서 개발국를 의미한다. 2015년 연설의 주제를 알 수 있는 중요한 정보다. 그러나 pv는 토큰화 과정에서 생겨난 부산물이다. 70번째 회의의 28번째 연설을 의미하는 'Assembly 70, Process Verbal 28'을 축약한 'A/70/

PV.28' 같은 문구에 등장하는 pv가 워드 클라우드에 들어갔을 뿐이다.

> **NOTE_** 시각화 결과를 보고 알 수 없거나 이해되지 않는 토큰이 있으면 항상 세부 사항을 살펴봐야 한다. 분석가가 꼭 알아야 하는 중요한 정보(예: sdgs)가 포함된 경우도 있다. 하지만 때로는 pv 같은 부산물도 존재한다. 관련이 없거나 올바르게 처리했다면 제거한다.

KWIC 분석은 NLTK 및 textacy로 구현된다. 여기서는 textacy의 **KWIC** 함수(https://textacy.readthedocs.io/en/latest/api_reference/extract.html#kwic)를 사용한다. 이 함수는 토큰화되지 않은 텍스트에서 잘 작동하며 빠르게 실행되고, climate change^{기후}^{변화} 같이 여러 토큰에 걸쳐 있는 문자열을 검색할 수 있다(NLTK는 검색할 수 없다). NLTK와 textacy의 KWIC 함수는 모두 단일 문서에서만 작동한다. 데이터프레임의 여러 문서에서 분석이 가능하도록 확장하겠다.

```python
from textacy.text_utils import KWIC

def kwic(doc_series, keyword, window=35, print_samples=5):

    def add_kwic(text):
        kwic_list.extend(KWIC(text, keyword, ignore_case=True,
                              window_width=window, print_only=False))

    kwic_list = []
    doc_series.map(add_kwic)

    if print_samples is None or print_samples==0:
        return kwic_list
    else:
        k = min(print_samples, len(kwic_list))
        print(f"{k} random samples out of {len(kwic_list)} " + \
              f"contexts for '{keyword}':")
        for sample in random.sample(list(kwic_list), k):
            print(re.sub(r'[\n\t]', ' ', sample[0])+'  '+ \
                  sample[1]+'  '+\
                  re.sub(r'[\n\t]', ' ', sample[2]))
```

이 함수는 map을 이용해 각 문서에 add_kwic 함수를 적용하고, 키워드 컨텍스트를 반복적으로 수집한다. 단어 빈도 분석에서 이미 사용한 이 비법은 매우 효율적이어서 더 큰 말뭉치에서도 수행할 수 있다. 또한 이 함수는 (왼쪽 컨텍스트, 키워드, 오른쪽 컨텍스트) 형태의 튜플 리스트를 반환한다. print_samples가 0보다 더 크면 무작위로 샘플링한 결과를 출력한다.[15] 샘플링은 주로 목록의 첫째 항목이 단일 또는 매우 적은 수의 문서를 추출해 진행하기 때문에 특히 많은 문서로 작업할 때 유용하다.

앞서 sdgs에 대한 KWIC 목록은 이 호출에 의해 생성되었다.

```
kwic(df[df['year'] == 2015]['text'], 'sdgs', print_samples=5)
```

1.8 전략: N-그램 분석

예를 들어 climate이란 단어도 climate change기후 변화에서는 기후를 의미하고 political climate정치적 분위기에서는 분위기를 의미한다. climate이라는 단어가 자주 사용되었다는 사실만으로는 토론 주제에 대해 많은 것을 알 수 없다. climate change의 두 단어 순서가 바뀌어 change climate이 되더라도 '~가 기후를 변화시킨다'는 표현이 되어 의미가 달라진다. 이러한 문제를 해결하기 위해 빈도 분석의 대상을 단일 단어에서 두세 단어의 짧은 시퀀스로 확장하는 것이 도움이 된다.

기본적으로는 합성어compound와 연어collocation라는 두 가지 유형의 단어 시퀀스를 찾는다. 합성어는 특정한 의미를 지닌 두 개 이상의 단어가 조합된 말이다. 영어에서는 earthquake지진 같은 닫힌 형태closed form, self-confident자신감 같은 하이픈 형태, climate change기후 변화 같은 열린 형태open form의 합성어를 찾는다. 따라서 두 개의 토큰을 하나의 의미로 간주해야 한다. 이와 대조적으로 연어란 자주 사용되는 단어 조합이다. red carpet레드 카펫이나 united nation유엔과 같이 형용사＋명사 또는 동사＋명사 형태로 구성된다.

텍스트 처리에서는 주로 바이그램bigram(두 단어의 조합), 때로는 트라이그램trigram(세 단어의 조합)으로 작업한다. N-그램의 크기가 1이면 이는 단일 단어이며 '유니그램'으로 부른다. n ≤ 3을 고수하는 이유는 n 값이 커질수록 서로 다른 N-그램의 수는 기하급수적으로 증가하며, 빈도는 기하급수적으로 감소하기 때문이다. 이번 말뭉치에서 대부분의 트라이그램은 한 번만

---

15 textacy의 KWIC 함수에 있는 매개변수 print_only는 유사하게 작동하지만 샘플링을 하지는 않는다.

등장한다.

다음 함수는 일련의 토큰에 대해 N-그램 집합을 훌륭하게 생성한다.[16]

```python
def ngrams(tokens, n=2, sep=' '):
    return [sep.join(ngram) for ngram in zip(*[tokens[i:] for i in range(n)])]

text = "the visible manifestation of the global climate change"
tokens = tokenize(text)
print("¦".join(ngrams(tokens, 2)))
```

| 출력 |

```
the visible¦visible manifestation¦manifestation of¦of the¦the global¦
global climate¦climate change
```

결과에서 보듯이 바이그램에는 대부분의 전치사 및 한정사 같은 불용어가 포함된다. 따라서 불용어 없이 바이그램을 작성하는 것이 좋다. 불용어를 제거한 다음에 바이그램을 빌드하면 manifestation global 같은 원본 텍스트에 존재하지 않는 바이그램이 생성된다. 따라서 수정된 ngrams 함수를 사용해 모든 토큰에 대한 바이그램을 생성한 뒤 불용어를 포함하지 않는 토큰만 유지한다.

```python
def ngrams(tokens, n=2, sep=' ', stopwords=set()):
    return [sep.join(ngram) for ngram in zip(*[tokens[i:] for i in range(n)])
            if len([t for t in ngram if t in stopwords])==0]

print("Bigrams:", "¦".join(ngrams(tokens, 2, stopwords=stopwords)))
print("Trigrams:", "¦".join(ngrams(tokens, 3, stopwords=stopwords)))
```

| 출력 |

```
Bigrams: visible manifestation¦global climate¦climate change
Trigrams: global climate change
```

....
16 설명은 스캇 트리글리아(Scott Triglia)의 블로그 게시물(https://oreil.ly/7WwTe)을 참조하자.

`ngrams` 함수는 모든 바이그램을 포함한 열을 데이터프레임에 추가하고 앞서 단어 계수에 사용한 `count_words`를 적용해 상위 5개 바이그램을 결정한다.

```
df['bigrams'] = df['text'].apply(prepare, pipeline=[str.lower, tokenize]) \
                          .apply(ngrams, n=2, stopwords=stopwords)

count_words(df, 'bigrams').head(5)
```

| 출력 |

token	freq
united nations	103236
international community	27786
general assembly	27096
security council	20961
human rights	19856

토큰화하는 동안 문장 경계[17]를 무시했다는 것을 눈치챘을 것이다. 따라서 한 문장의 마지막 단어와 다음 문장의 첫 단어가 붙은 이상한 바이그램이 생성된다. 이러한 바이그램은 자주 사용되지 않으므로 데이터 탐색에 실제로 중요하지 않다. 이를 방지하려면 문장 경계를 식별해야 하는데 이 과정은 단어 토큰화보다 훨씬 더 복잡해 여기에서 노력할 가치까지는 없다.

이전 절에서 살펴본 TF-IDF 기반의 유니그램 분석을 확장해 바이그램을 포함하겠다. 바이그램의 IDF 값을 추가하고 2015년의 모든 연설에 대해 TF-IDF 가중 바이그램 빈도$^{TF-IDF-}$ weighted bigram frequencies를 계산한 결과 데이터프레임에서 워드 클라우드를 생성한다.

```
# 기존 IDF 데이터프레임을 bigram IDF와 연결한다.
idf_df = pd.concat([idf_df, compute_idf(df, 'bigrams', min_df=10)])

freq_df = count_words(df[df['year'] == 2015], 'bigrams')
freq_df['tfidf'] = freq_df['freq'] * idf_df['idf']
wordcloud(freq_df['tfidf'], title='all bigrams', max_words=50)
```

---

17 옮긴이_ 문서에서 문장이 시작된 위치와 종료된 위치를 말한다.

[그림 1-7]의 왼쪽 워드 클라우드에서 볼 수 있듯이 climate change^{기후 변화}는 2015년에 빈번하게 등장한 바이그램이었다. 그러나 기후의 다양한 맥락을 이해하기 위해 climate^{기후}만을 포함한 바이그램을 살펴보는 것도 흥미로울 것이다. climate에 대한 텍스트 필터를 사용해 결과를 다시 워드 클라우드로 표시할 수 있다(그림 1-7, 오른쪽).

```
where = freq_df.index.str.contains('climate')
wordcloud(freq_df[where]['freq'], title='"climate" bigrams', max_words=50)
```

그림 1-7 모든 바이그램을 사용한 워드 클라우드(왼쪽)와 'climate'이 포함된 바이그램에 대한 워드 클라우드(오른쪽)

여기에 제시된 접근 방식은 불용어를 포함하지 않는 모든 N-그램을 생성하고 가중치를 부여한다. 첫 번째 분석 결과는 상당히 좋아 보인다. 드물게 나타나는 롱테일 바이그램은 신경 쓰지 않는다. 예를 들어 NLTK의 연어 감지^{collocation finder}(https://oreil.ly/uW-2A)는 계산 비용이 많이 들지만 더 정교한 알고리즘을 사용해 연어를 식별한다. 의미 있는 구절^{phrases}을 식별하는 방법은 4장과 10장에서 살펴본다.

1.9 전략: 시간 및 범주에 따른 빈도 비교

구글 트렌드(http://trends.google.com)는 검색어가 시간의 경과에 따라 변화한 궤적을 추적할 수 있다. 이러한 추세 분석은 요일별로 빈도를 계산하고 꺾은 선형 차트로 시각화한다. climate change^{기후 변화}, terrorism^{테러리즘}, migration^{이주} 같은 주제의 중요성이 강화되거나 약화되는 추세를 파악하기 위해 유엔 일반토의 데이터셋에서 몇 년 동안 특정 키워드가 거쳐 온 변화를 추적하겠다.

1.9.1 빈도 타임라인 생성

주어진 키워드의 빈도를 문서에서 계산한 후에 팬더스의 **groupby** 함수를 사용해 해당 빈도를 집계한다. 다음 함수는 토큰 목록에서 주어진 키워드의 수를 추출한다.

```
def count_keywords(tokens, keywords):
    tokens = [t for t in tokens if t in keywords]
    counter = Counter(tokens)
    return [counter.get(k, 0) for k in keywords]
```

위에 작성한 함수가 잘 동작하는지 간단한 예로 확인하자.

```
keywords = ['nuclear', 'terrorism', 'climate', 'freedom']
tokens = ['nuclear', 'climate', 'climate', 'freedom', 'climate', 'freedom']

print(count_keywords(tokens, keywords))
```

| 출력 |

```
[1, 0, 3, 2]
```

결과에서 볼 수 있듯이 함수는 단어별 개수의 목록, 즉 벡터를 반환한다. 사실, 이 과정은 키워드를 단어별 개수에 기반해 매우 간단하게 벡터화count-vectorizer한다. 이 함수를 데이터프레임의 각 문서에 적용하면 문서별로 각 단어 수의 행렬을 얻을 수 있다. 다음에 정의한 함수 count_keywords_by는 첫 단계로 키워드를 개수 기반으로 벡터화한다. 이후 함수는 행렬을 데이터프레임으로 변환한 뒤, 사용자가 입력한 열로 집계하고 정렬한다.

```
def count_keywords_by(df, by, keywords, column='tokens'):

    freq_matrix = df[column].apply(count_keywords, keywords=keywords)
    freq_df = pd.DataFrame.from_records(freq_matrix, columns=keywords)
    freq_df[by] = df[by] # copy the grouping column(s)

    return freq_df.groupby(by=by).sum().sort_values(by)
```

이 함수는 키워드만 처리하기 때문에 속도가 매우 빠르다. 유엔 말뭉치의 앞부분에 있는 키워드 4개를 계산하는 데 노트북 컴퓨터를 사용해도 단 2초밖에 걸리지 않는다. 결과를 살펴보자.

```
freq_df = count_keywords_by(df, by='year', keywords=keywords)
```

| 출력 |

year	nuclear	terrorism	climate	freedom
1970	192	7	18	128
1971	275	9	35	205
...	...	...	...	...
2014	144	404	654	129
2015	246	378	662	148

> **NOTE_** 예제에서는 연도(**year**) 속성만 그룹화 기준으로 사용하지만 이 함수는 다양한 개별 속성(예: 국가, 범주, 작성자)에서도 단어 빈도를 비교할 수 있다. 실제로, 계산할 그룹화 속성 목록을 지정할 수도 있다(예: 국가 및 연도당 개수).

데이터프레임은 키워드당 데이터 시리즈data series가 하나 있으므로 결과를 시각화할 준비가 되었다. 팬더스의 **plot** 함수는 구글 트렌드와 유사한 멋진 꺾은선 차트를 출력한다(그림 1-8).

```
freq_df.plot(kind='line')
```

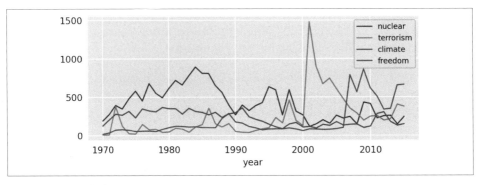

그림 1-8 연도별 단어 빈도

1980년대는 군비 경쟁의 키워드인 nuclear^{핵무기}가 정점을 차지하고, 2001년은 terrorism^{테러} ^{리즘}이 정점에 있음을 눈여겨보라. climate^{기후}이라는 주제^{topic}가 1970년대와 1980년대에 이미 주목을 받았다는 사실이 어쩐지 놀랍다. 과연 정말로 기후 문제가 주목을 받았을까? KWIC 분석(1.7절 '전략: 컨텍스트 내 키워드 탐색')을 참조하면 수십 년 동안 climate이란 단어가 거의 비유적으로 사용되었음을 알 수 있다.

1.9.2 빈도 히트맵 생성

냉전^{the cold war}, 테러^{terrorism}, 기후 변화^{climate change} 같은 세계적 이슈의 역사적 변화를 분석한다. 중요한 단어를 선택하고 이전 예에서와 같이 꺾은선 차트로 타임라인을 시각화한다. 그러나 꺾은선 차트에서는 선이 너댓 개 이상 있으면 보기 불편하고 혼잡스럽다. 이러한 제한 없이 사용할 수 있는 시각화 기법은 시본^{Seaborn} 라이브러리에서 제공하는 히트맵이다. 필터에 키워드를 몇 개 더 추가하고 결과를 히트맵으로 표시한다(그림 1-9).

```
keywords = ['terrorism', 'terrorist', 'nuclear', 'war', 'oil',
            'syria', 'syrian', 'refugees', 'migration', 'peacekeeping',
            'humanitarian', 'climate', 'change', 'sustainable', 'sdgs']

freq_df = count_keywords_by(df, by='year', keywords=keywords)

# 연간 총 토큰 수를 기반으로 상대 빈도를 계산한다.
freq_df = freq_df.div(df.groupby('year')['num_tokens'].sum(), axis=0)
# 키워드별 뚜렷한 대비를 위해 제곱근을 하위 선형 필터로 적용한다.
freq_df = freq_df.apply(np.sqrt)

sns.heatmap(data=freq_df.T,
            xticklabels=True, yticklabels=True, cbar=False, cmap="Reds")
```

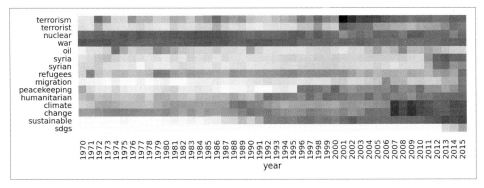

그림 1-9 시간 경과에 따른 단어 빈도를 히트맵으로 표시

이러한 종류의 분석을 할 때 고려할 사항이 있다.

| 종류에 상관없이 비교할 때는 상대 빈도로 계산하자. |

절대 용어 빈도absolute term frequencies[18]는 연간 또는 범주별 총 토큰 수가 안정적이지 않을 때 문제가 될 수 있다. 예를 들어 매년 발표하는 국가 수가 많아질수록 절대 빈도는 자연스럽게 올라간다.

| 키워드 목록을 기반으로 하는 빈도 다이어그램은 해석에 주의하자. |

차트가 주제의 분포도처럼 보이지만 그렇지는 않다! 동일한 주제를 나타내지만 목록에 없는 단어가 있을 수 있다. 키워드는 다른 의미를 가질 수도 있다(예: 'climate of the discussion토론분위기'). 이때는 토픽 모델링(8장) 및 단어 임베딩(10장) 같은 고급 기술이 유용할 수 있다.

| 준선형 스케일링(sublinear scaling)을 사용하자. |

빈도값이 크게 달라서 빈도가 낮은 토큰의 변화를 확인하기 어려울 수 있다. 따라서 빈도를 준선형적으로 조정해야 한다(제곱근 `np.sqrt`를 적용). 대비contrast를 낮추는 것만으로 시각적 효과를 얻게 된다.

---

18 옮긴이_ 용어가 문서에 나온 수

1.10 마치며

1장에서는 텍스트 데이터를 분석하는 방법을 시연했다. 빠른 결과를 얻을 수 있도록 텍스트 준비 및 토큰화 절차를 간단하게 살펴보았다. 더 정교한 방법은 4장에서 소개하고 다양한 접근 방식을 살펴보면서 각 방법의 장단점을 논의하겠다.

데이터 탐색으로 데이터에 대한 기본적인 통찰을 얻을 뿐만 아니라 자신감도 키우게 된다. 명심할 사항은 이상한 토큰이 나타나는 근본적인 원인을 항상 식별해야 한다는 것이다. KWIC 분석은 이러한 토큰을 검색하는 좋은 도구다.

콘텐츠의 첫 번째 분석에서는 몇 가지 전략을 활용해 단어 빈도를 분석했다. 용어의 가중치는 용어 빈도를 이용하거나 용어 빈도와 역 문서 빈도(TF-IDF)의 조합을 기반으로 한다. TF-IDF 가중치는 머신러닝을 위해 문서를 벡터화하는 표준이다. 이 개념은 5장의 뒷부분에서 자세히 다룬다.

이 장에서는 다루지 않았지만, 텍스트 분석에서는 다음과 같은 내용도 살펴볼 필요가 있다.

- 저자의 정보는 영향력 있는 작가를 식별하는 데 도움이 된다. 그것이 프로젝트 목표의 하나라면 말이다. 저자는 활동, 인터넷상의 영향력 지수social scores, 집필 방식 등으로 구별된다.

- 가독성readability을 기준으로 같은 주제를 다룬 저자나 말뭉치를 비교하는 것도 흥미롭다. textacy 라이브러리(https://oreil.ly/FRZJb)는 textstats 함수를 이용해 다양한 텍스트의 가독성 점수 및 기타 통계를 계산할 수 있다.

- 범주(예: 정당) 간에 구별되는 용어를 식별하고 시각화하는 도구는 제이슨 케슬러Jason Kessler의 Scattertext 라이브러리(https://oreil.ly/R6Aw8)를 참고한다.

- 데이터 분석을 할 때 파이썬 외에 대화형 시각화 도구를 사용할 수 있다. 마이크로소프트의 Power BI에는 워드 클라우드를 멋지게 꾸밀 수 있는 추가 기능과 대화형 차트를 생성할 수 있는 많은 옵션이 있다. 데스크톱에서 무료로 사용할 수 있고 데이터 준비 및 시각화를 위해 파이썬 및 R을 지원한다.

- 대규모 프로젝트에서는 아파치 솔라Solr(https://oreil.ly/LqPvG), 일래스틱서치Elasticsearch (https://elastic.co), 탠티비Tantivy(https://oreil.ly/NCz1g) 같은 검색 엔진을 사용할 것을 권장한다. 이 플랫폼은 특수 인덱스(TF-IDF 가중치)를 생성해 전체 텍스트를 빠르게 검색한다. 파이썬 API는 모두 사용할 수 있다.

## CHAPTER 2

API로 추출하는 텍스트 속 통찰

연구 과제를 수행할 접근 방식을 결정하거나 텍스트 분석 프로젝트 작업을 시작할 때 맨 처음 부딪히는 걸림돌은 데이터 가용성^{availability of data}이다. 간단한 구글 검색 또는 구체적인 데이터 셋 검색(https://oreil.ly/SJoyG)에서 나타난 선별된 데이터셋 일부를 다음 장에서 사용할 것이다. 이 데이터셋은 일반화된 것이라 특정 프로젝트 또는 사용 사례에 적합하지 않을 수 있다. 대안으로 자체 데이터셋을 생성하거나, API를 이용해 원하는 데이터를 사이트에서 얻을 수도 있다. 여기서 API(응용 프로그래밍 인터페이스)는 프로그래밍을 통해 자동화된 방식으로 데이터를 추출하는 한 방법이다.

2.1 학습 목표

이 장에서는 API에 대한 개요를 설명하고 깃허브(https://github.com) 및 트위터 (https://twitter.com) 같은 인기 있는 웹사이트에서 프로젝트용 데이터를 추출하는 전략을 소개한다. 인증 토큰^{authentication tokens} 사용법, 페이지 매김^{pagination} 처리법, 속도 제한^{rate limits}, 데이터 추출 자동화 등에 대해 배운다. 이 장을 마치면 익숙한 서비스에 API 호출을 수행해 고유한 데이터셋을 만들 수 있다. 이번 전략은 깃허브 및 트위터 같은 특정 웹사이트를 예제로 사용하지만, 모든 API에서 같은 전략을 적용할 수 있다.

2.2 API

API는 사용자가 소프트웨어 응용 프로그램이나 구성 요소, 서비스 등이 어떻게 구현되는지를 몰라도 통신할 수 있도록 하는 인터페이스다. API는 사용할 수 있는 요청requests의 종류, 사용되는 데이터 형식, 예상 응답을 포함하는 일련의 정의 및 프로토콜을 제공한다. API는 웹사이트, 앱, 서비스를 구축하는 동안 개발사가 일반적으로 사용하는 소프트웨어 인터페이스 집합이다. 예를 들어, 새 계정을 가입할 때는 거의 모든 서비스가 이메일 주소나 전화번호를 확인하기 위해 일회성 코드나 링크를 사용한다. 개발자는 가입 과정을 자체적으로 구축하는 대신 인증 서비스에서 제공하는 API를 사용해 이 기능을 활성화한다. 이를 통해 서비스에서 제공하는 핵심 기능을 분리하고 API를 사용해 고유하지는 않지만 필요한 기능을 구축할 수 있다. 재피어 Zapier(https://oreil.ly/e9iUI)가 API에 대해 비전문가도 이해할 수 있게 작성한 직관적인 문서를 통해 더 쉽게 이해할 수 있다.

프로그래밍 API는 텍스트 분석 프로젝트의 데이터와 어떻게 연결할 수 있을까? API는 인증 같은 기본 기능 외에 웹사이트의 공통 기능도 제공해 데이터에 액세스하게 한다. API를 사용하면 게시물을 작성하거나 소셜 미디어에 댓글을 추가할 수 있다. 이때 사용하는 API는 같은 정보를 로컬로 읽고 저장해 데이터셋을 생성할 수 있다. 예를 들어, 소비재 회사에서 마케팅 캠페인의 성과를 평가하는 분석가를 생각하자. 트위터 검색 API(https://oreil.ly/PCJsx)를 사용해 데이터를 추출하고 캠페인 태그라인 또는 해시태그가 포함된 트윗을 필터링하고 그 텍스트를 분석해 사람들의 반응을 이해할 수 있다. 또는 교육 업체에서 새로운 수업이 필요한 기술 영역의 선정에 도움을 요청했다고 하자. 한 가지 접근 방식은 스택오버플로StackOverflow API(https://oreil.ly/kMsGs)를 사용해 질문에 대한 데이터를 추출하고 텍스트 분석으로 새로운 영역을 파악할 수 있다.

API는 웹사이트 스크랩보다 선호되는 접근 방식이다. 호출 가능한 함수로 설계되었으며 사용하기 쉽고 자동화할 수 있다. 특히 데이터가 자주 변경되거나 프로젝트에 최신 정보를 반영해야 할 때 권장한다. API로 작업할 때는 시간을 들여 문서를 주의 깊게 읽어야 한다. 문서는 각 API의 호출, 데이터 형식 및 매개변수에 대한 세부 정보와 사용자 권한, 속도 제한 등의 기타 세부 정보를 제공한다.

2.3 전략: 리퀘스트 모듈을 이용한 API 호출

HTTP 표준으로 작동하는 웹의 인기 덕에 URL이 API의 기본 사양이 되는 경우가 많다. API에서 데이터를 액세스하고 추출하기 위해 파이썬에 기본으로 포함된 리퀘스트Requests 라이브러리를 사용한다. 이번 전략은 깃허브 API(https://oreil.ly/oUIG1)를 사용한다. 깃허브는 파이썬, 사이킷런, 텐서플로 같은 여러 오픈 소스 프로젝트가 호스팅되는 인기 있는 코드 호스팅 플랫폼으로 이 책의 코드 역시 호스팅되고 있다. 파이썬, 자바, 자바스크립트 같은 다양한 프로그래밍 언어의 인기도를 확인하고 싶다고 하자. 인기 있는 저장소에서 사용하는 언어에 대한 데이터를 깃허브에서 추출하고 각 언어의 도입 정도를 계산할 수 있다. 또는 조직이 깃허브에서 호스팅하고 있는 프로젝트에서 사용자users와 기여자contributors가 커뮤니티 지침을 준수하도록 만들려는 경우를 보자. 기여자가 작성한 이슈와 댓글을 추출해 공격적인 언어가 사용되었는지 확인할 수 있다. 이 전략은 API 문서를 읽고 이해하고, 필요한 요청을 하고, 출력을 분석하며, 사용 사례에 맞는 데이터셋을 생성한다.

SOAP 대 REST 대 GraphQL

API가 오래전부터 소프트웨어 인터페이스 및 통신의 표준이 되어 이를 구현하는 기술은 수년에 걸쳐 변경되었다.

SOAPSimple Object Access Protocol는 표준 인터페이스를 사용해 서로 다른 소프트웨어 모듈이 통신하는 초기 방법의 하나였다. SOAP는 XMLExtensible Markup Language을 사용해 캡슐화된 표준 메시징 형식을 사용하며 모든 통신 프로토콜(예: HTTP, TCP)을 사용해 메시지를 전송한다. XML에 포함된 SOAP 인벨롭SOAP envelope은 데이터 유형, 오류 코드 등의 정의를 포함하는 표준 정의를 따른다. 반면 RESTRepresentational State Transfer는 통신 프로토콜로써 상태 코드를 사용해 호출의 성공 또는 실패 정보를 표현하는 HTTP에 의존한다.

다른 형식도 지원하지만 REST에서는 데이터 유형을 훨씬 더 느슨하게 정의하며 보통 JSON을 사용한다. SOAP는 일반적으로 오래된 프로토콜로 간주되며 주로 대기업의 레거시 응용 프로그램 내에서 사용하는 반면 REST는 여러 웹 기반 서비스에서 채택해 사용하는 형식이다. 그래프 쿼리 언어(그래프QL^GraphQL)는 SQL 쿼리 작성과 유사한 API와 상호 작용하는 방법을 정의하는 비교적 새로운 사양이다.

REST 아키텍처의 단점 하나는 단일 정보를 검색하려면 다른 리소스를 여러 번 호출해야 한다는 것이다. 이것은 리소스가 어떻게 구성되었는지에 따라 달라진다. 예를 들어 사용자의 전화번호가 활성 상태인지 여부를 확인하기 위해, /user 엔드포인트에 대한 API를 호출해 모든 세부 정보를 검색한 후 /contact 같은 엔드포인트에 대한 후속 호출을 위해 전화번호를 얻은 후 앞의 엔드포인트를 호출해야 한다. 그래프QL에서 이것은 주어진 사용자의 모든 활성 전화번호를 검색하는 특정 SQL과 유사한 형태의 질의로 나타나는 단일 API 호출이다. 그래프QL은 2015년 메타(구 페이스북)에서 공개한 이후 인기를 얻었지만 REST API가 훨씬 더 일반적이다. 예를 들어 깃허브는 API의 버전 3을 REST API(https://oreil.ly/oUIG1)로 유지 관리하는 반면 최신 버전 4는 그래프QL API(https://oreil.ly/ukpla)로 한다. 여기서는 버전 3을 사용할 것이다.

호출하려는 첫 번째 API는 깃허브의 모든 저장소를 나열한다. REST API 문서의 진입점은 깃허브(https://oreil.ly/oUIG1)에서 찾을 수 있다. [그림 2-1]과 같이 특정 방법(엔드포인트^endpoint라고도 함)을 검색하거나 깃허브 페이지(https://oreil.ly/8HM5v)로 이동해 세부 정보를 볼 수 있다.

List public repositories

Lists all public repositories in the order that they were created.

Note: Pagination is powered exclusively by the `since` parameter. Use the Link header to get the URL for the next page of repositories.

`GET` /repositories

Parameters

Name	Type	In	Description
accept	string	header	Setting to `application/vnd.github.v3+json` is recommended
since	integer	query	The integer ID of the last repository that you've seen.

그림 2-1 공개 저장소 목록을 얻기 위해 사용하는 API 문서

파이썬 라이브러리를 활용한 텍스트 분석

문서에 명시되었듯이 생성된 순서대로 저장소 목록을 제공하는 GET 메서드다. requests.get 메서드를 사용해 호출하고 응답 상태를 확인하겠다.

```
import requests

response = requests.get('https://api.github.com/repositories',
                        headers={'Accept': 'application/vnd.github.v3+json'})
print(response.status_code)
```

| 출력 |

```
200
```

상태 코드 200(https://httpstatuses.com/200)은 API 호출이 성공했음을 나타낸다. 응답 객체의 인코딩을 평가해 올바르게 처리하는지 확인할 수도 있다. 응답 객체에 포함된 중요한 요소 하나는 headers 객체다. 서버명, 응답 타임스탬프, 상태 등 자세한 정보를 담고 있는 사전형 객체다. 다음 코드에서는 API에서 반환한 콘텐츠 유형과 서버 세부 정보만 추출하지만 이 객체의 요소를 모두 살펴보는 것이 좋다. 정보의 대부분은 API 문서가 자세히 설명하지만 응답을 검사하는 것은 응답을 정확하게 분석^{parse}하는 또 다른 방법이다.

```
print (response.encoding)
print (response.headers['Content-Type'])
print (response.headers['server'])
```

| 출력 |

```
utf-8
application/json; charset=utf-8
github.com
```

응답 매개변수를 살펴보면 UTF-8 인코딩을 따르고, 콘텐츠가 JSON 형식을 사용해 반환된다는 것을 이해할 수 있다. 콘텐츠는 바이트 형태의 페이로드^{payload}(전송되는 데이터)를 제공하는 콘텐츠 요소^{content element}를 사용해 직접 액세스할 수 있다. 응답이 JSON 객체임을 이미 알고 있으므로 json() 명령으로 응답을 읽는다. 이렇게 하면 각 요소에 저장소가 저장된 리스트 객체를 생성한다. 생성된 첫 번째 깃허브 저장소를 식별하기 위해 응답의 첫 번째 요소를 표시한다(https://oreil.ly/L9b6L). 응답 결과를 간단히 보기 위해 출력을 처음 200자로 제한했다.

```
import json
print (json.dumps(response.json()[0], indent=2)[:200])
```

| 출력 |

```
{
  "id": 1,
  "node_id": "MDEwOlJlcG9zaXRvcnkx",
  "name": "grit",
  "full_name": "mojombo/grit",
  "private": false,
  "owner": {
    "login": "mojombo",
    "id": 1,
    "node_id": "MDQ6VXNlcjE=",
```

이전 응답에 저장소 목록이 포함되었지만 특정 프로그래밍 언어를 찾을 때는 도움이 되지 않는다. 검색 API를 사용하는 것이 더 나을 수 있다.

```
response = requests.get('https://api.github.com/search/repositories')
print (response.status_code)
```

| 출력 |

```
422
```

앞선 요청에는 성공하지 못했다는 상태 코드 422(https://httpstatuses.com/422)로 반환되었다. 상태 코드 422는 요청은 정확했지만 서버가 요청을 처리할 수 없음을 나타낸다. 설명서(https://oreil.ly/5EtSw)에서 언급한 검색어 매개변수를 제공하지 않았기 때문이다. 응답을 보기 전에 상태 코드를 확인하고 이해하는 것이 중요하다. HTTP 사양(`https://oreil.ly/SG6tf`)에서 각 상태 코드에 대한 자세한 정의를 볼 수 있다.

파이썬으로 작성된 데이터 과학과 관련된 깃허브 저장소를 찾아보겠다. 검색어와 함께 `params`라는 두 번째 인수를 추가해 요청을 수정한다. 검색 쿼리는 깃허브 문서(`https://oreil.ly/jNCff`)에 설명된 규칙에 따라 구성한다. 이러한 규칙에 따라 검색 쿼리는 검색어로는 `data_science`, 사용하는 언어는 파이썬(`language:python`)이라는 두 가지 검색 조건을 결합(`+`)한 후 인코딩한다. 이렇게 구성된 쿼리는 `params`에 쿼리 인수 `q`로 전달하도록 작성한다. 또한 원하는 메타데이터와 JSON 형식의 결과를 얻기 위해 HTTP 헤더의 `Accept` 매개변수를 `text-match+json`으로 지정한 후 같이 전달한다.

```python
response = requests.get('https://api.github.com/search/repositories',
    params={'q': 'data_science+language:python'},
    headers={'Accept': 'application/vnd.github.v3.text-match+json'})
print(response.status_code)
```

| 출력 |

```
200
```

API 문서에 제공된 예제에 설명된 대로 `/search/repositories` 엔드포인트에 대한 응답에는 `total_count`, `incomplete_results`, `items`가 저장된 사전 객체가 포함된다. 이 응답 형식은 이전에 본 `/repositories` 엔드포인트와 다르며 각 구조는 서로 다르게 분석해야 한다. 다음은 검색에서 반환된 상위 5개 저장소의 이름을 나열한다.

```python
for item in response.json()['items'][:5]:
    printmd('**' + item['name'] + '**' + ': repository ' +
            item['text_matches'][0]['property'] + ' - \"*' +
            item['text_matches'][0]['fragment'] + '*\" matched with ' + '**' +
            item['text_matches'][0]['matches'][0]['text'] + '**')
```

```
DataCamp: repository description - "DataCamp data-science courses" matched with
data

data-science-from-scratch: repository description - "code for Data Science From
Scratch book" matched with Data Science

data-science-blogs: repository description - "A curated list of data science
blogs" matched with data science

galaxy: repository description - "Data intensive science for everyone." matched
with Data

data-scientist-roadmap: repository description - "Tutorial coming with "data
science roadmap" graphe." matched with data science
```

요청을 하고 응답을 분석하는 방법을 살펴보았다. 지금부터는 저장소의 댓글을 모니터링하고 커뮤니티 지침을 준수하는지 확인하겠다. 이를 위해 List Repository Issues(`https://oreil.ly/9l-fy`) 엔드포인트를 사용한다. 여기에서 모든 이슈 댓글을 가져오려면 소유자와 저장소 이름을 지정해야 하며 응답에는 해당 저장소에 있는 모든 댓글의 목록이 포함된다. 인기 있는 딥러닝 프레임워크인 파이토치 저장소에 다음과 같이 요청한다.

```
response = requests.get(
    'https://api.github.com/repos/pytorch/pytorch/issues/comments')
print('Response Code', response.status_code)
print('Number of comments', len(response.json()))
```

| 출력 |

```
Response Code 200
Number of comments 30
```

응답이 성공한 것을 확인할 수 있지만 반환된 댓글 수가 30개에 불과하다. 파이토치는 많은 공동 작업자와 사용자를 보유한 인기 있는 프레임워크다. 브라우저에서 저장소의 이슈 페이지를 확인하면 훨씬 더 많은 댓글을 볼 수 있다. 그렇다면 놓친 것은 무엇일까?

2.3.1 페이지 매기기

페이지 매기기는 응답 개수를 제한하기 위해 사용하는 기술로 많은 API가 사용한다. 저장소의 총 이슈 수는 많을 수 있으며 이슈에 포함된 댓글을 전부 가져오려면 시간과 비용이 많이 든다. 결과적으로 깃허브 API는 페이지 매기기pagination 개념을 구현해 한 번에 한 페이지만 반환하며 이 경우 각 페이지에는 30개 결과가 담긴다. 응답 객체의 `links` 필드는 응답 페이지 수에 대한 세부 정보를 제공한다.

```
response.links
```

| 출력 |

```
{'next': {'url': 'https://api.github.com/repositories/65600975/issues/comments?page=2',
  'rel': 'next'},
 'last': {'url': 'https://api.github.com/repositories/65600975/issues/comments?page=1334',
  'rel': 'last'}}
```

next 필드는 다음 결과 30개를 포함하는 다음 페이지의 URL을 제공하는 반면, last 필드는 총 검색 결과가 몇 개 있는지를 나타내는 마지막 페이지의 링크를 제공한다. 페이지당 이슈가 30개 있다는 것도 응답 문서에 명시되며 개수는 일반적으로 특정 최댓값까지 구성할 수 있다. 이것은 무엇을 의미할까? 모든 결과를 얻으려면 한 페이지의 모든 결과를 구문 분석한 뒤, 마지막 페이지에 도달할 때까지 다음 URL을 호출하는 함수를 구현해야 한다. 이것은 다음 링크가 있는지 확인하고 동일한 함수를 재귀적으로 호출하는 재귀 함수로 구현된다. 각 페이지에서 얻은 댓글은 `output_json` 객체에 추가되어 최종적으로 반환된다. 검색할 댓글의 수를 제한하기 위해 필터 매개변수를 사용해 2020년 7월 이후의 댓글만 가져온다. 문서에 따르면 날짜는 ISO 8601 형식으로 지정하고 다음과 같이 since 키워드를 사용해 매개변수로 제공한다.

```python
def get_all_pages(url, params=None, headers=None):
    output_json = []
    response = requests.get(url, params=params, headers=headers)
    if response.status_code == 200:
        output_json = response.json()
        if 'next' in response.links:
            next_url = response.links['next']['url']
```

```
            if next_url is not None:
                output_json += get_all_pages(next_url, params, headers)
        return output_json

    out = get_all_pages(
        "https://api.github.com/repos/pytorch/pytorch/issues/comments",
        params={
            'since': '2020-07-01T10:00:01Z',
            'sorted': 'created',
            'direction': 'desc'
        },
        headers={'Accept': 'application/vnd.github.v3+json'})

    df = pd.DataFrame(out)

    print (df['body'].count())
    df[['id','created_at','body']].sample(1)
```

| 출력 |

```
3870
```

	id	created _at	body
2176	286601372	2017-03-15T00:09:46Z	@soumith are you able to explain what dependency is broken? I can't find the PR you mentioned.

페이지 매기기 재귀 함수를 사용해 파이토치 저장소에서 댓글을 약 3,800개 캡처했으며, 그중 한 예를 표에 나타냈다. 여기에서 만든 데이터셋에 텍스트 분석 전략을 적용할 수 있다. 예를 들어 커뮤니티 지침을 준수하지 않는 댓글을 식별하고 중재 플래그를 지정할 수 있다. 또한 프로그래밍된 시간 간격으로 실행해 최신 댓글이 항상 캡처되도록 기능을 보강할 수도 있다.

2.3.2 속도 제한

댓글을 추출하는 동안 댓글 수가 3,800개만 검색된다는 사실을 눈치챘을지 모르겠다. 하지만 실제 댓글 수는 이보다 훨씬 더 많다. 이 개수는 API 사용에 속도 제한^{rate limit}을 적용한 결과다. 공급자는 API가 모든 사용자에게 서비스를 제공하면서 인프라에 대한 부하를 방지하기 위해 속도 제한을 적용할 수도 있다. 속도 제한은 특정 시간 범위 안에 엔드포인트에 얼마나 많은 요청을 할 수 있는지를 지정한다. 깃허브의 속도 제한 정책(https://oreil.ly/PH7hm)에는 다음과 같이 명시되었다.

> 인증되지 않은 요청의 경우 속도 제한은 시간당 최대 60개의 요청을 허용한다. 인증되지 않은 요청의 속도 제한은 요청한 사용자를 기반으로 하는 것이 아니라 IP 주소를 기반으로 요청 수를 판단한다.

사용량에 대한 내용은 응답 객체의 헤더 절에 있다. head 메서드를 사용해 헤더만 검색하도록 API 호출을 만든 다음 X-Ratelimit-Limit, X-Ratelimit-Remaining, X-RateLimit-Reset 헤더 요소의 내용을 살펴볼 수 있다.

```
response = requests.head(
    'https://api.github.com/repos/pytorch/pytorch/issues/comments')
print('X-Ratelimit-Limit', response.headers['X-Ratelimit-Limit'])
print('X-Ratelimit-Remaining', response.headers['X-Ratelimit-Remaining'])

# UTC 시간을 사람이 읽을 수 있는 형식으로 변환한다.
import datetime
print(
    'Rate Limits reset at',
    datetime.datetime.fromtimestamp(int(
        response.headers['X-RateLimit-Reset'])).strftime('%c'))
```

| 출력 |

```
X-Ratelimit-Limit 60
X-Ratelimit-Remaining 0
Rate Limits reset at Sun Sep 20 12:46:18 2020
```

X-Ratelimit-Limit은 단위 시간(1시간)당 요청 수를 나타내고, X-Ratelimit-Remaining은 현재 속도 제한을 넘기지 않고 보낼 수 있는 요청 수를 나타내며, X-RateLimit-Reset은 요청 수가 재설정되는 시간을 나타낸다. API 엔드포인트마다 속도 제한이 다를 수 있다. 예를

들어 깃허브 검색 API에는 분당 속도 제한이 있다(https://oreil.ly/95Fw7). 속도 제한을 초과하는 요청을 수행해 속도 제한을 초과하면 API는 상태 코드 403으로 응답한다.

API를 호출하는 동안에는 속도 제한을 준수하고 서버에 과부하가 걸리지 않도록 호출 방식을 조정해야 한다. 이전 예제와 같이 저장소에서 댓글을 추출하는 동안에는 매시간 60개의 API 호출을 수행할 수 있다. 이전 전략은 요청을 하나씩 차례대로 보내 제한 시간을 빠르게 소진한다. 다음에 보이는 handle_rate_limits 함수는 요청이 제한 시간을 초과하지 않도록 속도를 늦춰 요청을 일정 시간 간격으로 보내도록 조정한다. sleep 기능을 적용해 남은 요청을 남은 시간에 균등하게 분배해 수행한다. 이렇게 처리하면 데이터 추출 전략이 속도 제한을 준수하고 요청된 모든 데이터가 다운로드될 때까지 요청 시간을 확보하게 된다.

```python
from datetime import datetime
import time

def handle_rate_limits(response):
    now = datetime.now()
    reset_time = datetime.fromtimestamp(
        int(response.headers['X-RateLimit-Reset']))
    remaining_requests = response.headers['X-Ratelimit-Remaining']
    remaining_time = (reset_time - now).total_seconds()
    intervals = remaining_time / (1.0 + int(remaining_requests))
    print('Sleeping for', intervals)
    time.sleep(intervals)
    return True
```

API 호출을 포함한 네트워크 통신은 연결 중단, DNS 조회 실패, 연결 시간 초과 등의 여러 가지 이유로 실패한다. 기본적으로 requests 라이브러리는 재시도를 구현하지 않으므로 재시도 기능을 하는 retry_strategy를 추가하자. 이렇게 하면 지정된 실패 조건의 경우 API 호출을 다시 시도할 수 있다. 기본 HTTP 연결을 세밀하게 제어하는 **HTTPAdapter** 라이브러리로 구현할 수 있다. 여기서 실패한 시도에 대해 재시도를 5번 시행하는 retry_strategy를 추가해 어댑터를 초기화한다. 또한 재시도는 오류를 나타내는 상태 코드 500(https://httpstatuses.com/500), 상태 코드 503(https://httpstatuses.com/503), 504(https://httpstatuses.com/504)가 수신될 때만 실행되도록 한다. 서버를 망치지 않도록 두 번째 시도 이후에 각 시도 사이의 시간 지연을 기하급수적으로 증가시키는 backoff_ factor[19] 값을 지정한다.

모든 요청 객체는 쿠키, 인증, 상태 비저장 프록시 같은 다양한 요청에서 연결 설정을 관리하고 유지하는 기본 Sessions 객체를 만든다. 지금까지는 기본 Sessions 객체에 의존했지만 연결 동작에 재시도를 추가하려면 재시도를 사용할 수 있는 사용자 지정 어댑터를 지정한다. 즉 다음 코드와 같이 새로운 http Session 객체를 사용해 요청하자.

```python
from requests.adapters import HTTPAdapter
from requests.packages.urllib3.util.retry import Retry

retry_strategy = Retry(
    total=5,
    status_forcelist=[500, 503, 504],
    backoff_factor=1
)

retry_adapter = HTTPAdapter(max_retries=retry_strategy)

http = requests.Session()
http.mount("https://", retry_adapter)
http.mount("http://", retry_adapter)

response = http.get('https://api.github.com/search/repositories',
                    params={'q': 'data_science+language:python'})

for item in response.json()['items'][:5]:
    print (item['name'])
```

| 출력 |

```
DataCamp
data-science-from-scratch
data-science-blogs
galaxy
data-scientist-roadmap
```

---

19 후속 호출 사이에 time_delay={backoff factor} * (2 ** ({총 재시도 횟수} - 1))로 정의된 지연 규칙이 사용된다.

지금까지 살펴본 내용을 종합해 페이지 매기기, 속도 제한, 재시도를 처리하도록 수정할 수 있다.

```python
from requests.adapters import HTTPAdapter
from requests.packages.urllib3.util.retry import Retry

retry_strategy = Retry(
    total=5,
    status_forcelist=[500, 503, 504],
    backoff_factor=1
)

retry_adapter = HTTPAdapter(max_retries=retry_strategy)

http = requests.Session()
http.mount("https://", retry_adapter)
http.mount("http://", retry_adapter)

def get_all_pages(url, param=None, header=None):
    output_json = []
    response = http.get(url, params=param, headers=header)
    if response.status_code == 200:
        output_json = response.json()
        if 'next' in response.links:
            next_url = response.links['next']['url']
            if (next_url is not None) and (handle_rate_limits(response)):
                output_json += get_all_pages(next_url, param, header)
    return output_json
```

속도 제한 문서를 자세히 보면 사용된 인증 유형에 따라 속도 제한이 다르다. 지금까지의 모든 요청은 인증되지 않은 요청이고 속도 제한에 따른 가능 요청 수가 매우 적다. 계정을 등록함으로써 깃허브에 데이터 추출 응용 프로그램을 등록한 사용자의 것으로 식별할 수 있다. 그런 다음 속도 제한에 따른 가능 요청 수가 높아진 인증된 요청을 API에 할 수 있다. 이러한 관행은 신원 미상의 사용자나 부정한 응용 프로그램으로 API가 남용되지 않도록 보장하며, 대부분의 API 제공자들은 인증 과정 없이는 API에 대한 접근을 허용하지 않는다.

이번 전략을 통해 간단한 파이썬 requests 모듈로 임의의 API에서 데이터를 어떻게 추출하는 지, 이를 이용해 자신만의 고유한 데이터셋을 어떻게 생성하는지 알게 되었다. 여기서 소개한 방법은 대부분의 API 요청이 작동하는 기본적인 방식이며 일회성 분석 및 새 데이터 소스의 초기 탐색에 유용하다. 실제 사용 사례로 돌아가서 모델 학습을 시작하기 위해 인기 있는 딥러닝 프레임워크를 식별하려는 경우 이 전략이 유효할 것이다. 이미 판매 예측 모델을 보유한 조직에서 이 모델의 정확성에 대한 금융 시장 뉴스를 추가해 얻는 이점을 평가하려는 경우, 금융 뉴스를 제공하는 API가 있다면 데이터셋을 쉽게 생성하고, 텍스트 분석 전략을 적용하고, 모델과의 관련성을 테스트할 수 있다.

2.4 전략: 트위피를 사용한 트위터 데이터 추출

개발자들이 서비스 제공자가 제공하는 API로 더 쉽게 작업하도록, 인기 있는 대다수 서비스가 여러 프로그래밍 언어로 패키지를 제공하거나 커뮤니티 지원 모듈을 적어도 하나 이상 보유한다. API가 공식적으로 지원되는 동안, 이들 패키지는 사용자가 쉽게 사용하도록 추가 기능을 통합해 잘 관리되는 파이썬 모듈이다. 즉, API 호출, 인증 등의 기술적인 세부 사항보다는 추출하려는 데이터의 종류에 집중할 수 있다. 이번에는 커뮤니티에서 개발하고 지원하는 트위터용 파이썬 모듈의 하나인 트위피Tweepy (`https://oreil.ly/yZOU7`)를 사용한다. 트위터는 파이썬을 비롯해 다양한 언어용 라이브러리 목록(`https://oreil.ly/lwrFM`)을 관리한다. 트위피는 많은 연구자들이 적극적으로 유지 관리하고 사용하기 때문에 선택했다. 이번 전략을 설명할 때는 트위피를 사용해 트위터 API에서 데이터를 추출하지만 여기서 설명한 방법은 다른 API에서도 유사하게 적용할 수 있다.

앞에서 트위터를 사용해 새로운 마케팅 캠페인의 성과를 분석하는 방법을 설명했다. 또 다른 사용 사례로 경제에서 암호화폐의 채택과 가치를 예측하는 방법으로 암호화폐에 대한 인기와 감성을 이해하기 위해 텍스트 분석을 수행할 수도 있다. 트위터는 사용자가 자발적으로 짧은 메시지를 공유하는 소셜 미디어 네트워크로, 종종 주요 재난이나 인기 있는 스포츠 이벤트 같은 전 세계 이벤트를 실시간으로 확인할 수 있다. 사용자가 원한다면 지리적 위치를 추가할 수도 있으며, 이를 통해 특정 도시 및 지역에서 가장 크게 유행하는 현재 이벤트를 확인할 수 있다. COVID-19로 정부가 사회를 봉쇄한 기간 동안 여러 연구원들은 트위터 데이터로 바이러스의 확산과 봉쇄의 영향을 이해하고(`https://oreil.ly/J7pDT`), 이를 경제 건전성의 예측 변수로도 사용했다.

WARNING_ 트위터 같은 공개 API를 사용하는 경우 많은 사용자의 공개 타임라인에서 데이터를 검색할 수 있는데, 여기에 욕설, 폭언을 비롯해 거칠고 공격적인 언어가 포함될 수 있다. 이 점을 인지하고 데이터가 사용 사례에 따라 적절하게 처리되는지 확인하자.

2.4.1 자격 증명 획득

API 작업의 첫 단계는 자신 또는 응용 프로그램을 인증하는 것이다. API 사용자는 트위터에 개발자 계정을 등록하고 API를 사용하려는 이유 같은 세부 정보를 제공해야 한다. 이 과정은 사용자를 식별하고 무단 접근을 방지한다. 우선 트위터에 개발자 등록이 필요하다(`https://oreil.ly/vEnJp`). 트위터 계정이 없으면 계정을 만든다. 등록 과정에서 개발자 계정을 만드는 목적과 트위터 API 사용 목적에 대한 추가적인 질문을 할 것이다. 개발자 계정을 등록한 후에는 API에 대한 추가 접근 권한을 얻어야 한다(`https://bit.ly/30I5JI0`).[20]

[그림 2-2]는 추가 접근 권한을 요청하는 화면이다. 개발자 계정을 만드는 목적을 트위터가 이해할 수 있게 상세하게 응답해야 한다. API로 트윗을 추출해 이것을 어떻게 활용하는지 설명한다. 추출 기능만 사용하므로 '당신의 앱이 트윗Tweet, 리트윗Retweet, 좋아요Like, 팔로우Follow, 다이렉트 메시지Direct Message 기능을 사용할 것인가?'라는 질문에는 '아니오'라고 답한다. 각 질문을 읽고 이해한 후 다음으로 넘어간다. 이 요구 사항은 API마다 다르며 변경될 수도 있다.

그림 2-2 트위터 개발자 계정 추가 권한 획득 과정

---

20 옮긴이_ 개발자 계정을 생성하면 처음에는 트위터 API v2만 접근이 가능하다. 이번 예시에서 트위피가 사용하는 API 버전은 1.1로 추가 접근 권한을 얻어야 이용할 수 있다.

개발자 계정으로 등록했으니 다음 단계로 앱을 만들겠다. API 호출 시 앱의 자격 증명을 사용하며, 이를 발급받기 위해 앱을 만드는 이유를 반드시 작성해야 한다. 앱 이름, 앱 생성 목적, 앱과 연결된 웹사이트 URL 같은 세부 정보를 제공해야 한다. 앱을 연구 및 학습용으로 사용한다면 앱 설명에 이를 명시하고 프로젝트와 연결된 대학 페이지 또는 깃허브 저장소의 URL을 적는다. 트위터에서 앱을 승인하면 [그림 2-3]과 같이 키 및 토큰 탭으로 이동해 API 키 및 API 비밀키 필드를 찾을 수 있다. 이는 API 호출 시 인증에 사용되는 자격 증명이며 공개하지 않는 것이 중요하다.

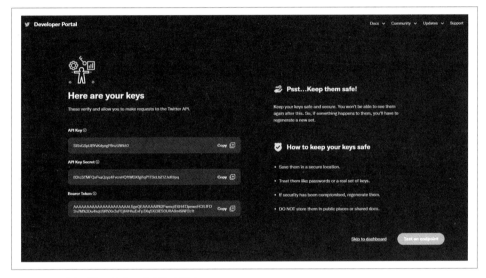

그림 2-3 트위터 앱을 등록하고 자격 증명 얻기

2.4.2 트위피 설치 및 구성

트위피의 프로젝트 저장소(https://oreil.ly/OHfnn)와 설명서(https://oreil.ly/lDDo1)는 사용법을 소개하는 정보의 최고 원천이다. 터미널에 pip install tweepy를 입력해 트위피를 설치한다. 다음으로 트위터 API로 앱을 인증한다. 이전 단계에서 얻은 API 키와 API 비밀키를 tweepy.AppAuthHandler 모듈을 사용해 전달한다. 마지막으로 트위터 API에 대한 모든 후속 호출을 수행하는 데 사용되는 tweepy.API 클래스를 인스턴스화한다. 연결이 완료되면 API 객체의 호스트와 버전을 확인할 수 있다. 공개 정보에 대한 읽기 전용 액세스에

관심이 있으므로 응용 프로그램 전용 인증(`https://oreil.ly/4oWbP`)을 사용한다.

```python
import tweepy

app_api_key = '트위터_API_키'
app_api_secret_key = '트위터_API_비밀키'

auth = tweepy.AppAuthHandler(app_api_key, app_api_secret_key)
api = tweepy.API(auth)

print ('API Host', api.host)
print ('API Version', api.api_root)
```

| 출력 |

```
API Host api.twitter.com
API Version /1.1
```

2.4.3 검색 API에서 데이터 추출

암호화폐에 대한 인식을 분석하고 그 인기를 살펴보자. 검색 API로 데이터셋을 생성하기 위해 '암호화폐cryptocurrency'를 언급한 트윗을 모두 검색한다. 트위터 API는 **페이지 매기기**를 사용해 결과를 여러 페이지로 반환하지만 이를 관리하는 함수를 자체적으로 구현하는 대신 트위피 라이브러리에서 제공하는 Cursor 객체로 페이지 매기기를 반복해 결과를 얻을 수 있다. API 객체에 검색어를 전달하고 추출할 트윗의 언어(en＝영어)를 추가로 지정한다. 100개 항목만 검색하고 결과를 JSON 포맷으로 받아 데이터프레임을 생성한다.

```python
search_term = 'cryptocurrency'

tweets = tweepy.Cursor(api.search,
                       q=search_term,
                       lang="en").items(100)

retrieved_tweets = [tweet._json for tweet in tweets]
df = pd.json_normalize(retrieved_tweets)

df[['text']].sample(3)
```

| 출력 |

	Text
59	Hi! I've been using OKEx which makes it really easy and safe to buy, sell, and store cryptocurrency (like Bitcoin).⋯ https://t.co/4m0mpyQTSN
17	Get connected today 🀱 #getconnected #bitcointrading #Bitcoin #BitcoinCash #bitcoinmining #cryptocurrency https://t.co/J60bCyFPUl
22	RT @stoinkies: We reached over 100 followers!\nGiveaway time!\nFOLLOW +RETWEET + LIKE THIS TWEET = Win 200 Dogecoin!\nEvery participant also g⋯

API 호출을 성공적으로 완료했다. 검색된 트윗의 텍스트를 이전 표에서 보고, 흥미로운 점을 살펴볼 수 있다. 예를 들어 리트윗(사용자가 다른 사용자의 트윗을 공유)을 나타내는 RT라는 단어를 볼 수 있다. 여기서는 매체의 강력한 특성인 이모지emoji의 사용을 보고, 트윗 일부가 잘린 것도 알 수 있다. 트위터는 각 트윗이 포함할 수 있는 문자 수를 제한한다. 처음에는 140자였으며, 이후에 280자로 확장되었다. 트윗 제한이 280자로 늘어나며 확장된 트윗 객체(https://oreil.ly/fvl-3)가 생성되었고, 트위피에서 검색 결과를 받아올 때는 명시적으로 해당 객체를 지정해야 한다. 또한 트위터 검색 API의 표준 버전은 지난 한 주 동안의 결과만 제공하므로 과거 트윗을 보려면 프리미엄Premium 또는 엔터프라이즈Enterprise 버전에 등록해야 한다.

> NOTE_ 트위터는 각 엔드포인트에 count의 최댓값을 지정한다. 설정한 count 값은 응답의 단일 페이지에 반환되는 결과의 최대치다. 예를 들어, 검색 엔드포인트는 최댓값을 count=100으로 지정했지만 user_timeline의 최댓값은 count=200이다.

검색을 확장해서 암호화폐 주제와 관련된 암호 같은 추가 키워드를 포함해 리트윗을 필터링한다. 여기서는 검색어에 - 기호가 추가된 필터 키워드를 사용한다. 또한 모든 트윗의 전체 텍스트를 검색하는 tweet_mode=extended 매개변수를 사용해 트윗을 가져오도록 지정한다. 표준 검색 API(https://oreil.ly/4IGcB)는 지난 7일 동안 게시된 최근 트윗의 샘플만 검색하지만 이조차도 개수가 많을 가능성이 있어, 코드를 실행하는 데 오래 대기하지 않도록 12,000개 트윗으로 제한한다. 한 번의 호출로 검색 가능한 최대 트윗 수인 count 매개변수를 30으로 지정한다.

따라서 속도 제한을 고려하면서 데이터셋을 얻으려면 호출을 400번 수행한다. 이는 API에서 지정한 15분마다 450개 요청이라는 속도 제한 내에 있다. 이번 전략을 실험하는 사이에 이 속도 제한을 초과할 수 있으므로 wait_on_rate_limit 매개변수를 설정해 트위피에서 제공하는 자동 대기 기능을 활성화한다. 또한 wait_on_rate_limit_notify를 설정해 대기 시간을 알린다. 속도 제한 내에 있다면 다음 함수가 약 5분 내에 실행되어야 한다.

```python
api = tweepy.API(auth,
                 wait_on_rate_limit=True,
                 wait_on_rate_limit_notify=True,
                 retry_count=5,
                 retry_delay=10)

search_term = 'cryptocurrency OR crypto -filter:retweets'

tweets = tweepy.Cursor(api.search,
                       q=search_term,
                       lang="en",
                       tweet_mode='extended',
                       count=30).items(12000)

retrieved_tweets = [tweet._json for tweet in tweets]

df = pd.json_normalize(retrieved_tweets)
print('Number of retrieved tweets ', len(df))
df[['created_at','full_text','entities.hashtags']].sample(2)
```

| 출력 |

```
Number of retrieved tweets  12000
```

	created_at	full_text	entities.hashtags
10505	Sat Sep 19 22:30:12 +0000 2020	Milk was created to let liquidity providers (people who have LP tokens) benefit because they can stake LP tokens at SpaceSwap, they get MILK token as a reward as well as 0.3% UniSwap commission.₩n₩n 👒 👒 👒 ₩nhttps://t.co/M7sGblDq4W₩n#DeFi #cryptocurrency #UniSwap #altcoin	[{'text': 'DeFi', 'indices': [224, 229]}, {'text': 'cryptocurrency', 'indices': [230, 245]}, {'text': 'UniSwap', 'indices': [246, 254]}, {'text': 'altcoin', 'indices': [256, 264]}]
11882	Sat Sep 19 20:57:45 +0000 2020	You can EARN dividends from our curation activity. The minimum to participate is 2000 #steem delegation... with delegation there is no risk of losing your principal. We can process the payout in #bitcoin and all major #cryptocurrencies .. #cryptocurrency ₩nhttps://t.co/4b3iH2AI4S	[{'text': 'steem', 'indices': [86, 92]}, {'text': 'bitcoin', 'indices': [195, 203]}, {'text': 'cryptocurrencies', 'indices': [218, 235]}, {'text': 'cryptocurrency', 'indices': [239, 254]}]

이전 2개의 트윗 샘플에서 볼 수 있듯이 트윗이 전송된 날짜, 트윗 내용 등의 중요한 요소가 API를 통해 제공된다. 또한 트위터는 트윗에 포함된 해시태그 같은 여러 개체를 반환하는데, 어떤 해시태그가 암호화폐를 논할 때 많이 사용되는지 살펴보는 것은 매우 흥미롭다.

```
def extract_entities(entity_list):
    entities = set()
    if len(entity_list) != 0:
        for item in entity_list:
            for key,value in item.items():
                if key == 'text':
                    entities.add(value.lower())
    return list(entities)

df['Entities'] = df['entities.hashtags'].apply(extract_entities)
pd.Series(np.concatenate(df['Entities'])).value_counts()[:25].plot(kind='barh')
```

앞의 코드는 [그림 2-4]와 같은 그래프를 생성한다. 이 그래프는 암호화폐와 함께 사용되는 중요한 해시태그를 나열한다. 여기에는 비트코인 및 이더리움 같은 암호화폐의 예와 거래 단축코드 btc 및 eth가 있다. 또한 거래 및 에어드롭air-drop 같은 관련 활동도 언급된다. 핀테크 및 애플 캐시도 언급된다. 따라서 그래프를 보고 이미 논의 중인 다양한 용어와 개체를 관찰하게 되며 거래 단축 코드의 존재로 이 트윗에 시장 정보가 일부 담긴 것을 알게 된다. 단순히 개체 개수를 나타내더라도, 데이터셋에 더 많은 고급 텍스트 분석 기술을 사용해 개체 간의 관계를 유도하면 암호화폐에 대한 대중적 감성을 파악하게 된다. 트위터 검색이 실행된 시점과 API에 의한 무작위 선택에 따라 결과가 다를 수 있음을 유의하기 바란다.

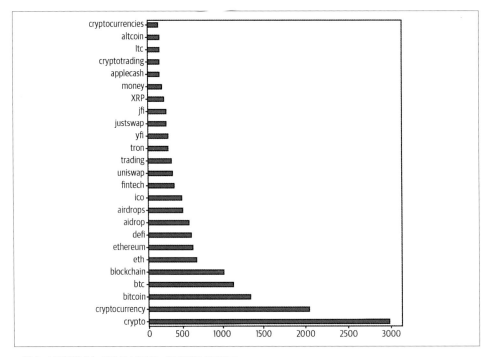

그림 2-4 암호화폐 논의에서 사용되는 일반적인 해시태그

2.4.4 사용자의 타임라인에서 데이터 추출

검색을 하지 않더라도 API를 사용하면 특정 계정의 트윗을 추출할 수 있다. 추출하려는 대상이 유명 연예인이나 세계적인 지도자 같은 사람일 수도 있고, 스포츠 팀 같은 조직일 수도 있다. 예를 들어, 세계 제일의 자동차 경주대회 포뮬러 원Formula One의 인기 있는 두 팀 메르세데스Mercedes와 페라리Ferrari의 트윗을 비교한다면 어떻겠는가? 그들이 보낸 트윗을 모두 추출하고 개별 스타일과 두 팀이 집중하는 주요 주제를 대조할 것이다. 계정(`MercedesAMGF1`)에서 보낸 트윗을 모두 검색하기 위해 이 계정의 아이디(`screen_name`)를 입력한다.

```
api = tweepy.API(auth, wait_on_rate_limit=True, wait_on_rate_limit_notify=True)

tweets = tweepy.Cursor(api.user_timeline,
                       screen_name='MercedesAMGF1',
                       lang="en",
                       tweet_mode='extended',
                       count=100).items(5000)

retrieved_tweets = [tweet._json for tweet in tweets]
df = pd.io.json.json_normalize(retrieved_tweets)
print ('Number of retrieved tweets ', len(df))
```

| 출력 |

```
Number of retrieved tweets  3232
```

보다시피 5,000개의 트윗을 요청했지만 그중 약 3,200개만 검색할 수 있었다.
API(https://oreil.ly/RaNaQ)에 대한 제한 사항이 있기 때문이다. 페라리 팀의 아이디
(ScuderiaFerrari)를 사용해 트윗을 검색한다.

```
def get_user_timeline(screen_name):
    api = tweepy.API(auth,
                     wait_on_rate_limit=True,
                     wait_on_rate_limit_notify=True)
    tweets = tweepy.Cursor(api.user_timeline,
                           screen_name=screen_name,
                           lang="en",
                           tweet_mode='extended',
                           count=200).items()
    retrieved_tweets = [tweet._json for tweet in tweets]
    df = pd.io.json.json_normalize(retrieved_tweets)
    df = df[~df['retweeted_status.id'].isna()]
    return df

df_mercedes = get_user_timeline('MercedesAMGF1')
print ('Number of Tweets from Mercedes', len(df_mercedes))
df_ferrari = get_user_timeline('ScuderiaFerrari')
print ('Number of Tweets from Ferrari', len(df_ferrari))
```

```
Number of Tweets from Mercedes 180
Number of Tweets from Ferrari 203
```

> **WARNING_** 트위피의 단점 하나는 리트윗에서 `full_text` 열이 잘려서 트윗의 전체 내용을 얻으려면
> `retweeted_status.full_text` 열을 사용해야 한다는 것이다. 사용 사례에서는 리트윗이 중요하지 않으
> 므로 `retweeted_status.id`가 비었는지 확인해 필터링한다. 단, 사용 사례에 따라 리트윗의 경우 `full_`
> `text` 열을 `retweeted_status.full_text`로 대체하는 조건을 추가할 수 있다.

리트윗을 제거하면 각 팀이 올린 트윗 수가 크게 감소한다. wordcloud 함수와 함께 1장의 워
드 클라우드를 재사용해 두 팀 각각의 트윗을 빠르게 시각화하고 두 팀이 집중한 키워드를 식
별한다. 메르세데스 트윗은 tuscangp, britishgp, race, day 등 팀이 참가한 레이스에 초점
을 맞춘다. 반면에 페라리 트윗은 페라리스토어 같은 상품과 enzofitti, schumachermick 같
은 드라이버를 홍보한다.

```
from blueprints.exploration import wordcloud

plt.figure()
wordcloud(df_mercedes['full_text'],
          max_words=100,
          stopwords=df_mercedes.head(5).index)

wordcloud(df_ferrari['full_text'],
          max_words=100,
          stopwords=df_ferrari.head(5).index)
```

| 출력 |

2.4.5 스트리밍 API를 이용한 데이터 추출

일부 API는 '스트리밍 데이터streaming data'라는 실시간 데이터를 제공한다. 이러한 API는 앞에서 본 API와 다르게 get 요청을 기다리지 않고 데이터를 바로 푸시한다. 트위터 스트리밍 API를 예로 들겠다. 이 API는 실시간으로 전송되는 트윗 샘플을 제공하며 여러 기준으로 필터링한다. 연속적인 데이터 스트림이기 때문에 데이터 추출 절차를 다른 방식으로 처리해야 한다. 트위피 는 이미 on_data 함수를 포함한 StreamListener 클래스에서 이와 관련된 기본 기능을 제공한다. 이 함수는 새 트윗이 푸시될 때마다 스트리밍 API에 의해 호출되며, 사용자는 자신의 알고리즘을 구현한 로직을 사용할 수 있다.

앞선 암호화폐 사용 사례로 돌아가서, 거래 결정을 내리기 위해 다양한 암호화폐에 대한 감성 측정을 지속적으로 업데이트하겠다. 암호화폐를 언급하는 실시간 트윗을 추적하고 인기도 점수를 지속적으로 업데이트한다. 이와 달리 슈퍼볼이나 선거 결과 발표 같은 주요 라이브 이벤트 동안 사용자의 반응을 분석하는 데 관심이 있을 수 있다. 이벤트 기간의 전체 데이터를 받고 후속 분석을 위해 결과를 저장한다.

이 전략을 일반화할 수 있도록 다음과 같이 FileStreamListener 클래스를 만든다. 이 클래스는 가져오는 트윗 스트림에 수행할 모든 작업을 관리한다. 트위터 API를 사용해 가져온 모든 트윗을 위해 on_data 메서드가 호출된다. 이 과정에서는 들어오는 트윗을 100개 배치로 수집한 다음 타임스탬프가 있는 파일에 쓴다. 여기서는 100을 선택했지만, 배치 사이즈는 시스템에서 사용 가능한 메모리에 따라 달라질 수 있다.

```python
from datetime import datetime
import math

class FileStreamListener(tweepy.StreamListener):

    def __init__(self, max_tweets=math.inf):
        self.num_tweets = 0
        self.TWEETS_FILE_SIZE = 100
        self.num_files = 0
        self.tweets = []
        self.max_tweets = max_tweets

    def on_data(self, data):
        while (self.num_files * self.TWEETS_FILE_SIZE < self.max_tweets):
            self.tweets.append(json.loads(data))
```

```
            self.num_tweets += 1
            if (self.num_tweets < self.TWEETS_FILE_SIZE):
                return True
            else:
                filename = 'Tweets_' + str(datetime.now().time()) + '.txt'
                print (self.TWEETS_FILE_SIZE, 'Tweets saved to', filename)
                file = open(filename, "w")
                json.dump(self.tweets, file)
                file.close()
                self.num_files += 1
                self.tweets = []
                self.num_tweets = 0
                return True
        return False

    def on_error(self, status_code):
        if status_code == 420:
            print ('Too many requests were made, please stagger requests')
            return False
        else:
            print ('Error {}'.format(status_code))
            return False
```

스트리밍 API를 사용하려면 기본 앱 인증만으로는 충분하지 않다. 이전에 언급한 사용자 인증도 제공해야 한다. 즉, 스트리밍 API 요청은 사용자(자신의 계정)가 생성한 앱으로 만들어진다. 또한 지금까지 사용한 AppAuthHandler 대신 OAuthHandler 클래스를 사용해야 한다.

```
user_access_token = 'YOUR_USER_ACCESS_TOKEN_HERE'
user_access_secret = 'YOUR_USER_ACCESS_SECRET_HERE'

auth = tweepy.OAuthHandler(app_api_key, app_api_secret_key)
auth.set_access_token(user_access_token, user_access_secret)
api = tweepy.API(auth, wait_on_rate_limit=True, wait_on_rate_limit_notify=True)
```

FileStreamListener의 객체를 초기화할 때 추출하려는 최대 트윗 수도 지정한다. 이 수는 중지 조건 같은 역할을 하며 지정하지 않으면 사용자가 종료하거나 서버 오류가 발생하지 않는 한 계속 실행된다. 인증 객체(api.auth)와 스트림을 관리할 객체(StreamListener 파일)를 전달해 트위터 스트림을 초기화한다. 또한 확장된 트윗extended tweets을 제공할 것을 요청한다. 이 작업이 완료되면 필터 기능을 사용하고, 추적하려는 키워드를 제공하는 것으로 스트림에서 실시간 트윗 추적을 시작할 수 있다.

```
fileStreamListener = FileStreamListener(5000)
fileStream = tweepy.Stream(auth=api.auth,
                            listener=fileStreamListener,
                            tweet_mode='extended')
fileStream.filter(track=['cryptocurrency'])
```

별도의 스레드에서 추출기를 실행하려면 필터 함수에 **async=True** 키워드를 전달한다. 일정 시간 동안 실행된 후 트윗을 저장하면 이전과 같이 팬더스 데이터프레임으로 읽을 수 있다. 오류가 발생하면 **FileStreamListener**는 재시도하지 않고 오류 **status_code**만 출력한다. 실패 처리를 구현하고 사용 사례에 맞게 **on_data** 메서드를 사용자 지정하는 것이 좋다.

이번에는 데이터 추출을 위해 널리 사용되는 API에 액세스하는 방법만 제공한다. API마다 다르기 때문에 해당 파이썬 모듈에서 제공하는 기능도 다르다. 예를 들어, 위키백과(**https://oreil.ly/zruJt**)는 텍스트 데이터 추출을 위한 또 다른 인기 있는 소스이고 위키백과 API(**https://oreil.ly/Eyon3**)는 이 데이터 추출을 위해 지원되는 파이썬 모듈 중 하나다. **pip install wikipediaapi** 명령으로 설치할 수 있으며, 공개된 데이터 소스이므로 인증 및 액세스 토큰 생성이 필요하지는 않다. 데이터를 추출하려는 주제명과 위키백과 버전(언어)만 지정하면 된다. 다음 코드 조각은 Cryptocurrency에 대한 위키백과 항목을 다운로드하고, 문서의 첫 몇 줄을 출력한다.

```
import wikipediaapi

wiki_wiki = wikipediaapi.Wikipedia(
        language='en',
        extract_format=wikipediaapi.ExtractFormat.WIKI
)

p_wiki = wiki_wiki.page('Cryptocurrency')
print (p_wiki.text[:200], '....')
```

| 출력 |

```
A cryptocurrency (or crypto currency) is a digital asset designed to work
as a medium of exchange wherein individual coin ownership records are stored
in a ledger existing in a form of computerized da ....
```

2.5 마치며

먼저 파이썬의 리퀘스트 라이브러리를 사용해 API를 호출하고 데이터를 추출하는 전략을 선보였다. 그리고 페이지 매기기, 속도 제한, 재시도 작업 방법을 알아보았다. 이러한 전략은 모든 종류의 API에 적용할 수 있으며 데이터 추출을 위한 여러 요소를 제어하고 커스터마이징할 때 유용하다. 다음 전략에서는 트위피를 사용해 트위터 API에서 데이터를 추출했다. 트위피는 인기 있는 API를 지원하고 충분히 검증된 기능을 제공하는 커뮤니티 개발 파이썬 라이브러리다. 이런 라이브러리를 활용하면 페이지 매기기 또는 백오프 기능을 직접 구현할 필요가 없어 걱정할 일이 줄어든다. 많이 사용하는 API를 이용해 데이터를 가져올 때는 기존 패키지를 사용하는 것이 편리하다.

## CHAPTER 3

웹사이트 스크래핑 및 데이터 추출

인터넷을 하다 보면 흥미로운 콘텐츠가 있는 웹사이트를 보게 된다. 전체 페이지가 몇 페이지 밖에 없다면 혼자서 모든 내용을 읽을 수 있다. 하지만 페이지가 많다면 모든 내용을 혼자서 파악하기란 불가능하다.

이 책에서 설명하는 강력한 텍스트 분석을 사용하려면 먼저 콘텐츠를 얻어야 한다. 대부분의 웹사이트에는 '모든 콘텐츠 다운로드' 버튼이 없으므로 페이지를 다운로드(스크래핑)하는 현명한 방법을 찾아야 한다.

일반적으로는 개별 웹 페이지의 콘텐츠에 관심이 많고 탐색 기능navigation 등에는 관심이 적다. 로컬에서 데이터를 사용하게 되면 강력한 추출 기술을 이용해 페이지를 제목, 내용, 일부 메타 정보(게시 날짜, 작성자 등) 같은 요소로 분석할 수 있다.

3.1 학습 목표

이 장에서는 웹사이트에서 HTML 데이터를 얻고 도구를 사용해 HTML 파일에서 콘텐츠를 추출하는 방법을 소개한다. 로이터 뉴스 아카이브에서 콘텐츠를 추출하는 과정을 살펴보자.

먼저 단일 HTML 파일을 다운로드하고 서로 다른 방법으로 각 파일에서 데이터를 추출한다. 하지만 단일 페이지만 분석할 리가 없다. 따라서 여기서는 모든 기사의 링크가 포함된 뉴스 아카이브 페이지를 다운로드하고 분석할 수 있는 전략을 세운다. 이 작업을 완료하면 언급된 문서의 URL을 알게 된다. 그런 다음 URL에서 문서를 다운로드하고 해당 콘텐츠를 팬더스 데이터프레임으로 추출한다.

이 장을 학습한 후에는 HTML을 다운로드하고 데이터를 추출하는 방법을 개괄적으로 알게 될 것이다. 또한 파이썬에서 제공하는 다양한 콘텐츠 추출 방법에 익숙해질 것이다. 이제 데이터를 다운로드하고 추출하는 예제를 살펴보고 자신의 작업에 적절한 프레임워크를 선택할 수 있다. 자주 사용되는 요소를 콘텐츠에서 추출하는 일반적인 전략과 그 예시 코드를 제시해서 원하는 프로젝트에 쉽게 적용하게 된다.

3.2 스크래핑 및 데이터 추출

웹사이트 스크래핑scraping은 일반적으로 [그림 3-1]처럼 세 가지 단계로 구성된다.

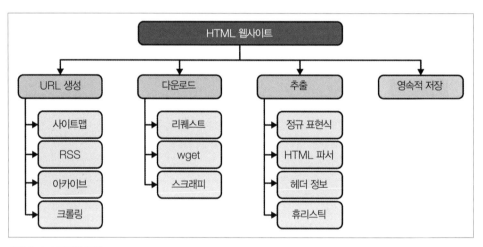

그림 3-1 스크래핑 과정

첫 단계에서 웹사이트의 모든 URL을 생성한다. 그런 다음은 도구를 사용해 해당 URL에서 페이지를 다운로드한다. 마지막 세 번째 단계에서는 다운로드한 페이지에서 데이터를 추출하는데, 이때 다른 방식을 사용할 수도 있다. 물론 추출한 데이터를 영속적[21]으로 저장하는 방법도

---

21 옮긴이_ 데이터를 생성한 프로그램의 실행이 종료되더라도 사라지지 않는 데이터의 특성을 의미한다.

중요하다. 이 장에서는 다양한 영속성 메커니즘persistence mechanism을 제공하는 팬더스의 데이터 프레임을 사용한다.

스크래핑을 줄이는 데이터셋

스크래핑 없이 전체 데이터를 다운로드할 수 있도록 제공되는 데이터셋도 있다. 주로 특정 목적하에 수집된 특수 데이터셋이 그렇다. 감성 분석에 관심이 있다면 IMDB의 댓글 데이터셋(https://oreil.ly/mljhA)과 로튼 토마토Rotten Tomatoes의 댓글 데이터셋(https://oreil.ly/CszzV)을 자주 사용한다. 구조화된 데이터를 원한다면, 텍스트와 메타데이터가 모두 담긴 엘프Yelp 데이터셋(https://oreil.ly/3la0V)을 사용한다.

도메인별 데이터셋 외에 커먼 크롤Common Crawl(http://commoncrawl.org) 같은 범용의 데이터셋도 있다. 이를 생성하기 위해 거의 매달 전체 인터넷의 일부를 크롤링해 저장하고 있다. 압축한 데이터를 저장하기 위해 WARC라는 특수 형식으로 저장한다. 데이터셋에는 약 20억 개의 웹 페이지가 담긴다. 아카이브를 자유롭게 다운로드하거나 아마존 웹 서비스Amazon Web Services(AWS)의 S3 버킷을 통해 직접 액세스할 수 있다.

실험용으로 가장 간단하고 직접 액세스할 수 있는 데이터셋은 소위 뉴스 그룹 데이터셋인데, 이는 사이킷런(https://oreil.ly/h2mIl)에 직접 내장되었다. 꽤 오래된 데이터셋이지만, 어떤 것도 다운로드하고 변환할 필요 없이 바로 분석에 투입해 실험할 수 있어 유용하다.

이 장에서는 인터넷에서 HTML 콘텐츠를 다운로드하고 추출하는 방법을 살펴보므로 기존 데이터셋은 사용하지 않는다.

3.3 로이터 뉴스 아카이브

현재와 과거의 정치 상황을 분석하는 데 관심 있고, 이와 관련된 적절한 데이터셋을 찾는다고 가정하자. 해당 데이터셋을 분석해 몇 가지 경향을 찾고, 특정 단어나 주제가 처음 소개된 시점을 찾으려 한다. 이를 위해 문서를 팬더스 데이터프레임으로 변환하는 것이 목표다.

뉴스 헤드라인과 기사는 이러한 요구 사항을 만족시킬 데이터베이스로 적합하다. 가능하다면 몇 년, 이상적으로는 수십 년 전의 데이터가 담긴 아카이브를 찾아야 한다.

일부 신문사 웹 페이지에는 아카이브(기록 보관소)가 있지만 대부분은 가능한 한 피하고 싶은 특정 정치적 색채를 띤다. 가능한 한 중립적인 콘텐츠를 찾아야 한다.

이것이 로이터 뉴스 아카이브를 사용하는 이유다. 로이터는 국제 뉴스 조직이자 통신사다. 즉, 다양한 발행물에 뉴스를 제공한다. 회사가 설립된 지 100년이 넘었고 아카이브에는 많은 뉴스 기사가 실린다. 로이터는 다음과 같은 여러 가지 이유로 좋은 콘텐츠 소스다.

- 정치적으로 중립적이다.
- 방대한 양의 뉴스 아카이브를 보유한다.
- 뉴스 기사를 섹션별로 분류한다.
- 뉴스 기사가 특정 지역에 국한되지 않는다.
- 거의 모든 사람이 흥미로운 헤드라인을 찾을 수 있다.
- 회사 정책이 데이터 다운로드에 관대하다.
- 쉽게 접속할 수 있고 웹사이트 자체가 빠르다.

데이터 검색

뉴스에 관심 있다면 대형 신문사나 방송사의 아카이브를 이용하는 것이 확실한 해결책이다. 그러나 적절한 콘텐츠를 찾기가 쉽지는 않다. 예를 들어 '굴착기'에 대한 콘텐츠를 다운로드하려 할 때 해당 콘텐츠가 어느 웹사이트에 있는지 모르기 때문에 그것부터 먼저 찾아야 한다.

오늘날의 검색 엔진은 매우 정교한 알고리즘을 사용해서 특정 검색어를 입력하면 좋은 결과를 얻을 수 있다. 데이터가 웹에 공개되었다면 검색 엔진에서 거의 찾을 수 있을 것이다. 데이터 검색에서 어려운 과제 하나는 찾으려는 데이터의 핵심 검색어가 무엇인지 아는 것이다.

검색 엔진에서 다양한 검색어를 실행해 얻은 결과를 통계적으로 분석함으로써, 가장 관련성이 높은 웹사이트를 찾을 수 있다. 이를 위해서는 많은 검색 요청이 필요하며, 그 결과로 검색된 사이트의 빈도를 계산해야 한다. API는 이러한 검색을 실행하는 데 유용하며 구글Google 및 빙Bing 같은 대규모 검색 엔진에서 사용할 수 있다.

유용한 데이터 소스를 찾은 후에는 페이지 수를 확인한다. 이때 검색 엔진이 지원하는 검색 연산자를 사용하면 유용한 결과를 얻을 수 있다.

- site:domain을 사용해 검색을 단일 도메인으로 제한한다.
- 구체적인 경우에는 inurl:/path/도 도움이 되지만 이 구문은 검색 엔진마다 다르다.

- 접근 방식을 결합할 수도 있다. URL 안에 넘파이[NumPy]를 포함하는 파이썬 문서를 검색하고, stackoverflow.com과 quora.com에서 수행한 검색 결과를 비교한다고 가정한다. 해당 검색어는 `site:quora.com python inurl:numpy` 대 `site:stackoverflow.com python inurl:numpy`다.
- 구글의 '프로그래밍 가능한 검색 엔진' 페이지 같은 검색 엔진의 도움말 페이지에서 많은 정보를 얻을 수 있다.

검색 엔진은 대화형 작업용으로 만들어졌다. 엔진에서 과도하게 많은 (자동) 검색을 수행하면 보안 문자를 보내기 시작하고 결국 사용자를 차단한다.

3.4 URL 생성

로이터 아카이브에서 콘텐츠를 다운로드하려면 콘텐츠 페이지의 URL을 알아야 한다. URL을 알고 나면 이를 수행하는 데 사용할 강력한 파이썬 도구가 있으므로 다운로드 자체가 쉬워진다.

얼핏 보면 URL을 찾는 것이 간단하게 보이지만 실제로는 그렇게 간단하지 않다. 이 과정을 URL 생성이라고 하며 많은 크롤링 프로젝트에서 어려운 작업에 속한다. 필요한 데이터가 있는 URL을 놓치지 않아야 하기 때문에 초기부터 절차에 대해 신중하게 생각해야 한다. 올바르게 수행하면 URL 생성으로 데이터 수집에 걸리는 시간을 엄청나게 절약할 수 있다.

> **WARNING_ 다운로드 주의사항**
> 데이터 다운로드가 불법인 경우도 있다. 법적 상황은 데이터가 호스팅되는 국가와 데이터를 다운로드하는 국가에 따라 다르다. 이와 관련된 내용은 종종 웹사이트의 '이용 약관' 페이지 또는 이와 유사한 페이지에 명시된다.
> 데이터가 일시적으로만 저장되는 검색 엔진에는 동일한 규칙을 적용할 수 있다. 구글 같은 검색 엔진은 스크래핑한 페이지에 대한 색인을 생성할 때 그 페이지에 대한 사용 조건을 읽고 이해할 수 없기 때문에 로봇 배제 표준(https://oreil.ly/IWysG)이라는 정말 오래된 프로토콜을 사용한다. 이를 위해 웹사이트의 최상위에는 `robots.txt`라는 파일이 있다. 많은 웹사이트를 스크래핑할 때는 자동으로 이 파일을 다운로드해 해석해야 한다. 스크래핑 대상이 단일 웹사이트라면 파일을 수동으로 읽어 데이터를 해석하는 것도 가능하다. 경험상 `Disallow: *`가 없으면 콘텐츠를 다운로드하고 (일시적으로) 저장할 수 있다.

원하는 데이터를 다운로드하는 방식은 많다.

| 크롤링 |

웹사이트의 홈페이지(또는 절)에서 시작해 동일한 웹사이트의 링크를 모두 다운로드한다. 크롤링에는 시간이 걸릴 수 있다.

| URL 생성기 |

URL 생성기를 작성하는 것은 약간 더 정교한 솔루션이며, 포럼, 블로그처럼 계층적[22]으로 구성된 콘텐츠에 가장 적합하다.

| 검색 엔진 |

검색 엔진에 특정 URL을 요청해 특정 URL만 다운로드한다.

| 사이트맵 |

검색 엔진을 위해 고안된 `sitemap.xml`(https://oreil.ly/XANO0)이라는 표준이 흥미로운 대안이 될 수 있다. `sitemap.xml` 파일에는 웹사이트의 모든 페이지 목록(또는 하위 사이트맵에 대한 참조)이 포함된다. `robots.txt` 파일과 달리 파일 이름이 고정되지 않아 때로는 `robots.txt` 자체에서 찾을 수 있다. 가장 좋은 방법은 웹사이트의 최상위에서 `sitemap.xml`을 찾는 것이다.

| RSS |

RSS 형식(https://oreil.ly/_aOOM)은 뉴스피드용으로 고안되어 자주 변경되는 콘텐츠 소스를 구독하는 데 널리 사용된다. XML 파일을 통해 작동하며 URL뿐만 아니라 문서 제목과 때로는 기사 요약도 포함한다.

| 전문 프로그램 |

소셜 네트워크 및 이와 유사한 콘텐츠에서 데이터를 다운로드하는 작업은 깃허브에 공개된 특

----

22 옮긴이_ URL에 특별한 규칙 또는 패턴을 의미한다. 예를 들어, 나무위키의 URL인 'https://namu.wiki/w/시간과%20낙엽'에서 /w 다음인 '시간과%20엽'이 해당 페이지의 문서의 주요 키워드를 나타낸다.

수 프로그램을 사용해 단순화할 수 있다. 예를 들어, 페이스북 채팅을 위한 facebook-chat-downloader(https://oreil.ly/ThyNf), 인스타그램을 위한 Instaloader(https://oreil.ly/utGsC) 등이 있다.

다음 절에서는 robots.txt, sitemaps.xml, RSS 형식에 중점을 둔다. 이 장의 뒷부분에서 URL 생성기를 사용하는 방법을 단계별로 살펴본다.

> **NOTE_ API를 쓸 수 있다면 API를 사용하자**
> URL을 생성하고 콘텐츠를 다운로드하고 추출하는 대신 API를 사용하는 것이 훨씬 쉽고 안정적이다. 자세한 정보는 2장을 참조한다.

3.5 전략: robots.txt 파일 해석

웹사이트에서 콘텐츠를 찾는 과정은 쉽지 않다. 앞서 언급한 기술이 실제로 적용되는 모습을 보기 위해 로이터 뉴스 아카이브를 살펴보자. 물론 다른 웹사이트도 비슷한 방식으로 작동한다.

앞에서 논의한 바와 같이 robots.txt(https://www.reuters.com/robots.txt)는 좋은 출발점이다.

```
# robots_allow.txt for www.reuters.com
# Disallow: /*/key-developments/article/*

User-agent: *
Disallow: /finance/stocks/option
[...]
Disallow: /news/archive/commentary

SITEMAP: https://www.reuters.com/sitemap_index.xml
SITEMAP: https://www.reuters.com/sitemap_news_index.xml
SITEMAP: https://www.reuters.com/sitemap_video_index.xml
SITEMAP: https://www.reuters.com/sitemap_market_index.xml
SITEMAP: https://www.reuters.com/brandfeature/sitemap

User-agent: Pipl
```

```
Disallow: /
[...]
```

일부 사용자 에이전트^{user agents}는 아무것도 다운로드할 수 없지만[23], 나머지 에이전트[24]는 다운로드할 수 있다. 파이썬을 이용해 프로그래밍 방식으로 이를 확인할 수 있다.

```python
import urllib.robotparser
rp = urllib.robotparser.RobotFileParser()
rp.set_url("https://www.reuters.com/robots.txt")
rp.read()
rp.can_fetch("*", "https://www.reuters.com/sitemap.xml")
```

| 출력 |

```
True
```

3.6 전략: sitemap.xml 파일로 URL 획득

로이터는 뉴스 사이트맵의 URL 목록(https://www.reuters.com/arc/outboundfeeds/news-sitemap-index/?outputType=xml)을 별도로 제공할 정도로 매우 친절하다. 이 사이트맵에는 뉴스에 대한 정보를 정리해 모아 둔 사이트맵 파일로 접속할 수 있는 URL(https://www.reuters.com/arc/outboundfeeds/news-sitemap/?outputType=xml)이 있다. 이제 뉴스 사이트맵 파일을 다운로드하자. 작성 당시에 얻은 결과는 다음과 같다.[25]

```
[...]
<url>
  <loc>https://www.reuters.com/article/
us-health-vaping-marijuana-idUSKBN1WG4KT  </loc>
  <news:news>
```

....

23 옮긴이_ "User-agent: Pipl" 줄을 이야기하는 것이다.

24 옮긴이_ "User-agent: *" 줄을 이야기하는 것이다.

25 로이터는 뉴스 웹사이트로 매일 변경된다. 따라서 코드를 실행할 때마다 완전히 다른 결과가 나올 것이다!

```
    <news:publication>
      <news:name>Reuters</news:name>
      <news:language>eng</news:language>
    </news:publication>
    <news:publication_date>2019-10-01T08:37:37+00:00</news:publication_date>
    <news:title>Banned in Boston: Without vaping, medical marijuana patients
                must adapt</news:title>
    <news:keywords>Headlines,Credit RSS</news:keywords>
  </news:news>
 </url>
 [...]
```

가장 흥미로운 부분은 기사의 URL이 포함된 `<loc>` 행이다. 이 모든 `<loc>` 행을 필터링해 모든 기사의 URL 목록을 얻으면 추후 기사를 다운로드할 수 있다.

파이썬은 라이브러리 생태계가 엄청나게 풍부해 사이트맵 파서도 쉽게 찾을 수 있다. ultimate-sitemap-parser(`https://oreil.ly/XgY9z`) 같은 몇 가지 방법도 있다. 이 파서는 사이트맵의 전체 계층 구조를 다운로드하지만 URL만 필요한 경우에는 너무 복잡하다.

`sitemap.xml`을 파이썬의 `dict`라고 하는 연관 배열(해시)로 변환하기는 쉽다.[26]

```
import xmltodict
import requests

sitemap = xmltodict.parse(requests.get(
        'https://www.reuters.com/sitemap_news_index1.xml').text)
```

파일을 실제로 다운로드하기 전에 `dict`에 무엇이 있는지 확인하자.[27]

```
urls = [url["loc"] for url in sitemap["urlset"]["url"]]
# 공간을 차지하지 않도록 맨 앞 URL 몇 개만 출력한다.
print("\n".join(urls[0:3]))
```

---

26 xmltodict 모듈이 없다면 `pip install xmltodict`를 사용해 먼저 설치하자.
27 로이터는 뉴스 사이트이며 콘텐츠는 지속적으로 업데이트된다. 결과는 확실히 다를 것이다!

| 출력 |

```
https://www.reuters.com/article/us-japan-fukushima/ex-tepco-bosses-cleared-over-
fukushima-nuclear-disaster-idUSKBN1W40CP
https://www.reuters.com/article/us-global-oil/oil-prices-rise-as-saudi-supply-risks-
come-into-focus-idUSKBN1W405X
https://www.reuters.com/article/us-saudi-aramco/iran-warns-against-war-as-us-and-
saudi-weigh-response-to-oil-attack-idUSKBN1W40VN
```

다음 절에서는 URL 목록을 사용해 콘텐츠를 다운로드한다.

3.7 전략: RSS에서 URL 획득

로이터는 뉴스 웹사이트로 RSS 피드를 통해 기사에 액세스한다. 몇 년 전만 해도 모든 브라우저가 소스를 구독할 수 있도록 URL 옆에 RSS 아이콘을 표시했다. 이제 RSS의 전성기는 지났지만 RSS 피드의 URL을 찾기는 여전히 어렵지 않다. 웹사이트 하단에서 [그림 3-2]와 같이 탐색 아이콘이 있는 코너를 볼 수 있다.

그림 3-2 RSS 피드로 연결되는 로이터 웹사이트의 일부. WIFI 표시기처럼 보이는 아이콘이 RSS 피드 페이지에 대한 링크다. 해당 웹 페이지의 소스 코드를 살펴보고 RSS를 검색해 찾을 수 있다.

세계 뉴스 RSS 피드의 URL은 http://feeds.reuters.com/Reuters/worldNews이며[28] 다음과 같이 파이썬에서 쉽게 분석할 수 있다.

```
import feedparser
feed = feedparser.parse('http://feeds.reuters.com/Reuters/worldNews')
```

RSS 파일의 개별 형식은 사이트마다 다를 수 있다. 그러나 대부분은 제목과 링크 필드를 찾을

---

28 이 책을 집필한 직후 로이터는 RSS 피드 제공을 중단했고, 대중의 항의를 받았다. RSS 피드가 복원되기를 바란다. 깃허브(https://oreil.ly/Wamlu)의 이 장에 대한 주피터 노트북은 인터넷 아카이브에서 RSS 피드의 아카이브 버전을 사용한다.

수 있다.[29]

```
[(e.title, e.link) for e in feed.entries]
```

| 출력 |

```
[('Cambodian police search for British woman, 21, missing from beach',
  'http://feeds.reuters.com/~r/Reuters/worldNews/~3/xq6Hy6R9lxo/cambodian-police-
search-for-british-woman-21-missing-from-beach-idUSKBN1X70HX'),
 ('Killing the leader may not be enough to stamp out Islamic State',
  'http://feeds.reuters.com/~r/Reuters/worldNews/~3/jbDXkbcQFPA/killing-the-leader-may-
not-be-enough-to-stamp-out-islamic-state-idUSKBN1X7203'), [...]
]
```

이 경우 id 필드에 포함된 '실제' URL에 관심이 더 많다.

```
[e.id for e in feed.entries]
```

| 출력 |

```
['https://www.reuters.com/article/us-cambodia-britain-tourist/cambodian-police-search-
for-british-woman-21-missing-from-beach-idUSKBN1X70HX?feedType=RSS&feedName=worldNews',
 'https://www.reuters.com/article/us-mideast-crisis-baghdadi-future-analys/killing-the-
leader-may-not-be-enough-to-stamp-out-islamic-state-idUSKBN1X7203?feedType=RSS&feedName
=worldNews',
 'https://www.reuters.com/article/us-britain-eu/eu-approves-brexit-delay-until-january-
31-as-pm-johnson-pursues-election-idUSKBN1X70NT?feedType=RSS&feedName=worldNews', [...]
]
```

사용할 수 있는 sitemap.xml이 없을 때 사용할 수 있는 URL 목록을 가져오는 다른 방법을 찾았다.

때로는 기본적으로 RSS와 동일한 정보를 다른 형식으로 제공하는 소위 아톰Atom 피드(https://oreil.ly/Jcdgi)를 계속 접할 것이다.

---

29 앞서 언급했듯이 로이터는 동적으로 생성되는 웹사이트이므로 결과가 달라질 것이다!

웹사이트 모니터링 도구를 구현하려면 로이터 뉴스(또는 기타 뉴스 소스) 또는 RSS(또는 아톰)를 주기적으로 살펴보는 것이 좋다.

전체 웹사이트에 관심이 있다면 `sitemap.xml`을 찾는 것이 좋다. 때로는 찾기가 어렵지만(힌트는 `robots.txt`에 있을 수 있음), 언제든 찾기 위해 그 이상의 노력을 기울일 가치가 있다.

`sitemap.xml`을 찾을 수 없지만 콘텐츠를 주기적으로 다운로드할 계획이라면 RSS가 차선책이다.

가능하면 URL에 대한 웹사이트 크롤링은 피하자. 이 절차는 대부분 제어할 수 없고 시간이 오래 걸리며 불완전한 결과를 초래할 수 있다.

3.8 데이터 다운로드

겉보기에는 데이터 다운로드가 스크래핑 절차에서 가장 어렵고 시간이 많이 걸리는 작업으로 여겨질 것이다. 하지만 이 작업은 고도로 표준화된 방식으로 간단히 수행할 수 있다.

이 절에서는 파이썬 라이브러리와 외부 도구를 사용해 데이터를 다운로드하는 다양한 방법을 소개한다. 특히 대규모 프로젝트는 외부 프로그램을 사용하면 몇 가지 이점이 있다.

몇 년 전과 비교할 때 오늘날의 인터넷은 훨씬 빨라졌다. 대형 웹사이트는 콘텐츠 전송 네트워크를 사용해 인터넷의 발전에 대응함으로써 속도를 크게 높일 수 있었다. 실제 다운로드 절차가 예전만큼 느리게 수행되지 않아 많은 도움이 되지만, 자체 대역폭에 의해 다소 제한되는 것은 여전하다.

효율적인 다운로드를 위한 팁

다음은 웹사이트를 효율적으로 다운로드하는 데 도움이 되는 팁이다.

| 압축 |

HTML은 일반적으로 매우 장황하며 여러 요인에 의해 쉽게 압축된다. 대역폭을 줄이기 위해 gzip 압축(deflate 또는 brotli도 가능)을 지원하는 다운로드 프로그램은 상당한 대역폭과 시간을 절약한다.

| 콘텐츠 배포 네트워크(CDN) |

AWS 같은 클라우드 서버와 인터넷은 매우 밀접하게 연결되어 있다. 서버 과부하를 방지하려면 병렬 다운로드를 주의 깊게 사용해야 한다. 확실히 **유예 기간**grace period을 두고 작업하고 요청 사이에 약간의 대기 시간을 두자. 더 사람처럼 보이게 하고 데이터를 다운로드하는 데 사용하는 IP를 서버에서 차단하는 것을 방지하려면 대기 시간을 무작위로 지정하는 것이 좋다.

| 접속 유지 |

지난 몇 년 동안 대부분의 서버는 안전한 데이터 전송을 위해 HTTPS/TLS 프로토콜을 사용하기 시작했다. 프로토콜의 핸드셰이크handshake는 매우 복잡하다. 가령 실제 암호화된 전송이 시작되기 전에 공개/개인 키를 확인하고 대칭 세션 키를 생성해야 한다(디피–헬먼 키 교환Diffie–Hellman key exchange(`https://oreil.ly/rOzKH`)).

브라우저는 매우 영리하며 이 세션 키에 대한 특별한 캐시를 가진다. 전용 다운로드 프로그램을 찾을 때 이러한 캐시가 있는 프로그램을 선택하자. 대기 시간을 줄이려면 HTTP 연결 유지를 사용해 TCP 연결을 재활용한다. 파이썬의 리퀘스트 라이브러리는 세션 추상화를 사용해 이 기능을 지원한다.

| 파일 저장 |

많은 프로젝트에서 다운로드한 HTML 페이지를 파일 시스템에 (일시적으로) 저장하는 것은 유용한 작업으로 입증되었다. 물론 구조화된 콘텐츠는 즉석에서 추출할 수 있지만 문제가 발생하거나 페이지의 구조가 예상과 다르다면 찾기 및 디버그하기가 어렵다. 이 작업은 특히 개발할 때 유용하다.

| 간단하게 시작 |

리퀘스트 라이브러리는 대부분의 웹페이지 다운로드에 적합하다. 괜찮은 인터페이스를 제공하며 파이썬 환경에서 작동한다.

| 차단 피하기 |

대부분의 웹사이트가 스크랩에 관대하지 않으며 상당수의 웹사이트가 대책을 구현했다. 많은 페이지를 다운로드할 계획이라면 정중하게 행동하고 요청 사이에 유예 기간을 추가하자. 어쨌든 차단되면 콘텐츠와 응답 코드를 확인해 적극적으로 이를 알아차려야 한다. IP 주소를 변경하거나 IPv6, 프록시 서버, VPN, Tor 네트워크를 사용하는 것도 가능한 옵션이다.

3.9 전략: 파이썬을 사용한 HTML 페이지 다운로드

HTML 페이지를 다운로드하려면 URL을 알아야 한다. 앞에서 살펴보았듯 URL은 사이트맵에서 확인할 수 있다. 다음 코드를 사용해 콘텐츠를 다운로드한다.[30]

```
%%time
s = requests.Session()
for url in urls[0:10]:
    # URL의 마지막 / 뒤 부분을 가져와서 파일 이름으로 사용한다.
    file = url.split("/")[-1]

    r = s.get(url)
    if r.ok:
        with open(file, "w+b") as f:
            f.write(r.text.encode('utf-8'))
    else:
        print("error with URL %s" % url)
```

| 출력 |

```
CPU times: user 117 ms, sys: 7.71 ms, total: 124 ms
Wall time: 314 ms
```

인터넷 연결에 따라 더 오래 걸릴 수 있지만 꽤 빨랐다. 세션 추상화를 사용해 연결 유지, SSL 세션 캐싱 등을 활용해 최대 속도를 보장한다.

----

30 옮긴이_ 아래 코드의 '%%'는 주피터 노트북에서 사용하는 명령어라는 의미다. 코드를 파일로 저장해 사용할 때는 해당 라인을 제거해야 한다.

3.10 전략: wget을 사용한 HTML 페이지 다운로드

대량으로 페이지를 다운로드하기 좋은 도구는 거의 모든 플랫폼에서 사용할 수 있는 명령줄 도구 wget(https://oreil.ly/wget)이다. 리눅스 또는 macOS에는 wget이 이미 설치되었거나, 그렇지 않다면 패키지 관리자를 사용해 쉽게 설치할 수 있다. 윈도우 사용자는 https://oreil.ly/2Nl0b에서 사용할 수 있는 실행 파일이 있다.

wget은 다운로드 및 HTTP 연결 유지를 위한 URL 목록을 지원한다. 일반적으로 각 HTTP 요청에는 별도의 TCP 연결(또는 디피-헬만 키 교환)이 필요하다(3.8절 '데이터 다운로드'의 '효율적인 다운로드를 위한 팁' 참조). wget의 -nc 옵션은 파일이 이미 다운로드되었는지 여부를 확인해 콘텐츠를 두 번 다운로드하지 않도록 한다. 이제 언제든지 절차를 중지하고 데이터 유실 없이 다시 시작할 수 있다. 이 기능은 웹 서버가 차단하거나 인터넷 연결이 끊길 때 긴요하다. URL 목록을 파일에 저장하고 다운로드용 템플릿으로 사용하겠다.

```
with open("urls.txt", "w+b") as f:
    f.write("\n".join(urls).encode('utf-8'))
```

이제 명령줄(또는 주피터 터미널 탭)로 이동해 wget을 호출한다.

```
wget -nc -i urls.txt
```

-i 옵션은 wget에 다운로드할 URL 목록을 전달한다. wget을 사용하면 간단한 방법으로 이미 존재하는 파일을 건너뛰거나(-nc 옵션) 다운로드 속도를 확인할 수 있다.

wget은 -r 옵션을 사용해 웹사이트를 재귀적으로 다운로드하는 데 사용할 수도 있다.

데이터를 다운로드하는 방법에는 여러 가지가 있다. 적당량(예: 수백에서 수천)의 페이지는
파이썬 프로그램에서 직접 다운로느하는 것이 표준적인 방법이다. 이때는 사용하기 쉬운 리퀘
스트 라이브러리를 이용하길 권장한다.

수천 페이지 이상의 다운로드는 먼저 URL 목록을 생성한 후에 wget 같은 전용 프로그램을 통
해 다운로드하는 단계별 절차에서 더 잘 작동한다.

3.11 반정형 데이터 추출

다음 절에서는 로이터 기사에서 데이터를 추출하는 다양한 방법을 살펴본다. 정규 표현식 사용
법을 먼저 설명하고, HTML 파서 사용법을 본격적으로 다룰 것이다.

최종적으로는 더 많은 기사 데이터를 가져오는게 목표겠지만, 첫 단계에서는 기사 하나에 집
중할 것이다. 'Banned in Boston: Without vaping, medical marijuana patients must
adapt'(https://oreil.ly/jg0Jr)를 예로 들겠다.

3.12 전략: 정규 표현식을 사용한 데이터 추출

브라우저는 기사를 분석하는 중요한 도구다. URL을 열고 '소스 보기' 기능을 사용하면 벌써 첫
단계에서 제목이 흥미롭다는 것을 알 수 있다. HTML을 살펴보면 제목이 `<title>`과 `<h1>`으
로 둘러싸여 있다.

```
[...]
<title>Banned in Boston: Without vaping, medical marijuana patients
must adapt - Reuters</title>
[...]
```

```
<h1 class="ArticleHeader_headline">Banned in Boston: Without vaping,
medical marijuana patients must adapt</h1>
[...]
```

다른 라이브러리의 사용 없이 정규 표현식으로 제목을 추출할 수 있다. 먼저 기사를 다운로
드해 us-health-vaping-marijuana-idUSKBN1WG4KT.html이라는 이름으로 로컬에 저장
한다.

```
import requests

url = 'https://www.reuters.com/article/us-health-vaping-marijuana-idUSKBN1WG4KT'

# 마지막 / 뒤의 부분을 파일 이름으로 사용한다.
file = url.split("/")[-1] + ".html"
r = requests.get(url)
with open(file, "w+b") as f:
    f.write(r.text.encode('utf-8'))
```

제목은 다음과 같이 추출할 수 있다.

```
import re

with open(file, "r") as f:
  html = f.read()
  g = re.search(r'<title>(.*)</title>', html, re.MULTILINE¦re.DOTALL)
  if g:
    print(g.groups()[0])
```

Banned in Boston: Without vaping, medical marijuana patients must adapt - Reuters

re 라이브러리는 파이썬 문자열 함수에서 바로 사용할 수 없다. 즉, 문자열의 메서드로 호출할 수 없다. HTML 문서는 여러 줄로 구성되므로 re.MULTILINE|re.DOTALL을 사용한다. 때때로 re.search를 계단식으로 호출해야 하지만, 이는 코드를 읽기 어렵게 만든다.

다른 프로그래밍 언어와 달리 파이썬에서는 re.match 대신 re.search를 사용해야 한다. re.match는 전체 문자열을 일치시키려 하므로 <title> 앞과 </title> 뒤에 데이터가 있으면 추출에 실패한다.[31]

3.13 전략: HTML 파서를 사용한 데이터 추출

기사에는 정규 표현식으로 추출하기 힘든 부분이 많다. 기사에는 글뿐 아니라, 게재일, 작성자 이름이 적혀 있는데, 이는 HTML 파서를 사용하면 훨씬 쉽게 추출할 수 있다.[32] 다행히 이를 처리할 수 있는 뷰티풀수프$^{Beautiful Soup}$(https://oreil.ly/I2VJh)라는 매우 강력한 파이썬 패키지가 있다. 뷰티풀수프가 설치되지 않았다면 pip install bs4 또는 conda install bs4 명령어를 사용해 설치한다. 뷰티풀수프는 잘 관리되지 않는 웹사이트에서 종종 발견되는 잘못 작성된 '나쁜' HTML도 분석하는 관대한 라이브러리다.

다음 절에서는 뉴스 아카이브에 담긴 기사의 구조가 모두 동일하다는 사실을 이용하겠다. 대부분의 대형 웹사이트 페이지는 손으로 만들지 않고 데이터베이스의 콘텐츠 관리 시스템으로 생성되기 때문에 구조가 비슷하다.

제목/헤드라인 추출

뷰티풀수프에서는 소위 '선택자^{selector}'라 불리는 것을 사용해 콘텐츠를 선택한다. 콘텐츠를

---

31 옮긴이_ 즉, re.match는 입력된 문자열 전체가 주어진 정규 표현식에 맞는지를 체크하는 데 반해, re.search는 해당 정규 표현식에 맞는 패턴을 입력된 문자열에서 찾아서 알려 준다는 차이점이 있다.

32 HTML은 정규 표현식으로 구문 분석할 수 없다(https://oreil.ly/EeCjy).

찾는 과정이 약간 까다롭지만 구조적 접근이 가능하다. 거의 모든 최신 브라우저는 CSS 선택자를 찾는 데 유용한 Web Inspector를 지원한다. 기사가 로드되면 브라우저에서 Web Inspector를 열고(일반적으로 F12 키를 눌러 실행) [그림 3-3]과 같이 Web Inspector 아이콘을 클릭한다.

그림 3-3 크롬 브라우저의 Web Inspector

이후 헤드라인 위로 마우스를 가져가면 [그림 3-4]와 같이 강조 표시된 해당 요소가 표시된다.

그림 3-4 Web Inspector를 사용하는 크롬 브라우저

헤드라인을 클릭해 Web Inspector에 표시한다. 그러면 다음과 같이 표시되어야 한다.

```
<h1 class="ArticleHeader_headline">Banned in Boston: Without vaping, medical
marijuana patients must adapt</h1>
```

CSS 표기법[33]으로 이 요소를 h1.ArticleHeader_headline으로 나타낼 수 있으며, 이를 이용해 요소를 선택할 수 있다. 뷰티풀수프를 이용해 이를 다음과 같이 할 수 있다.

```
from bs4 import BeautifulSoup
soup = BeautifulSoup(html, 'html.parser')
soup.select("h1.ArticleHeader_headline")
```

---

33 「CSS 완벽 가이드」(웹액츄얼리코리아, 2021)를 참조하자.

```
[<h1 class="ArticleHeader_headline">Banned in Boston: Without vaping, medical
marijuana patients must adapt</h1>]
```

뷰티풀수프를 사용하면 훨씬 쉽게 태그 이름을 사용할 수 있다.

```
soup.h1
```

```
<h1 class="ArticleHeader_headline">Banned in Boston: Without vaping, medical
marijuana patients must adapt</h1>
```

일반적으로 앞의 HTML 결과에서 가장 흥미로운 부분은 h1 태그 안의 내용이 순수하게 텍스트로만 되어 있다는 점이다. 뷰티풀수프는 다음과 같은 방법으로 추출할 수 있다.

```
soup.h1.text
```

```
'Banned in Boston: Without vaping, medical marijuana patients must adapt'
```

정규 표현식과 달리 뷰티풀수프는 불필요한 공백을 제거했다. 아쉽지만, 이 기능은 title 태그에는 잘 작동하지 않는다.

```
soup.title.text
```

```
'\n                 Banned in Boston: Without vaping, medical marijuana patients
must adapt - Reuters'
```

여기서는 데이터에서 수동으로 공백 등을 제거하고 – Reuters 접미사를 제거한다.

기사 텍스트 추출

앞서 설명한 헤드라인 선택자를 찾는 절차와 유사한 방식으로 선택자 div.StandardArticle Body_body를 사용해 텍스트 내용을 쉽게 찾을 수 있다. select를 사용할 때 뷰티풀수프는 목록을 반환한다. 기본 HTML 구조에서 목록이 단 하나의 항목으로 구성되거나 첫 번째 요소에만 관심이 있다는 것은 이 예제에서 분명하다. 여기에서 편리한 메서드인 select_one을 사용할 수 있다.

```
soup.select_one("div.StandardArticleBody_body").text
```

| 출력 |

```
"WASHINGTON (Reuters) - In the first few days of the four-month ban [...]"
```

이미지 캡션 추출

텍스트와 별도로, 캡션이 딸린 이미지도 있다. 다시 Web Inspector를 사용해 이미지 위로 마우스를 가져간 다음 해당 CSS 선택자를 찾는다. 모든 이미지가 <figure> 요소에 포함되므로 편하게 선택할 수 있다.

```
soup.select("div.StandardArticleBody_body figure img")
```

| 출력 |

```
[<img aria-label="FILE PHOTO: An employee puts down an eighth of an ounce
    marijuana after letting a customer smell it outside the Magnolia cannabis
    lounge in Oakland, California, U.S. April 20, 2018. REUTERS/Elijah Nouvelage"
    src="//s3.reutersmedia.net/resources/r/
    ?m=02&amp;d=20191001&amp;t=2&amp;i=1435991144&amp;r=LYNXMPEF90
    39L&amp;w=20"/>, <img src="//s3.reutersmedia.net/resources/r/
    ?m=02&amp;d=20191001&amp;t=2&amp;i=1435991145&amp;r=LYNXMPEF90
    39M"/>]
```

결과를 자세히 살펴보면 이미지가 하나만 있지만 브라우저에는 많은 이미지가 표시된다. 이것은 웹 페이지에서 자주 보게 되는 패턴이다. 이미지 코드는 페이지 자체에 없지만 나중에 클라이언트에서 자바스크립트로 추가한다. 기술적으로는 가능하지만 최상의 스타일은 아니다. 콘텐츠 측면에서는 이미지 소스를 원본 서버 생성 페이지에 포함하고 나중에 CSS를 이용하면 더좋을 것이다. 이것은 추출 과정에도 도움이 될 것이다. 여기에서는 이미지의 캡션에 더 관심이있으므로 선택자를 `img`에서 `figcaption`으로 바꾸겠다.

```
soup.select("div.StandardArticleBody_body figcaption")
```

| 출력 |

```
[<figcaption><div class="Image_caption"><span>FILE PHOTO:
  An employee puts down an eighth of an ounce marijuana after letting a
  customer smell it outside the Magnolia cannabis lounge in Oakland,
  California, U.S. April 20, 2018. REUTERS/Elijah Nouvelage</span></
  div></figcaption>,

<figcaption class="Slideshow_caption">Slideshow<span class="Slideshow_count">
    (2 Images)</span></figcaption>]
```

URL 추출

많은 HTML 파일을 다운로드할 때 파일의 원본 URL을 별도로 저장하지 않으면 찾기가 어렵다. 또 URL이 변경될 수 있으니 일반적으로 표준standard URL(캐노니컬canonical URL)을 사용하는 것이 가장 좋다. 다행히도 이 용도로 사용할 수 있는 `<link rel="canonical">`이라는HTML 태그가 있다. 태그는 필수가 아니지만 검색 엔진에서도 확인하고 좋은 순위를 차지하는 데 기여하므로 매우 일반적으로 사용된다.

```
soup.find("link", {'rel': 'canonical'})['href']
```

| 출력 |

```
'https://www.reuters.com/article/us-health-vaping-marijuana-idUSKBN1WG4KT'
```

목록 정보(작성자) 추출

소스 코드를 살펴보면 `<meta name="Author">` 태그에 기사 작성자가 언급되었다.

```
soup.find("meta", {'name': 'Author'})['content']
```

| 출력 |

```
'Jacqueline Tempera'
```

그런데 작성자가 한 사람만 반환되었다. 본문을 확인하니 작성자가 또 있는데, 안타깝게도 페이지의 메타 정보에 포함되지 않았다. 물론 브라우저에서 요소를 선택하고 CSS 선택자를 사용해 다시 추출할 수 있다.

```
sel = "div.BylineBar_first-container.ArticleHeader_byline-bar div.BylineBar_byline
    span"
soup.select(sel)
```

| 출력 |

```
[<span><a href="/journalists/jacqueline-tempera" target="_blank">
  Jacqueline Tempera</a>, </span>,
 <span><a href="/journalists/jonathan-allen" target="_blank">
  Jonathan Allen</a></span>]
```

작성자 이름은 간단히 추출할 수 있다.

```
[a.text for a in soup.select(sel)]
```

| 출력 |

```
['Jacqueline Tempera, ', 'Jonathan Allen']
```

의미론적 및 비의미론적 콘텐츠

이전 예와 달리 **sel** 변수에서 지정한 선택자는 의미가 없다. 레이아웃과 유사한 클래스를 기반으로 선택이 수행된다. 잠시 동안은 잘 작동하지만 레이아웃이 변경되면 그렇지 않을 수 있다. 따라서 코드가 한 번만 실행되거나 일괄적으로 실행될 가능성이 높지만, 향후에도 실행되어야 한다면 이러한 종류의 선택은 피하는 것이 상책이다.

링크 텍스트 추출(섹션)

섹션은 쉽게 추출할 수 있다. Web Inspector를 다시 사용해 CSS 선택자가 다음과 같은지 확인할 수 있다.

```
soup.select_one("div.ArticleHeader_channel a").text
```

| 출력 |

```
'Politics'
```

읽기 시간 추출

Web Inspector를 통해 읽기 시간을 쉽게 찾을 수 있다.

```
soup.select_one("p.BylineBar_reading-time").text
```

| 출력 |

```
'6 Min Read'
```

ID 속성 추출

각 기사를 식별하는 기본 키가 있으면 도움이 된다. ID는 URL에도 있지만 휴리스틱 방법과 고급 분할 방법으로도 찾을 수 있다. ID를 위해 브라우저의 '소스 보기' 기능을 사용하면, 기사 컨테이너의 **id** 속성을 알 수 있다.

```
soup.select_one("div.StandardArticle_inner-container")['id']
```

| 출력 |

```
'USKBN1WG4KT'
```

속성 추출

기사에는 작성자 외에 속성 정보가 많다. 이는 텍스트 끝에서 찾을 수 있으며 특수 컨테이너 special container 안에 있다.

```
soup.select_one("p.Attribution_content").text
```

| 출력 |

```
'Reporting Jacqueline Tempera in Brookline and Boston, Massachusetts, and
Jonathan Allen in New York; Editing by Frank McGurty and Bill Berkrot'
```

타임스탬프 추출

수많은 통계 정보를 얻으려면 기사가 게시된 시간을 알아야 한다. 시간은 섹션 옆에 언급되지만 불행히도 사람만 읽을 수 있는 형태로 되어 있다(예: '3일 전'). 이것을 분석할 수는 있지만 수행하기에는 지루하다. 실제 게시 시간(년, 월, 일, 시, 분, 초)을 알면 HTML 헤드 요소에서 그 정보를 가진 요소를 찾을 수 있다.

```
ptime = soup.find("meta", { 'property': "og:article:published_time"})['content']
print(ptime)
```

| 출력 |

```
2019-10-01T19:23:16+0000
```

파이썬은 이를 datetime 객체로 쉽게 변환할 수 있는 기능을 제공한다.

```
from dateutil import parser
parser.parse(ptime)
```

| 출력 |

```
datetime.datetime(2019, 10, 1, 19, 23, 16, tzinfo=tzutc())
```

published_time 대신 modified_time이 기사의 게시 시간과 더 밀접하다면 동일한 작업을 수행할 수 있다.

복잡한 정보 추출에는 정규 표현식을 사용한다. HTML 파서는 느리지만 훨씬 사용하기 쉽고 안정적이다.

HTML 문서의 각 요소가 뜻하는 의미를 살펴보고 기사에 나타난 정보를 가진 요소를 찾기 위해 그 정보의 의미가 담긴 클래스 이름의 HTML 태그를 사용하는 것이 합리적이다. 이러한 태그는 웹 페이지의 많은 클래스에서 동일하다는 장점이 있다. 따라서 콘텐츠 추출은 한 번만 구현해 재사용한다.

매우 간단한 경우를 제외하고 가능하면 HTML 파서를 사용하자. 거의 모든 HTML 문서에서 찾을 수 있는 몇 가지 표준 구조는 다음 글상자에서 설명한다.

표준화된 추출

일반적으로 각 문서에서 최소한 다음과 같은 표준화된 부분을 찾아 추출하는 것이 좋다.

- 제목: <title> 또는 <h1> 태그를 사용한다.

- 웹 페이지 요약: <meta name="description">을 찾는다.

- 구조화된 헤더 정보: 오픈그래프^{OpenGraph}(https://ogp.me)에서 표준화. 페이지의 소스 코드에서 og:를 검색한다.

- 웹 페이지의 URL: URL 자체에 중요한 정보가 포함될 수 있으며 <link rel="canonical">에서 찾을 수 있다.

- URL 구조: 최신 URL은 종종 은밀하지 않지만 폴더, ID 또는 블로그의 타임스탬프로 구성된 범주(섹션) 같은 많은 정보를 포함한다.

3.14 전략: 스파이더링

HTML 분석 기술을 사용해 웹 페이지를 다운로드하고 콘텐츠를 추출하는 방법을 살펴보았다. 단일 페이지를 보는 것은 비즈니스 관점에서 그다지 흥미롭지 않다. 그림 전체를 보려면 훨씬 더 많은 콘텐츠가 필요하다.

지금까지 배운 내용을 종합하면 콘텐츠 아카이브 또는 전체 웹사이트를 다운로드할 수 있다. 먼저 URL을 생성한 후 콘텐츠를 다운로드하고, 더 많은 URL을 찾는 등의 작업을 단계별로 수행한다.

이 절에서는 이런 '스파이더링[34]' 예시 하나를 자세히 설명하고 수천(또는 수백만) 페이지를 다운로드할 때 사용할 수 있는 확장 가능한 전략을 세운다.

3.14.1 사용 사례

로이터 기사 한 편을 구문 분석하는 것은 좋은 연습이 되지만 로이터 아카이브에는 매우 많은 기사가 있다. 앞서 다룬 기술을 사용하면 더 많은 기사를 구문 분석하는 것도 가능하다. 예를 들어 사용자 생성 콘텐츠가 담긴 전체 포럼이나 과학 기사가 실린 웹사이트를 다운로드하고 추출하자. 앞에서 언급했듯이 기사의 정확한 URL을 찾는 게 가장 어려운 경우가 많다.

하지만 이 경우에는 그렇지 않다. `sitemap.xml`을 이용해 찾는 것도 가능하지만, 로이터는 더 쉽게 할 수 있도록 검색 기능 등을 갖춘 로이터 아카이브(`https://www.reuters.com/news/archive`)를 제공한다. 또한 '페이징paging' 기능을 사용해 기사의 작성 시간을 찾을 수 있다.

[그림 3-5]는 아카이브의 일부를 다운로드하는 '스파이더링'의 순서도다. 절차는 다음과 같다.

1. 다운로드할 아카이브 페이지 수를 정의한다.
2. 아카이브의 각 페이지를 쉽게 분석할 수 있도록 page-000001.html, page-000002.html 등의 파일로 다운로드한다.[35] 파일이 이미 있으면 이 단계는 건너뛴다.
3. 각 page-*.html 파일에 저장된 기사의 URL을 추출한다.

---

34 옮긴이_ 웹 크롤링(web crawling)이라고도 한다. 조직적, 자동화된 방법으로 월드 와이드 웹을 탐색하고 필요하면 다운로드하는 행위를 의미한다. (`https://ko.wikipedia.org/wiki/웹_크롤러`)

35 옮긴이_ 파일 이름이 뒤죽박죽이면, 분석할 때 어떤 파일들을 읽어야 하는지 일일이 기술해야 한다. 만일 파일 이름이 본문의 방식으로 패턴화되었다면, 그 부분만 바꿔 가면서 읽을 수 있기 때문에 분석 시 편리하다. 이를 여기서 언급한 것으로 생각된다.

4. 각 기사 URL에 대해 기사를 로컬 HTML 파일로 다운로드한다. 기사 파일이 이미 있는 경우 이 단계를 건너뛴다.

5. 각 기사 파일의 내용을 파이썬의 dict 타입으로 추출하고 이 dict을 팬더스 데이터프레임으로 바꾼다.

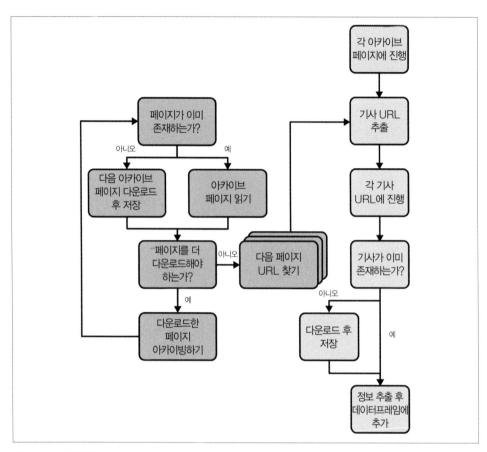

그림 3-5 스파이더링 순서도

일반적인 접근 방식에서는 기사 URL에 최종적으로 도달하기 전, 3단계에서 중간 단계의 URL을 추가적으로 추출해야 할 수도 있다. 예를 들어, 3단계에 저장된 페이지가 연도, 월 등의 정보가 담긴 개요 페이지라면 이 개요 페이지를 다운로드해 기사 URL을 추출한다.

각 단계를 개별로 실행하고 다운로드는 한 번만 수행하는 방식으로 절차가 구성되었다. 이렇게 하면 HTML 파일 하나가 누락되거나 형식이 잘못되었다고 다운로드를 비롯해 모든 절차를 처음부터 다시 시작하지 않아도 되기 때문에, 이 방법은 특히 다량의 기사/URL을 추출할 때 유용하다. 또한 절차를 언제든지 다시 시작하며, 아직 다운로드하지 않은 데이터만 다운로드한다. 이 개념을 멱등성idempotence이라고 하는데, 종종 '비싼' API와 상호 작용할 때 유용하다.

완성된 프로그램은 다음과 같다.

```python
import requests
from bs4 import BeautifulSoup
import os.path
from dateutil import parser

def download_archive_page(page):
    filename = "page-%06d.html" % page

    if not os.path.isfile(filename):
        url = "https://www.reuters.com/news/archive/" + \
            "?view=page&page=%d&pageSize=10" % page
        r = requests.get(url)
        with open(filename, "w+") as f:
            f.write(r.text)

def parse_archive_page(page_file):
    with open(page_file, "r") as f:
        html = f.read()

    soup = BeautifulSoup(html, 'html.parser')
    hrefs = ["https://www.reuters.com" + a['href']
                for a in soup.select("article.story div.story-content a")]
    return hrefs

def download_article(url):
    # 기사 파일이 지정된 폴더에 이미 저장되었는지 체크한다.
    filename = url.split("/")[-1] + ".html"
    if not os.path.isfile(filename):
        r = requests.get(url)
        with open(filename, "w+") as f:
            f.write(r.text)

def parse_article(article_file):
    with open(article_file, "r") as f:
        html = f.read()
    r = {}
```

```python
soup = BeautifulSoup(html, 'html.parser')
r['id'] = soup.select_one("div.StandardArticle_inner-container")['id']
r['url'] = soup.find("link", {'rel': 'canonical'})['href']
r['headline'] = soup.h1.text
r['section'] = soup.select_one("div.ArticleHeader_channel a").text
r['text'] = soup.select_one("div.StandardArticleBody_body").text
r['authors'] = [a.text
                for a in soup.select("div.BylineBar_first-container.\
                                     ArticleHeader_byline-bar\
                                     div.BylineBar_byline span")]
r['time'] = soup.find("meta", { 'property':
                                "og:article:published_time"})['content']

return r
```

이러한 함수를 정의하면 (쉽게 변경할 수 있는) 매개변수를 사용해 원하는 정보를 분석하도록 호출할 수 있다.

```python
# 아카이브 10페이지를 다운로드한다.
for p in range(1, 10):
    download_archive_page(p)

# 아카이브를 분석하고 article_urls에 추가한다.
import glob

article_urls = []

for page_file in glob.glob("page-*.html"):
    article_urls += parse_archive_page(page_file)

# 기사를 다운로드한다.
for url in article_urls:
    download_article(url)

# 팬더스의 데이터프레임에서 배치한다.
import pandas as pd

df = pd.DataFrame()
for article_file in glob.glob("*-id???????????.html"):
    df = df.append(parse_article(article_file), ignore_index=True)

df['time'] = pd.to_datetime(df.time)
```

3.14.2 오류 처리 및 생산 품질 소프트웨어

예제를 단순화하기 위해 앞서 설명한 모든 예제 프로그램은 오류 처리를 사용하지 않는다. 그러나 프로덕션 소프트웨어에서는 예외 처리를 사용해야 한다. HTML은 자주 변경되고 페이지가 불완전할 수 있어 언제든 오류가 발생할 수 있다. 그러므로 try/except를 사용해 오류를 기록하는 것이 좋다. 시스템 오류가 발생하면 근본 원인을 찾아 제거해야 한다. 드문드문 발생하는 오류나 잘못된 HTML로 발생하는 오류는 서버 소프트웨어 때문일 수도 있으니 무시해도 괜찮다.

앞에서 설명한 다운로드 및 파일 저장 메커니즘을 사용해 추출 절차를 언제든 다시 시작하거나 특정 문제가 있는 파일에 개별적으로 적용할 수도 있다. 이와 같은 큰 이점은 깨끗하게 추출된 데이터셋을 빠르게 얻는 데 도움이 된다.

URL 생성은 콘텐츠 추출만큼 어려우며 많은 오류 처리가 수반되기도 한다. 예를 들어 계층적 콘텐츠를 다운로드하려면 오류 처리 작업을 여러 번 반복해야 하는 경우가 많다.

데이터를 다운로드할 때는 항상 각 URL의 파일 이름을 찾아 파일 시스템에 저장한다. 생각보다 절차를 빈번하게 다시 시작해야 한다. 앞서 이미 다운로드한 파일을 체크하는 코드 때문에, 모든 것을 계속해서 다운로드할 필요가 없다는 것은 특히 개발 과정에서 매우 유용하다.

데이터를 다운로드한 후 데이터를 추출했다면, 나중에 사용할 수 있도록 다운로드한 내용을 유지하고 싶을 것이다. 쉬운 방법은 개별 JSON 파일에 저장하는 것이다. 파일이 많다면 디렉터리 구조를 사용하는 것이 좋은 옵션일 수 있다. 페이지 수가 증가하면 이마저도 제대로 확장되지 않을 수 있으므로 데이터베이스나 다른 열 데이터 저장소를 사용하는 것이 좋다.

3.15 밀도 기반 텍스트 추출

HTML에서 구조화된 데이터를 추출하는 과정은 복잡하지는 않지만 지루함의 반복이다. 웹사이트에서 전체 데이터를 추출할 때는 제한된 수의 페이지 유형에서만 추출을 구현하면 되므로 수고할 가치가 있다.

그러나 다양한 웹사이트에서 텍스트를 추출해야 할 수도 있다. 각각에 대한 추출 코드를 구현하기는 쉽지 않다. 제목, 설명 등 쉽게 찾을 수 있는 메타데이터가 있지만 텍스트 자체는 찾기가 쉽지 않다.

정보 밀도information density를 살펴보면 텍스트 추출을 가능하게 하는 몇 가지 휴리스틱 방법이 있다. 이 방법을 구성하는 알고리즘은 정보의 밀도를 측정하므로 머리글, 탐색, 바닥글과 같이 반복되는 정보를 자동으로 제거한다. 구현은 그렇게 단순하지 않지만 **python-readability** 라이브러리(`https://oreil.ly/AemZh`)를 사용해 간단히 할 수 있다. 이 이름은 웹 페이지에서 불필요한 부분을 제거하고 쉽게 읽히도록 고안된 리더빌리티Readability라는, 현재는 사라진 브라우저 플러그인에서 유래했다. 바로 지금 필요한 기능이다. 시작하려면 먼저 `pip install readability-lxml`를 입력해 **python-readability**를 설치한다.

3.15.1 리더빌리티로 로이터 콘텐츠 추출

로이터 사례에서는 어떻게 작동하는지 살펴보자. 앞서 다운로드한 HTML 파일이나 URL을 입력으로 사용할 수도 있다.

```
from readability import Document

doc = Document(html)
doc.title()
```

| 출력 |

```
'Banned in Boston: Without vaping, medical marijuana patients must adapt —
Reuters'
```

보다시피 쉽게 추출할 수 있다. 제목은 해당 요소를 통해 추출할 수 있다. 라이브러리는 페이지의 제목이나 요약문을 찾는 등 몇 가지 추가 기능을 제공한다.

```
doc.short_title()
```

| 출력 |

```
'Banned in Boston: Without vaping, medical marijuana patients must adapt'
```

이것만으로도 충분히 좋다. 실제 콘텐츠에서 얼마나 잘 작동하는지 확인한다.

```
doc.summary()
```

| 출력 |

```
'<html><body><div><div class="StandardArticleBody_body"><p>BOSTON (Reuters) - In the
first few days of [...] </p>

<div class="Attribution_container"><div class="Attribution_attribution">
<p class="Attribution_content">Reporting Jacqueline Tempera in Brookline
and Boston, Massachusetts, and Jonathan Allen in New York; Editing by Frank
McGurty and Bill Berkrot</p></div></div></div></div></body></html>'
```

데이터에는 여전히 HTML 구조가 남아 있으며 단락이 포함되었는데, 이 상태를 유지하면 나중에 유용할 수 있다. 물론 뷰티풀수프로 body 부분을 HTML에서 다시 추출할 수 있다.

```
density_soup = BeautifulSoup(doc.summary(), 'html.parser')
density_soup.body.text
```

| 출력 |

```
'BOSTON (Reuters) - In the first few days of the four-month ban on all vaping
products in Massachusetts, Laura Lee Medeiros, a medical marijuana patient,
began to worry.\xa0 FILE PHOTO: An employee puts down an eighth of an ounce
marijuana after letting a customer smell it outside the Magnolia cannabis
lounge in Oakland, California, U.S. [...]

Reporting Jacqueline Tempera in Brookline and Boston, Massachusetts, and
Jonathan Allen in New York; Editing by Frank McGurty and Bill Berkrot'
```

결과가 훌륭하다. python-readability는 대부분의 상황에서 합리적으로 잘 작동하며 페이지 형태가 특이한 경우에도 사용자가 별도로 손델 필요가 없을 정도로 잘 작동한다. 그러나 이 라이브러리가 완벽하다고 확신하지는 못한다. 과연 이 라이브러리가 타임스탬프, 작성자 등의 구조화된 데이터를 추출할 수 없는 상태에서 (다른 휴리스틱 방법이 있을 수 있지만) 항상 예상하는 방식으로 작동할 것인가?

3.15.2 요약 밀도 기반 텍스트 추출

밀도 기반 텍스트 추출은 HTML 페이지의 정보 분포에 대한 경험적^{heuristics} 정보와 통계적 정보를 모두 사용할 때 강력하다. 이 방식은 특정 추출기를 구현하는 것과 비교할 때 결과가 대개 더 나쁘지만 다양한 페이지 유형이나 고정된 레이아웃이 전혀 없는 아카이브에서 콘텐츠를 추출해야 할 때는 더 좋다.

경험과 통계가 둘 다 때로는 잘못된 방향으로 갈 수 있으므로 구조화된 접근 방식에 비해 나중에 상세한 품질 검증을 수행하는 것이 훨씬 더 중요하다.

3.16 올인원 접근 방식

스크래피^{Scrapy}(`https://scrapy.org`)는 스파이더링 및 콘텐츠 추출에 대한 올인원 접근 방식을 제공하는 또 다른 파이썬 패키지다. 방법은 이전 절에서 설명한 방법과 유사하지만 스크래피는 웹사이트의 일부만이 아니라 전체 웹사이트를 다운로드하는 데 더 적합하다.

스크래피의 객체 지향, 전체론적 접근 방식은 확실히 훌륭하고 코드는 가독성이 좋다. 그러나 전체 웹사이트를 다시 다운로드하지 않고 스파이더링 및 추출을 다시 시작하는 것은 상당히 어려운 것으로 나타났다.

앞서 설명한 접근 방식과 비교해 다운로드는 파이썬에서도 해야 한다. 페이지 수가 많은 웹사이트에서는 HTTP 연결 유지를 사용할 수 없으며 gzip 인코딩도 어렵다. 둘 다 `wget` 같은 도구를 이용해 다운로드 기능을 외부화함으로써 모듈 방식으로 쉽게 통합할 수 있다.

3.17 전략: 스크래피를 사용한 로이터 아카이브 스크래핑

아카이브와 기사의 다운로드가 스크래피에서 어떻게 보이는지 알아보자. `conda install`

scrapy 또는 pip install scrapy 명령어를 입력해 스크래피를 설치한다.

```python
import scrapy
import logging

class ReutersArchiveSpider(scrapy.Spider):
    name = 'reuters-archive'

    custom_settings = {
        'LOG_LEVEL': logging.WARNING,
        'FEED_FORMAT': 'json',
        'FEED_URI': 'reuters-archive.json'
    }

    start_urls = [
        'https://www.reuters.com/news/archive/',
    ]

    def parse(self, response):
        for article in response.css("article.story div.story-content a"):
            yield response.follow(article.css("a::attr(href)").extract_first(),
                                  self.parse_article)
        next_page_url = response.css('a.control-nav-next::attr(href)').\
                        extract_first()
        if (next_page_url is not None) & ('page=2' not in next_page_url):
            yield response.follow(next_page_url, self.parse)

    def parse_article(self, response):
        yield {
          'title': response.css('h1::text').extract_first().strip(),
          'section': response.css('div.ArticleHeader_channel a::text').\
                    extract_first().strip(),
          'text': "\n".join(response.\
                  css('div.StandardArticleBody_body p::text').extract())
        }
```

스크래피는 객체 지향 방식으로 작동한다. 각각 스파이더라고 부르는 scrapy.Spider에서 파생된 클래스를 구현해야 한다. 스크래피는 많은 디버그 정보를 출력하는데, 이는 logging. WARNING 덕분이다. 기본 클래스는 start_urls를 사용해 구문 분석 함수를 자동으로 호출한다. 이 함수는 기사에 대한 링크를 추출하고 parse_article 함수를 매개변수로 사용해 yield

를 호출한다. 또한 차례로 기사에서 일부 속성을 추출해 파이썬의 **dict** 타입으로 생성한다. 마지막으로 다음 페이지 링크가 크롤링되지만 둘째 페이지를 가져오기 전에 여기에서 멈춘다.

yield는 스크래피에서 이중 기능을 한다. **dict**를 yield하면 결과에 추가되며, Request 객체를 yield하면 해당 Request를 가져와 분석한다.

WARNING_ 스크래피와 주피터

스크래피는 명령줄 사용에 최적화되었으며 주피터 노트북에서도 호출할 수 있다. 스크래피는 (오래된) Twisted 환경(https://oreil.ly/j6HCm)을 사용하므로 스크래핑을 중간부터 다시 시작할 수 없어서 주피터 노트북에서 사용할 경우 기회는 단 한 번뿐이다(그렇지 않으면 주피터 노트북을 다시 시작해야 한다).

```
# Twisted로 인해 주피터 노트북에서는 한 번만 실행할 수 있다.
from scrapy.crawler import CrawlerProcess
process = CrawlerProcess()

process.crawl(ReutersArchiveSpider)
process.start()
```

아래 몇 가지 사항은 반드시 알아두도록 하자.

- 올인원 접근 방식은 우아하고 간결해 보인다.

- 코드는 대부분이 기사에서 데이터를 추출하는 데 사용되기 때문에 자주 변경되어야 한다. 이를 위해 스파이더링을 다시 시작해야 하며(주피터에서 스크립트를 실행할 때는 주피터 노트북 서버도 다시 시작해야 함) 처리 시간이 엄청나게 늘어난다.

- 올인원 접근 방식은 JSON을 직접 생성할 수 있어 좋다. JSON 파일에 결과가 추가되므로 스파이더링 절차를 시작하기 전에 파일을 삭제하지 않으면 사용할 수 없는 JSON이 생성될 수 있으니 주의하라. 이 문제는 소위 jl 형식(줄 바꿈으로 구분newline-delimited되는 JSON 파일 포맷[36])을 사용해 해결할 수 있지만, 정상적인 절차에 의한 해결 방법은 아니다.

- 스크래피에는 좋은 기능이 몇 가지 있다. 일상적인 작업에서는 주로 디버깅이 어렵기 때문에 사용하지 않는다. 강력한 필요에 의해 HTML 파일의 영속성persistence을 사용하는 경우, 이 기능들은 많은 이점을 잃게 된다. 객체 지향 접근 방식은 유용하며 많은 노력 없이 스크래피 외부에서 구현할 수 있다.

스크래피도 HTML 콘텐츠를 추출하기 위해 CSS 선택자를 사용하므로 기본 기술은 여느 접근 방식과 동일하다. 그러나 다운로드 방법에는 상당한 차이가 있다. Twisted를 백엔드로 사용하

---

36 옮긴이_ https://jsonlines.org

면 약간의 오버헤드가 발생하고 특별한 프로그래밍 모델을 사용해야 한다.

올인원 접근 방식이 프로젝트 요구 사항에 적합한지 신중하게 판단하자. 일부 웹사이트에서는 기존의 스크래피 스파이더가 이미 사용 가능하고 재사용될 수 있다.

3.18 스크래핑과 관련된 문제

콘텐츠를 스크랩하기 전에 가능하다면 저작권 및 데이터 보호 문제를 고려하는 것이 좋다. 점점 더 많은 웹 응용 프로그램이 리액트^{React}(https://reactjs.org) 같은 프레임워크를 사용해 구성된다. 이런 웹 앱은 단일 페이지로 구성되며 API를 통해 데이터를 전송한다.

이로 인해 자바스크립트 없이는 웹사이트가 작동하지 않는 경우가 많다. 때로는 특수 URL이 스파이더링에도 유용한 검색 엔진용으로 구축되는데, 보통은 `sitemap.xml`에서 찾을 수 있다. 브라우저에서 자바스크립트를 *끄고* 웹사이트가 계속 작동하는지 확인할 수 있다.

자바스크립트가 필요하면 브라우저의 Web Inspector를 사용해 네트워크 탭에서 네트워크 요청을 찾을 수 있다. 때때로 요청은 JSON을 사용해 요청 데이터를 전송하므로 HTML에 비해 추출하기가 훨씬 쉽다. 그러나 개별 JSON을 얻기 위한 URL은 여전히 생성되어야 하며 교차 사이트 요청 위조(CSRF)[37]를 방지하기 위해 매개변수를 추가할 수 있다(https://oreil.ly/_60_Q).

페이스북 타임라인, 인스타그램, 트위터와 같이 요청이 매우 복잡한 경우도 있다. 이러한 웹사이트는 콘텐츠를 자체적으로 유지하고 스파이더링을 방지하려고 한다.

스크래핑하기가 복잡한 경우에는 원래 웹 응용 프로그램의 자동 테스트를 위해 고안된 프레임워크인 셀레니움^{Selenium}(https://oreil.ly/YssLD) 또는 헤드리스 브라우저(https://oreil.ly/CH2ZI)를 사용해 브라우저를 '원격 제어'하는 것이 유용하다.[38]

---

37 옮긴이_ Cross-Site Request Forgery의 약자다(http://www.egocube.pe.kr/translation/content/asp-net-web-api/201402030001).

38 옮긴이_ 이러한 방식은 프로그래밍으로 사용자가 브라우저에 할 수 있는 행동(예를 들면, URL 입력 및 이동, 로그인, 페이지 스크롤)을 거의 모두 할 수 있고, wget으로 얻지 못하는 제어 이후의 html 코드를 얻을 수 있다. 이때 이 결과는 앞서 이야기한, 자바스크립트를 실행해야 얻을 수 있는 정보까지 담고 있는 경우가 대부분이다. 그러므로 자바스크립트를 이용해서 화면에 표시하는 정보를 가져오는 페이지(구글 검색 결과, 페이스북, 트위터 등)는 이러한 방식을 사용해 정보를 얻어 올 수 있다.

구글 같은 웹사이트들은 자동 다운로드를 감지해 보안 문자를 보낸다. 구글만이 아니라 다른 웹사이트에서도 이런 식이다. 보통 보안 문자는 특정 IP 주소에 바인딩된다. 이 경우 일반 브라우저를 사용해 '잠금 해제'해야 하며, 프로그램으로 수행하는 자동 요청은 일반 브라우저를 이용한 잠금 해제 사이에서 앞서 대기한 것보다 더 대기한 후에 이루어져야 한다.

콘텐츠 추출을 피하는 또 다른 방법은 CSS 클래스에 완전히 임의의 이름으로 난독화된 HTML 코드를 만드는 것이다. 이름이 변경되지 않으면 처음에는 올바른 CSS 선택자를 찾는 것이 더 어렵지만 찾고 난 뒤에는 자동으로 작동해야 한다. 하지만 이름이 매일 바뀌면 콘텐츠 추출이 매우 어려워진다.

3.19 마치며

웹 스크래핑은 콘텐츠를 얻는 강력하면서도 확장 가능한 기술이다. 파이썬에서 지원하는 다양한 라이브러리는 탁월한 방식으로 스크래핑 프로젝트를 지원한다. 리퀘스트 라이브러리와 뷰티풀수프의 조합은 만족스럽고 대규모 스크래핑 작업에서 매우 잘 작동한다.

이 장 전체에서 보았듯이 대규모 스크래핑 프로젝트를 URL 생성 및 다운로드 단계로 체계적으로 나눌 수 있다. 문서의 양이 정말 많아지면 네트워크 요청 방식보다 wget 같은 외부 도구를 이용하는 것이 더 적합할 수 있다. 모든 것이 다운로드되는 즉시 뷰티풀수프를 사용해 콘텐츠를 추출할 수 있다.

대기 시간을 최소화하려면 모든 단계를 병렬로 실행하는 것이 좋다. 법적 문제를 인식하고 robots.txt의 규칙을 준수해 '윤리적 스크래퍼'로 행동해야 한다.

CHAPTER 4

통계 및 머신러닝을 위한
텍스트 데이터 준비

텍스트 문서는 기술적으로 보면 일련의 문자일 뿐이다. 콘텐츠에 대한 모델을 구축하려면 텍스트를 일련의 단어 또는 보통 토큰이라고 하는 의미 있는 문자 시퀀스로 변환해야 한다. 그러나 그것만으로는 충분하지 않다. 단일 이름으로 취급하는 단어 시퀀스 New York을 보자. 복합 구조와 같은 단어 시퀀스를 올바르게 식별하려면 정교한 언어 처리가 필요하다.

일반적으로 데이터 준비나 데이터 전처리에는 데이터를 분석의 기초가 되는 형태로 변환할 뿐만 아니라 분석에 방해가 되는 노이즈를 제거하는 과정도 포함된다. 무엇이 노이즈고 아닌지는 앞으로 수행할 분석에 좌우된다. 노이즈는 텍스트 데이터를 작업할 때 다양한 형태로 나타난다. 원시 데이터에는 보통 HTML 태그 또는 특수 문자가 있는데 대개는 제거되어야 한다. 그러나 별 의미 없는 빈번한 단어, 소위 불용어는 패턴을 감지하기 어렵게 만들기 때문에 머신러닝 및 데이터 분석에서 노이즈를 고려해야 한다.

4.1 학습 목표

이 장에서는 텍스트 전처리 파이프라인을 개발한다. 파이프라인은 원시 텍스트를 입력으로 받아 정리하고 변환하고 텍스트 콘텐츠의 기본 특성feature을 추출한다. 데이터 정리 및 토큰화를 위한 정규 표현식으로 시작한 다음에 스페이시 라이브러리를 사용한 언어 처리에 중점을 둔다. 스페이시는 최신 API와 최첨단 모델을 갖춘 강력한 NLP 라이브러리다. 일부 작업에서는 데이터 전처리를 위한 몇 가지 기능을 추가하기 위해 textacy 라이브러리를 사용할 것이다. 또한 필요할 때마다 NLTK 및 기타 라이브러리를 언급하겠다.

이 장을 학습한 후에는 데이터 준비 과정을 구성하는 필수 단계와 선택 단계를 알게 될 것이다. 데이터 정리를 위해 정규 표현식을 사용하는 방법과 특성 추출을 위해 스페이시를 사용하는 방법도 알게 된다. 전략과 함께 제공된 코드를 사용해 자신의 프로젝트를 위한 데이터 준비 파이프라인을 빠르게 구성할 수 있다.

4.2 데이터 전처리 파이프라인

데이터 전처리는 여러 단계로 구성된다. 원시 데이터를 파이프라인에 공급하고 변환 및 전처리된 데이터를 파이프라인에서 가져온다. 이 시퀀스를 **파이프라인**pipeline이라고 한다. 이미 1장에서 토큰화 및 불용어 제거를 비롯해 간단한 데이터 처리 파이프라인을 구축했다. 이 장에서는 '파이프라인'이라는 용어를 처리 단계를 의미하는 용어로 사용할 것이다. [그림 4-1]은 전처리 파이프라인에 대한 개요를 제공한다.

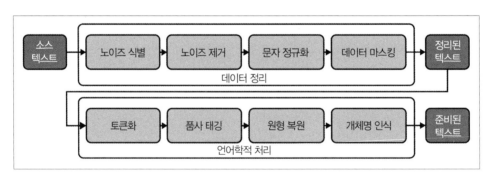

그림 4-1 텍스트 데이터에 일반적인 전처리를 수행하는 파이프라인

파이프라인의 첫 번째 작업은 데이터 정리다. 먼저 텍스트에서 HTML 태그 및 출력할 수 없는 문자와 같은 노이즈를 식별한 후 제거한다. 문자 정규화character normalization를 하는 동안에 악센트 및 하이픈과 같은 특수 문자는 표준 표현으로 변환된다. 마지막으로 URL이나 이메일 주소와 같은 식별자에 분석과 무관하거나 개인 정보 보호 문제가 있는 경우, 이를 마스킹하거나 제거한다. 데이터 정리를 마친 텍스트는 언어 처리를 시작할 만큼 깨끗하다.

여기서 토큰화는 문서를 단어 및 구두점 문자와 같은 별도의 토큰 목록으로 분할한다. 품사[POS] 태깅은 명사[noun], 동사[verb], 관사[article] 등 단어 클래스를 결정하는 절차다. 원형 복원[lemmatization]은 굴절어[39]를 변화되기 이전 어근인 원형[lemma]으로 매핑한다(예: $are \rightarrow be$). 텍스트에서 **개체명 인식**[named-entity recognition]의 대상은 사람, 조직, 위치 등에 대한 참조를 식별하는 과정이다.

마지막으로는 분석 및 머신러닝을 위해 준비된 데이터로 데이터베이스를 만든다. 이 장에서 소개하는 전략 중 문제 해결에 필요한 파이프라인에 적당한 전략을 선택하는 것은 당신 몫이다.

4.3 데이터셋: 레딧 셀프포스트

텍스트 데이터를 준비하는 과정은 사용자 생성 콘텐츠[user generated content](UGC)로 작업할 때 특히 어렵다. 전문 보고서, 뉴스, 블로그처럼 잘 편집된 텍스트와 달리 소셜 미디어에 사용자가 올린 콘텐츠는 대개 짧고 약어, 해시태그, 이모티콘, 오타가 많다. 그래서 캐글에서 호스팅하는 레딧 셀프포스트[Reddit Self-Posts](`https://oreil.ly/0pnq0`) 데이터셋을 사용하겠다. 전체 데이터셋에는 제목과 콘텐츠가 포함된 사용자 게시물이 약 100만 개 있으며, 각 하위 레딧에는 레코드가 1,000개 있다. 자동차 범주에 포함된 2만 개 게시물 중 일부만 사용한다. 이 장에서 준비한 데이터셋은 10장에서 수행할 단어 임베딩 분석의 기초가 된다.

4.3.1 팬더스에서 데이터 로드

원본 데이터셋은 두 개의 개별 CSV 파일로 구성된다. 하나는 게시물[post]이고 다른 하나는 범주별 정보가 있는 하위 레딧[subreddit]에 대한 메타데이터다. 두 파일 모두 `pd.read_csv()`을 사용해 팬더스 데이터프레임 형태로 로드한 다음 하나의 데이터프레임으로 결합한다.

```
import pandas as pd

posts_file = "rspct.tsv.gz"
posts_df = pd.read_csv(posts_file, sep='\t')
```

---

39 옮긴이_ 굴절어란 문법에 따라 형태가 달라지는 단어를 의미한다. 영어의 경우 본문에서 언급한 be동사와, 복수일 경우 형태가 달라지는 명사(예, mouse → mice, man → men), 소유격을 나타내는 's 등이 속한다.

```
subred_file = "subreddit_info.csv.gz"
subred_df = pd.read_csv(subred_file).set_index(['subreddit'])

df = posts_df.join(subred_df, on='subreddit')
```

4.3.2 전략: 속성 이름 표준화

데이터 작업을 시작하기 전에 각 데이터셋에서 열 이름을 일반적인 이름으로 변경한다. 텍스트를 분석하려면 항상 기본 데이터프레임 df의 이름을 지정하고 텍스트로 열의 이름을 지정하는 것이 좋다. 공통 변수 및 속성 이름에 대한 명명 규칙을 사용하면 다른 프로젝트에서 코드를 쉽게 재사용할 수 있다.

이 데이터셋의 열 목록을 살펴보겠다.

```
print(df.columns)
```

| 출력 |

```
Index(['id', 'subreddit', 'title', 'selftext', 'category_1', 'category_2',
       'category_3', 'in_data', 'reason_for_exclusion'],
      dtype='object')
```

열 이름 변경 및 선택을 위해 각 항목이 현재 열 이름에서 새 이름으로 매핑을 정의하는 dict 형의 column_mapping 변수를 정의한다. None으로 매핑된 열과 언급되지 않은 열은 삭제된다. dict 형은 이러한 변환에 완벽한 파이썬 타입이며 재사용하기 쉽다. 그런 다음 이 dict을 사용해 유지할 열을 선택하고 이름을 바꾼다.

```
column_mapping = {
    'id': 'id',
    'subreddit': 'subreddit',
    'title': 'title',
    'selftext': 'text',
    'category_1': 'category',
    'category_2': 'subcategory',
```

```
    'category_3': None,            # 데이터가 없다.
    'in_data': None,               # 필요없다.
    'reason_for_exclusion': None   # 필요없다.
}

# 나머지 열들을 정의한다.
columns = [c for c in column_mapping.keys() if column_mapping[c] != None]

# 열들을 선택하고 이름을 바꾼다.
df = df[columns].rename(columns=column_mapping)
```

이미 언급했듯이 데이터를 자동차 범주로 제한한다.

```
df = df[df['category'] == 'autos']
```

데이터를 대략 파악하기 위해 샘플 레코드를 간단히 살펴보겠다.

```
df.sample(1).T
```

	14356
id	7jc2k4
subreddit	volt
title	Dashcam for 2017 volt
text	Hello,⟨lb⟩I'm looking into getting a dashcam. ⟨lb⟩Does anyone have any recommendations?
	⟨lb⟩⟨lb⟩I'm generally looking for a rechargeable one so that I don't have to route wires down to the cigarette lighter. ⟨lb⟩Unless there are instructions on how to wire it properly without wires showing.
	⟨lb⟩⟨lb⟩⟨lb⟩Thanks!
category	autos
subcategory	chevrolet

4.3.3 데이터프레임 저장 및 로드

데이터 준비의 각 단계를 마칠 때마다 해당 데이터프레임을 체크포인트 삼아 디스크에 저장하면 도움이 된다. 팬더스는 다양한 직렬화 옵션(https://oreil.ly/VaXTx)을 직접 지원한다. CSV 또는 JSON 같은 텍스트 기반 형식은 대부분의 도구로 쉽게 가져올 수 있다. 그러나 데이터 유형에 대한 정보는 유실(CSV)되거나 가장 기본적인 내용만 저장(JSON)된다. 파이썬의 표준 직렬화 형식인 `pickle`은 팬더스에서도 지원하므로 사용 가능한 옵션이다. 빠르며, 모든 정보를 저장하지만 파이썬에서만 처리할 수 있다. 데이터프레임을 `pickle`로 만들려면 파일 이름만 지정하면 된다.

```
df.to_pickle("reddit_dataframe.pkl")
```

그러나 데이터프레임을 SQL 데이터베이스에 저장하는 편을 선호한다. 필터, 조인은 물론이고 많은 도구의 용이한 액세스 등 SQL의 온갖 이점을 사용할 수 있기 때문이다. 그러나 `pickle` 과 달리 단지 SQL에서 지원하는 데이터 유형만 지원된다. 예를 들어 파이썬 객체 또는 파이썬 리스트가 포함된 열은 이 방법으로 간단히 저장할 수 없으므로 수동으로 직렬화한다.

이 예에서는 데이터 구조^{data frame}를 유지하기 위해 SQLite를 사용한다. SQLite는 파이썬과 잘 통합된다. 또 라이브러리이고 서버를 필요로 하지 않으므로 사용하는 파일들이 그 자체로 필요한 정보를 다 가지고 있어 다른 팀 멤버와 쉽게 교환할 수 있다. 그렇지만 더 강력한 성능과 안전성을 원한다면 서버 기반의 SQL 데이터베이스를 권장한다.

여기서는 SQLite 데이터베이스에서 데이터프레임을 테이블 `posts`에 저장하기 위해 `pd.to_sql()`을 사용한다. 데이터프레임 인덱스는 저장되지 않고 기존 데이터에 덮어쓴다.

```
import sqlite3

db_name = "reddit-selfposts.db"
con = sqlite3.connect(db_name)
df.to_sql("posts", con, index=False, if_exists="replace")
con.close()
```

데이터프레임은 `pd.read_sql()`을 사용해 쉽게 복원할 수 있다.

```
con = sqlite3.connect(db_name)
df = pd.read_sql("select * from posts", con)
con.close()
```

4.4 텍스트 데이터 정리

잘 편집된 기사와 달리 사용자 요청이나 댓글로 작업할 때는 다음과 같은 여러 품질 문제를 처리해야 한다.

| 특수 형식 및 프로그램 코드 |

텍스트에는 특수 문자, HTML 개체, 마크다운 태그 등이 포함될 수 있다. 이러한 아티팩트는 토큰화를 복잡하게 만들고, 노이즈를 일으키므로 사전에 정리해야 한다.

| 인사말, 서명, 주소 등 |

개인적인 의사 소통에는 종종 분석과 무관한 별 의미 없는 문구, 이름, 인사 등이 포함된다.

| 댓글 |

텍스트에 질문 텍스트를 반복하는 답변이 있다면 중복 질문을 삭제한다. 질문이 중복되면 모델과 통계가 왜곡된다.

이 절에서는 정규 표현식을 사용해 데이터에서 원하지 않는 패턴을 식별해 제거하는 방법을 소개한다. 파이썬의 정규 표현식에 대한 자세한 내용은 다음 글상자를 확인하자.

레딧 데이터셋에서 다음 텍스트 예를 살펴보자.

```
text = """
After viewing the [PINKIEPOOL Trailer](https://www.youtube.com/watch?v=ieHRoHUg)
it got me thinking about the best match ups.
<lb>Here's my take:<lb><lb>[](/sp)[](/ppseesyou) Deadpool<lb>[](/sp)[](/ajsly)
Captain America<lb>"""
```

약간의 정리cleaning 및 연마polishing 과정을 거치면 텍스트 데이터의 결과가 확실히 개선된다. 일부 태그는 웹 스크래핑의 아티팩트이므로 제거한다. 그리고 관심 없는 URL과 링크도 삭제하겠다.

4.4.1 전략: 정규 표현식으로 노이즈 식별

큰 데이터셋에서 품질 문제를 식별하는 일은 까다로울 수 있다. 물론 데이터 샘플을 살펴보고 또 살펴봐야 한다. 그러나 문제를 모두 찾아내지 못할 가능성이 높다. 가능한 문제가 드러날 대략적 패턴을 정의하고 프로그래밍 방식으로 전체 데이터셋을 확인하는 것이 좋다.

다음 함수는 텍스트 데이터에서 노이즈를 식별하는 데 도움이 될 수 있다. 노이즈는 평문 텍스트가 아니므로 추가 분석을 방해할 수 있는 모든 것을 의미한다. 이 함수는 정규 표현식을 사용해 의심스러운 여러 문자를 검색하고 불순도 점수로 모든 문자에서 의심스러운 문자의 비율을 반환한다. 여기서 단일 특수 문자는 심각한 불순도를 초래하고 분석 결과를 왜곡하기 때문에 매우 짧은 텍스트(min_len 문자 미만)는 무시한다.

```python
import re

RE_SUSPICIOUS = re.compile(r'[&#<>{}\[\]\\]')

def impurity(text, min_len=10):
    """텍스트에서 의심스러운 문자의 비율을 반환한다."""
    if text == None or len(text) < min_len:
        return 0
    else:
        return len(RE_SUSPICIOUS.findall(text))/len(text)

print(impurity(text))
```

| 출력 |

```
0.09009009009009009
```

잘 편집된 텍스트에서는 이러한 문자를 거의 찾지 못하므로 대개 점수가 매우 낮다. 이전 예제 텍스트의 경우 정의에 따르면 약 9%의 문자가 '의심스러운' 문자다. 물론 검색 패턴은 해시태그가 포함된 말뭉치 또는 특수 문자가 포함된 유사한 토큰을 조정하는 일이 필요할 수 있다. 그러나 완벽할 필요는 없다. 대략적으로 해당 텍스트에서 품질이 어떤지 아는 것으로 충분하다.

레딧 데이터의 경우 다음 두 문장이 가장 '불순한' 점수를 받는다. map() 대신에 min_len 같은

추가 매개변수를 함수에 전달할 수 있어야 하기 때문에 팬더스의 `apply()`를 사용한다.[40]

```
# 데이터프레임에 새 열을 추가한다.
df['impurity'] = df['text'].apply(impurity, min_len=10)

# 상위 3개 레코드를 가져온다.
df[['text', 'impurity']].sort_values(by='impurity', ascending=False).head(3)
```

| 출력 |

	text	impurity(불순도)
19682	Looking at buying a 335i with 39k miles and 11 months left on the CPO warranty. I asked the deal...	0.21
12357	I'm looking to lease an a4 premium plus automatic with the nav package.⟨lb⟩⟨lb⟩Vehicle Price:⟨ta...	0.17
2730	Breakdown below:⟨lb⟩⟨lb⟩Elantra GT⟨lb⟩⟨lb⟩2.0L 4−cylinder⟨lb⟩⟨lb⟩ 6−speed Manual Transmission⟨lb⟩...	0.14

분명히 `<lb>`(줄 바꿈) 및 `<tab>` 같은 태그가 많다. 정규 표현식을 이용해서 이들 외에 다른 태그가 있는지 확인하자.

```
from blueprints.exploration import count_words
count_words(df, column='text', preprocess=lambda t: re.findall(r'<[\w/]*>', t))
```

| 출력 |

token	freq
⟨lb⟩	100729
⟨tab⟩	642

결과를 보면, 태그가 두 개뿐임을 알 수 있다.

---

40 팬더스의 map 및 apply 함수는 1.5절 '전략: 간단한 텍스트 전처리 파이프라인 구축'에서 설명했다.

4.4.2 전략: 정규 표현식으로 노이즈 제거

데이터 정리에 접근하는 방식은 정규 표현식들의 집합을 정의하고 문제가 있는 패턴과 해당 대체 규칙을 식별하는 것으로 구성된다.[41] 함수는 먼저 모든 HTML 이스케이프(예: &)를 일반 텍스트 표현으로 대체한 다음 특정 패턴을 공백으로 대체한다. 마지막으로 공백 시퀀스를 제거한다.

```python
import html

def clean(text):
    # &amp;과 같은 html 이스케이프를 문자로 변환한다.
    text = html.unescape(text)
    # <tab>과 같은 태그를 공백으로 변환한다.
    text = re.sub(r'<[^<>]*>', ' ', text)
    # [Some text](https://....)와 같은 마크다운 URL을 공백으로 변환한다.
    text = re.sub(r'\[([^\[\]]*)\]\(([^\(\)]*)\)', r'\1', text)
    # [0]과 같은 괄호 안의 텍스트 또는 코드를 공백으로 변환한다.
    text = re.sub(r'\[[^\[\]]*\]', ' ', text)
    # 특수 문자로만 구성된 문자열을 공백으로 변환한다.
    # 이때 &#은 변환되지만 #cool은 변환되지 않는다.
    text = re.sub(r'(?:^|\s)[&#<>{}\[\]+|\\:-]{1,}(?:\s|$)', ' ', text)
    # --- 또는 == 같은 하이픈으로 이뤄진 문자열을 공백으로 변환한다.
    text = re.sub(r'(?:^|\s)[\-=\+]{2,}(?:\s|$)', ' ', text)
    # 연속된 공백을 공백 하나로 변환한다.
    text = re.sub(r'\s+', ' ', text)
    return text.strip()
```

WARNING_ 정규 표현식이 정확하게 정의되지 않은 경우, 자기도 모르게 중요한 정보를 삭제하는 우를 범할 수 있다! 정규 표현식에서 사용하는 반복자 + 및 *는 문자의 무제한 시퀀스와 일치하고 텍스트의 많은 부분을 제거할 수 있기 때문에 더 위험할 수 있다.

이전 샘플 텍스트에 clean 함수를 적용하고 결과를 확인한다.

```python
clean_text = clean(text)
print(clean_text)
print("Impurity:", impurity(clean_text))
```

---

41 HTML 데이터 정리에 특화된 뷰티풀수프 같은 라이브러리는 3장에 소개했다.

```
After viewing the PINKIEPOOL Trailer it got me thinking about the best
match ups. Here's my take: Deadpool Captain America
Impurity: 0.0
```

꽤 좋아 보인다. 첫 번째 패턴을 처리한 후에는 정리된 텍스트의 불순물을 다시 확인하고 필요하다면 정리 단계를 추가로 수행한다.

```python
df['clean_text'] = df['text'].map(clean)
df['impurity'] = df['clean_text'].apply(impurity, min_len=20)
df[['clean_text', 'impurity']].sort_values(by='impurity', ascending=False) \
                              .head(3)
```

| 출력 |

	clean_text(정리된 텍스트)	impurity(불순도)
14058	Mustang 2018, 2019, or 2020? Must Haves!! 1. Have a Credit score of 780₩+ for the best low interest rates! 2. Join a Credit Union to finance the vehicle! 3. Or Find a Lender to finance the vehicle...	0.03
18934	At the dealership, they offered an option for foot–well illumination, but I cannot find any reference to this online. Has anyone gotten it? How does it look? Anyone have pictures. Not sure if this...	0.03
16505	I am looking at four Caymans, all are in a similar price range. The major differences are the miles, the years, and one isn't a S. https://www.cargurus.com/Cars/inventorylisting/viewDetailsFilterV...	0.02

정규 표현식을 적용해 노이즈를 제거하니 가장 지저분했던 레코드도 이제 꽤 말끔해 보인다. 그러나 찾아낸 거친 패턴 외에도 미묘한 문제를 일으킬 소지가 다분한 문자 변형이 있다.

4.4.3 전략: textacy를 사용한 문자 정규화

문자 및 인용quote 문자의 변형과 관련된 일반적인 이슈가 포함된 다음 문장을 살펴보자.

```python
text = "The café "Saint-Raphaël" is loca-\nted on Côte d'Azur."
```

악센트 문자는 사람들이 일관되게 사용하지 않기 때문에 문제가 될 수 있다. 예를 들어 Saint-Raphaël과 Saint-Raphael이란 두 토큰은 서로 다른 토큰으로 인식된다. 또한 텍스트에는 자동 줄 바꿈으로 단어가 하이픈으로 나눠지는 경우가 많다. 텍스트에 사용된 것과 같은 예쁜 fancy 유니코드 하이픈과 아포스트로피는 토큰화에 문제가 될 수 있다. 이러한 제반 문제에 대비해 텍스트를 정규화하고 악센트와 예쁘게 생긴 문자fancy characters를 ASCII에 해당하는 문자로 바꾸는 것이 좋다.

이를 위해 textacy(https://textacy.readthedocs.io)를 사용한다. textacy는 스페이시와 함께 작동하도록 구축된 NLP 라이브러리다. 언어 부분은 스페이시에 맡기고 사전 및 사후 처리에 중점을 둔다. 따라서 전처리 모듈은 문자를 정규화하고 URL, 이메일 주소, 전화 번호 같은 일반적인 패턴을 처리하는 멋진 함수 모음으로 구성된다. [표 4-1]에 textacy의 전처리 함수에 어떤 것이 있는지 정리했다. 이러한 모든 함수는 스페이시와 완전히 독립적인 일반 텍스트에서도 작동한다.

표 **4-1** textacy의 전처리 함수 목록

함수	설명
normalize_hyphenated_words	줄 바꿈으로 구분된 단어를 다시 조합한다.
normalize_quotation_marks	모든 종류의 따옴표quotation mark를 ASCII에 해당하는 곧은 따옴표로 대체한다.
normalize_unicode	유니코드에서 악센트가 있는 문자를 다른 코드로 변경한다.
remove_accents	가능한 경우 악센트가 있는 문자를 ASCII로 바꾸거나 삭제한다.
replace_urls	https://xyz.com과 같은 URL을 _URL_로 대체한다.
replace_emails	이메일을 _EMAIL_(으)로 대체한다.
replace_hashtags	#sunshine과 같은 해시태그를 _TAG_로 대체한다.
replace_numbers	1235와 같은 숫자 패턴을 _NUMBER_로 대체한다.
replace_phone_numbers	전화 번호 패턴을 _PHONE_으로 대체한다.
replace_user_handles	@pete과 같은 사용자명을 _USER_로 대체한다.
replace_emojis	스마일리smileys 같은 이모지를 _EMOJI_로 대체한다.

다음 함수는 다양한 하이픈hyphens과 따옴표를 표준화하고 textacy의 도움으로 악센트를 제거한다.

```
import textacy.preprocessing as tprep

def normalize(text):
    text = tprep.normalize_hyphenated_words(text)
    text = tprep.normalize_quotation_marks(text)
    text = tprep.normalize_unicode(text)
    text = tprep.remove_accents(text)
    rcturn text
```

이것을 앞의 예제 문장에 적용하면 다음과 같은 결과를 얻는다.

```
print(normalize(text))
```

| 출력 |

```
The cafe "Saint-Raphael" is located on Cote d'Azur.
```

> **NOTE_** 유니코드 정규화의 결과는 다양할 수 있으며, 이 결과로 다른 라이브러리에서 이들에 대한 처리가 어떻게 다른지 확인할 수 있다. 예를 들어 유니코드는 유니디코드^{Unidecode}(https://oreil.ly/eqKI-)가 훌륭하게 처리한다.

4.4.4 전략: textacy를 사용한 패턴 기반 데이터 마스킹

텍스트, 특히 사용자가 작성한 콘텐츠에는 일반 단어만이 아니라 URL, 이메일 주소 또는 전화 번호 같은 여러 종류의 식별자가 포함된다. 예를 들어 가장 자주 언급되는 URL을 분석할 때 이 러한 항목에 관심을 둔다. 그러나 대개의 경우 이 정보는 무관하거나 개인 정보를 보호해야 하 기 때문에 제거하거나 마스킹하는 것이 더 나을 수 있다. textacy에는 데이터 마스킹에 편리한 몇 가지 변환 기능이 있다(표 4-1 참조).

대부분의 함수는 오픈 소스 코드(https://oreil.ly/Ly6Ce)를 통해 쉽게 사용할 수 있는 정 규 표현식을 기반으로 한다. 따라서 이러한 항목을 처리할 때마다 textacy에는 필요에 따라 직 접 사용하거나 적용할 수 있는 정규 표현식이 있다. 말뭉치에서 가장 자주 사용되는 URL을 찾는 간단한 코드로 이를 설명하겠다.

```
from textacy.preprocessing.resources import RE_URL

count_words(df, column='clean_text', preprocess=RE_URL.findall).head(3)
```

token	freq
www.getlowered.com	3
http://www.ecolamautomotive.com/#!2/kv7fq	2
https://www.reddit.com/r/Jeep/comments/4ux232/just_ordered_an_android_head_ unit_joying_jeep/	2

이 데이터셋으로 수행하려는 분석(10장)에 URL은 필요 없다. 이번 분석에서 텍스트에 포함된 URL은 오히려 혼란을 주는 아티팩트이므로 텍스트의 모든 URL을 replace_url을 사용해 대체한다. 이는 사실 RE_URL.sub에 대한 호출일 뿐이다. 모든 textacy의 대체 함수에 대한 기본 대체값은 _URL_이다. replace_with 매개변수를 지정하면 대체 항목을 선택할 수 있다. 문장 구조를 그대로 유지하기 위해 이러한 항목을 완전히 제거하지 않는 것이 좋다.

```
from textacy.preprocessing.replace import replace_urls

text = "Check out https://spacy.io/usage/spacy-101"

# 대체할 때 대체값으로 _URL_을 사용한다.
print(replace_urls(text))
```

| 출력 |

```
Check out _URL_
```

데이터 정리를 완료하기 위해 정규화 및 데이터 마스킹 기능을 데이터에 적용한다.

```
df['clean_text'] = df['clean_text'].map(replace_urls)
df['clean_text'] = df['clean_text'].map(normalize)
```

데이터 정리는 집 청소나 다름없다. 아무리 청소해도 더러운 구석을 보게 되고, 집을 완전히 깨끗하게 치울 수는 없다. 따라서 적당히 깨끗해지면 청소를 끝낸다. 하지만 절차 후반의 분석 결과에 노이즈가 남아 있으면 데이터 정리로 돌아가야 할 수 있다.

마지막으로 `clean_text`는 분석 가능한 텍스트가 되도록 텍스트 열의 이름을 바꾸고 정리되지 않은 열을 삭제하고 새 버전의 데이터프레임을 데이터베이스에 저장한다.

```
df.rename(columns={'text': 'raw_text', 'clean_text': 'text'}, inplace=True)
df.drop(columns=['impurity'], inplace=True)

con = sqlite3.connect(db_name)
df.to_sql("posts_cleaned", con, index=False, if_exists="replace")
con.close()
```

4.5 토큰화

이미 1장에서 간단한 규칙을 사용하는 정규 표현식 토큰화를 소개했다. 그러나 실제로 모든 것을 올바르게 처리하려고 하면 토큰화가 매우 복잡해질 수 있다. 예를 들어 다음 텍스트를 고려하자.

```
text = """
2019-08-10 23:32: @pete/@louis - I don't have a well-designed
solution for today's problem. The code of module AC68 should be -1.
Have to think a bit... #goodnight ;-) 😩😫"""
```

명확하게 단어와 문장의 경계를 정의하는 규칙을 만드는 것은 그렇게 간단하지 않다. 규칙을 세우기 전에 생각해야 할 문제가 있다. 토큰이란 정확히 무엇일까? 불행히도 똑부러지는 정의는 없다. 토큰은 의미론적으로 분석에 유용한 언어 단위라고 말할 수 있다. 이 정의에 따르면 토큰화 방식은 풀어야 하는 문제에 따라 달라진다. 예를 들어, 대개의 경우 구두점 문자를 무심코 버리곤 하는데 감성 분석에서 :-)와 같은 이모티콘을 유지하려는 경우에는 그럴 수 없다. 숫자나 해시태그가 포함된 토큰에서도 마찬가지다. NLTK 및 스페이시에서 사용되는 토큰화를 포함해 대부분의 토큰화는 정규 표현식을 기반으로 하지만 매우 복잡하고 때로는 언어별 규칙을 적용한다.

NLTK의 토큰화를 간략하게 소개하기 전에 토큰화 기반 정규 표현식에 대한 자체 함수를 개발할 것이다. 스페이시의 토큰화는 스페이시 통합 절차의 일부로 다음 절에서 다룰 것이다.

4.5.1 전략: 정규 표현식을 사용한 토큰화

토큰화에 유용한 함수는 `re.split()` 및 `re.findall()`이다. 전자는 일치하는 표현식을 기준으로 문자열을 분할하고, 후자는 특정 패턴과 일치하는 문자 시퀀스를 모두 추출한다. 예를 들어, 1장에서 POSIX 패턴 `[\w-]*\p{L}[\w-]*`과 함께 regex 라이브러리를 사용해 문자가 하나 이상 포함된 일련의 영숫자 문자를 찾았다. 사이킷런의 `CountVectorizer`는 기본 토큰화에 `\w\w+` 패턴을 사용한다. 두 개 이상 영숫자의 시퀀스와 모두 일치한다. 샘플 문장에 적용하면 다음 결과가 나타난다.[42]

```
tokens = re.findall(r'\w\w+', text)
print(*tokens, sep='¦')
```

| 출력 |

```
2019¦08¦10¦23¦32¦pete¦louis¦don¦have¦well¦designed¦solution¦for¦today
problem¦The¦code¦of¦module¦AC68¦should¦be¦Have¦to¦think¦bit¦goodnight
```

불행히도 위 결과에서는 모든 특수 문자와 이모티콘이 사라졌다. 결과를 개선하기 위해 이모티콘에 대한 표현식을 몇 가지 추가해 재사용 가능한 정규 표현식 RE_TOKEN을 만든다. VERBOSE 옵션은 복잡한 정규 표현식의 의미를 주석 형태로 기술할 수 있도록 허용한다. 다음 예제로 토큰화 함수의 사용법을 확인하자.

```
RE_TOKEN = re.compile(r"""
        ( [#]?[@\w''\.\-\:]*\w     # 단어, 해시태그, 이메일 주소
        ¦ [:;<]\-?[\)\(3          # 폭넓게 설정한 기본 텍스트 이모지의 패턴
        ¦ [\U0001F100-\U0001FFFF] # 폭넓게 설정한 이모지의 유니코드 코드 범위
```

---

42 별표 연산자(*)는 목록을 출력용으로 별도의 인수로 압축을 푼다.

```
        )
        """, re.VERBOSE)

def tokenize(text):
    return RE_TOKEN.findall(text)

tokens = tokenize(text)
print(*tokens, sep='¦')
```

| 출력 |

```
2019-08-10¦23:32¦@pete¦@louis¦I¦don't¦have¦a¦well-designed¦solution
for¦today's¦problem¦The¦code¦of¦module¦AC68¦should¦be¦-1¦Have¦to¦think
a¦bit¦#goodnight¦;-)¦😩¦😂
```

이 표현식은 대부분의 사용자 생성 콘텐츠에서 상당히 좋은 결과를 내야 한다. 1장에서 설명한 대로 데이터 탐색을 위해 텍스트를 빠르게 토큰화하는 데 사용할 수 있다. 또한 다음 장에서 소개할 사이킷런 벡터화 객체에서 사용하는 기본 토큰화 작업을 대체할 수 있는 좋은 대안이다.

4.5.2 NLTK를 사용한 토큰화

NLTK는 토큰화에 자주 사용되므로 NLTK의 토큰화에 대해 간단히 살펴보겠다. 표준 NLTK 토큰화는 word_tokenize 함수를 사용한다. 샘플 텍스트에 적용 시 이런 결과가 나온다.

```
import nltk

tokens = nltk.tokenize.word_tokenize(text)
print(*tokens, sep='¦')
```

| 출력 |

```
2019-08-10¦23:32¦:¦@¦pete/¦@¦louis¦-¦I¦do¦n't¦have¦a¦well-designed
solution¦for¦today¦'s¦problem¦.¦The¦code¦of¦module¦AC68¦should¦be¦-1¦.
Have¦to¦think¦a¦bit¦...¦#¦goodnight¦;¦-)¦¦😩😂
```

이 함수는 내부적으로 PunktSentenceTokenizer와 함께 TreebankWordTokenizer를 사용한다. 표준 텍스트에서는 잘 작동하지만 해시태그나 텍스트 이모티콘에는 결함이 있다. NLTK는 기본적으로 몇 가지 편의 기능이 추가된 re.findall()의 래퍼인 RegexpTokenizer도 제공한다. 그 외에 TweetTokenizer 또는 다국어 ToktokTokenizer와 같은 NLTK의 다른 정규 표현식 기반 토큰화 예제는 이 장의 깃허브 노트북(https://oreil.ly/zLTEl)에서 확인할 수 있다.

4.5.3 토큰화를 위한 권장 사항

도메인별 토큰 패턴의 정밀도를 높이는 것이 목표라면 사용자 지정 정규 표현식을 사용해야 한다. 다행히 오픈 소스 라이브러리에서 풀려는 문제에 맞는 정규 표현식을 찾아 필요에 맞게 조정할 수 있다.[43]

일반적으로 응용 프로그램에서 다음과 같은 문제를 인식하고 이를 처리하는 방법을 정의한다.[44]

- Dr., Mrs., U., xyz.com과 같이 마침표가 포함된 토큰

- rule-based와 같은 하이픈

- can't, we've, je t'aime처럼 단어가 붙어 생략된 접어

- 전화 번호((123) 456-7890) 또는 날짜(2019년 8월 7일)와 같은 숫자 표현

- 이모티콘, 해시태그, 이메일 주소, URL

토큰화 결과는 라이브러리와 사용하는 함수에 따라 다를 수 있다.

4.6 스페이시를 사용한 언어 처리

스페이시는 언어 데이터 처리를 위한 강력한 라이브러리다. 기본적으로는 토큰화, 품사 태거

---

43 예를 들어, NLTK의 트윗 토큰화(https://oreil.ly/R45_t)에서 텍스트 이모티콘 및 URL에 대한 정규 표현식을 확인하거나 textacy의 컴파일 정규 표현식(https://oreil.ly/i0HhJ)을 참조하라.

44 입문용 자료로 크레이그 트림(Craig Trim)의 'The Art of Tokenization'(https://oreil.ly/LyGvt)을 추천한다.

part-of-speech tagger, 의존성 구문 분석기dependency parser, 개체명 인식기named-entity recognizer 같은 처리 구성 요소의 통합 파이프라인을 제공한다(그림 4-2 참조). 토큰화는 복잡한 언어 종속 규칙과 정규 표현식을 기반으로 하며 모든 후속 단계에서 사전 훈련된 신경망 모델을 사용한다.

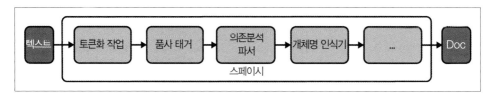

그림 4-2 스페이시의 NLP 파이프라인

스페이시의 철학은 파이프라인 수행 중에도 원본 텍스트가 유지된다는 것이다. 스페이시는 텍스트를 변환하는 대신에 원본 텍스트의 정보 등 추가 정보가 담긴 정보 계층layers of information을 추가한다. 처리된 텍스트에 대한 주요 정보를 담고 있는 주요 객체는 Doc 객체다. 이 객체는 Token 목록을 포함한다. Span 클래스를 사용해 연속된 여러 개의 토큰 정보를 저장한다. 각 단계별로 결정되는 속성이 있다.

이 절에서는 스페이시로 문서를 처리하는 방법, 토큰 및 해당 속성으로 작업하는 방법, 품사 태그를 사용하는 방법, 명명된 개체named entity를 추출하는 방법을 설명한다. 스페이시의 고급 개념은 12장에서 더 깊게 다룰 것이다. 여기서는 자체 파이프라인 구성을 위한 코드를 작성하고, 사용자 지정 속성을 추가하고, 파서에서 생성한 의존성 트리로 지식 추출을 한다.

> **WARNING_** 이 책의 예제는 스페이시 2.3.2 버전을 사용한다. 이 책을 쓸 때 개발 중이던 스페이시 3.0을 사용한다면 결과가 약간 다를 수 있다.

4.6.1 파이프라인 인스턴스화

스페이시를 실행하자. 첫 단계에서는 사용할 모델의 파일 이름과 함께 spacy.load()를 호출해 스페이시의 Language 클래스의 객체를 인스턴스화해야 한다.[45]

이 장에서는 작은 영어 모델 en_core_web_sm을 사용한다. Language 객체의 변수는 일반적

---

45 사용 가능한 모델 목록은 스페이시 웹사이트(https://oreil.ly/spaCy)를 참조하자.

으로 nlp라고 한다.

```
import spacy
nlp = spacy.load('en_core_web_sm')
```

Language 객체에는 이제 공유 어휘shared vocabulary, 모델, 처리 파이프라인이 포함된다. 다음과 같은 객체 속성을 사용해 파이프라인에서 사용하는 구성 요소를 확인할 수 있다.

```
nlp.pipeline
```

| 출력 |

```
[('tagger', <spacy.pipeline.pipes.Tagger at 0x7fbd766f84c0>),
 ('parser', <spacy.pipeline.pipes.DependencyParser at 0x7fbd813184c0>),
 ('ner', <spacy.pipeline.pipes.EntityRecognizer at 0x7fbd81318400>)]
```

기본 파이프라인은 언어에 따라 달라지는 태거, 파서, 개체명 인식기named-entity recognizer(**ner**)로 구성된다. 토큰화는 단계마다 매번 필요하기 때문에 목록에 명시되지 않는다.

스페이시의 토큰화는 매우 빠르지만 그 외 단계는 모두 신경망 모델을 기반으로 하며 상당한 시간을 소비한다. 그러나 다른 라이브러리와 비교할 때 스페이시의 모델이 가장 빠르다. 전체 파이프라인을 완료하는 데는 토큰화 때보다 약 10~20배의 시간이 더 소요되며, 각 단계에 걸리는 시간은 총 시간에서 차지하는 비율이 비슷하다.

예를 들어 문서 1,000개를 토큰화하는 데 1초가 걸린다면 태그 지정, 구문 분석, NER에는 각각 5초가 더 걸릴 수 있다. 이는 큰 데이터셋을 처리하는 경우 문제가 될 수 있다. 따라서 불필요한 부분은 꺼 두는 것이 좋다. 이 경우엔 토큰화 작업과 품사 태거만 있으면 된다. 다음과 같이 파서 및 개체명 인식을 비활성화한다.

```
nlp = spacy.load("en_core_web_sm", disable=["parser", "ner"])
```

토큰화만 원하면 텍스트에서 **nlp.make_doc**을 호출하면 된다.

4.6.2 텍스트 처리

파이프라인은 nlp 객체를 호출해 실행된다. 이 호출은 토큰, 범위span(토큰 범위), 언어학적 주석linguistic annotation의 정보에 접근하기 위한 컨테이너container인 spacy.tokens.doc.Doc 유형의 객체를 반환한다.

```
nlp = spacy.load("en_core_web_sm")
text = "My best friend Ryan Peters likes fancy adventure games."
doc = nlp(text)
```

스페이시는 객체 지향적이다. 원본 텍스트가 항상 유지된다. doc 객체를 출력할 때 원본 텍스트를 포함하는 속성인 doc.text를 사용한다. 그러나 doc은 토큰의 컨테이너 객체이기도 하며 토큰의 반복자로 사용할 수도 있다.

```
for token in doc:
    print(token, end="|")
```

| 출력 |

```
My|best|friend|Ryan|Peters|likes|fancy|adventure|games|.|
```

각 토큰은 실제로 스페이시의 Token 클래스의 객체다. 문서와 마찬가지로 토큰에는 언어 처리에 관한 흥미로운 속성이 여러 가지 있다. [표 4-2]에 그중 각 파이프라인 구성 요소에 의해 생성되는 속성을 정리했다.[46]

표 4-2 스페이시의 내장 파이프라인을 통해 생성되는 속성 목록

Component(요소)	Creates(속성 목록)
Tokenizer	Token.is_punct, Token.is_alpha, Token.like_email, Token.like_url
Part-of-speech tagger	Token.pos_
Dependency parser	Token.dep_, Token.head, Doc.sents, Doc.noun_chunks
Named-entity recognizer	Doc.ents, Token.ent_iob_, Token.ent_type_

··

46 전체 목록은 스페이시의 API(https://oreil.ly/cvNhV)를 참조하자.

작은 유틸리티 함수인 display_nlp는 토큰과 그 속성을 포함하는 테이블을 생성한다. 내부적으로는 데이터프레임을 만들고 토큰 위치를 인덱스로 사용한다. 이 함수에서 구두점 문자는 기본적으로 건너뛴다. [표 4-3]은 예제 문장에 대한 이 함수의 출력이다.

```python
def display_nlp(doc, include_punct=False):
    """스페이시 토큰들의 시각화를 위한 데이터프레임 생성하기"""
    rows = []
    for i, t in enumerate(doc):
        if not t.is_punct or include_punct:
            row = {'token': i,  'text': t.text, 'lemma_': t.lemma_,
                   'is_stop': t.is_stop, 'is_alpha': t.is_alpha,
                   'pos_': t.pos_, 'dep_': t.dep_,
                   'ent_type_': t.ent_type_, 'ent_iob_': t.ent_iob_}
            rows.append(row)

    df = pd.DataFrame(rows).set_index('token')
    df.index.name = None
    return df
```

표 4-3 display_nlp에 의해 생성된 스페이시의 문서 처리 결과

	text	lemma_	is_stop	is_alpha	pos_	dep_	ent_type_	ent_iob_
0	My	−PRON−	True	True	DET	poss		O
1	best	good	False	True	ADJ	amod		O
2	friend	friend	False	True	NOUN	nsubj		O
3	Ryan	Ryan	False	True	PROPN	compound	PERSON	B
4	Peters	Peters	False	True	PROPN	appos	PERSON	I
5	like	like	False	True	VERB	ROOT		O
6	fancy	fancy	False	True	ADJ	amod		O
7	adventure	adventure	False	True	NOUN	compound		O
8	games	game	False	True	NOUN	dobj		O

각 토큰에서 원형lemma, 특징 플래그descriptive flag 일부, 품사 태그, 종속성 태그dependency tag(12장 참조), 개체 유형에 대한 정보를 일부 찾을 수 있다. is_<something> 형태로 나타나는 특징 플래그는 규칙을 기반으로 생성되지만 모든 품사, 종속성, 명명된 개체 속성은 신경망 모델

을 기반으로 한다. 따라서 이 정보에는 늘 어느 정도의 불확실성이 있다. 훈련에 사용된 말뭉치에는 뉴스 기사와 온라인 기사가 혼합되었다. 현재 다루는 데이터에 훈련 데이터와 유사한 언어적 특성이 있다면 모델의 예측은 상당히 정확하다. 그러나 데이터가 크게 다르다면(예: 트위터 데이터 또는 IT 서비스 데스크 티켓으로 작업하는 경우), 정보를 신뢰할 수 없음을 알아야 한다.

> **WARNING_** 스페이시는 pos_와 같이 밑줄이 있는 것을 해당 토큰 정보를 읽을 수 있는 텍스트 표현으로 반환한다. 밑줄이 없는 pos는 품사 태그의 스페이시에서 정한 숫자 식별자numeric identifier로 반환한다.[47] 숫자 식별자는 그에 대응하는 상수가 있다(예: spacy.symbols.VERB). 혼용하지 않도록 주의하라![48]

4.6.3 전략: 사용자 정의 토큰화

토큰화는 파이프라인의 첫 단계로, 이후 결과는 어떻게 토큰화되느냐에 따라 달라진다. 스페이시의 토큰화는 대부분의 경우 잘 작동하지만, 해시 기호, 하이픈, 밑줄이 있을 때 분할하는 경우도 있어, 원하지 않는 형태로 되기도 한다. 따라서 동작을 조정해야 할 수 있다. 다음 텍스트를 예로 들겠다.

```
text = "@Pete: choose low-carb #food #eat-smart. _url_ ;-) 😊 👍"
doc = nlp(text)

for token in doc:
    print(token, end="|")
```

| 출력 |

@Pete|:|choose|low|-|carb|#|food|#|eat|-|smart|.|_|url|_|;-)|😊|👍|

스페이시의 토큰화는 완전히 규칙 기반이다. 먼저 공백 문자로 텍스트를 분할한다. 그런 다음 정규 표현식으로 정의된 접두사prefix, 접미사suffix, 중위infix 분할 규칙을 사용해 나머지 토큰을

---

47 전체 속성 목록은 스페이시의 API(https://oreil.ly/EpmEI)를 참조하자.

48 옮긴이_ 특별한 경우가 아니면 숫자 식별자 대신 상수를 사용하는 게 좋다.

추가로 분할한다. 예외 규칙은 can't와 같은 언어별 예외를 처리하는 데 사용되며, can't의 경우에는 ca와 n't의 원형^{lemma}인 can과 not으로 분할한다.[49]

예에서 볼 수 있듯이 스페이시의 영어 토큰화에는 단어 사이에 하이픈이 있으면 분리시키는 중위 규칙^{infix rule}이 있다. 단어 바로 앞에 # 또는 _와 같은 문자가 있으면 분리하는 접두사 규칙 ^{prefix rule}도 있다. 이번 예제에서는 이런 규칙이 문제가 된다.[50] 하지만 @으로 시작되는 토큰과 이모티콘에는 원하는 대로 잘 작동한다.

앞선 문제를 해결하는 한 가지 옵션은 doc.retokenize를 사용해 후처리 단계에서 토큰을 병합하는 것이다. 그러나 토큰화에 의존하기 때문에 잘못 계산된 품사 태그 및 구문 종속성 결과는 수정되지 않는다. 따라서 토큰화 규칙을 변경해 처음부터 올바른 토큰을 만드는 편이 더 나을 수 있다.

이에 대한 가장 좋은 접근 방식은 중위, 접두사, 접미사 분할에 대한 개별 규칙을 사용해 토큰화를 변형(즉, 사용자 정의 토큰화)하는 것이다.[51] 스페이시의 기본 규칙 패턴을 현재 상황에 맞게 수정하지만, 큰 논리의 주요 부분은 그대로 유지한다.

```python
from spacy.tokenizer import Tokenizer
from spacy.util import compile_prefix_regex, \
                        compile_infix_regex, compile_suffix_regex

def custom_tokenizer(nlp):

    # re.search와 일치하는 패턴을 제외하고 기본 패턴을 사용한다.
    prefixes = [pattern for pattern in nlp.Defaults.prefixes
                if pattern not in ['-', '_', '#']]
    suffixes = [pattern for pattern in nlp.Defaults.suffixes
                if pattern not in ['_']]
    infixes  = [pattern for pattern in nlp.Defaults.infixes
                if not re.search(pattern, 'xx-xx')]

    return Tokenizer(vocab = nlp.vocab,
                     rules = nlp.Defaults.tokenizer_exceptions,
                     prefix_search = compile_prefix_regex(prefixes).search,
                     suffix_search = compile_suffix_regex(suffixes).search,
```

---

49 자세한 내용과 예시는 스페이시의 토큰화 사용 문서(https://oreil.ly/HMWja)를 참조하자.

50 옮긴이_ low-carb, #food, #eat-smart, _url_, :-)과 같은 표현이 하나의 토큰으로 취급되어야 하기 때문이다.

51 자세한 내용은 스페이시의 토큰화 사용 문서(https://oreil.ly/45yU4)를 참조하자.

```
                    infix_finditer = compile_infix_regex(infixes).finditer,
                    token_match = nlp.Defaults.token_match)

nlp = spacy.load('en_core_web_sm')
nlp.tokenizer = custom_tokenizer(nlp)

doc = nlp(text)
for token in doc:
    print(token, end="¦")
```

| 출력 |

```
@Pete¦:¦choose¦low-carb¦#food¦#eat-smart¦.¦_url_¦;-)¦😊¦👍¦
```

WARNING_ 토큰화 수정은 그 효과가 미비할 수 있으므로 주의하자. 한 사례에 맞게 수정하면 다른 사례에서는 원하는 형태로 토큰 결과를 얻지 못할 수 있다. 예를 들어 위 코드에서는 Chicago-based 같은 토큰이 더 이상 분할되지 않는다. 또한 문서에 하이픈과 대시에 대한 유니코드 문자가 여러 개 있어서 적절히 정규화하지 않는다면 문제를 일으킬 수 있다.

4.6.4 전략: 불용어 제거

스페이시는 언어별 불용어 목록을 사용해 토큰화 직후에 각 토큰에 is_stop 속성을 설정한다. 따라서 is_stop을 체크만 하면 불용어를 제거하기 때문에, 불용어(및 유사하게 구두점 토큰)를 필터링하기는 쉽다.

```
text = "Dear Ryan, we need to sit down and talk. Regards, Pete"
doc = nlp(text)

non_stop = [t for t in doc if not t.is_stop and not t.is_punct]
print(non_stop)
```

| 출력 |

```
[Dear, Ryan, need, sit, talk, Regards, Pete]
```

300여 개 항목이 있는 기본 영어 불용어 목록은 spacy.lang.en.STOP_WORDS에서 볼 수 있다. nlp 객체가 생성되면 이 목록이 로드되어 nlp.Defaults.stop_words 아래에 저장된다. 스페이시의 어휘에서 각 단어의 is_stop 속성을 설정해 스페이시의 기본 동작을 수정할 수 있다.[52]

```
nlp = spacy.load('en_core_web_sm')
nlp.vocab['down'].is_stop = False
nlp.vocab['Dear'].is_stop = True
nlp.vocab['Regards'].is_stop = True
```

이전 예제를 다시 실행하면 다음 결과를 얻는다.

```
[Ryan, need, sit, down, talk, Pete]
```

4.6.5 전략: 품사 기반 원형 추출

원형 복원은 불변형 어근uninflected root에 매핑하는 것이다. housing, housed, house 같은 단어를 불변형 어근과 동일하게 취급하면 통계, 머신러닝, 정보 검색에 유리한 점이 많다. 변형되지 않은 형식만 유지하면 어휘가 훨씬 적어지므로 모델의 품질을 향상시킬 뿐만 아니라 학습 시간과 모델 크기를 줄일 수 있다. 또한 명사, 동사, 형용사 같은 특정 범주로 단어의 유형을 제한하는 것이 종종 도움이 된다. 이렇게 단어 유형을 표기하는 과정을 품사 태그part-of-speech tags라고 한다.

먼저 원형 복원에 대해 자세히 살펴보겠다. 토큰 또는 범위span의 원형은 다음 예제와 같이 lemma_ 속성으로 액세스할 수 있다.

```
text = "My best friend Ryan Peters likes fancy adventure games."
doc = nlp(text)

print(*[t.lemma_ for t in doc], sep='¦')
```

---

52 이 방법으로 불용어 목록을 수정하는 방법은 스페이시 3.0에서 더 이상 사용되지 않을 것이다. 대신 해당 언어 클래스의 하위 클래스를 생성하고 거기에 자신만의 불용어 목록을 만드는 것이 좋다. 자세한 내용은 이 장의 깃허브 노트북(https://oreil.ly/CV2Cz)을 참조하자.

```
-PRON-|good|friend|Ryan|Peters|like|fancy|adventure|game|.
```

원형을 올바르게 할당하려면 사전 검색과 단어 품사에 대한 지식이 필요하다. 예를 들어, 명사 meeting의 원형은 meeting인 반면 동사의 원형은 meet이다. 영어에서 스페이시는 이러한 구분이 가능하다. 그러나 대부분의 언어에서 원형 복원은 순전히 사전 기반이며 품사 종속성을 무시한다. I, me, you, her 같은 인칭 대명사는 스페이시에서 항상 원형 -PRON-으로 돌려주는 것에 주목하자.

이번에는 품사 태그를 사용한다. [표 4-3]은 스페이시 문서의 각 토큰에 pos_ 및 tag_의 두 품사 속성이 있음을 나타낸다. tag_는 모델을 훈련하는 데 사용되는 태그 집합의 태그다. OntoNotes5 말뭉치로 훈련된 스페이시의 영어 모델의 경우 펜트리뱅크Penn Treebank 태그 집합을 기준으로 한다. 독일 모델의 경우 기준은 슈투트가르트튀빙겐Stuttgart-Tübingen 태그 집합이다. pos_ 속성은 범용 품사 태그 집합의 단순화된 태그를 포함한다.[53]

다른 모델에서도 거의 동일한 품사 태그 값을 얻을 수 있으니 이 속성을 사용하는 것이 좋다. [표 4-4]에 각 태그의 설명과 예제를 정리했다.

표 4-4 범용 품사 태그

태그	설명	예제
ADJ	형용사: 명사를 수식	big, green, African
ADP	전치사: 전치(preposition)와 후치(postposition)	in, on
ADV	부사: 동사 또는 형용사 수식	very, exactly, always
AUX	보조(동사를 동반)	can (do), is (doing)
CCONJ	접속사	and, or, but
DET	한정사: 명사가 가리키는 대상을 특정	the, a, all (things), your (idea)
INTJ	감탄사: 독립어, 감탄사, 감정 표현	hi, yeah
NOUN	명사: 일반명사 및 고유명사	house, computer
NUM	기수(cardinal number)	nine, 9, IX
PROPN	고유명사, 이름 또는 이름의 일부	Peter, Berlin

---

53 자세한 내용은 범용 품사 태그(Universal Part-of-speech tags, https://oreil.ly/lAKtm)를 참조하자.

PRON	대명사: 명사를 지칭	I, you, myself, who
PART	불변화사[54]	
PUNCT	구두점 문자	. , ;
SCONJ	종속접속사	before, since, if
SYM	기호(단어형)	$, ©
VERB	동사: 모든 시제 및 형태	go, went, thinking
X	위의 분류에 할당할 수 없는 것	grlmpf

품사 태그는 단어 필터로, 불용어의 훌륭한 대안이다. 언어학에서 대명사, 전치사, 접속사, 한정사는 문장에서 문법적 관계를 생성하는 기능을 한다. 이를 기능어function word라고 한다. 명사, 동사, 형용사, 부사는 내용어content word이며 주로 문장의 의미를 결정한다.

종종 내용어만 필요한 경우가 있다. 따라서 불용어 목록을 사용하는 대신 품사 태그를 사용해 관심 있는 단어 유형을 선택하고 나머지는 버릴 수 있다. 예를 들어 문서에 명사와 고유명사만 있는 목록은 다음과 같이 생성한다.

```
text = "My best friend Ryan Peters likes fancy adventure games."
doc = nlp(text)

nouns = [t for t in doc if t.pos_ in ['NOUN', 'PROPN']]
print(nouns)
```

| 출력 |

```
[friend, Ryan, Peters, adventure, games]
```

이를 위해 더 일반적인 필터 함수를 쉽게 정의할 수 있지만 textacy의 **extract.words** 함수는 이 기능을 편리하게 제공한다. **is_punct** 또는 **is_stop**과 같은 추가 토큰 속성 및 품사를 필터링할 수도 있다. 따라서 필터 함수는 품사 선택과 불용어 필터링을 모두 허용한다. 이전에 설명한 명사 필터처럼 내부적으로 자연스럽게 작동한다. 다음 예는 샘플 문장에서 형용사와 명사의 토큰을 추출하는 방법이다.

---

54 옮긴이_ 문장에서 품사로 기능하지 않는 단어를 불변화사로 본다.

```
import textacy

tokens = textacy.extract.words(doc,
            filter_stops = True,         # 기본은 True, 불용어를 허용하지 않는다.
            filter_punct = True,         # 기본은 True, 구두점을 허용하지 않는다.
            filter_nums = True,          # 기본은 False,
                                         # True이면, 숫자를 허용하지 않는다.
            include_pos = ['ADJ', 'NOUN'], # 기본은 None, 모든 품사를 다 허용한다.
            exclude_pos = None,          # 기본은 None, 모든 품사를 배제하지 않는다.
            min_freq = 1)                # 단어의 허용 최소 빈도

print(*[t for t in tokens], sep='¦')
```

| 출력 |

best¦friend¦fancy¦adventure¦games

단어의 원형 목록을 추출하는 함수는 결국 다음과 같이 품사 정보를 얻는 함수를 둘러싼 작은 래퍼다. 키워드 인수(**kwargs)를 전달받아 textacy의 **extract.words**에 전달한다.

```
def extract_lemmas(doc, **kwargs):
    return [t.lemma_ for t in textacy.extract.words(doc, **kwargs)]

lemmas = extract_lemmas(doc, include_pos=['ADJ', 'NOUN'])
print(*lemmas, sep='¦')
```

| 출력 |

good¦friend¦fancy¦adventure¦game

NOTE_ 굴절어 대신 원형을 사용하는 것이 좋은 경우가 많지만 항상 그런 것은 아니다. 예를 들어 '좋음'과 '최고'가 차이를 만드는 감성 분석에서는 부정적 영향을 미치기도 한다.

4.6.6 전략: 명사구 추출

1장에서 분석을 위해 N-그램을 사용하는 방법을 설명했다. N-그램은 문장에서 N개의 단어로 만들어진 하위 시퀀스를 간단히 열거한 것이다. 예를 들어, 이전에 사용한 문장에는 다음과 같은 바이그램(N=2)이 사용된다.

```
My_best¦best_friend¦friend_Ryan¦Ryan_Peters¦Peters_likes¦likes_fancy
fancy_adventure¦adventure_games
```

예를 들어 `likes_fancy` 또는 `my_best`와 같은 바이그램은 분석에 그다지 유용하지 않다. 트라이그램은 더 쓸모가 없다. 그런데 실제로 의미 있는 단어 시퀀스는 어떻게 감지할 수 있을까? 한 방법은 품사 태그에 패턴 일치를 적용하는 것이다. 스페이시에는 매우 강력한 규칙 기반 매처rule-based matcher(https://oreil.ly/VjOJK)가 있고 textacy에는 패턴 기반 구문 추출을 위한 편리한 래퍼가 있다(https://bit.ly/3cqc4Kf). 다음 패턴은 형용사가 앞에 있는 명사 시퀀스를 추출한다.

```
text = "My best friend Ryan Peters likes fancy adventure games."
doc = nlp(text)

patterns = ["POS:ADJ POS:NOUN:+"]
spans = textacy.extract.matches(doc, patterns=patterns)
print(*[s.lemma_ for s in spans], sep='¦')
```

| 출력 |

```
good friend¦fancy adventure¦fancy adventure game
```

또는 명사구 추출을 위해 스페이시의 `doc.noun_chunks`를 사용할 수 있다. 그러나 반환된 결과에 대명사와 한정사도 포함될 수 있으므로 이 함수는 특성 추출에 적합하지 않다.

```
print(*doc.noun_chunks, sep='¦')
```

| 출력 |

```
My best friend¦Ryan Peters¦fancy adventure games
```

따라서 품사 패턴을 기반으로 명사구를 추출한다. 이 함수는 문서, 품사 태그 목록, 명사구의 단어를 결합하기 위해 구분 문자를 사용한다. 구성된 패턴은 지정된 품사 태그 중 하나가 포함된 토큰이 앞에 있는 명사 시퀀스를 검색한다. 반환된 항목은 원형이다. 또한 이 예제는 형용사나 명사 뒤에 명사가 오는 구절을 모두 추출한다.

```python
def extract_noun_phrases(doc, preceding_pos=['NOUN'], sep='_'):
    patterns = []
    for pos in preceding_pos:
        patterns.append(f"POS:{pos} POS:NOUN:+")

    spans = textacy.extract.matches(doc, patterns=patterns)
    return [sep.join([t.lemma_ for t in s]) for s in spans]

print(*extract_noun_phrases(doc, ['ADJ', 'NOUN']), sep='¦')
```

| 출력 |

```
good_friend¦fancy_adventure¦fancy_adventure_game¦adventure_game
```

4.6.7 전략: 개체명 추출

개체명 인식은 텍스트에서 사람 이름, 주소 또는 조직 이름과 같은 개체를 감지하는 절차를 나타낸다. 각 개체는 샌프란시스코^{San Francisco}와 같이 하나 이상의 토큰으로 구성될 수 있다. 따라서 명명된 개체는 **Span** 객체로 표시된다. 명사구와 마찬가지로 추가 분석을 위해 명명된 개체 목록을 검색하는 것이 도움이 될 수 있다.

[표 4-3]을 다시 보면 개체명 인식을 위한 토큰 속성 `ent_type_` 및 `ent_iob_`를 볼 수 있다. `ent_iob_`는 해당 토큰에서 개체가 시작되는 것인지(B), 개체의 일부분인지(I) 아니면 개체가 아닌지(O)에 대한 정보를 포함한다.[55] 토큰을 모두 살펴보며 객체를 찾는 대신 `doc.`

....

55 옮긴이_ BIO-Label이라고 부른다.

ents를 사용해 명명된 개체에 직접 액세스할 수도 있다. 여기에서는 개체 유형에 대한 속성을 label_이라고 한다. 다음 예를 보며 자세히 살펴보자.

```
text = "James O'Neill, chairman of World Cargo Inc, lives in San Francisco."
doc = nlp(text)

for ent in doc.ents:
    print(f"({ent.text}, {ent.label_})", end=" ")
```

| 출력 |

```
(James O'Neill, PERSON) (World Cargo Inc, ORG) (San Francisco, GPE)
```

스페이시의 display 모듈은 개체명 인식을 위한 시각화를 제공한다. 결과를 훨씬 더 읽기 쉽게 만들고 잘못 분류된 개체의 식별을 시각적으로 지원한다.

```
from spacy import displacy

displacy.render(doc, style='ent')
```

명명된 개체는 사람 이름, 조직 이름, 지정학적 개체geopolitical entity(GPE)로 올바르게 식별되었다. 그러나 말뭉치에 명확한 문법 구조가 누락된 경우에는 개체명 인식의 정확도가 썩 좋지 않을 수 있다. 자세한 내용은 12.4절 '개체명 인식'을 참조하자.

특정 유형의 명명된 개체를 추출하기 위해 다시 textacy의 편리한 기능 하나를 사용한다.

```
def extract_entities(doc, include_types=None, sep='_'):

    ents = textacy.extract.entities(doc,
            include_types=include_types,
            exclude_types=None,
            drop_determiners=True,
            min_freq=1)

    return [sep.join([t.lemma_ for t in e])+'/'+e.label_ for e in ents]
```

이 함수를 사용하면 다음과 같이 PERSON 및 GPE 유형의 명명된 개체를 검색할 수 있다.

```
print(extract_entities(doc, ['PERSON', 'GPE']))
```

| 출력 |

```
["James_O'Neill/PERSON", 'San_Francisco/GPE']
```

4.7 대규모 데이터셋에서 특성 추출

이제 스페이시가 제공하는 도구를 알았으니 언어적 특성 추출기를 구축할 수 있다. [그림 4-3]
에 텍스트에서 특성을 추출하는 과정을 정리했다. 결국 통계 분석 및 다양한 머신러닝 알고리
즘의 입력으로 사용할 수 있는 데이터셋을 만들고자 한다. 일단 추출되면 전처리된 데이터를
데이터베이스에 '사용 준비' 상태로 유지한다.

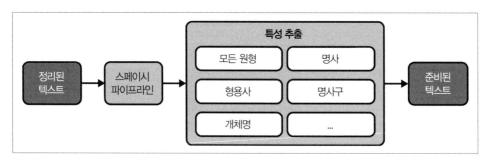

그림 4-3 스페이시를 사용해 텍스트에서 특성 추출

4.7.1 전략: 모든 추출 기능을 결합한 단일 함수

이번 전략은 앞서 언급한 모든 추출 기능을 결합한다. 여기에서 무언가를 추가하거나 변경하는
경우에는 후속 단계를 조정할 필요가 없도록 추출하는 모든 과정을 코드 한 곳에 깔끔하게 배
치한다.

```python
def extract_nlp(doc):
    return {
        'lemmas'            : extract_lemmas(doc,
                                      exclude_pos = ['PART', 'PUNCT',
                                           'DET', 'PRON', 'SYM', 'SPACE'],
                                      filter_stops = False),
        'adjs_verbs'        : extract_lemmas(doc, include_pos = ['ADJ', 'VERB']),
        'nouns'             : extract_lemmas(doc, include_pos = ['NOUN', 'PROPN']),
        'noun_phrases'      : extract_noun_phrases(doc, ['NOUN']),
        'adj_noun_phrases'  : extract_noun_phrases(doc, ['ADJ']),
        'entities'          : extract_entities(doc, ['PERSON', 'ORG', 'GPE', 'LOC'])
    }
```

이 함수는 다음 예제와 같이 추출하려는 모든 항목이 포함된 사전을 반환한다.

```python
text = "My best friend Ryan Peters likes fancy adventure games."
doc = nlp(text)
for col, values in extract_nlp(doc).items():
    print(f"{col}: {values}")
```

| 출력 |

```
lemmas: ['good', 'friend', 'Ryan', 'Peters', 'like', 'fancy', 'adventure', \
        'game']
adjs_verbs: ['good', 'like', 'fancy']
nouns: ['friend', 'Ryan', 'Peters', 'adventure', 'game']
noun_phrases: ['adventure_game']
adj_noun_phrases: ['good_friend', 'fancy_adventure', 'fancy_adventure_game']
entities: ['Ryan_Peters/PERSON']
```

반환된 결과의 열 이름 목록은 다음 단계에 필요하다. 그것을 하드코딩하는 대신에, 그 목록을 얻기 위해 빈 문서로 extract_nlp를 호출하기만 하면 된다.

```python
nlp_columns = list(extract_nlp(nlp.make_doc('')).keys())
print(nlp_columns)
```

```
['lemmas', 'adjs_verbs', 'nouns', 'noun_phrases', 'adj_noun_phrases', 'entities']
```

4.7.2 전략: 대규모 데이터셋에 스페이시 사용

이제 이 함수를 사용해 데이터셋의 모든 레코드에서 특성을 추출할 수 있다. 이 장의 시작 부분에서 만들고 저장한 정리된 텍스트를 가져와서 제목을 추가한다.

```
db_name = "reddit-selfposts.db"
con = sqlite3.connect(db_name)
df = pd.read_sql("select * from posts_cleaned", con)
con.close()

df['text'] = df['title'] + ': ' + df['text']
```

NLP 처리를 시작하기 전에 값으로 채우기 위해, 새 데이터프레임 열을 초기화한다.

```
for col in nlp_columns:
    df[col] = None
```

스페이시의 신경망 모델은 GPU에서도 실행되는 이점이 있다. 따라서 시작하기 전에 GPU에 모델을 로드하려고 한다.

```
if spacy.prefer_gpu():
    print("Working on GPU.")
else:
    print("No GPU found, working on CPU.")
```

이제 사용할 모델과 파이프라인 구성 요소를 결정한다. 런타임을 개선하기 위해 불필요한 구성 요소를 비활성화하는 것을 잊지 말자! 여기서는 기본 파이프라인을 사용해 작은 영어 모델을 고수하고 하이픈으로 분할되는 사용자 지정 토큰화를 사용한다.

```
nlp = spacy.load('en_core_web_sm', disable=[])
nlp.tokenizer = custom_tokenizer(nlp) # 선택사항
```

더 큰 데이터셋을 처리할 때 상당한 성능 향상(데이터셋의 약 2배)을 위해 스페이시의 일괄 처리 기능을 사용하는 것이 좋다. `nlp.pipe` 함수는 반복 가능한 텍스트를 가져와 내부적으로 일괄로 처리하고 입력 데이터와 동일한 순서로 처리된 Doc 개체 목록을 생성한다.

이를 사용하려면 먼저 배치 크기를 정의한다. 그런 다음 배치 단위로 `nlp.pipe`를 반복 호출할 수 있다.

```
batch_size = 50

for i in range(0, len(df), batch_size):
    docs = nlp.pipe(df['text'][i:i+batch_size])

    for j, doc in enumerate(docs):
        for col, values in extract_nlp(doc).items():
            df[col].iloc[i+j] = values
```

내부 루프에서 처리된 **doc**에서 특성을 추출하고 값을 데이터프레임에 다시 쓴다. 전체 절차는 GPU를 사용하지 않을 경우 이 데이터셋에서 약 6~8분, 콜랩에서 GPU를 사용하면 약 3~4분이 걸린다.

새로 생성된 열은 1장에서 정의한 함수들로 구성되어 빈도 분석을 하기에 적합하다. 자동차 범주에서 가장 자주 언급되는 명사구를 확인하자.

```
count_words(df, 'noun_phrases').head(10).plot(kind='barh').invert_yaxis()
```

| 출력 |

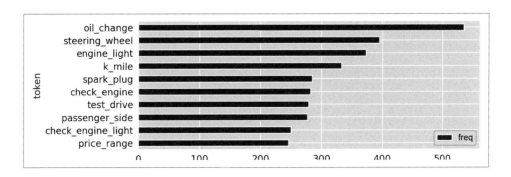

4.7.3 결과 유지

마지막으로 완전한 데이터프레임을 SQLite에 저장한다. 그렇게 하려면 추출된 파이썬 리스트를 공백으로 구분한 문자열로 직렬화해야 한다. 파이썬 리스트가 대부분의 데이터베이스에서 지원되지 않기 때문이다.

```python
df[nlp_columns] = df[nlp_columns].applymap(lambda items: ' '.join(items))

con = sqlite3.connect(db_name)
df.to_sql("posts_nlp", con, index=False, if_exists="replace")
con.close()
```

결과 테이블은 다음 추가 분석에 사용할 수 있는 기반이 된다. 이 데이터는 10장에서 다시 사용해 추출된 원형에 대한 단어 임베딩을 훈련할 것이다. 물론 전처리 단계는 현재 가진 데이터와 풀려는 문제에 따라 다르다. 전략을 통해 생성된 단어 세트는 단어 가방 벡터화bag-of-words vectorization를 기반으로 하는 머신러닝 및 단어 빈도에 대한 모든 종류의 통계 분석에 적합하다. 단어 시퀀스의 정보에 의존하는 알고리즘을 위해 전처리 단계를 조정해야 한다.

4.7.4 실행 시간에 대한 참고 사항

완전한 언어 처리에는 많은 시간이 걸린다. 실제로 스페이시로 20,000개의 레딧 게시물만 처리해도 몇 분이 걸린다. 이와 대조적으로 간단한 정규 표현식 토큰화는 동일한 시스템의 모든 레코드를 토큰화하는 데 몇 초밖에 걸리지 않는다. 스페이시가 다른 라이브러리에 비해 정말 빠르지만 태그 지정, 구문 분석, 개체명 인식에는 비용이 많이 든다. 따라서 명명된 개체가 필요하지 않은 경우에 파서 및 개체명 인식을 비활성화한다면 런타임을 60% 이상 절약할 수 있다.

스페이시의 데이터 처리 속도를 높이는 방법은 `nlp.pipe`로 데이터를 일괄 처리하고 GPU를 사용하는 것이다. 그러나 일반적으로 앞서 진행한 데이터 준비 과정은 병렬화할 수 있는 부분이 많다. 파이썬에서 작업을 병렬화하는 방법 하나는 multiprocessing 라이브러리(https://oreil.ly/hoqxv)를 사용하는 것이다. 특히 데이터프레임에서 작업을 병렬화하고 싶다면 팬더스에서 사용 가능한 Dask(https://dask.org), Modin(https://oreil.ly/

BPMLh), Vaex(`https://oreil.ly/hb66b`)를 권장한다.[56] pandarallel(`https://oreil.ly/-PCJa`)은 팬더스에 직접 병렬 적용 연산자를 추가하는 라이브러리다.

어떤 경우든 진행 상황을 관찰하고 예상 런타임을 얻는 것이 좋다. 1장에서 이미 언급했듯이 tqdm 라이브러리는 반복자와 데이터프레임 작업을 위한 진행률 표시줄(`https://oreil.ly/Rbh_-`)을 제공하기 때문에 이러한 목적에 적합한 도구다. 깃허브의 노트북은 가능할 때마다 tqdm을 사용한다.

4.8 더 알아보기

데이터 정리로 시작해 언어 처리의 전체 파이프라인을 거쳤다. 모든 내용을 자세히 다루지 않았지만 프로젝트에 도움이 되거나 필요할 수 있는 다양한 내용을 알아보았다.

4.8.1 언어 감지

많은 말뭉치는 텍스트가 서로 다른 언어로 되어 있다. 다국어 말뭉치로 작업할 때마다 다음 옵션 중 하나를 결정해야 한다.

- 무시할 수 있을 만큼 작다면 무시하자. 그리고 모든 텍스트를 말뭉치의 주요 언어(예: 영어)로 취급하라.
- 모든 텍스트를 구글 번역기와 같은 것을 이용해 기본 언어로 번역하라.
- 언어를 식별하고 다음 단계에서 언어 종속 전처리를 수행하라.

언어 감지에는 페이스북의 fastText 라이브러리(`https://oreil.ly/6QhAj`)를 추천한다. fastText는 176개 언어를 빠르고 정확하게 식별하도록 사전 훈련된 모델을 제공한다. fastText를 사용해 언어를 감지하는 전략은 깃허브(`https://oreil.ly/c3dsK`)에서 제공한다.

textacy의 `make_spacy_doc` 함수는 언어 처리를 위해 해당 언어 모델을 자동으로 로드한다. 기본적으로 구글의 Compact Language Detector v3(`https://oreil.ly/mJLfx`) 기반 언어 감지 모델을 사용하지만 다른 언어 감지 함수(예: fastText)를 연결할 수도 있다.

---

56 옮긴이_ Polars라는 패키지도 있다(`https://github.com/pola-rs/polars`). DB Benchmark상으로 좋은 성능을 낸다고 알려져 있다(`https://h2oai.github.io/db-benchmark`).

4.8.2 맞춤법 검사

사용자가 생성한 콘텐츠는 맞춤법 오류가 많다. 맞춤법 검사기가 오류를 자동으로 수정할 수 있다면 좋을 것이다. SymSpell(https://oreil.ly/puo2S)은 파이썬으로도 포팅(https://oreil.ly/yNs_k)된 인기 있는 맞춤법 검사기다. 그러나 스마트폰에서 알 수 있듯이 자동 맞춤법 수정은 그 자체로 재미있는 아티팩트를 유발할 수 있다. 따라서 실제로 품질이 향상되는지 확인해야 한다.

4.8.3 토큰 정규화

동일한 것으로 계산하기를 원하는 용어의 변형 또는 동일하지만 철자가 다른 용어가 있다. 이 경우 이러한 용어를 정규화하고 공통 표준에 매핑하는 것이 유용하다. 다음 예시를 보자.

- U.S.A., U.S. → USA
- dot-com bubble → dotcom bubble
- München → Munich

스페이시의 구문 매처phrase matcher를 사용해 이러한 종류의 정규화를 후처리 단계로 파이프라인에 통합할 수 있다. 스페이시를 사용하지 않는 경우 간단한 파이썬 사전을 사용해 다른 철자를 정규화된 형식에 매핑할 수 있다.

4.9 마치며

'가비지 인, 가비지 아웃'은 데이터 프로젝트에서 자주 회자되는 문제다. 본질적으로 노이즈가 있는 텍스트 데이터의 경우 특히 그렇다. 따라서 데이터 정리는 모든 텍스트 분석 프로젝트에서 중요하다. 높은 데이터 품질을 확보하고 체계적으로 확인하기 위해 많은 노력을 기울여라. 이 절에서는 품질 문제를 식별하고 해결하기 위한 많은 솔루션을 소개했다.

신뢰할 수 있는 분석과 강력한 모델을 위한 두 번째 전제 조건은 정규화다. 많은 텍스트 대상 머신러닝 알고리즘은 단어 빈도를 기반으로 문서 간의 유사성 개념을 생성하는 단어 가방 모델을 기반으로 한다. 일반적으로 TF-IDF를 기반으로 텍스트 분류, 토픽 모델링, 클러스터링을 수행할 때는 원형으로 복원된 텍스트를 사용하는 것이 좋다. 또한 모델이 다양한 언어를 반영해야 하는 텍스트 요약, 기계 번역, 질의응답 같은 복잡한 머신러닝 작업에서는 이러한 종류의 정규화를 피하거나 최소화하고 불용어 제거를 중지해야 한다.

## CHAPTER 5

특성 엔지니어링 및 구문 유사성

1장에서 보았듯이 텍스트는 구조화된 데이터와 크게 다르다. 가장 눈에 띄는 차이점 하나는 텍스트 데이터는 단어로 표시되지만 구조화된 데이터는 (대부분) 숫자로 표시된다는 것이다. 과학적 관점에서 수 세기에 걸친 수학적 연구는 여러 방면에서 정교한 방법을 다양하게 개발했다. 정보 과학은 수학적 연구를 토대로 발전했고, 그 과정에서 창의적 알고리즘이 발명되었다. 최근 머신러닝의 발전으로 이전에 개발되어 특수한 경우에만 적용 가능했던 알고리즘이 다양한 사용 사례에 적용할 수 있게 일반화되었다. 이러한 방법은 데이터에서 직접 '학습'하기에, 편견이 없는 관점을 제공한다.[57]

이러한 도구를 사용하려면 텍스트와 숫자의 매핑을 찾아야 한다. 텍스트의 풍부함과 복잡성을 고려할 때 단일 숫자로는 문서의 의미를 나타내기에 충분하지 않다. 더 복잡한 것이 필요하다. 수학에서 실수의 자연스러운 확장은 실수로 구성된 튜플tuple인 벡터vector다. 텍스트 분석 및 머신러닝의 거의 모든 텍스트는 벡터를 사용해 표현한다. 자세한 내용은 6장을 참조하자.

벡터는 벡터 공간에 존재하는데, 대부분의 벡터 공간에는 놈norm 및 거리와 같은 추가 속성이 있다. 이는 유사성 개념을 암시하기 때문에 분석에 유용할 것이다. 다음 장에서 살펴보겠지만 문서 간의 유사성을 측정하는 것은 대부분의 텍스트 분석 응용 프로그램에서 절대적으로 중요하며 그 자체로도 흥미롭다.

---

57 옮긴이_ 그렇지만 데이터에 편견(bias)이 있을 수 있고, 이를 바탕으로 학습한 모델도 편견을 가지게 될 것이다.

5.1 학습 목표

이 장에서는 문서의 벡터화에 대해 설명한다. 이것은 구조화되지 않은 텍스트를 숫자가 포함된 벡터로 변환하는 것을 의미한다.

문서를 벡터화하는 방법에는 여러 가지가 있다. 문서 벡터화는 모든 머신러닝 작업의 기초이므로 자신만의 벡터화 객체^{vectorizer}를 설계하고 구현하는 데 시간을 할애할 것이다. 자신의 프로젝트에 특화된 벡터화가 필요한 경우 이를 바탕으로 벡터화 객체를 구현할 수 있다.

그다음에는 사이킷런에 이미 구현된 인기 있는 두 가지 모델인 단어 가방 모델^{bag-of-words model}과 이에 대한 TF-IDF 개선 사항에 중점을 둔다. 큰 문서의 데이터셋을 다운로드하고 앞서 언급한 방법으로 벡터화할 것이다. 보다시피 데이터 크기 및 확장성과 관련된 문제가 많을 수 있다.

벡터화는 정교한 머신러닝 알고리즘의 기본 기술이지만 문서 간의 유사성을 계산하는 데 자체적으로 사용할 수도 있다. 이것이 어떻게 작동하는지, 어떻게 최적화할 수 있는지, 어떻게 확장할 수 있는지 자세히 살펴보겠다. 더 풍부한 단어 표현은 10장을 참조하고, 상황에 맞는 접근 방식은 11장을 참조한다.

이 장을 공부한 후에는 단어 또는 단어의 조합을 특성으로 사용해 문서를 숫자(벡터)로 변환하는 방법을 이해하게 될 것이다.[58] 문서를 벡터화하는 다양한 방법을 시도하고 사용 사례에 맞는 올바른 방법도 결정하게 될 것이다. 문서의 유사성이 중요한 이유와 이를 계산하는 표준 방법을 배운다. 문서가 많은 예를 들어 자세히 살펴보고 이를 벡터화하고 유사도를 효과적으로 계산하는 방법을 알아본다.

첫 번째 절에서는 실제로 간단한 벡터화 객체를 구축하면서 벡터화의 개념을 소개한다. 이것은 자체 프로젝트에서 구축할 수도 있는 더 정교한 벡터화 객체의 기반으로 사용할 수 있다. 단어 발생 횟수를 계산하고 이를 벡터로 사용하는 것을 '단어 가방'이라고 하는데, 그 자체로 이미 매우 다재다능한 모델이다.

데이터셋(100만 개 이상의 뉴스 헤드라인 포함)과 함께 사용 사례를 소개하고 TF-IDF 절에서 확장 가능한 아키텍처를 제시한다. 문서 벡터화 및 문서 유사성 검색을 위한 전략을 세울 것

---

58 다음 장에서 단어(10장)와 문서(11장)를 벡터화하는 다른 방법을 살펴본다.

이다. 그리고 더 어려운 문제로 말뭉치에서 가장 유사한(그러나 동일하지 않은) 헤드라인을 식별하는 과정을 다룰 것이다.

5.2 실험을 위한 토이 데이터셋

텍스트 분석 문제에서는 문서에 어떤 단어가 등장하는지 아는 것만으로도 충분하다는 것을 놀랍게도 많은 실험에서 확인했다. 단어의 의미를 이해하거나 어순을 고려할 필요가 없다. 특히 기본 매핑[59]은 계산하기도 쉽고 빠르기 때문에 이러한 매핑으로 시작할 것이고, 단어를 특성 feature으로 사용할 것이다.

첫 번째 전략은 벡터화하는 방법을 집중적으로 다룬다. 찰스 디킨스Charles Dickens의 소설 『두 도시 이야기A Tale of Two Cities』(https://oreil.ly/rfmPH)에서 발췌한 다음의 몇 문장을 이용해 작은 데이터셋을 구축한다.

- It was the best of times. − 최고의 시절이었다.
- It was the worst of times. − 최악의 시절이었다.
- It was the age of wisdom. − 지혜의 시대였다.
- It was the age of foolishness. − 어리석음의 시대였다.

5.3 전략: 자신만의 벡터화 객체 구축

문서 벡터화는 각 장에서 다루는 내용의 기초가 되므로 어떻게 작동하는지 자세히 살펴본다. 이것은 자체 벡터화 객체를 구현함으로써 가장 잘 작동한다. 각자 프로젝트에서 필요한 벡터화 객체를 구현하거나 기존 벡터화 객체를 요구 사항에 맞게 조정하는 경우 이 절에서 설명하는 방법을 사용할 수 있다.

최대한 간단히 살펴보기 위해, 원-핫 벡터화one-hot vectorizer를 구현한다. 원-핫 벡터화 객체는

---

59 옮긴이_ 여기서는 단어 하나당 고유한 숫자 하나를 할당하는 것을 기본 매핑이라고 표현하는 듯 보인다.

문서에서 단어의 존재 여부를 1 또는 0으로 표현하고 문서에서 이진 벡터를 생성한다.

먼저 어휘를 만들고 단어에 숫자를 할당한 다음 벡터화 작업을 수행하고 마지막으로 이진 공간에서 유사성을 분석한다.

5.3.1 어휘 열거

단어를 특성으로 다루려면 단어를 벡터의 차원으로 변환할 방법을 찾아야 한다. 텍스트에서 단어 추출은 2장에서 설명한 대로 토큰화를 통해 수행된다.[60]

문서에 단어가 등장하는지 여부에만 관심이 있으므로 단어를 열거할 수 있다.

```python
sentences = ["It was the best of times",
             "it was the worst of times",
             "it was the age of wisdom",
             "it was the age of foolishness"]

tokenized_sentences = [[t for t in sentence.split()] for sentence in sentences]
vocabulary = set([w for s in tokenized_sentences for w in s])

import pandas as pd
pd.DataFrame([[w, i] for i,w in enumerate(vocabulary)])
```

| 출력 |

```
It          0
age         1
best        2
foolishness 3
it          4
of          5
the         6
times       7
was         8
wisdom      9
worst       10
```

----

60 SentencePiece(https://oreil.ly/A6TEl) 및 BPE(https://oreil.ly/tVDgu)와 같이 어휘를 결정하기 위한 훨씬 더 정교한 알고리즘이 있는데, 이는 특성 수를 줄이고 싶다면 살펴볼 가치가 있다.

결과에서 볼 수 있듯이 단어는 처음 발생한 순서대로 번호가 매겨진다. 단어들과 각각의 숫자로 구성되어 사전^{dictionary}이라고 부른다. 이제는 단어를 참조할 필요 없이, 숫자를 사용해 '벡터'로 배열할 수 있다.

5.3.2 문서 벡터화

벡터를 비교하고 유사성을 계산하는 등의 작업을 수행하려면 각 문서에 대한 벡터의 차원 수가 동일한지 확인해야만 한다. 이를 위해 모든 문서에서 동일한 사전을 사용한다. 문서에 특정 단어가 포함되지 않았으면 사전에서 단어의 위치에 0을 넣는다. 포함되었다면 1을 사용한다. 규칙에 따라 행 벡터는 문서에 사용된다. 벡터의 차원은 사전의 길이만큼 크다. 이 예제에서는 단어가 몇 개뿐이므로 문제가 되지 않는다. 그러나 대규모 프로젝트에서는 10만 단어를 넘는 어휘가 대부분이다.

실제로 라이브러리를 사용하기 전에 모든 문장에 대해 원–핫 인코딩을 계산한다.

```python
def onehot_encode(tokenized_sentence):
    return [1 if w in tokenized_sentence else 0 for w in vocabulary]

onehot = [onehot_encode(tokenized_sentence)
          for tokenized_sentence in tokenized_sentences]

for (sentence, oh) in zip(sentences, onehot):
    print("%s: %s" % (oh, sentence))
```

| 출력 |

```
[0, 1, 1, 0, 0, 1, 1, 0, 0, 1, 1]: It was the best of times
[1, 1, 1, 0, 0, 0, 1, 1, 0, 1, 0]: it was the worst of times
[0, 1, 1, 0, 1, 0, 0, 1, 1, 1, 0]: it was the age of wisdom
[0, 1, 1, 1, 1, 0, 0, 1, 0, 1, 0]: it was the age of foolishness
```

이제 각 문장에 대해 벡터 표현을 계산했다. 문서를 원–핫 벡터로 변환하면 문서에서 단어가 얼마나 자주 그리고 어떤 순서로 등장하는지에 대한 정보가 사라진다.

어휘에 없는 단어를 사용하는 문서

어휘를 고정하고 새 문서를 추가하면 어떻게 될까? 그 결과는 문서의 단어가 사전에 포함되는 지 여부에 따라 다르다. 물론 모든 단어가 사전에 포함되는 경우도 있다.

```
onehot_encode("the age of wisdom is the best of times".split())
```

| 출력 |

```
[0, 1, 0, 0, 1, 0, 1, 0, 1, 1, 1]
```

그 반대의 경우도 있다. 즉 사전에 포함되지 않은 단어만으로 문장을 벡터화하면 null 벡터를 얻는다.

```
onehot_encode("John likes to watch movies. Mary likes movies too.".split())
```

| 출력 |

```
[0, 0, 0, 0, 0, 0, 0, 0, 0, 0, 0]
```

이 문장은 말뭉치의 다른 문장과 '상호 작용'하지 않는다. 엄밀히 보면 이 문장은 말뭉치의 어떤 문장과도 유사하지 않다. 이러한 문장이 하나라면 문제 되지 않지만 자주 생긴다면 어휘나 말 뭉치를 조정해야 한다.

5.3.3 문서–용어 행렬

문서를 열거하는 행과 함께 행렬의 각 문서에 대한 행 벡터를 정렬하면 문서–용어 행렬에 이른 다. 문서–용어 행렬은 모든 문서의 벡터 표현이며 이 책 전반에 걸쳐 설명하는 거의 모든 머신 러닝 작업에서 가장 기본적인 빌딩 블록이다. 이 장에서는 문서 유사성을 계산하는 데 사용할 것이다.

```
pd.DataFrame(onehot, columns=vocabulary)
```

It	Age	Best	Foolishness	It	Of	The	Times	Was	Wisdom	Worst
1	0	1	0	0	1	1	1	1	0	0
0	0	0	0	1	1	1	1	1	0	1
0	1	0	0	1	1	1	0	1	1	0
0	1	0	1	1	1	1	0	1	0	0

WARNING_ 문서–용어 행렬의 list와 array는 작은 어휘에서 사용할 때 가장 잘 작동한다. 큰 어휘를 사용하려면 더 영리한 표현을 찾아야 한다. 사이킷런은 사이파이[SciPy](https://oreil.ly/yk1wx)의 소위 희소 벡터와 희소 행렬을 사용해 큰 어휘와 큰 문서를 다룬다.

유사성 계산

문서 간의 유사성 계산은 각 열에서 1이 공통으로 나오는 횟수를 측정한다. 원–핫 인코딩에서는 벡터 각각에 대해 AND 연산을 수행하고 그 결과 벡터들에서 1의 수를 계산하는데, 비트 수준에서 계산하므로 매우 빠르다. 첫 두 문장의 유사도를 계산한다.

```
sim = [onehot[0][i] & onehot[1][i] for i in range(0, len(vocabulary))]
sum(sim)
```

| 출력 |

```
4
```

유사성을 계산하는 또 다른 가능한 방법은 두 문서 벡터의 스칼라곱(종종 내적이라고 함)을 사용하는 것인데, 이 방법은 앞으로 자주 접할 것이다. 스칼라곱은 두 벡터의 해당 구성 요소를 곱하고 이 곱을 더함으로써 계산한다. 두 요인이 모두 1인 경우 곱이 1이 될 수 있다는 사실을 관찰함으로써 벡터에서 공통 1의 수를 효율적으로 계산한다.

```
np.dot(onehot[0], onehot[1])
```

| 출력 |

```
4
```

5.3.4 유사성 행렬

모든 문서 간의 유사성을 구하기 위해 모든 숫자를 계산하는 딱 한 줄짜리 명령어가 있다! 이전 절의 공식을 일반화하면 문서 i와 문서 j의 유사성 계산은 다음과 같다.

$$S_{ij} = d_i \cdot d_j$$

이전의 문서–용어 행렬을 사용하려면 스칼라곱을 합함으로써 쓸 수 있다.

$$S_{ij} = \sum_k D_{ik} D_{jk} = \sum_k D_{ik} (D^T)_{kj} = (D \cdot D^T)_{ij}$$

유사성은 문서–용어 행렬과 그 행렬을 전치한 행렬의 곱이 된다. 이 값은 파이썬에서 쉽게 계산할 수 있다(유사성을 쉽게 확인하도록 문장도 출력됨).[61]

```
np.dot(onehot, np.transpose(onehot))
```

| 출력 |

```
array([[6, 4, 3, 3],       # It was the best of times
       [4, 6, 4, 4],       # it was the worst of times
       [3, 4, 6, 5],       # it was the age of wisdom
       [3, 4, 5, 6]]       # it was the age of follishness
```

....

61 혼란스럽게도 numpy.dot는 벡터의 스칼라곱(내적)과 행렬 곱셈 모두에 사용된다. Numpy가 동일한 차원을 가진 두 개의 행 또는 열 벡터(즉, 1차원 배열)를 감지하면 스칼라곱을 계산하고 그 결과로 스칼라를 생성한다. 만일 입력된 2차원 배열이 행렬 곱셈에 적합하면 행렬 곱 연산을 수행해 그 결과로 행렬을 생성한다. 그 외의 다른 모든 경우에는 오류가 발생한다. 이 방법은 편리하지만 익숙해지려면 많은 경험을 쌓아야 한다.

분명히 가장 높은 숫자는 대각선에 있다. 각 문서가 자기 자신과 가장 유사하기 때문이다. 행렬은 대칭이 되어야 한다. 문서 A와 B의 유사성과 그 반대인 문서 B와 A의 유사성이 같기 때문이다. 그 외에도 둘째 문장이 다른 모든 문장과 평균적으로 가장 유사하지만 셋째 문서와 마지막 문서가 비슷한 쌍으로 가장 유사함을 알 수 있다(단어 하나만 다르다). 대소문자를 무시한다면 첫째와 둘째 문서도 마찬가지일 것이다.

사이킷런을 사용한 원-핫 인코딩

앞서 논의했듯이 사이킷런을 사용해 동일한 벡터화를 달성할 수 있다. 범주형 특성에만 적합한 OneHotEncoder를 사용하려고 하지 말자. 각 문장에는 여러 단어가 있으므로 이 경우에 사용할 올바른 클래스는 MultiLabelBinarizer다.

```
from sklearn.preprocessing import MultiLabelBinarizer
lb = MultiLabelBinarizer()
lb.fit([vocabulary])
lb.transform(words)
```

| 출력 |

```
array([[1, 0, 1, 0, 0, 1, 1, 1, 1, 0, 0],
       [0, 0, 0, 0, 1, 1, 1, 1, 1, 0, 1],
       [0, 1, 0, 0, 1, 1, 1, 0, 1, 1, 0],
       [0, 1, 0, 1, 1, 1, 1, 0, 1, 0, 0]])
```

여기서 이미 사이킷런의 전형적인 패턴을 볼 수 있다. 모든 벡터화 객체(및 기타 많은 클래스)에는 fit 함수와 transform 함수가 있다. fit 함수는 어휘를 '학습'하는 반면, transform 함수는 주어진 문서를 벡터로 변환한다. 다행히도 자체 벡터화 결과와 동일한 결과를 얻었다.

문서 벡터화의 작동 방식을 이해하면 자신의 문서 벡터화를 구현하는 데 유용하지만 기존 벡터화 객체의 모든 기능과 매개변수도 잘 이해할 수 있다. 그래서 문서 벡터화 객체를 자체적으로 구현했다. 어휘를 구축한 다음 문서를 이진 벡터로 변환하는 것으로 시작해 벡터화의 여러 단계를 자세히 살펴보았다.

이후 문서의 유사성을 분석했다. 해당 벡터의 스칼라곱은 유사성의 좋은 척도임을 알았다.

원–핫 벡터는 문서 분류 및 클러스터링과 같은 곳에서도 실제로 사용된다. 그러나 사이킷런은 다음 절에서 사용할 더 정교한 벡터화 방법도 제공한다.

5.4 단어 가방 모델

원–핫 인코딩은 문서를 벡터로 나타내는 기본적인 표현 방법을 이미 제공했다. 하지만 이 방법은 문서에 여러 번 등장하는 단어는 신경 쓰지 않았다. 각 문서의 단어 빈도를 계산하려면, '단어 가방 표현'이라는 모델을 사용해야 한다.

이 모델은 다소 단순하지만 널리 사용된다. 분류 및 감성 감지 같은 경우에는 합리적으로 작동한다. 토픽 모델링 방법의 하나인 LDA^Latent Dirichlet Allocation는 단어 가방 모델을 명시적으로 요구한다.[62]

5.4.1 전략: 사이킷런 CountVectorizer 사용

단어 가방 모델을 자체적으로 구현하는 대신에 사이킷런이 제공하는 알고리즘을 사용한다. 사이킷런에서 특성 추출feature extraction을 할 때 맨 처음 보게 되는 클래스 CountVectorizer를 주목하자. 클래스의 디자인과 해당 메서드가 호출되는 순서를 자세히 살펴보겠다.

```
from sklearn.feature_extraction.text import CountVectorizer
cv = CountVectorizer()
```

원–핫 인코더의 예제 문장은 정말 간단한다. 데이터셋의 어떤 문장에도 단어가 두 번 이상 등장하지 않기 때문이다. 문장을 추가하고 이를 CountVectorizer의 기초로 사용하겠다.

```
more_sentences = sentences + \
                 ["John likes to watch movies. Mary likes movies too.",
                  "Mary also likes to watch football games."]
```

---

62 LDA에 대한 자세한 내용은 8장을 참조하자.

CountVectorizer는 별개의 두 단계로 작동한다. 먼저 어휘를 배워야 한다. 그러고 나서 문서를 벡터로 변환할 수 있다.

어휘 배우기

가장 먼저 어휘부터 학습해야 한다. 이제는 문장이 포함된 배열을 전달할 수 있어 더 간단하다.

```
cv.fit(more_sentences)

CountVectorizer(analyzer='word', binary=False, decode_error='strict',
                dtype=<class 'numpy.int64'>, encoding='utf-8', input='content',
                lowercase=True, max_df=1.0, max_features=None, min_df=1,
                ngram_range=(1, 1), preprocessor=None, stop_words=None,
                strip_accents=None, token_pattern='(?u)\\b\\w\\w+\\b',
                tokenizer=None, vocabulary=None)
```

여기서 사용한 매개변수를 모두 알지 못해도 된다. 중요한 매개변수는 이후에 자세히 다룰 것이다. 먼저 CountVectorizer가 어휘로 사용한 것이 무엇인지 보겠다. 여기서는 어휘를 특성 이름feature name이라고 부른다.

```
print(cv.get_feature_names())
```

| 출력 |

```
['age', 'also', 'best', 'foolishness', 'football', 'games',
 'it', 'john', 'likes', 'mary', 'movies', 'of', 'the', 'times',
 'to', 'too', 'was', 'watch', 'wisdom', 'worst']
```

CountVectorizer를 사용해 어휘와 소위 특성을 만들었다. 편리하게도 어휘가 알파벳 순으로 정렬되어 특정 단어가 포함되는지 여부를 쉽게 판별할 수 있다.

문서를 벡터로 변환

둘째 단계에서는 CountVectorizer를 사용해 문서를 벡터 표현으로 변환한다.

```
dt = cv.transform(more_sentences)
```

결과는 이전 절에서 이미 접한 문서-용어 행렬이다. 그러나 **CountVectorizer**가 희소 행렬을 생성했기 때문에 내용은 같지만 다른 개체다.

```
dt
```

| 출력 |

```
<6x20 sparse matrix of type '<class 'numpy.int64'>'
with 38 stored elements in Compressed Sparse Row format>
```

희소 행렬은 매우 효율적이다. 일반적인 행렬은 $6 \times 20 = 120$개 요소를 전부 저장하지만 희소 행렬은 38개만 저장하면 된다! 값이 0인 요소를 저장하지 않음으로써 얻게 되는 효율이다.

이전 문서-용어 행렬을 복구한다. 이를 위해 희소 행렬을 (조밀한) 배열로 변환해야 한다. 읽기 쉽게 팬더스 데이터프레임으로 변환한다.

```
pd.DataFrame(dt.toarray(), columns=cv.get_feature_names())
```

| 출력 |

Age	Also	Best	Foolishness	Football	Games	It	John	Likes	Many	Movies	Of	The	Times	To	Too	Was	Watch	Wisdom	Worst
0	0	0	0	0	0	1	0	0	0	0	1	1	1	0	0	1	0	0	0
0	0	0	0	0	0	1	0	0	0	0	1	1	1	0	0	1	0	0	1
1	0	0	0	0	0	1	0	0	0	0	1	1	0	0	0	1	0	1	0
1	0	0	1	0	0	1	0	0	0	0	1	1	0	0	0	1	0	0	0
0	0	0	0	0	0	0	1	2	1	2	0	0	0	1	1	0	1	1	1
0	1	0	0	1	1	1	0	1	0	0	0	0	0	1	0	0	1	1	0

문서–용어 행렬은 원–핫 벡터화 행렬과 매우 유사하다. 그러나 열이 알파벳 순으로 정렬되며 다섯째 행에 2가 여러 개 표시된다. 이는 중복된 단어가 많은 'John likes to watch movies, Mary likes movies too'라는 문서에서 나온 결과다.

5.4.2 전략: 유사성 계산

단어 가방 모델을 이용해 문서 간의 유사성을 찾는 일은 여러 문서에서 공통으로 1이 나오는 수를 계산하는 것만으로 충분하지 않기 때문에 더 난해하다. 대개 각 단어의 발생 횟수가 1회 이상이므로 이를 고려해야 한다. 스칼라곱은 벡터의 크기(문서의 단어 수)에도 민감하므로 여기서는 사용할 수 없다. 또 유클리드 거리$^{Euclidean\ distance}$는 고차원 벡터 공간에서 그다지 유용하지 않다. 그래서 문서 벡터 간의 각도를 유사성의 척도로 활용하는 방법이 널리 이용된다. 두 벡터 간의 각도 코사인은 다음과 같이 정의된다.

$$cos(\boldsymbol{a},\ \boldsymbol{b}) = \frac{\boldsymbol{a} \cdot \boldsymbol{b}}{||\boldsymbol{a}|| \cdot ||\boldsymbol{b}||} = \frac{\sum a_i\, b_i}{\sqrt{\sum a_i\, a_i}\,\sqrt{\sum b_i\, b_i}}$$

사이킷런은 cosine_similarity 유틸리티 함수를 제공해 이 계산을 단순화한다. 처음 두 문장의 유사성을 확인한다.

```
from sklearn.metrics.pairwise import cosine_similarity
cosine_similarity(dt[0], dt[1])
```

| 출력 |

```
array([[0.83333333]])
```

이전 절에서 직접 만든 함수로 계산한 유사성 계산 결과와 비교했을 때, cosine_similarity는 적절하게 정규화되고, 0과 1 사이의 값만 가지는 등 몇 가지 이점을 제공한다.

물론 모든 문서의 유사성을 계산하는 것도 가능하다. 사이킷런은 여러 상황에서 cosine_similarity를 사용할 수 있도록 작성되었으며, 인자값으로 받는다.

```
pd.DataFrame(cosine_similarity(dt, dt)))
```

	0	1	2	3	4	5
0	1.000000	0.833333	0.666667	0.666667	0.000000	0.000000
1	0.833333	1.000000	0.666667	0.666667	0.000000	0.000000
2	0.666667	0.666667	1.000000	0.833333	0.000000	0.000000
3	0.666667	0.666667	0.833333	1.000000	0.000000	0.000000
4	0.000000	0.000000	0.000000	0.000000	1.000000	0.524142
5	0.000000	0.000000	0.000000	0.000000	0.524142	1.000000

다시 말하지만, 행렬은 대각선에서 가장 높은 값을 가지고 대칭으로 구성된다. 문서 쌍 0과 1, 그리고 2와 3이 가장 유사하다는 것도 쉽게 알 수 있다. 문서 4와 5는 다른 문서들과는 별로 유사하지 않지만 둘 사이에는 약간의 유사성이 있다. 문장을 유심히 다시 보면 바로 예상할 수 있다.

단어 가방 모델을 적용하기에 적합한 다양한 사용 사례가 있다. 가장 자주 사용되는 단어들이 문서-용어 행렬에서 유사도가 가장 높으므로 분류 모델, 감성 감지 모델과 그 외 많은 토픽 모델의 경우 이에 대한 편향을 만든다. 종종 이러한 단어는 별 의미를 전달하지 않으며 불용어로 정의된다.

이 모델이 굉장히 도메인 종속적이므로, 편향을 줄이는 일반적인 접근 방식은 모든 문서의 말뭉치에 과도하게 자주 등장하는 단어의 영향을 감소시키는 것이다. 이를 위한 TF-IDF 모델은 다음 절에서 설명한다.

5.5 TF-IDF 모델

앞서 『두 도시 이야기』 예에서 많은 문장이 'it was the time of'라는 단어들로 시작했다. 이 표현은 유사성에 많은 기여를 했지만, 실제 정보를 얻기에는 부족하다. TF-IDF는 총 단어 발생 횟수를 계산해 이를 처리한다. 자주 등장하는 단어의 가중치를 줄이는 동시에 흔하지 않은 단어의 가중치를 높인다. 정보 이론적 측정[63]과 별개로, 문서를 읽을 때 관찰할 수 있는 특성이기도 하다. 작성자는 흔하지 않은 단어로 중요한 메시지를 전달할 가능성이 크다.

5.5.1 TfidfTransformer로 최적화된 문서 벡터

2장에서 보았듯이 카운팅에 비해 정보를 더 정확하게 측정하려면 역 문서 빈도를 계산해 매우 일반적인 단어에 페널티를 적용해야 한다. TF-IDF 가중치는 단어 가방 모델에서 계산할 수 있다. 이전 모델로 다시 시도하고 문서-용어 행렬의 가중치가 어떻게 변하는지 살펴보자.

```python
from sklearn.feature_extraction.text import TfidfTransformer
tfidf = TfidfTransformer()
tfidf_dt = tfidf.fit_transform(dt)
pd.DataFrame(tfidf_dt.toarray(), columns=cv.get_feature_names())
```

| 출력 |

Age	Also	Best	Foolishness	Football	Games	it	John	Likes	Many	Movies	of	The	Times	To	Too	Was	Watch	Wisdom	Worst
0.00	0.00	0.57	0.00	0.00	0.00	0.34	0.00	0.00	0.00	0.00	0.34	0.34	0.47	0.00	0.00	0.34	0.00	0.00	0.00
0.00	0.00	0.00	0.00	0.00	0.00	0.34	0.00	0.00	0.00	0.00	0.34	0.34	0.47	0.00	0.00	0.34	0.00	0.00	0.57
0.47	0.00	0.00	0.00	0.00	0.00	0.34	0.00	0.00	0.00	0.00	0.34	0.34	0.00	0.00	0.00	0.34	0.00	0.57	0.00
0.47	0.00	0.00	0.57	0.00	0.00	0.34	0.00	0.00	0.00	0.00	0.34	0.34	0.00	0.00	0.00	0.34	0.00	0.00	0.00
0.00	0.00	0.00	0.00	0.00	0.00	0.00	0.31	0.50	0.25	0.61	0.00	0.00	0.00	0.25	0.35	0.00	0.25	0.00	0.00
0.00	0.42	0.00	0.00	0.42	0.42	0.00	0.00	0.34	0.34	0.00	0.00	0.00	0.34	0.00	0.00	0.34	0.00	0.00	0.00

보다시피 일부 단어(예: it)가 더 작은 값으로 조정되었지만, 다른 단어(예: wisdom)는 값이 그렇게 줄지 않았다. 유사성 행렬에 대한 효과를 살펴보겠다.

```python
pd.DataFrame(cosine_similarity(tfidf_dt, tfidf_dt))
```

---

[63] 예를 들어 불확실성과 정보의 측정 척도로 엔트로피의 정의(https://oreil.ly/3qTpX)를 참조하자. 기본적으로는 확률(여기서는 출현 확률)이 낮은 값이 확률이 높은 값보다 더 많은 정보를 전달한다는 것을 의미한다.

	0	1	2	3	4	5
0	1.000000	0.675351	0.457049	0.457049	0.000000	0.000000
1	0.675351	1.000000	0.457049	0.457049	0.000000	0.000000
2	0.457049	0.457049	1.000000	0.675351	0.000000	0.000000
3	0.457049	0.457049	0.675351	1.000000	0.000000	0.000000
4	0.000000	0.000000	0.000000	0.000000	1.000000	0.43076
5	0.000000	0.000000	0.000000	0.000000	0.43076	1.000000

결과를 보면 그토록 바라던 효과를 얻었다! 문서 쌍 0과 1, 2와 3은 여전히 매우 유사하다. 하지만 중요한 단어에서는 문서 쌍이 서로 다르기 때문에 유사도 또한 더 합리적인 수준으로 감소한다. 이제 일반적인 단어의 가중치가 더 낮아졌다.

5.5.2 데이터셋 – ABC 뉴스

실사례로 뉴스 헤드라인이 포함된 캐글의 데이터셋(https://oreil.ly/hg5R3)을 가져온다. 헤드라인은 2003년부터 2017년까지 호주 뉴스 소스 ABC에서 가져왔다. CSV 파일에는 구두점 없이 소문자로 된 타임스탬프와 헤드라인만 있다. CSV 파일을 팬더스 데이터프레임에 로드하고 앞에 있는 문서 몇 편을 살펴보자.

```
headlines = pd.read_csv("abcnews-date-text.csv", parse_dates=["publish_date"])
print(len(headlines))
headlines.head()
```

| 출력 |

```
1103663
```

	publish_date	headline_text
0	2003-02-19	aba decides against community broadcasting lic⋯
1	2003-02-19	act fire witnesses must be aware of defamation
2	2003-02-19	a g calls for infrastructure protection summit
3	2003-02-19	air nz staff in aust strike for pay rise
4	2003-02-19	air nz strike to affect australian travellers

이 데이터셋에는 1,103,663개 헤드라인이 있다. 헤드라인에는 구두점이 포함되지 않으며 모두 소문자로 변환된다. 텍스트와 별도로 데이터셋에는 각 헤드라인의 발행일이 포함된다.

앞서 보았듯이 TF-IDF 벡터는 단어 가방 모델(사이킷런 용어의 카운트 벡터)을 사용해 계산할 수 있다. TF-IDF 문서 벡터를 사용하는 것이 일반적이므로 사이킷런은 카운트 벡터를 건너뛰고 TF-IDF 벡터를 직접 계산하는 '바로가기'를 만들었다. 해당 클래스를 TfidfVectorizer라고 하는데, 이는 다음에 사용하겠다.

다음에는 fit 및 transform에 대한 호출을 결합한 fit_transform을 사용하는데, 이는 편리한 방법이다.

```
from sklearn.feature_extraction.text import TfidfVectorizer
tfidf = TfidfVectorizer()
dt = tfidf.fit_transform(headlines["headline_text"])
```

많은 문서를 분석하고 벡터화해야 하므로 시간이 걸릴 수 있다. 문서-용어 행렬의 차원을 살펴보자.

```
dt
```

| 출력 |

```
<1103663x95878 sparse matrix of type '<class 'numpy.float64'>'
with 7001357 stored elements in Compressed Sparse Row format>
```

행의 수는 예상했지만 열(어휘)의 수가 거의 100,000개가 될 정도로 정말 많다. 문서-용어 행렬을 단순하게 저장했을 때 용량을 계산하면 $1,103,663 \times 95,878$ 요소가 저장되고, 이때 각 요소는 float당 8바이트로 생성된다. 이를 계산하면 대략 788GB 용량을 사용함을 알 수 있다. 위 결과는 희소 행렬을 사용함으로써 문서-용어 행렬 저장에 실제 소비된 메모리가 겨우 56,010,856바이트(약 0.056GB, `dt.data.nbytes`를 통해 확인됨)라는 점에서, 희소 행렬의 놀라운 효율성을 드러낸다. 이 값도 여전히 높지만 충분히 관리할 만한 수준이다.

그러나 두 벡터 간의 유사성을 계산하는 것은 또 다른 이야기다. 사이킷런(및 사이파이)은 희소 벡터 작업에 고도로 최적화됐지만 샘플 계산(처음 1만 개 문서의 유사성)을 수행하는 데는 여전히 시간이 걸린다.

```
%%time
cosine_similarity(dt[0:10000], dt[0:10000])
```

| 출력 |

```
CPU times: user 154 ms, sys: 261 ms, total: 415 ms

Wall time: 414 ms

array([[1.        , 0.        , 0.        , ..., 0.        , 0.        , 0.        ],
       [0.        , 1.        , 0.        , ..., 0.        , 0.        , 0.        ],
       [0.        , 0.        , 1.        , ..., 0.        , 0.        , 0.        ],
       ...,
       [0.        , 0.        , 0.        , ..., 1.        , 0.16913596, 0.16792138],
       [0.        , 0.        , 0.        , ..., 0.16913596, 1.        , 0.33258708],
       [0.        , 0.        , 0         , ..., 0.16792138, 0.33258708, 1.        ]])
```

다음 장의 머신러닝을 위해서라도 이와 같은 선형대수 계산을 많이 시행하고 끊임없이 반복해야 한다.[64] 종종 연산량은 특성의 개수에 따라 제곱으로 커진다($O(N^2)$). 따라서 불필요한 특성을 제거해 벡터화를 최적화하는 것은 유사성 계산에 도움이 되고 확장 가능한scalable 머신러닝에도 중요하다.

----

64 옮긴이_ 신경망 모델에서는 선형대수(주로 행렬 계산)를 정말 많이 쓴다.

5.5.3 전략: 특성 차원 축소

이제 문서를 위한 특성을 찾아와서 이 특성을 문서 벡터를 계산하는 데 사용했다. 예제에서 보았듯이 특성의 수가 상당히 클 수 있다. 많은 머신러닝 알고리즘은 계산 집약적이며 종종 계산 복잡도가 다항식으로 특성의 수에 따라 커진다. 따라서 특성 엔지니어링의 한 부분으로 이러한 특성을 실제로 필요한 특성으로 줄이는 데 중점을 둔다.

이 절에서는 이를 달성할 수 있는 전략을 세우고 특성의 수에 미치는 영향을 측정한다.

불용어 제거

가장 먼저 별 의미가 없는 단어를 제거할 수 있다. 도메인에 따라 다르지만 상식적으로 무시되어도 괜찮다고 여겨지는 가장 일반적인 영어 단어가 있는데, 이를 불용어stop word라고 한다. 일반적인 불용어로는 한정사, 보조 동사, 대명사가 있다. 자세한 내용은 4장을 참조하자. 특정 텍스트에 특정 도메인의 의미를 전달하는 특정 단어가 포함될 수 있으므로 불용어를 제거할 때는 주의하자!

거의 모든 언어에서 공통 불용어가 수백 개에 불과하기 때문에 차원 수는 크게 줄지 않는다. 그러나 주어진 데이터셋에서는 불용어가 일반적으로 사용되므로 이로 인해 저장된 행렬 요소 수를 크게 줄여야 한다. 요소 수가 줄면 곱하는 연산이 적어져 메모리 소비가 줄고 계산이 빨라진다.

스페이시에 내장된 표준 불용어를 사용해 문서-용어 행렬에 미치는 영향을 확인하자. 불용어를 TfidfVectorizer에 키워드 매개변수로 전달한다.

```
from spacy.lang.en.stop_words import STOP_WORDS as stopwords
print(len(stopwords))
tfidf = TfidfVectorizer(stop_words=stopwords)
dt = tfidf.fit_transform(headlines["headline_text"])
dt
```

| 출력 |

```
305
<1103663x95600 sparse matrix of type '<class 'numpy.float64'>'
```

```
with 5644186 stored elements in Compressed Sparse Row format>
```

저장된 요소 중에서 불용어 305개를 제외해, 20% 줄이는 데 성공했다. 행렬의 차원은 거의 동일한데, 헤드라인에 실제로 등장한 불용어가 278개(95,878 − 95,600)로 열이 약간 줄었을 뿐이다.

최소 빈도

코사인 유사도의 정의를 살펴보면, 두 벡터가 해당 인덱스에서 값이 0이 아닌 경우에만 유사도에 반영됨을 쉽게 알 수 있다. 즉 한 번만 등장하는 단어를 모두 무시할 수 있다! 이때 사용하기 위해 TfidfVectorizer(및 CountVectorizer)에는 min_df라는 매개변수가 있다.

```
tfidf = TfidfVectorizer(stop_words=stopwords, min_df=2)
dt = tfidf.fit_transform(headlines["headline_text"])
dt
```

| 출력 |

```
<1103663x58527 sparse matrix of type '<class 'numpy.float64'>'
 with 5607113 stored elements in Compressed Sparse Row format>
```

분명히 한 번만 나오는 단어가 많이 있다(95,600 − 58,527 = 37,073). 이러한 단어는 한 번만 저장해야 한다. 저장된 행렬 요소의 수를 확인하면 동일한 결과를 얻을 수 있다(5,644,186 − 5,607,113 = 37,073). 이러한 종류의 변환을 수행할 때 타당성 검사를 통합하는 것은 항상 유용하다.

> **WARNING_ 정보 유실**
> 이 문서 말뭉치의 헤드라인을 벡터화할 때 min_df=2를 사용해서 정보가 유실되지 않았다. 하지만 나중에 같은 어휘로 더 많은 문서를 벡터화하려는 경우, 원래 문서에 한 번만 등장한 단어가 새 문서에 다시 등장하면 그 단어를 어휘에서 찾을 수 없기 때문에 해당 단어에 들어 있는 정보를 놓칠 수 있다.

min_df에는 부동 소수점 값도 사용할 수 있다. 즉 단어가 문서에서 최소 비율 이상으로 존재해야 한다는 의미다. 보통 min_df에 부동 소수점 값을 사용하면 그 값의 크기가 작더라도 어휘

수가 많이 감소한다.

```
tfidf = TfidfVectorizer(stop_words=stopwords, min_df=.0001)
dt = tfidf.fit_transform(headlines["headline_text"])
dt
```

| 출력 |

```
<1103663x6772 sparse matrix of type '<class 'numpy.float64'>'
with 4816381 stored elements in Compressed Sparse Row format>
```

이 변환은 지나치게 엄격하고 어휘를 과도하게 줄인 듯 보인다. 문서 수에 따라 min_df를 작은 정수로 설정하고 어휘에 미치는 영향을 확인해야 한다.

최대 빈도

때때로 텍스트 말뭉치에는 단어 목록에 포함하기에는 너무 구체적이고 반복적으로 등장하는 용어가 많은 특별한 어휘(사전)가 있을 수 있다. 이 경우 사이킷런은 말뭉치에서 너무 자주 등장하는 용어를 제거하는 max_df 매개변수를 제공한다. 전체 헤드라인의 10% 이상에서 중복해 등장하는 단어를 모두 제거할 때 크기가 어떻게 축소되는지 확인한다.

```
tfidf = TfidfVectorizer(stop_words=stopwords, max_df=0.1)
dt = tfidf.fit_transform(headlines["headline_text"])
dt
```

| 출력 |

```
<1103663x95600 sparse matrix of type '<class 'numpy.float64'>'
with 5644186 stored elements in Compressed Sparse Row format>
```

max_df를 10%의 낮은 값으로 설정해도 단 한 단어도 제거되지 않았다![65] 뉴스 헤드라인은 매

---

65 물론 이미 사용된 불용어 목록과 관련이 있다. 뉴스 기사에서 가장 흔한 단어는 불용어다. 그러나 도메인별 텍스트에서는 완전히 다를 수 있다. 이러한 목록은 선별되었기 때문에 불용어를 사용하는 것이 더 안전한 선택인 경우가 많다.

우 다양하다. 말뭉치 유형에 따라 `max_df`를 조절하며 확인하는 과정이 매우 큰 도움이 된다. 어쨌든 행렬의 차원이 어떻게 변하는지 항상 확인해야 한다.

5.5.4 전략: 특성 차원 개선

지금까지는 헤드라인의 원어만을 사용하고 불용어와 단어의 빈도를 기준으로 특성 차원의 수를 줄였다. 아직 특성 자체를 변경하지는 않았다. 언어 분석^{linguistic analysis}을 사용하면 차원 수를 더 줄일 방법을 찾을 수도 있다.

언어 분석 수행

스페이시는 모든 헤드라인을 원형으로 복원한다. 이 과정은 시간이 좀 걸리지만 어휘 사전을 더 작게 만들 수 있다. 이 작업을 위해서는 먼저 언어 분석을 수행해야 하는데, 완료하는 데 시간이 걸릴 수 있다(자세한 내용은 4장 참조).

```
import spacy

nlp = spacy.load("en")
nouns_adjectives_verbs = ["NOUN", "PROPN", "ADJ", "ADV", "VERB"]
    for i, row in headlines.iterrows():
        doc = nlp(str(row["headline_text"]))
        headlines.at[i, "lemmas"] = " ".join([token.lemma_ for token in doc])
        headlines.at[i, "nav"] = " ".join([token.lemma_ for token in doc
                        if token.pos_ in nouns_adjectives_verbs])
```

5.5.5 전략: 단어 대신 원형을 사용한 문서 벡터화

이제 단어 원형으로 데이터를 벡터화해 어휘의 개수가 어떻게 감소했는지 확인한다.

```
tfidf = TfidfVectorizer(stop_words=stopwords)
dt = tfidf.fit_transform(headlines["lemmas"].map(str))
dt
```

```
<1103663x71921 sparse matrix of type '<class 'numpy.float64'>'
with 5053610 stored elements in Compressed Sparse Row format>
```

25,000개 차원을 절약한 것으로 충분하다. 뉴스 헤드라인 데이터에서 단어의 원형을 복원해도 정보가 유실되지 않을 것이다. 11장에서 다룰 사용 사례와는 완전히 다른 이야기다.

특성, 차원 수, 정밀도/재현율

원형 복원은 어휘의 크기를 대폭 줄인다. 예를 들어 뉴스 헤드라인에서는 시제가 중요하지 않지만 소설에서는 중요할 수도 있다. 사용 사례에 따라 어떤 텍스트/NLP 변환이 유용한지 신중하게 생각해야 한다.

min_df 및 max_df로 특성 차원의 수를 줄여도 양날의 검이 된다. 자주 사용하지 않는 특성을 제거하면 말뭉치에는 좋을 수 있지만, 문서가 추가되면 그 문서에서 구한 특성 수가 너무 적을 수 있다.

6장에서는 정보 검색을 위한 품질 메트릭으로 정밀도precision와 재현율recall을 소개한다. 그런 다음 이러한 메트릭에 미치는 영향을 관찰해 차원 감소(NLP 및 벡터화 튜닝 사용) 및 차원 증가(예: 바이그램 사용)의 효과를 정량화할 수 있다.

5.5.6 전략: 단어 유형 제한

이전에 생성된 데이터를 사용한 벡터화를 위해 여러 품사 중 명사, 형용사, 동사에 국한해 고려할 수 있다. 전치사, 동사 변화conjugation 등은 별 의미가 없다고 가정한다. 이로써 어휘의 크기가 준다.

```
tfidf = TfidfVectorizer(stop_words=stopwords)
dt = tfidf.fit_transform(headlines["nav"].map(str))
dt
```

```
<1103663x68426 sparse matrix of type '<class 'numpy.float64'>'
 with 4889344 stored elements in Compressed Sparse Row format>
```

이 헤드라인은 명사, 형용사, 동사가 대다수여서 크게 득을 본 게 없다. 그러나 자신의 프로젝트라면 완전히 달라질 수 있다. 분석하는 텍스트의 유형에 따라 단어 유형을 제한하면 어휘의 크기가 줄 뿐만 아니라 노이즈도 훨씬 많이 준다. 비용이 많이 드는 언어 분석에는 오랜 시간이 걸리므로 먼저 말뭉치의 일부를 샘플링해 시도하는 것도 좋다.

5.5.7 전략: 일반 단어 제거

앞에서 배웠듯이, 빈번하게 등장한 단어를 제거하면 훨씬 낮은 차원 수를 갖는 문서-용어 행렬이 생성될 수 있다. 어쨌든 일반적인 단어에는 관심이 없을 테니 비지도 학습을 수행할 때 특히 유용한 점이다.

더 많은 노이즈를 제거하기 위해 가장 일반적인 영어 단어를 제거한다. 이때 일반적으로 중요한 의미를 전달하는 단어가 포함될 수 있으니 주의하자. 불용어 목록은 다양하며 인터넷에서 쉽게 찾을 수 있다. 유명 불용어 목록은 구글에서 만든 목록(https://oreil.ly/bOho1)이며 깃허브에서 직접 사용할 수 있다. 열 헤더가 없는 CSV 파일로 읽으면 목록을 팬더스 데이터프레임으로 불러올 수 있다. 그런 다음 해당 목록을 불용어로 사용하도록 TfidfVectorizer에 지시한다.

```
top_10000 = pd.read_csv("https://raw.githubusercontent.com/first20hours/\
google-10000-english/master/google-10000-english.txt", header=None)
tfidf = TfidfVectorizer(stop_words=set(top_10000.iloc[:,0].values))
dt = tfidf.fit_transform(headlines["nav"].map(str))
dt
```

| 출력 |

```
<1103663x61630 sparse matrix of type '<class 'numpy.float64'>'
 with 1298200 stored elements in Compressed Sparse Row format>
```

이제 행렬에 저장된 요소 수가 줄어서 350만 개가 되었다. 어휘가 6,796단어(68,426 – 61,630)로 줄어서 가장 자주 사용되는 영어 단어 중 3,000개 이상은 ABC 헤드라인에도 사용되지 않았다.

자주 등장하는 단어를 제거하는 것은 데이터셋에서 노이즈를 제거하고 흔하지 않은 단어에 집중하게 하는 탁월한 방법이다. 그러나 자주 사용하는 단어에도 모종의 의미가 있을 수 있고, 문서 말뭉치에서 특별한 의미를 지닐 수도 있으므로 이 방법을 사용할 때는 처음부터 신중해야한다. 이러한 분석을 추가로 수행하는 것은 좋지만 단독으로 수행하는 건 좋지 않기 때문이다.

5.5.8 전략: N-그램으로 컨텍스트 추가

지금까지는 벡터화 기초에 속하는 내용으로 단일 단어를 특성(문서 벡터의 차원)으로 사용했다. 이 방법은 컨텍스트 정보를 많이 유실한다. 단일 단어를 특성으로 사용하면 여러 단어가 나타내는 문맥을 참작하지 못하기 때문이다. 이후 장에서는 단어 임베딩 같은 정교한 모델을 사용해 이러한 한계를 극복하는 방법을 배울 것이다. 이 예제에서는 더 간단한 방법을 사용하고, N-그램이라고 하는 단어 조합을 활용할 것이다. 두 단어 조합을 바이그램, 세 단어 조합은 트라이그램이라고 한다.

다행히 `CountVectorizer` 및 `TfidfVectorizer`에는 해당하는 옵션이 있다. 어휘를 줄이려고 했던 마지막 몇 절과 달리, 이번에는 단어 조합으로 어휘 사전을 향상시킨다. 조합의 수(및 어휘의 전체 양)는 (N-그램에서의) N값에 따라 지수적으로 증가한다.[66] 따라서 이러한 점을 방지하기 위해 바이그램으로 시작하겠다.

```
tfidf = TfidfVectorizer(stop_words=stopwords, ngram_range=(1,2), min_df=2)
dt = tfidf.fit_transform(headlines["headline_text"])
print(dt.shape)
print(dt.data.nbytes)
tfidf = TfidfVectorizer(stop_words=stopwords, ngram_range=(1,3), min_df=2)
dt = tfidf.fit_transform(headlines["headline_text"])
print(dt.shape)
print(dt.data.nbytes)
```

---

66 만일 모든 단어 조합이 유효하고 실제로 사용됐다면 지수적으로 증가했겠지만, 실현 가능성이 낮은 이야기로, 차원 수는 준지수적으로 증가한다.

```
(1103663, 559961)
67325400
(1103663, 747988)
72360104
```

메모리 사용량이 크게 증가하지 않았음에도 특성 차원의 수가 95,600에서 2,335,132로, 심지어 5,339,558로 늘어나면 상당히 고통스러운 일이다. 상황별 정보(예: 감성 분석)가 필요한 작업의 경우 N-그램이 매우 유용하다. 그러나 차원 수를 주시하는 것은 어느 경우든 유용하다. N-그램을 언어적 특성 및 일반적인 단어와 결합하는 것도 가능한데, 이 방법은 적용을 고민할 만큼 어휘의 크기를 상당히 줄인다.

```python
tfidf = TfidfVectorizer(ngram_range=(1,2),
        stop_words=set(top_10000.iloc[:,0].values))
dt = tfidf.fit_transform(headlines["nav"].map(str))
dt
```

| 출력 |

```
<1103663x385857 sparse matrix of type '<class 'numpy.float64'>'
with 1753239 stored elements in Compressed Sparse Row format>
```

`min_df=2`의 옵션을 가지고 만든 원래의 바이그램 벡터화와 비교하면, 67,325,400개 중에서 82,370개의 특성만이 남았다. 사이킷런은 다양한 벡터화 객체를 제공한다.

처음에는 일반적이면서도 다재다능한 **TfidfVectorizer**로 시작하는 것이 좋다.

TfidfVectorizer의 옵션

TF-IDF를 끄면[67] 내부적으로 **CountVectorizer**와 동일하게 동작한다. 매개변수가 다양해서 문제에 적합한 옵션 조합을 찾는 데 시간이 걸릴 수 있다.

올바른 조합을 찾으려면 `min_df`, `max_df` 또는 NLP를 통한 단순화된 텍스트 같은

---

67 옮긴이_ TfidfVectorizer를 인스턴스화할 때 use_idf 옵션을 False로 주는 것을 말한다.

`TfidfVectorizer`의 수많은 매개변수를 바꾸고 확인하는 지루한 과정을 반복해야 한다. 예를 들어 앞선 작업에서 `min_df`를 5로 설정하고 `max_df`를 0.7로 설정한 것이 좋은 결과를 가져왔다. 문제에 따라 벡터화가 최적화되었는지 여부로 결과가 달라지므로, 해당 옵션 조합이 좋은 결과를 냈다면 시간 투자가 성과를 본 것이다. 그러나 이러한 옵션 조합을 한 번에 찾기란 거의 불가하며, 이러한 특성 엔지니어링은 사용 사례와 벡터를 어떻게 사용하는지에 따라 크게 달라진다.

TF-IDF 방법은 비정규 용어 빈도subnormal term frequency를 사용하거나 결과 벡터를 정규화해 성능을 개선할 수 있다. 후자는 유사성을 빠르게 계산하는 데 유용하며 이 장의 뒷부분에서 사용법을 확인할 것이다. 전자의 방법을 사용하면 긴 문서에서 반복되는 단어의 가중치가 매우 높아 결과가 왜곡되는 문제를 피할 수 있다.

특성 차원의 수에 대해 심사숙고하자. 이전 예에서는 단일 단어와 바이그램을 특성으로 사용했다. 사용 사례에 따라 이것으로도 충분할 수 있다. 이 방법은 뉴스와 같은 일반적인 어휘로 이루어진 텍스트에 적합하다. 그러나 더 정교한 특성 엔지니어링을 요하는 특별한 어휘(예: 과학 도서 또는 보험 회사에 보내는 서류)가 필요할 수 있다.

차원의 수를 염두에 두자. 앞에서 살펴보았듯이 `ngram_range` 같은 매개변수를 사용하면 큰 특성 공간이 생긴다. 이는 램RAM 사용량이 커지는 단점 외에, 모델 학습 시 과적합을 유발하므로 많은 머신러닝 알고리즘에서도 문제가 될 수 있다. 따라서 매개변수 또는 벡터화 방법을 변경할 때는 항상 특성 차원의 수(증가)를 관찰하는 것이 좋다.

5.6 ABC 데이터셋의 구문 유사성

유사성은 머신러닝 및 텍스트 분석에서 기본적인 개념이다. 이 절에서는 ABC 데이터셋에서 유사한 문서를 찾는 어려운 문제를 몇 개 살펴보겠다.

이전 절에서 배운 벡터화 기법 하나를 사용해 유사성을 계산한다. CPU와 램RAM 관점 모두에서 이 계산을 효율적으로 수행할 전략을 제시한다. 여기서는 많은 양의 데이터를 처리하기 때문에 넘파이(`https://numpy.org`)를 광범위하게 사용해야 한다.

첫 단계에서는 불용어와 바이그램을 사용해 데이터를 벡터화한다.

```
# 말뭉치에 "test" 헤드라인이 있다.
stopwords.add("test")
tfidf = TfidfVectorizer(stop_words=stopwords, ngram_range=(1,2), min_df=2, \
                        norm='l2')
dt = tfidf.fit_transform(headlines["headline_text"])
```

이제 이 벡터를 사용할 준비가 되었다.

5.6.1 전략: 지어낸 헤드라인과 가장 유사한 헤드라인 탐색

우리가 지어낸 헤드라인과 가장 근접하면서도 대략적으로 일치하는 헤드라인을 데이터에서 찾아보자. 새 문서를 벡터화하면 이 작업을 매우 쉽게 할 수 있다.

```
made_up = tfidf.transform(["australia and new zealand discuss optimal apple \
                           size"])
```

이제 말뭉치의 각 헤드라인에 대한 코사인 유사도를 계산한다. 루프로 구현해도 되지만 사이킷런의 cosine_similarity 함수를 사용하면 더 쉽다.

```
sim = cosine_similarity(made_up, dt)
```

결과는 '말뭉치에서의 헤드라인 수' × 1행렬이며, 행렬의 각 값은 말뭉치에 있는 문서의 유사성을 나타낸다. np.argmax를 사용하면 가장 유사한 문서의 인덱스를 얻게 된다.

```
headlines.iloc[np.argmax(sim)]
```

| 출력 |

```
publish_date        2011-08-17 00:00:00
headline_text    new zealand apple imports
Name: 633392, dtype: object
```

가장 유사하다는 헤드라인에 앞서 입력한 'sizes'와 'Australia'가 없지만, 위에서 살펴본 헤드라인과는 어느 정도 유사성이 있다.

5.6.2 전략: 대규모 말뭉치에서 가장 유사한 두 문서 탐색(고급)

많은 문서로 이루어진 말뭉치를 다룰 때 '중복된 것이 있을까?' 또는 '이전에 언급된 적이 있을까?' 같은 질문을 자주 받는다. 이 질문을 말뭉치에서 가장 유사한(아마도 동일한) 문서를 찾는 것으로 간주할 수 있다. 여기서는 이를 어떻게 수행할지 설명하고, 다시 ABC 데이터셋을 예제로 사용한다. 헤드라인 수가 늘수록 더 어려워질 것이다.

말뭉치에서 가장 유사한 문서를 찾는 작업은 모든 문서 간의 cosine_similarity를 계산하는 것처럼 쉽다고 생각할 수 있다. 그러나 모든 문서를 계산한다면 1,103,663 × 1,103,663 = 1,218,072,017,569개의 연산을 해야 하므로 모두 직접 계산하기란 불가능에 가깝다. 아무리 최신형 컴퓨터라도 1조 개 이상의 요소를 램에 담는 건 무리다. 이와 별개로 오랜 시간을 기다릴 필요 없이 필요한 행렬 곱셈을 수행하는 것은 완벽하게 가능하다.

분명히 이 문제는 최적화가 필요하다. 텍스트 분석에서는 종종 많은 문서를 처리해야 하기 때문에 알고리즘 최적화가 매우 일반적이다. 대부분 최적화의 첫 단계는 모든 수치를 집중적으로 관찰하는 것이다. 문서 유사성 관계가 대칭적이고 정규화되어 있음을 쉽게 관찰할 수 있다.

즉, 유사도 행렬의 준대각 요소[68]만 계산하면 된다(그림 5-1).

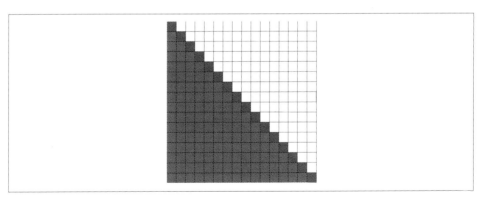

그림 5-1 유사도 행렬에서 계산해야 하는 요소. 대각선 아래의 요소만 계산하면 된다. 그 숫자가 대각선을 기준으로 대칭되는 위치에 있는 요소와 동일하기 때문이다. 대각선 요소는 모두 1의 값을 가진다.

----

68 옮긴이_ 상부 대각 행렬(upper diagonal matrix) 또는 하부 대각 행렬(lower diagonal matrix)을 의미한다.

이렇게 하면 요소 수가 1,103,663 × 1,103,662 / 2 = 609,035,456,953으로 줄며, 가장 유사한 문서만 유지하면서 반복 루프로 계산할 수 있다. 그러나 이러한 모든 요소를 개별적으로 계산하는 것은 좋은 선택이 아니다. 계산할 때 사용하는 파이썬 루프(반복마다 하나의 단일 행렬 요소만 계산하는 경우)가 CPU 성능을 많이 사용하기 때문이다.

유사성 행렬의 개별 요소 각각을 하나씩 계산하는 대신 문제를 여러 작은 블록으로 나누고 문서 행렬에서 1만 개의 TF-IDF 벡터를 가지는 블록을 가져와서 10,000 × 10,000개의 유사도 부분 행렬[69]을 한 번에 계산한다. 이러한 각 행렬은 램^{RAM} 크기에 적합한 1억 개의 유사도 값이 계산되었다. 물론 이로 인해 매우 많은 요소를 계산하게 되며, 이러한 방식으로 전체 유사도 행렬을 만들려면 111 × 110 / 2 = 6,105번의 부분 행렬을 계산해야 한다(그림 5-2 참조).

이전 절에서 한 루프를 계산하는 데 대략 500ms가 걸린다는 것을 알았다. 이 접근 방식의 또 다른 이점은 데이터 지역성$^{data\ locality}$을 활용하면 필요한 행렬의 요소가 이미 CPU 캐시에 있을 가능성이 더 크다는 것이다. 어림잡으면 모든 작업이 약 3,000초, 대략 1시간 안에 실행되어야 한다.

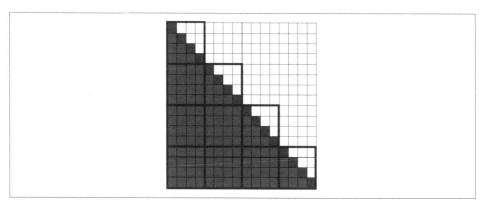

그림 5-2 행렬을 더 쉽게 계산할 수 있도록 부분 행렬로 나눈다. 문제를 블록(여기서는 4 × 4)으로 나누고 블록 내의 흰색 요소와 대각선 요소를 중복 계산한다.

과연 가능할까? 그렇다. 10배의 추가적인 속도 향상은 실현 가능하다. TF-IDF 벡터를 정규화하는 **TfidfVectorizer**의 해당 옵션을 통해 속도를 향상한 후 **np.dot**로 유사도를 계산할 수

---

69 결과 행렬을 RAM에 보관할 수 있으므로 1만 개의 차원을 선택했다(보통 하드웨어에서도 대략 1GB를 사용할 수 있어야 함).

있다.[70]

```
%%time
np.dot(dt[0:10000], np.transpose(dt[0:10000]))
```

| 출력 |

```
CPU times: user 16.4 ms, sys: 0 ns, total: 16.4 ms
Wall time: 16 ms
<10000x10000 sparse matrix of type '<class 'numpy.float64'>'
with 1818931 stored elements in Compressed Sparse Row format>
```

루프마다 가장 유사한 문서 쌍과 둘 사이의 유사도를 저장하고 루프 중에 조정한다. 동일한 문서(더 정확하게는 문서 벡터가 동일한 문서)를 건너뛰기 위해 유사도값이 ⟨ 0.9999을 만족하는 경우만 고려한다. 그런데 존재하지 않는 모든 문서의 유사도는 0으로 가정하므로, 희소 행렬에 ⟨ 연산으로 유사도를 확인하는 것은 극도로 비효율적인 작업이다. 따라서 좀 더 창의적인 방법을 찾아야 한다.

```
%%time
batch = 10000
max_sim = 0.0
max_a = None
max_b = None
for a in range(0, dt.shape[0], batch):
    for b in range(0, a+batch, batch):
        print(a, b)
        r = np.dot(dt[a:a+batch], np.transpose(dt[b:b+batch]))
        # 동일한 벡터에 대해 그것의 유사도값을 np.nan으로 설정해 제거한다.
        r[r > 0.9999] = np.nan
        sim = r.max()
        if sim > max_sim:
            # argmax는 두 차원에 매핑해야 하는 단일 값을 반환한다.
            (max_a, max_b) = np.unravel_index(np.argmax(r), r.shape)
            # 말뭉치에서 오프셋 조정(이것은 부분 행렬임)
```

----

70 모든 계산은 프로세서별 라이브러리(예: Anaconda의 Intel 구현체 사용)를 사용하면 상당히 빨라질 수 있다. 이것은 AVX2, AVX-512 및 유사한 명령어를 사용하고 병렬화를 사용한다. MKL(https://oreil.ly/pa1zj) 및 OpenBlas(https://oreil.ly/jZYSG)는 최적화된 선형대수 라이브러리의 좋은 후보다.

```
        max_a += a
        max_b += b
        max_sim = sim
```

| 출력 |

```
CPU times: user 6min 12s, sys: 2.11 s, total: 6min 14s
Wall time: 6min 12s
```

다행히도 그렇게 오래 걸리지는 않았다! 다행히도! max_a 및 max_b가 최대 유사성을 갖는 헤드라인의 인덱스를 포함한다(동일한 헤드라인을 피함). 결과를 살펴보겠다.

```
print(headlines.iloc[max_a])
print(headlines.iloc[max_b])
```

| 출력 |

```
publish_date                        2014-09-18 00:00:00
headline_text    vline fails to meet punctuality targets report
Name: 904965, dtype: object
publish_date                        2008-02-15 00:00:00
headline_text    vline fails to meet punctuality targets
Name: 364042, dtype: object
```

블록 계산 방식을 사용해 단 몇 분 만에 거의 1조 개의 유사성을 계산했다. 유사하지만 동일하지는 않은 문서를 찾았기 때문에 결과를 해석할 수 있다. 게재일이 다르면 이것들이 확실히 별개의 헤드라인임을 알 수 있다.

5.6.3 전략: 관련 단어 탐색

지금까지 문서의 유사도를 사용해 문서를 분석했다. 그러나 말뭉치에는 암묵적으로 훨씬 더 많은 정보, 특히 관련 단어에 대한 정보가 있다. 동일한 문서에 사용된 단어들은 서로 연관되어 있다. 문서에 자주 함께 등장하는 단어는 연관성이 '더 많은' 것이다. 예를 들어, zealand를 보

자. 이 단어는 거의 매번 new라는 단어와 함께 등장한다. 그러므로 이 두 단어는 관련 단어다.

문서−용어 행렬로 작업하는 대신에 전치된 형식인 용어−문서 행렬로 작업하면 행 벡터를 사용하지 않고 이제 열 벡터를 사용한다. 그러나 데이터를 다시 벡터화해야 한다. 두 단어가 자주 사용되지 않고 같은 헤드라인에서 한 번만 등장한다고 가정하자. 그러면 벡터는 동일하지만 이것은 우리가 찾는 것이 아니다. 예를 들어, 두 기사에서 언급된 Zaphod Beeblebrox라는 사람을 생각하자. 알고리즘은 이 단어들에 연관도 100%를 할당한다. 이것은 정확하지만 그다지 중요하지 않다. 따라서 적절한 통계적 유의성을 얻기 위해 최소 1,000번 이상 등장하는 단어만 고려한다.

```python
tfidf_word = TfidfVectorizer(stop_words=stopwords, min_df=1000)
dt_word = tfidf_word.fit_transform(headlines["headline_text"])
```

어휘 개수가 매우 적어서 코사인 유사도를 직접 계산할 수 있다. 열 벡터를 행 벡터로 변경하려면 넘파이의 편리한 .T 메서드를 사용해 행렬을 전치하기만 하면 된다.

```python
r = cosine_similarity(dt_word.T, dt_word.T)
np.fill_diagonal(r, 0)
```

유사도가 가장 큰 항목을 찾는 방법으로는 1차원 배열로 변환하고 np.argsort를 통해 정렬된 요소의 인덱스를 가져오고 어휘 조회를 위해 원래 인덱스를 복원하는 방식이 가장 쉽다.

```python
voc = tfidf_word.get_feature_names()
size = r.shape[0] # 차원이 2
for index in np.argsort(r.flatten())[::-1][0:40]:
    a = int(index/size)
    b = index%size
    if a > b: # 반복을 피하기 위해서
        print('"%s" related to "%s"' % (voc[a], voc[b]))
```

| 출력 |

```
"sri" related to "lanka"
"hour" related to "country"
"seekers" related to "asylum"
```

```
"springs" related to "alice"
"pleads" related to "guilty"
"hill" related to "broken"
"trump" related to "donald"
"violence" related to "domestic"
"climate" related to "change"
"driving" related to "drink"
"care" related to "aged"
"gold" related to "coast"
"royal" related to "commission"
"mental" related to "health"
"wind" related to "farm"
"flu" related to "bird"
"murray" related to "darling"
"world" related to "cup"
"hour" related to "2014"
"north" related to "korea"
```

이 결과를 해석하기는 매우 쉽다. climate change같이 자주 나타나는 바이그램을 재발견했다. 한편 drink와 driving처럼 헤드라인에서 나란히 등장하지 않는 관련 단어도 볼 수 있다. 전치된 문서-용어 행렬을 사용해 일종의 동시 발생 분석co-occurrence analysis을 수행했다.

유사도 측정 개선

가장 유사한 문서를 찾기 위해 N-그램, 특정 단어 유형 또는 조합을 사용하면 결과가 달라질까?

유사도가 높고 거의 같은 시기에 발행된 문서는 아마도 동일한 사건을 기술할 것이다. 유사도에서 이러한 요소를 제거하는 방법을 찾거나 반대로 이러한 사건에 초점을 맞춰 중복된 뉴스를 감지할 수도 있다.

5.6.4 구문 유사도 같은 실행 시간이 긴 프로그램을 위한 팁

다음은 실행 시간이 긴 프로그램의 효율성을 높일 수 있는 몇 가지 팁이다.

| 실행 전 벤치마킹 |

전체 데이터셋에 계산을 수행하기 전에 단일 계산을 실행하고 전체 알고리즘이 실행되는 시간과 필요한 메모리 양을 추정하면 좋다. 복잡성(선형, 다항식, 지수)이 증가함에 따라 런타임과 메모리가 어떻게 증가하는지 확실히 이해하려고 노력해야 한다. 그렇지 않으면 오랜 시간을 기다리다가 몇 시간(또는 며칠)이 지나서야 10%의 메모리만 소모된다는 사실을 알게 될 수도 있다.

| 문제 분할 |

문제를 더 작은 블록으로 나누면 문제를 해결하는 데 큰 도움이 될 수 있다. 5.6.2절 '전략: 대규모 말뭉치에서 가장 유사한 두 문서 탐색(고급)'에서 보았듯이 이 작업은 실행하는 데 20분 정도 걸렸고 메모리를 많이 사용하지 않았다. 또한 문제를 여러 부분으로 나누면 멀티코어 아키텍처를 사용하거나 문제를 여러 컴퓨터에 분산시킬 수도 있다.

5.7 마치며

벡터화 및 구문 유사도에 대한 전략을 소개했다. 텍스트가 포함된 거의 모든 머신러닝 프로젝트(예: 분류, 토픽 모델링, 감성 감지)에는 기본적으로 문서 벡터가 필요하다.

특성 엔지니어링은 정교한 머신러닝 알고리즘으로 뛰어난 성능을 달성할 수 있는 강력한 수단이다. 따라서 다양한 벡터화를 시도하고 매개변수를 사용하거나 조정해 생성된 특성 공간을 관찰하는 것이 좋다. 정말 많은 가능성이 있으며 그런 결과가 나오는 이유가 있다. 이것을 최적화하는 데 시간이 걸리기는 하지만 분석 파이프라인의 후속 단계를 진행할 때 엄청난 이점을 얻게 되므로 일반적으로 이 부분에 많은 시간을 투자하게 된다.

이 장에서 사용한 유사도 측정 방식은 문서 유사도 측정에 대한 하나의 예시일 뿐이다. 요구 사항이 더 복잡한 경우에 사용하는 더 정교한 유사도 측정 알고리즘은 다음 장에서 배울 것이다.

유사한 문서 찾기는 정보 검색에서 잘 알려진 문제다. BM25(`https://oreil.ly/s47TC`) 같은 더 정교한 점수를 이용하는 방식도 있다. 확장 가능한 솔루션을 원한다면, 매우 인기 있는 아파치 루씬Apache Lucene(`http://lucene.apache.org`) 라이브러리를 사용할 수 있는데, 이는 프로덕션 시나리오에서 정말 큰 문서 컬렉션을 다루는 데 사용되고 있다. 아파치 루씬은 아파치 솔라Apache Solr(`https://oreil.ly/R5y0E`) 및 일래스틱서치Elasticsearch(`https://oreil.`

ly/2qfAL)와 같은 검색 엔진의 기반이 되었다.

다음 장에서는 유사도를 다시 살펴볼 것이다. 단어 의미론과 문서 의미론을 통합하는 방법을 알아보고 최고의 성능^{state-of-the-art performance}을 달성하기 위해 전이 학습^{transfer learning}을 사용할 것이다. 이 학습은 매우 큰 문서 말뭉치로 훈련된 사전 정의된 언어 모델^{predefined language model}을 활용한다.

## CHAPTER 6

텍스트 분류 알고리즘

인터넷을 일컬어 종종 위대한 조력자라고 한다. 인터넷상의 온라인 도구와 플랫폼의 도움을 받아 일상생활에서 많은 일을 성취하기 때문이다. 그러나 인터넷은 정보 과부하와 끝도 없이 이어지는 검색의 원인이 되기도 한다. 동료, 고객, 협력사, 공급업체이든, 이메일과 그 외 메시징 도구이든 이들과의 커뮤니케이션은 필수불가결한 일상의 일부가 되었다. 브랜드^{Brand}는 페이스북, 트위터 같은 소셜 미디어 채널을 통해 고객과 상호 작용하고 제품에 대한 귀중한 피드백을 받는다. 소프트웨어 개발자와 제품 관리자는 트렐로(https://trello.com) 같은 티켓 응용 프로그램을 사용해 개발 작업을 추적하는 반면, 오픈 소스 커뮤니티는 수정해야 할 소프트웨어의 버그나 추가할 새로운 기능을 관리하기 위해 깃허브(https://github.com) 및 버그질라(https://bugzilla.org)를 사용한다.

이러한 도구는 작업을 완료하는 데 유용하지만 감당하기 힘들 정도로 순식간에 정보를 범람케 한다. 이메일은 받은 편지함에 광고 콘텐츠, 스팸, 마케팅 뉴스레터가 쌓여 주의를 분산시킨다. 마찬가지로 소프트웨어 개발자는 수많은 버그 보고서와 기능 요청에 파묻혀 정작 생산적인 일을 하지 못한다. 도구 활용의 효과를 극대화하려면 중요한 정보와 무관한 정보를 분류하고 필터링해 우선순위를 지정하는 기술을 이용해야 한다. 이때 필요한 기술이 바로 텍스트 분류다.

이 기술의 가장 일반적인 예는 이메일 공급자가 제공하는 스팸 탐지다. 이 텍스트 분류 응용 프로그램에서는 수신한 모든 이메일을 분석해서 의미 있고 유용한 콘텐츠 또는 쓸모없고 무관한 정보가 있는지 확인한다. 이를 통해 관련성 있고 중요한 이메일만 표시하고 덜 유용한 메일(정보)은 제거한다. 또 다른 응용 프로그램은 고객 서비스 요청 또는 소프트웨어 버그 보고서의 분류다. 메일을 이와 같이 분류해 담당자나 부서에 할당할 수 있다면 요청과 버그 같은 문제가 더 빨리 해결될 것이다. 텍스트 분류 응용 프로그램에는 여러 가지가 있으며 이 장에서는 응용 프로그램에 두루 적용할 수 있는 전략을 소개한다.

6.1 학습 목표

이 장에서는 지도 학습 기법을 사용해 텍스트 분류를 위한 전략을 구축한다. 또한 소프트웨어 응용 프로그램의 버그 보고서가 포함된 데이터셋을 사용해 특정 버그가 속한 특정 모듈의 우선 순위를 예측하는 전략도 살펴본다. 이 장을 공부한 후에는 지도 학습 기술을 적용하고 데이터를 훈련 및 테스트 부분으로 분할하고 정확도를 측정해 모델 성능을 검증하고 교차 검증 기술을 적용하는 방법까지 이해하게 될 것이다. 또한 이진 및 다중 클래스 분류 같은 다양한 유형의 텍스트 분류에 대해서도 배우게 된다.

6.2 데이터셋: JDT 버그 보고

소프트웨어 기술 제품은 대부분 복잡하며 상호 작용하는 요소들로 구성된다. 예를 들어 안드로이드용 팟캐스트 재생 응용 프로그램 개발 팀의 구성 요소를 보자. 플레이어 외에 라이브러리 관리자, 검색 및 발견 같은 별도의 요소가 있을 수 있다. 팟캐스트를 재생할 수 없다는 사용자의 보고는 즉각 주의를 기울여야 하는 심각한 버그로 인식하는 것이 중요하다. 어떤 사용자는 즐겨 찾는 팟캐스트가 표시되지 않는 문제를 제기할 수도 있다. 이 사안 자체는 그다지 중요하지 않을 수 있지만, 이를 검토할 팀이 라이브러리 관리 팀인지 아니면 검색 및 발견 팀인지 결정하는 것은 중요하다. 해당 문제에 빠르게 응답하려면 문제를 정확하게 분류하고 적절한 팀에 할당해야 한다. 버그는 소프트웨어 제품에서 불가피한 존재지만 빠른 응답은 고객의 만족과 제품의 지속적 사용을 보장하는 요소다.

이 장에서는 JDT^Java Development Tools 오픈 소스 프로젝트(`https://eclipse.org/jdt`) 개발 중에 발생한 버그와 문제를 분류하는 방법을 알아본다. JDT 프로젝트는 이클립스 통합 개발 환경(IDE)을 개발하는 이클립스를 기반으로 한다. JDT는 소프트웨어 개발자가 이클립스

IDE에서 자바를 사용해 코드를 작성하는 데 필요한 모든 기능을 제공한다.

JDT 사용자는 인기 있는 오픈 소스 버그 추적 소프트웨어 도구인 버그질라Bugzilla로 버그를 보고하고 문제를 추적한다. 버그질라는 파이어폭스Firefox 및 이클립스 플랫폼 같은 오픈 소스 프로젝트에서도 사용된다. 이 모든 프로젝트에 대한 버그가 포함된 데이터셋은 깃허브 (https://oreil.ly/giRWx)에서 찾을 수 있으며, 이 장에서는 JDT 프로젝트의 버그 데이터 셋을 사용할 것이다.

다음 절에서는 JDT 버그 데이터셋이 포함된 CSV 파일을 로드한다. 이 데이터셋에는 45,296 개 버그와 각 버그에 대해 사용 가능한 특성 일부가 포함되었다. 버그에 대해 보고된 특성 목록 을 모두 출력해 그중 일부를 자세히 살펴보고 버그 보고서가 어떻게 보이는지 살펴보자.

```
df = pd.read_csv('eclipse_jdt.csv')
print (df.columns)
df[['Issue_id','Priority','Component','Title','Description']].sample(2)
```

| 출력 |

```
Index(['Issue_id', 'Priority', 'Component', 'Duplicated_issue', 'Title',
       'Description', 'Status', 'Resolution', 'Version', 'Created_time',
       'Resolved_time'],
      dtype='object')
```

	Issue_id	Priority	Component	Title	Description
38438	239715	P3	UI	No property tester for TestCaseElement for property projectNature	I20080613–2000; ; Not sure if this belongs to JDT/ Debug or Platform/Debug.; ; I saw this error message several times today in my error log but Im not yet sure how to reproduce it.; ; — Error Deta...

44129	395007	P3	UI	[package explorer] Refresh action not available on Java package folders	M3.; ; F5 (Refresh) is available as a context menu entry for ordinary source folders but not for Java package folders in the e4 Java Package explorer.; ; Please restore the 3.x functionality.

이전 표에 표시된 세부 정보를 기반으로 각 버그 보고서에 다음과 같은 중요한 특성이 포함되었음을 알 수 있다.

| Issue_id |

버그를 추적하는 데 사용되는 이슈의 기본 키다.

| Priority |

P1(가장 중요)에서 P5(가장 덜 중요)까지 버그의 다양한 심각도(범주형 필드)를 정의한다.

| Component |

버그가 발생한 프로젝트의 특정 아키텍처를 나타낸다. UI, APT 등이 될 수 있다(범주형 필드).

| Title |

사용자가 입력한 버그에 대해 간단하게 요약한다(전체 텍스트 필드).

| Description |

버그 재현 경로와 버그가 소프트웨어 사용에 미치는 영향을 자세히 기술한다(전체 텍스트 필드).

사용자가 버그 보고서를 작성할 때는 JDT 버그질라 웹사이트에 언급된 지침을 따라야 한다. 이 지침은 개발자가 빠른 해결 방법을 찾도록 버그를 제기한 사용자가 제공해야 하는 정보를 기술한다. 웹사이트에는 사용자가 특정 버그에 대해 어떤 우선순위를 부여해야 하는지 식별하는 데 도움이 되는 지침도 있다. 지금부터 버그 보고서를 사용해서 제기되는 모든 버그에 자동으로 우선순위를 할당하는 지도 학습 알고리즘을 개발하겠다.

이전 절에서 데이터셋과 각 버그 보고서에 어떤 항목이 있으며, 각 항목이 무엇을 의미하는지 파악했다. 이제 버그 보고서를 자세히 살펴보자. 여기서는 무작위로 버그 하나를 샘플링하고 (random_state에 다른 값을 입력하면 다른 버그를 볼 수 있음) 결과를 더 자세히 표시할 수 있도록 결과를 전치한다. 결과를 전치하지 않으면 설명 특성이 잘린 상태로 표시되지만, 전치한다면 모든 내용을 볼 수 있다.

```
df.sample(1).T
```

| 출력 |

	11811
Issue_id	33113
Priority	P3
Component	Debug
Title	Evaluating for loop suspends in URLClassLoader
Description	Debug to a breakpoint in some HelloWorld program. In the DisplayView; highlight and ; Display the following code snippet:; ; for (int i = 0; i < 10; i++) {; System.out.println(i);; }; ; Instead of just reporting No explicit return value; the debugger suspends in the ; URLClassLoader; apparently trying to load the class int. You have hit Resume several ; more times before the evaluation completes. The DebugView does not indicate why it ; has stopped (the thread is just labeled Evaluating). This behavior does not happen if ; you turn off the Suspend on uncaught exceptions preference.
Status	VERIFIED
Resolution	FIXED
Version	2.1

Created_time	2003-02-25 15:40:00 -0500
Resolved_time	2003-03-05 17:11:17 -0500

표를 살펴보면, for 루프를 실행하는 동안에 Debug 구성 요소 안에서 프로그램이 죽는 문제가 발생했다. 또한 사용자가 중간 우선순위(P3)를 할당했으며 이 버그가 일주일 만에 수정되었음을 알 수 있다. 버그의 보고자가 지침을 따르고 소프트웨어 개발자가 문제를 이해하고 식별하며 수정 사항을 제공하는 데 유용한 많은 정보를 제공했음도 알 수 있다. 대부분의 소프트웨어 사용자는 자신이 제공하는 정보가 많을수록 개발자가 문제를 이해하고 수정 사항을 제공하기가 더 쉽다는 사실을 안다. 따라서 대부분의 버그 보고서에는 지도 학습 모델을 생성하기에 충분한 정보가 있다고 가정할 수 있다.

출력 그래프를 통해 버그 보고서의 우선순위 분포를 알 수 있다. 대부분의 버그에 P3가 할당되었다. 이는 '버그질라'가 P3를 기본 옵션으로 지정했기 때문일 수 있다. 하지만 그보다는 사용자가 버그 보고서에서 중간 수준의 우선순위를 선택한다는 자연스러운 경향을 반영했을 가능성이 더 크다. 사용자는 버그의 우선순위가 높지(P1) 않다고 믿는 동시에 P5를 선택해 버그가 개발자에게 전혀 보이지 않기를 바라지도 않는다. 이러한 경향성은 많은 실무에서 드러나며, 경향성을 나타내는 이러한 분포를 일반적으로 정규 분포라고 한다. 이 분포에서는 대개 중앙값이나 평균값 지점에서 많은 관측치가 발견되거나 양끝에서 적은 관측치가 발견된다. 이는 종형 곡선으로 시각화할 수도 있다.

```python
df['Priority'].value_counts().sort_index().plot(kind='bar')
```

| 출력 |

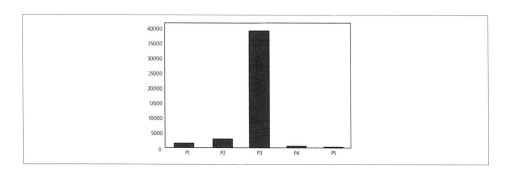

우선순위가 P3인 버그 수가 그 외 우선순위를 가진 버그 수보다 많다는 점은 지도 학습 모델을 구축하는 데 문제가 되는데, 이를 '클래스 불균형'이라고 한다. 클래스 P3에는 그 외 클래스보다 훨씬 더 많은 수의 관측치가 있기 때문에, 텍스트 분류 알고리즘은 우선순위 P1, P2, P4, P5 버그보다 P3 버그에 대한 정보가 훨씬 더 많다. 따라서 Priority에서 발생한 클래스 불균형이 솔루션에 어떤 영향을 미치는지 확인하고 추후 세울 전략에서 이를 극복하려고 시도할 것이다. 이것은 인간이 무언가를 배우는 과정과 흡사하다. 결과의 예를 많이 본다면 그 결과를 더 많이 '예측'할 것이다.

다음 코드 조각에서 JDT의 각 구성 요소에 대해 보고된 버그 수를 확인할 수 있다. UI 및 Core 구성 요소에는 Doc 또는 APT 구성 요소보다 버그가 훨씬 더 많이 있다. 이는 소프트웨어 시스템의 특정 구성 요소가 그 외 구성 요소보다 더 크고 중요하기 때문에 예상되는 결과다. 예를 들어 Doc 구성 요소는 소프트웨어의 문서 절로 이루어지며 소프트웨어 개발자의 기능 이해를 돕지만 작동하는 구성 요소는 아닐 수 있다. 반면에 Core 구성 요소는 JDT의 중요한 기능 구성 요소이므로 더 많은 버그가 할당된다.

```
df['Component'].value_counts()
```

| 출력 |

```
UI       17479
Core     13669
Debug    7542
Text     5901
APT      406
Doc      299
Name: Component, dtype: int64
```

6.3 전략: 텍스트 분류 시스템 구축

텍스트 분류 시스템을 구축하기 위해 단계별 접근 방식을 취한 다음 이 모든 단계를 결합해 통합할 것이다. 이 텍스트 분류 시스템은 지도 학습 모델의 넓은 범주에 속한다. 지도 학습

supervised learning은 레이블이 지정된 데이터 포인트를 훈련 데이터로 사용해 독립 변수와 대상 변수 간의 관계를 학습하는 머신러닝 알고리즘의 영역을 말한다. 관계를 학습하는 절차를 머신러닝 모델 훈련training a machine learning model이라고도 한다. 대상 변수가 거리, 판매 단위, 거래 금액 같은 연속 숫자 변수인 경우 회귀 모델regression model을 훈련할 것이다. 그러나 여기서 대상 변수 (즉, 여기서는 Priority)는 우선순위 또는 구성 요소와 같은 범주형 변수이므로 지도 학습 모델을 훈련하기 위해 분류 방법classification method을 사용할 것이다. 이 모델은 제목이나 설명 같은 독립 변수를 사용해 버그의 우선순위나 구성 요소를 예측한다. 지도 머신러닝 방법은 다음과 같이 수식으로 정의된 입력에서 출력 변수로의 매핑 기능을 학습하는 것을 목표로 한다.

$$y = f(X)$$

이 방정식에서 y는 출력 또는 대상 변수, f는 매핑 함수, X는 입력 변수 또는 변수 집합이다. 레이블이 지정된 대상 변수가 포함된 데이터를 사용하기 때문에 이를 지도 학습이라고 한다. [그림 6-1]은 지도 학습 모델의 워크플로다. 워크플로에는 훈련 단계와 예측 단계의 두 단계가 있다. 훈련 단계는 훈련용 관측 데이터(버그 보고서 같은 텍스트 데이터일 수 있음) 및 관련 레이블(우선순위 또는 소프트웨어 구성 요소와 같이 예측하려는 것)을 포함하는 훈련 데이터로 시작한다. 훈련용 관측 데이터의 많은 특성feature을 그대로 사용할 수 있지만 이것만으로는 매핑 기능을 학습하기에 충분하지 않을 수 있으니 모델이 관계를 더 잘 이해하도록 도메인 지식을 추가하고 싶다. 예를 들어 버그가 보고된 요일을 특성에 추가하는 것인데, 버그가 해당 주에 더 일찍 보고되면 더 빨리 수정될 가능성이 높기 때문이다. 이 단계를 **특성 엔지니어링**feature engineering이라고 하며, 그 결과 각 문서에 대한 특성 벡터 집합이 생성된다.

지도 학습 모델의 훈련 단계는 특성 벡터와 관련 레이블을 입력으로 받아들이고 매핑 함수를 학습하려고 시도한다. 훈련 단계가 끝나면 훈련된 모델이라고도 하며 예측을 생성하는 데 사용할 수 있는 매핑 함수를 갖게 된다.

예측 단계에서 모델은 새로운 입력 관측 데이터(예: 버그 보고서)를 수신하고 훈련 단계에서 적용된 것과 동일한 방식으로 문서를 변환해 특성 벡터를 생성한다. 새로운 특성 벡터는 예측 결과(예: 버그 우선순위)를 얻기 위해 훈련된 모델에 공급된다. 이러한 방식으로 레이블을 예측하는 자동화된 방법을 만들었다.

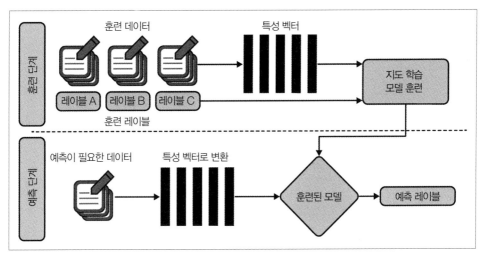

그림 6-1 분류에 사용되는 지도 학습 알고리즘의 워크플로

텍스트 분류는 텍스트 데이터 및 텍스트 벡터화 같은 NLP 기술을 사용해 지정된 문서에 범주형 대상 변수를 할당하는 지도 학습 알고리즘의 예다. 분류 알고리즘은 다음 범주로 특성화할 수 있다.

| **이진 분류**Binary classification |

실제로 관측치가 두 값(2진binary) 중 하나를 가질 수 있는 다중 클래스 분류의 특별한 경우다. 예를 들어 특정 이메일을 스팸 또는 스팸이 아닌 것으로 표시할 수 있다. 그러나 각 관측치에는 하나의 레이블만 있다.

| **다중 클래스 분류**Multiclass classification |

분류 알고리즘에서 각 관측치가 하나의 레이블과 연결된다. 예를 들어 버그 보고서에는 5가지 범주인 P1, P2, P3, P4, P5 중 하나의 우선순위 값이 있다. 마찬가지로 버그가 보고된 소프트웨어 구성 요소를 식별하려고 할 때 각 버그는 6가지 범주(UI, Core, Debug, Text, APT, Doc) 중 하나일 수 있다.

| **다중 레이블 분류**Multilabel classification |

분류 알고리즘에서 각 관측치가 여러 레이블에 할당될 수 있다. 예를 들어, 단일 뉴스 기사에

보안, 기술, 블록체인 같은 여러 레이블로 태그를 지정할 수 있다. 다중 이진 분류 모델을 사용해 최종 결과를 생성하는 것을 포함해 다중 레이블 분류 문제를 해결하기 위해 다양한 접근법을 사용할 수 있지만 이번 전략에서는 다루지 않을 것이다.

6.3.1 1단계: 데이터 준비

텍스트 분류 모델 구축을 진행하기 전에 데이터를 정리하고 머신러닝 알고리즘을 적용하기에 적합한 형태로 변형하려면 몇 가지 필수 전처리 단계를 거쳐야 한다. 여기서 목표는 제목과 설명이 주어진 버그 보고서의 우선순위를 식별하는 것이므로 텍스트 분류 모델과 관련된 열만 선택한다. 또한 dropna 함수를 사용해 빈 값을 포함하는 행을 모두 제거한다. 마지막으로 제목과 설명 열을 결합해 단일 텍스트 값을 만들고 4장의 텍스트 정리 전략을 적용해 특수 문자를 제거한다. 특수 문자를 제거한 후 텍스트 필드에 50자 미만인 관측 데이터를 필터링한다. 50자 미만의 버그 보고서는 올바르게 작성되지 않았으며 문제에 대한 설명이 거의 없어서 모델 훈련에 도움이 되지 않는다.

```
df = df[['Title','Description','Priority']]
df = df.dropna()
df['text'] = df['Title'] + ' ' + df['Description']
df = df.drop(columns=['Title','Description'])
df.columns
```

| 출력 |

```
Index(['Priority', 'text'], dtype='object')
```

```
df['text'] = df['text'].apply(clean)
df = df[df['text'].str.len() > 50]
df.sample(2)
```

	Priority	Text
28311	P1	Need to re-run APT on anti-dependencies when files are generated If a generated file satisfies a missing type in another file we should rerun APT on the file which would be fixed by the new type. Currently java compilation does the correct thing but APT does not. Need to keep track of files with missing types and recompile at the end of the round if new types are generated. For good perf need to track the names and only compile those missing types that were generated
25026	P2	Externalize String wizard: usability improvements M6 Test pass Since most of the Java developers will not be faces with the Eclipses mode I would move the check box down to the area of the Accessor class. Furthermore the wizard shouldnt provide the option if org.eclipse.osgi. util.NLS isnt present in the workspace. This will avoid that normal Java developers are faces with the option at all

표를 보면 정리 단계에서 많은 특수 문자가 제거된 두 개의 버그 보고서에 대한 텍스트 특성이 요약된 결과를 알 수 있다. 설명의 일부를 구성하는 많은 코드 구조와 명령문은 여전히 유지되고 있다. 이는 모델이 버그를 이해하는 데 사용할 수 있는 유용한 정보이며 버그가 더 높은 우선순위에 속하는지 여부에 영향을 미친다.

6.3.2 2단계: 훈련-테스트 분할

지도 학습 모델을 훈련하는 과정에서 실제 행동과 가장 유사한 함수를 알아보겠다. 이 함수를 학습하기 위해 훈련 데이터에서 가용한 정보를 사용한다. 그 후에 학습된 함수가 실제와 얼마나 가까운지 평가하는 것이 중요하며, 이를 달성하기 위해 전체 데이터를 훈련 및 테스트로 분할한다. 일반적으로는 백분율로 데이터를 분할하고 훈련 분할에 더 큰 몫을 할당한다. 예를 들어, 100개 관측치가 있는 데이터셋에 80-20 비율로 훈련-테스트 분할을 적용하면 80개 관측치가 훈련 분할이 되고 20개 관측치가 테스트 분할이 된다. 모델은 이제 80개 관측치만 사용해 함수를 학습한다. 학습된 함수가 제대로 학습했는지 평가하기 위해 20개 관측치로 구성된 테스트 분할을 사용한다. 이에 대한 설명이 [그림 6-2]에 있다.

훈련 단계에서는 다음 식을 사용한다.

$$y_{train} = F(X_{train})$$

평가 단계에서는 다음 식을 사용한다.

$$y_{prediction} = F(X_{test})$$

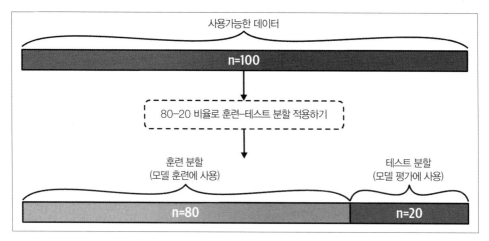

그림 6-2 80-20 비율의 훈련-테스트 데이터 분할

80개 관측치를 가진 훈련 데이터로 학습된 함수가 제대로 학습됐는지 평가하기 위해 테스트 분할을 학습된 함수에 적용해 예측 결과를 얻는다. 이때 테스트 분할은 학습된 함수가 훈련한 데이터와 독립적이며 이 데이터를 보지 않았다. 이미 알고 있는 테스트 분할의 대상 변수의 실제 값을 예측 결과와 비교하면, 학습된 함수가 얼마나 잘 수행되고 실제 동작과 얼마나 가까운지에 대한 정확도를 얻을 수 있다.

$$accuracy = error\_metric(y_{prediction}, y_{true})$$

테스트 분할을 사용해 학습된 모델을 평가하면, 테스트 분할의 관측치가 훈련 데이터에서 무작위로 샘플링된 훈련 데이터의 일부가 아니기 때문에 텍스트 분류 모델의 오류에 대한 편향되지 않은 추정치를 얻는다. 테스트 분할은 모델 평가 중에만 사용하는데, 모델의 오류 측정에 사용할 수 있는 몇 가지 행렬은 6.3.4절 '4단계: 모델 평가'에서 설명하겠다.

sklearn.model_selection.train_test_split 함수를 사용해 훈련 및 테스트 분할을 구현하고 test_size의 인수를 0.2로 설정한다(데이터의 20%를 테스트 분할로 나타냄). 또한 독립 변수와 대상 변수도 지정하며 그 결과로 4개의 요소 목록을 반환한다. 앞의 두 요소는 훈련 및 테스트 분할로 분할된 독립 변수이고 다음 두 요소는 대상 변수 분할이다. 주목해야 할 함수의 중요한 인수 하나는 random_state다. 이 인수는 전체 데이터 행에서 훈련 및 테스트 데이터를 샘플링하는 방식에 영향을 미친다. random_state를 다른 숫자로 설정하는 경우 80-20 비율은 동일하게 유지되지만 이전과 다른 데이터를 가진 훈련 및 테스트 분할이 이루어진다. 실험했던 결과를 재현하려면 동일한 random_state 값을 선택해야 함을 기억해 두자. 예를 들어, 새로 독립 변수를 추가할 때 모델에 어떤 일이 발생하는지 확인하려면, 새 변수를 추가하기 전과 후의 정확도를 비교할 수 있어야 한다. 따라서 변경이 발생했는지 여부를 확인할 수 있도록 동일한 random_state를 사용해야 한다. 주목해야 할 마지막 매개변수는 stratify로, 이는 대상 변수의 분포가 훈련 및 테스트 분할에서 유지되도록 한다. 이것이 유지되지 않으면 훈련 분할은 실제 분포와 달리 특정 클래스에서 훨씬 더 많은 수의 관측치를 가질 수 있는데, 모델은 실제 훈련 데이터의 분포를 보지 못하므로 실제 현상을 제대로 학습하지 못하게 된다.

```python
X_train, X_test, Y_train, Y_test = train_test_split(df['text'],
                                                    df['Priority'],
                                                    test_size=0.2,
                                                    random_state=42,
                                                    stratify=df['Priority'])

print('Size of Training Data ', X_train.shape[0])
print('Size of Test Data ', X_test.shape[0])
```

| 출력 |

```
Size of Training Data 36024
Size of Test Data 9006
```

6.3.3 3단계: 머신러닝 모델 훈련

텍스트 분류의 다음 단계는 적절한 알고리즘을 사용해 지도 머신러닝 모델을 훈련하는 것이다. 서포트 벡터 머신Support Vector Machine(SVM)은 텍스트 분류 작업에 사용되는 인기 있는 알고리즘이다. 먼저 방법을 소개한 후에 이 방법이 작업에 적합한 이유를 설명하겠다.

[그림 6-3]에 표시된 것처럼 X-Y 평면에 있는 점 집합을 보자. 각 점은 두 클래스(십자 또는 원) 중 하나에 속한다. SVM은 두 클래스를 명확하게 구분하는 선을 선택해 작동한다. 물론 선이 여러 개 있을 수 있는데(점선으로 표시됨), 알고리즘은 그중 가장 가까이 있는 십자점과 원점(주변에 상자로 식별됨) 사이의 간격을 최대화하는 선을 선택한다. 이때 가장 가까운 십자점과 원점을 서포트 벡터Support Vector라고 한다. 그림에서는 십자점과 원점을 명확하게 구분하는 초평면hyperplane을 식별할 수 있지만 실제로는 어려울 수 있다. 예를 들어 가장 왼쪽에 몇 개의 원점이 있다면 초평면을 생성하기란 불가능하다. 알고리즘은 약간의 유연성을 허용하고, 초평면을 결정할 때 잘못 분류된 점의 오류를 어느 정도까지 허용할지를 정하는 허용 오차 매개변수 tol로 이를 관리한다.

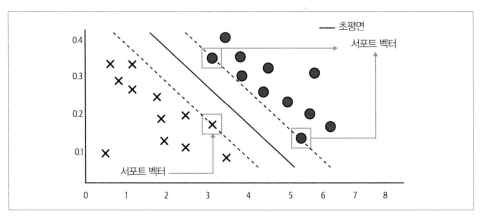

그림 6-3 간단한 2차원 분류 예제 – 초평면 및 서포트 벡터

SVM 모델을 실행하기 전에 알고리즘에서 사용할 수 있는 텍스트 데이터를 적절한 형식으로 준비해야 한다. 즉 텍스트 데이터를 숫자 형식으로 변환하는 방법을 찾아야 한다는 말이다. 가장 간단한 방법은 버그 보고서에서 각 단어가 등장한 횟수를 세고 모든 단어의 수를 합산해 각 관측치에 대한 숫자 표현을 만드는 것이다. 이 기법은 자주 사용된 단어가 큰 값을 가지며 모델의 결과를 왜곡할 만큼 중요한 특성으로 간주될 수 있다는 단점이 있다. 따라서 TF-IDF^{Term-}

Frequency Inverse Document Frequency 벡터화를 사용해 텍스트 벡터를 나타내는 기본적인 방법을 사용한다. 자세한 내용은 5장에 설명했다.

```
tfidf = TfidfVectorizer(min_df = 10, ngram_range=(1,2), stop_words="english")
X_train_tf = tfidf.fit_transform(X_train)
```

이전 단계에서 수행된 TF-IDF 벡터화는 희소 행렬을 생성한다. SVM 알고리즘은 랜덤 포레스트(https://oreil.ly/uFkYZ) 같은 그 외 알고리즘에 비해 희소 데이터의 분류 및 예측 작업 등에 더 적합하기 때문에 텍스트 데이터로 작업할 때 선호된다. 그 외 알고리즘이 숫자와 범주형으로 혼합된 입력 특성을 처리할 수 있는 반면(바로 이 경우와 같이), SVM 알고리즘은 순전히 숫자로 이루어진 입력 특성으로 작업할 때 더 적합하다. 텍스트 분류 모델의 경우 사이킷런 라이브러리에서 제공하는 sklearn.svm.LinearSVC 모듈을 사용할 것이다. SVM은 실제로 다른 커널 함수로 초기화할 수 있으며 선형적인 분리를 고려할 만큼 아주 많은 특성을 가진 텍스트 데이터와 함께 사용하는 경우 선형 커널을 사용하는 것이 좋다. 또한 최적화할 매개변수가 더 적기 때문에 적합한 초평면을 더 빠르게 찾는다. 사이킷런 패키지는 선형 SVM의 다양한 구현을 제공하며 관심이 있는 경우, 다음 글상자 'SVC 대 LinearSVC 대 SGDClassifier'에서 이들 간의 차이점을 배울 수 있다.

다음 코드는 특정 random_state로 모델을 초기화하고 허용 오차의 값을 0.00001로 지정한다. 인수는 사용하는 모델 유형에 따라 다르다. 이 장의 뒷부분에서는 인수에 대한 최적의 매개변수 값에 도달하는 방법을 보여 줄 것이다. 여기서는 몇 가지 기본값을 지정하는 것으로 시작한 다음 fit 메서드를 호출해 이전 단계에서 만든 벡터화된 독립 변수를 사용한다.

```
model1 = LinearSVC(random_state=0, tol=1e-5)
model1.fit(X_train_tf, Y_train)
```

| 출력 |

```
LinearSVC(C=1.0, class_weight=None, dual=True, fit_intercept=True,
          intercept_scaling=1, loss='squared_hinge', max_iter=1000,
          multi_class='ovr', penalty='l2', random_state=0, tol=1e-05,
          verbose=0)
```

앞의 코드를 실행할 때 훈련 데이터를 사용해 모델을 피팅^{fitting}하고 나면 결과는 생성된 모델의 다양한 매개변수를 출력한다. `random_state`와 `tolerance`만 지정했기 때문에 대부분이 기본값이다.

SVC, LinearSVC, SGDClassifier의 비교

`sklearn.svm.SVC`는 사이킷런에서 제공하는 서포트 벡터 머신 알고리즘^{Support Vector Machine Algorithm}의 일반 구현으로, 선형^{linear}, 다항식^{polynomial}, 방사형 기저 함수^{radial basis functions}를 포함한 다양한 커널 함수로 모델을 구축할 수 있다. `sklearn.svm.LinearSVC`는 선형 SVM의 특정 구현으로, 이상적으로는 선형 커널이 있는 SVC와 동일한 결과를 생성해야 한다. 그러나 LinearSVC는 liblinear 구현(https://oreil.ly/5UzQ8)을 사용하는 반면, SVC는 libsvm 구현(https://oreil.ly/IR1Ji)을 기반으로 한다는 차이가 있다. 둘 다 SVM 알고리즘을 구현하지만 각각 다른 접근 방식을 사용하는 C++의 인기 있는 오픈 소스 라이브러리다. LinearSVC가 훨씬 빠른 반면, SVC는 더 일반적이고 여러 커널을 지원한다. `sklearn.linear_model.SGDClassifier`는 실제로 확률적 경사 하강법^{Stochastic Gradient Descent}(SGD)이라는 최적화 알고리즘이며 주어진 목적 함수를 최적화하는 데 사용된다. SGDClassifier의 손실 함수를 '힌지^{hinge}'로 지정하면, 선형 SVM과 동일해져 동일한 결과에 도달해야 한다. 다시 말하지만 접근 방식이 다르므로 결과가 동일하지 않을 수 있다. 요약하면 세 가지는 모두 선형 커널로 SVM을 구현하는 데 사용할 수 있지만, 보통 LinearSVC가 가장 빠른 반면 다른 두 가지는 더 일반적이다.

6.3.4 4단계: 모델 평가

이제 테스트 분할의 모든 관측치에 대한 목표 변수를 예측하는 데 사용할 수 있는 모델이 있다. 이 관측치의 실제 목표 변수도 알고 있으므로 모델의 성능을 계산할 수 있다. 모델의 정확도를 수치화하는 데 사용할 수 있는 많은 메트릭 중 여기서는 세 가지를 소개한다.

텍스트 분류 모델을 검증하는 가장 간단한 방법은 정확도다. 즉, 정확도는 모델이 예측한 총 개수 중 정확하게 예측한 개수의 비율이며 다음 식으로 구한다.

$$정확도 = \frac{정확한\ 예측\ 횟수}{총\ 예측\ 횟수}$$

모델의 정확도를 측정하기 위해 훈련된 모델을 사용해서 예측 결과를 생성하고 실제 값과 비교한다. 예측 결과를 생성하려면 테스트 분할에 동일한 벡터화를 적용한 다음 훈련된 모델의 예측 메서드를 호출해야 한다. 예측이 완료되면 accuracy_score 메서드로 테스트 분할의 실제 값과 모델 예측 결과를 비교해 정확도를 계산할 수 있다.

```
X_test_tf = tfidf.transform(X_test)

Y_pred = model1.predict(X_test_tf)
print ('Accuracy Score - ', accuracy_score(Y_test, Y_pred))
```

| 출력 |

```
Accuracy Score - 0.8748612036420165
```

87.5%의 높은 정확도 점수를 얻었다. 버그의 우선순위를 정확하게 예측하는 좋은 모델이라는 뜻이다. 다른 random_state로 모델을 초기화하면 동일한 점수를 얻지 못할 수 있지만 비슷할 것이다. 훈련된 모델의 성능을 간단한 규칙 기반 판별기나 비즈니스 지식 기반 판별기로 구성된 베이스라인 접근 방식과 비교하려는 생각은 언제든 유효하다. 이때 목표는 훈련된 모델이 베이스라인보다 더 잘 수행하는지와 그에 따라 가치를 더하는지의 여부를 확인하는 것이다. 이를 위해 sklearn.svm.DummyClassifier 모듈을 사용한다. 이 모듈은 항상 빈도가 가장 높은 클래스를 예측하는 most_frequent 또는 클래스를 계층화^{stratify}해 훈련 데이터 분포와 유사한 분포를 가지도록 예측하는 등의 간단한 전략을 제공한다.

```
clf = DummyClassifier(strategy='most_frequent')
clf.fit(X_train, Y_train)
Y_pred_baseline = clf.predict(X_test)
print ('Accuracy Score - ', accuracy_score(Y_test, Y_pred_baseline))
```

| 출력 |

```
Accuracy Score - 0.8769709082833667
```

훈련된 모델은 항상 클래스 P3를 선택한 베이스라인만큼 잘 수행된 것처럼 보인다. 정말 그럴까? 베이스라인은 P3만 예측해서 87.7%의 성능을 얻었다. 모델의 성능은 그보다 약간 더 낮아서 하나만 찍은 것보다 못하다. 이는 모델이 다양한 우선순위에서 얼마나 잘 수행되는지를 조사해야 함을 의미한다. 우선순위 P1 또는 P5를 예측하는 것이 베이스라인보다 더 좋은가? 이를 분석하기 위해 정오분류표confusion matrix로 알려진 평가 도구를 사용할 수 있다. 정오분류표는 분류된 모든 관측치에 대해 예측된 값을 실제 값과 비교하는 표다. 레이블이 두 개인 이진 분류 문제가 정오분류표의 대표적인 사용 예다.

한 클래스를 P3로, 또 다른 클래스를 그 외(P1+P2+P4+P5)로 간주해 이에 맞게 다중 클래스 분류 문제를 수정한다. [그림 6-4]에서 특정 버그의 우선순위가 P3인지 여부만 예측하는 혼동 행렬의 샘플 표현을 살펴보겠다.

		실제 값	
		우선순위 P3	P3가 아님 (P1+P2+P4+P5)
예측	우선순위 P3	True Positive	False Positive
	P3가 아님 (P1+P2+P4+P5)	False Negative	True Negative

그림 6-4 우선순위가 P3인지 여부에 따른 혼동 행렬

행은 예측을 나타내고 열은 실제 값을 나타낸다. 행렬의 각 슬롯은 해당 슬롯에 속하는 관측치의 개수다.

| True Positive(TP) |

Positive로 예측되고 실제로도 Positive인 관측치의 수다.

| True Negative(TN) |

Negative로 예측되고 실제로도 Negative인 관측치의 수다.

| False Positive(FP) |

Positive인 것으로 예측되었지만 실제로는 Negative인 관측치의 수다.

| False Negative(FN) |

Negative로 예측되었지만 실제로는 Positive인 관측치의 수다.

이 목록을 기반으로 다음 방정식을 사용해 정확도를 유도할 수 있다.

$$Accuracy = \frac{(True\ Positive + True\ Negative)}{(True\ Positive + True\ Negative + False\ Positive + False\ Negative)}$$

정확도는 총 예측 개수 중 정확하게 예측된 개수의 비율을 나타낼 뿐이다.

정밀도 및 재현율

혼동 행렬을 사용해 얻는 진정한 가치는 정밀도^{Precision} 및 재현율^{Recall} 같은 측정값에 있으며, 이 측정값으로 모델이 다른 클래스에 대해 수행하는 방식을 더 많이 통찰하게 된다.

Positive(P3) 클래스에 대한 정밀도를 고려한다.

$$Precision = \frac{True\ Positive}{(True\ Positive + False\ Positive)}$$

이 메트릭은 예측된 Positive에서 실제로 Positive인 것의 비율을 이야기하거나 또는 모델이 Positive 클래스를 예측하는 정도가 얼마나 정확한지 나타낸다. Positive 예측의 정확도가 높아야 하는 태스크의 경우 최대화해야 하는 지표다. 예를 들어, 이메일을 스팸으로 분류(Positive)한다면 그 결과는 정확해야만 한다. 그렇지 않으면 건전한 이메일이 실수로 스팸 폴더로 전송될 수 있다.

혼동 행렬에서 파생된 또 다른 메트릭은 재현율이다.

$$Recall = \frac{True\ Positive}{(True\ Positive + False\ Negative)}$$

이 메트릭은 모델이 Positive라고 찍은 것 중에 실제 Positive인 것의 비율을 말한다. 재현율이 높다는 것은 모델이 실제로 대부분의 Positive 분류를 포착할 수 있음을 의미한다. 예를 들면 환자가 암에 걸렸지만 모델이 암을 식별하지 못하는 경우와 같이, Positive인데 그것을 찾지 못해 발생하는 비용이 매우 높을 때 요긴하다.

이전 논의에서 정밀도와 재현율은 모두 모델의 직용에 따라 중요한 메트릭이라는 결론을 내릴 수 있다. F1 점수는 이러한 두 측정값의 조화로운 평균을 생성하는 메트릭이며 모델의 전체 정확도를 평가하는 프록시로 사용할 수도 있다.

$$F1\ Score = \frac{2 * (Precision * Recall)}{(Precision + Recall)}$$

정오분류표에 대해 이해했으므로 훈련된 모델의 정오분류표를 평가하는 단계까지 알아본다. 이전에는 이진 분류로 단순화해서 결과를 분석했지만, 모델은 실제로 다중 클래스 분류 문제이므로 정오분류표의 결과 표현이 바뀐다. 예를 들어, 모델의 정오분류표는 다음과 같이 confusion_matrix 함수를 사용해 생성할 수 있다.

```
Y_pred = model1.predict(X_test_tf)
confusion_matrix(Y_test, Y_pred)
```

| 출력 |

```
array([[  17,    6,  195,    5,    0],
       [   7,   14,  579,    7,    0],
       [  21,   43, 7821,   13,    0],
       [   0,    7,  194,   27,    0],
       [   0,    0,   50,    0,    0]])
```

다음과 같이 plot_confusion_matrix 함수를 사용해 히트맵 형태로 시각화할 수도 있다.

```
plot_confusion_matrix(model1,X_test_tf,
                      Y_test, values_format='d',
                      cmap=plt.cm.Blues)
plt.show()
```

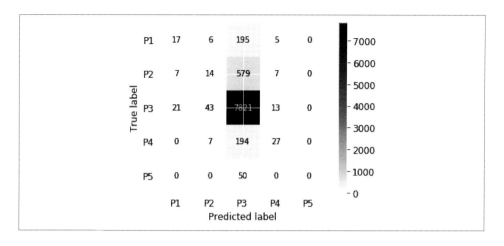

앞에서 설명한 것과 동일한 방법론을 사용해 각 범주에 대한 정밀도와 재현율을 계산할 수 있지만, 여기에는 다른 범주로 잘못 분류된 관측치 수가 포함된다.

예를 들어, 범주 P3의 정밀도는 정확하게 예측된 P3 값(7,821)과 예측된 P3의 모든 값(195 + 579 + 7,821 + 194 + 50)의 비율로 계산할 수 있으며 결과는 다음과 같다.

$$Precision(P3) = 7,821/8,839 = 0.88$$

마찬가지로 P3의 재현율은 정확하게 예측된 P3 값과 실제 P3의 모든 값(21 + 43 + 7,821 + 13 + 0)의 비율로 계산할 수 있으며 결과는 다음과 같다.

$$Recall(P2) = 7,821/7,898 = 0.99$$

측정값을 직접 측정하는 더 손쉬운 방법은 이러한 값을 자동으로 계산하는 사이킷런의 classification_report 함수를 사용하는 것이다.

```
print(classification_report(Y_test, Y_pred))
```

| 출력 |

```
          precision  recall  f1-score  support

     P1      0.38     0.08     0.13      223
     P2      0.20     0.02     0.04      607
     P3      0.88     0.99     0.93     7898
```

P4	0.52	0.12	0.19	228
P5	0.00	0.00	0.00	50
accuracy			0.87	9006
macro avg	0.40	0.24	0.26	9006
weighted avg	0.81	0.87	0.83	9006

정오분류표 계산과 이전 분류 보고서를 기반으로 삼으면 눈에 띄게 분명해지는 문제가 생긴다. 클래스 P3에 대한 재현율 및 정밀도 값은 상당히 높지만 그 외 클래스에 대해서는 낮고 어떤 경우(P5)에는 0이 되기까지 한다. 모델의 전체 정확도는 88%이지만, 예측 결과를 항상 P3로 내놓도록 한다면 이때도 역시 정확도가 88%다. 이 점은 모델이 많은 의미를 학습하지 않고 단지 다수를 차지하는 클래스로 주로 예측함을 분명히 나타낸다. 또한 모델 평가 중에 정확도에만 의존하지 않고 여러 메트릭을 분석해야 한다는 사실을 강조한다.

클래스 불균형

모델이 이러한 방식으로 동작하는 이유는 앞서 관찰한 우선순위 클래스의 클래스 불균형 때문이다. 우선순위가 P3인 버그가 3만 6천 개에 가까운 반면, 그 외 우선순위 클래스의 버그 수는 약 4천 개에 불과했으며 다른 경우에는 더 적었다. 즉, 모델이 훈련할 때 P3 클래스의 특성만 학습했을 가능성이 있다.

몇 가지 기술로 클래스 불균형 문제를 극복할 수 있는데, 이 기술은 일반적으로 업샘플링과 다운샘플링이라는 두 범주 중 하나에 속한다. 업샘플링 기술은 소수 클래스(이 예에서는 비P3 클래스)의 관측치 수를 인위적으로 늘리는 데 사용되며, 단순히 복사본을 여러 개 추가하는 것부터 SMOTE[71] 같은 방법을 사용해 새로운 샘플을 생성하는 것까지 다양할 수 있다. 여기서는 P3 클래스를 무작위로 다운샘플링해서 그 외 클래스와 관측치 수가 비슷하도록 할 것이다.

```
# 우선순위가 P3인 버그 보고서를 필터링하고 4,000개 행을 샘플링한다.
df_sampleP3 = df[df['Priority'] == 'P3'].sample(n=4000)

# 다른 모든 버그 보고서를 포함하는 별도의 데이터프레임을 만든다.
df_sampleRest = df[df['Priority'] != 'P3']

# 두 개의 데이터프레임을 연결해 균형이 잡힌 새 버그 보고서 데이터셋을 만든다.
```

[71] Nitesh Chawla et al. "Synthetic Minority Over-Sampling Technique." Journal of Artificial Intelligence Research 16 (June 2002). https://arxiv.org/pdf/1106.1813.pdf

```
df_balanced = pd.concat([df_sampleRest, df_sampleP3])
# 클래스 불균형 상태를 확인한다.
df_balanced['Priority'].value_counts()
```

| 출력 |

```
P3    4000
P2    3036
P4    1138
P1    1117
P5     252
Name: Priority, dtype: int64
```

다운샘플링을 수행하면 정보가 유실되므로 일반적으로 좋은 생각이 아니다. 하지만 클래스 불균형 문제가 발생하면 모델이 올바른 정보를 학습하지 못하게 된다. 따라서 업샘플링과 다운샘플링을 사용해 이 문제를 극복하려고 한다. 대신 항상 데이터 품질을 어느 정도 양보해야 한다. 단순한 접근 방식을 선택했지만 상황에 대처하는 다양한 방법을 이해하려면 다음 글상자를 참조한다.

클래스 불균형 다루기

클래스 불균형을 처리하는 간단한 방법 하나는 무작위로 업샘플링 아니면 다운샘플링을 하는 것이다. 그러나 더 창의적인 방법이 몇 가지 있는데, 첫째는 SMOTE^Synthetic-Minority Oversampling Technique이다. 이 방법은 임의로 (또는 특정 방법으로) 샘플을 선택한 후에 복사본을 만드는 것이 아니라 소수 클래스와 유사한 샘플들을 합성해 새로운 샘플을 생성한다. 논문(https://oreil.ly/Se_qS)에서는 다음과 같이 설명한다.

> 고려 중인 특성 벡터(샘플)와 가장 가까운 이웃 벡터 사이의 차이를 가져온다. 이 차이에 0과 1 사이의 난수를 곱하고 고려 중인 특성 벡터에 더한다. 이로 인해 두 개의 특성 샘플 사이의 선분을 따라 임의의 점이 선택된다.

이렇게 하면 기존 소수 샘플에 가깝지만 정확히 동일하지는 않은 새 샘플이 생성된다. 클래스 불균형을 처리하는 데 가장 유용한 파이썬 패키지는 사이킷런과도 호환되는 imbalanced-learn(https://oreil.ly/tuzV3) 패키지다. 논의된 방법 외에 NearMiss(최근접 이웃을 사용한 언더샘플링) 같은 추가 샘플링 기술도 있다.

6.4 텍스트 분류를 위한 최종 코드

지금까지 텍스트 분류를 위해 진행한 모든 단계를 결합한다.

```python
# 균형 잡힌 데이터프레임 부르기

df = df_balanced[['text', 'Priority']]
df = df.dropna()

# Step 1 – 데이터 준비

df['text'] = df['text'].apply(clean)

# Step 2 – 훈련-테스트 분할
X_train, X_test, Y_train, Y_test = train_test_split(df['text'],
                                                    df['Priority'],
                                                    test_size=0.2,
                                                    random_state=42,
                                                    stratify=df['Priority'])
print('Size of Training Data ', X_train.shape[0])
print('Size of Test Data ', X_test.shape[0])

# Step 3 – 머신러닝 모델 훈련

tfidf = TfidfVectorizer(min_df=10, ngram_range=(1, 2), stop_words="english")
X_train_tf = tfidf.fit_transform(X_train)

model1 = LinearSVC(random_state=0, tol=1e-5)
model1.fit(X_train_tf, Y_train)

# Step 4 – 모델 평가

X_test_tf = tfidf.transform(X_test)
Y_pred = model1.predict(X_test_tf)
print('Accuracy Score - ', accuracy_score(Y_test, Y_pred))
print(classification_report(Y_test, Y_pred))
```

| 출력 |

```
Size of Training Data 7634
Size of Test Data 1909
```

```
Accuracy Score - 0.4903090623363017
              precision    recall    f1-score    support

          P1      0.45      0.29       0.35         224
          P2      0.42      0.47       0.44         607
          P3      0.56      0.65       0.61         800
          P4      0.39      0.29       0.33         228
          P5      0.00      0.00       0.00          50

    accuracy                          0.49        1909
   macro avg      0.37      0.34       0.35        1909
weighted avg      0.47      0.49       0.48        1909
```

결과를 바탕으로 정확도가 49%로 좋지 않음을 알 수 있다. 더 분석하면 우선순위 P1과 P2에서 정밀도와 재현율 값이 향상되었음을 알 수 있다. 즉 이 우선순위로 버그를 더 잘 예측하게 되었다. 그러나 우선순위가 P5인 버그의 경우 모델은 아무것도 예측하지 못한다. 그럼에도 이 모델이 다음 결과에 보이는 단순한 베이스라인보다 성능이 더 좋음을 알 수 있다. 이전 모델이 정확도가 더 높았지만 비효율적이어서 실제로 좋은 모델은 아니었다. 이 모델도 그다지 좋지는 않지만, 최소한 실제 상황을 알리고 예측 생성에 사용해서는 안 된다고 알려 준다.

```
clf = DummyClassifier(strategy='stratified')
clf.fit(X_train, Y_train)
Y_pred_baseline = clf.predict(X_test)
print ('Accuracy Score - ', accuracy_score(Y_test, Y_pred_baseline))
```

| 출력 |

```
Accuracy Score - 0.30434782608695654
```

다음은 우선순위에 대한 모델 예측이 정확한 경우의 샘플이다.

```
# Title과 Description을 결합한 데이터프레임을 생성하고,
# 탐색할 수 있는 실제 값과 예측 값
frame = { 'text': X_test, 'actual': Y_test, 'predicted': Y_pred }
result = pd.DataFrame(frame)

result[(((result['actual'] == 'P1') | (result['actual'] == 'P2')) & (result['actual'] ==
        result['predicted'])].sample(2)
```

	text	actual	predicted
64	Java launcher: Dont prompt for element to launch if theres only one I went to debug a CU by selecting it and clicking the debug tool item. I was prompted to select a launcher and I also had to select the only available class on the second page. The second step shouldnt be necessary. The next button on the first page should be disabled. NOTES: DW The first time you launch something in your workspace you must go through this pain...This is due to the debugger being pluggable for different lauguages. In this case the launcher selection is generic debug support and the choosing of a class to launch is java specific debug support. To promote lazy plugin loading and to avoid launchers doing exhaustive searching for launchable targets the launcher selection page does not poll the pluggable launch page to see if it can finish with the current selection. Once you have selected a defualt launcher for a project the launcher selection page will not bother you again. Moved to inactive for post-June consideratio	P2	P2
5298	Rapid stepping toString When you do rapid stepping and have an object selected displaying details we get exceptions in the log. This is because the toString attempts an evaluation while a step is in progress. We have to allow stepping during evaluations so this is a tricky timing issue. </log-entr	P1	P1

다음은 모델 예측이 부정확한 경우의 샘플이다.

```
result[((result['actual'] == 'P1') | (result['actual'] == 'P2')) &
        (result['actual'] != result['predicted'])].sample(2)
```

	text	actual	predicted
4707	Javadoc wizard: Problems with default package 20020328 1. empty project. create A.java in default package 2. Start export wizard select the default package press Finish 3. Creation fails javadoc: No source files for package A Loading source files for package A... 1 error Dont know if this is a general javadoc probl	P1	P2

| 16976 | Breakpoint condition compiler should not matter about NON-NLS strings Ive a project in which Ive set compiler option usage of non-externalized strings to Warning. When I want to set a condition on a breakpoint which contains a string object. equals for example I break all the time at this point due to a compilation error... Then Im obliged to write my condition as: boolean cond = object.equals //$NON-NLS-1$ return cond to avoid this problem. Wont it be possible that debugger uses a specific compiler which would ignore current project/workspace compiler options but only uses default one | P2 | P3 |

현재 모델이 정확하지 않고, 예측 결과를 볼 때 버그 발생 상황에 대한 사용자 설명과 우선순위 간에 관계가 있는지도 명확하지 않다. 모델의 정확도를 높이려면 추가 데이터 정리 단계를 수행하고 원형 복원, 노이즈 토큰 제거, `trigram`을 포함한 `min_df` 및 `max_df` 값 수정 등의 단계를 수행해야만 한다. 4.7절 '대규모 데이터셋에서 특성 추출'에서 제공된 현재의 `clean` 함수를 수정해 성능을 확인하는 것이 좋다. 또 다른 대안은 선택한 모델에 적합한 하이퍼파라미터를 찾는 것이다. 다음 절에서는 모델 성능을 더 잘 이해하고 최적화된 모델에 도달하도록 도움을 주는 교차 검증cross validation 및 그리드 검색 기술grid search technique을 소개한다.

6.5 전략: 교차 검증을 사용한 현실적인 정확도 메트릭 추정

모델을 훈련하기 전에 모델을 정확하게 평가할 수 있도록 훈련-테스트 분할을 만들었다. 테스트 분할을 기반으로 48.7%의 정확도를 얻었다. 그러나 이 정확도를 높이는 것이 바람직하다. 정확도를 높이는 방법으로는 트라이그램 같은 특성 추가, 새로운 텍스트 정리 단계 추가, 다른 모델 매개변수 선택, 테스트 분할 시 성능 확인 등이 있다. 결과는 항상 훈련-테스트 분할을 사용해 생성한 단일 홀드아웃 데이터셋을 기반으로 한다. 만일 이전으로 돌아가서 `random_state`를 변경하거나 데이터를 혼합한다면 동일한 모델에 대해 정확도가 다른, 즉 다른 테스트 분할을 얻을 수 있다. 따라서 모델의 정확도를 결정하기 위해 주어진 테스트 분할에 크게 의존할 것이다.

교차 검증은 훈련된 최종 모델이 과소적합underfitting과 과적합overfitting 사이에 올바른 균형을 잡도록 반복적인 방식으로 서로 다른 데이터 분할에 대해 훈련하고 다른 데이터 분할에 대해서도 검증할 수 있는 기술이다. 과소적합은 훈련된 모델이 기본 관계를 잘 학습하지 못해 실제 값에서 멀리 떨어진 샘플에 대해 모두 유사한 예측을 하는 현상이다. 선택한 모델이 현상을 모델링할 만큼 복잡하지 않거나(모델 선택이 잘못됨) 관계를 학습할 샘플이 충분하지 않을 때 발생한다. 과적합은 선택한 모델이 훈련 중에는 기본 패턴에 매우 잘 맞았지만 테스트 데이터에서 상당한 편차를 보이는 현상이다. 이는 훈련된 모델이 훈련 데이터에는 포함되지 않았지만 현실에서는 나타나는 데이터unseen data에 대해 잘 일반화되지 않았음을 나타낸다. 교차 검증 기술로 데이터의 여러 분할에 대한 훈련 및 테스트를 통해 이러한 단점을 인식하고 모델의 현실적인 성능에 도달하리라고 기대할 수 있다.

교차 검증에는 많은 변형이 있는데 그중 가장 널리 사용되는 것은 K-폴드 교차 검증이다. [그림 6-5]는 먼저 전체 훈련 데이터셋을 K 폴드로 나누는 K-폴드 교차 검증을 보여 준다. 각 반복마다 모델은 다른 K-1개의 폴드 세트에 대해 훈련되고 보류된 K 번째 폴드에서 성능 검사를 수행한다. 전체 성능은 모든 홀드아웃 K 폴드에 대한 성능의 평균으로 간주된다. 이러한 방식으로 하나의 테스트 분할이 아닌 여러 분할에 대한 모델 정확도를 기반으로 하고, 마찬가지로 훈련 데이터의 여러 분할에 대해 모델을 훈련한다. 이로써 별도의 홀드아웃 테스트 분할을 가질 필요가 없으므로 모델 훈련을 위해 모든 관측치를 사용할 수 있게 된다.

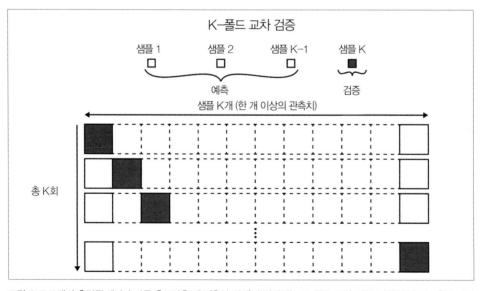

그림 6-5 모델이 훈련될 때마다 다른 홀드아웃 세트(음영 처리)가 선택되는 K-폴드 교차 검증. 나머지 세트는 훈련 데이터의 일부다.

교차 검증을 수행하기 위해 사이킷런의 **cross_val_score** 메서드를 사용한다. 이 메서드는 훈련해야 하는 모델, 훈련 데이터셋, 사용하려는 폴드 수를 인수로 취한다. 여기서는 5 폴드 교차 검증을 사용하며, 훈련 관측치의 수와 컴퓨팅 인프라의 가용성에 따라 5에서 10 사이로 달라질 수 있다. **cross_val_score** 메서드는 교차 검증의 각 반복에 대한 검증 점수를 반환한다. 그러면 모든 검증 폴드에서 얻은 평균 값을 계산할 수 있다. 결과에서 검증 점수가 36%에서 47%까지 다양함을 알 수 있다. 이는 테스트 데이터셋에서 이전에 보고한 모델 정확도가 낙관적이며, 훈련-테스트 분할이 만든 아티팩트였음을 나타낸다. 이 모델에서 기대할 수 있는 현실적인 정확도는 실제로 교차 검증에서 파생된 평균 점수 44%다. 모든 모델의 진정한 잠재력을 이해하려면 이 실험을 수행하는 것이 중요하다. 여기서는 훈련 분할뿐만 아니라 전체 데이터셋을 사용할 것이기 때문에 벡터화 단계를 다시 수행한다.

```
# 벡터화
tfidf = TfidfVectorizer(min_df = 10, ngram_range=(1,2), stop_words="english")
df_tf = tfidf.fit_transform(df['text']).toarray()

# 5 폴드 교차 검증
scores = cross_val_score(estimator=model1,
                         X=df_tf,
                         y=df['Priority'],
                         cv=5)

print ("Validation scores from each iteration of the cross validation ", scores)
print ("Mean value across of validation scores ", scores.mean())
print ("Standard deviation of validation scores ", scores.std())
```

| 출력 |

```
Validation scores from each iteration of the cross validation
[0.47773704 0.47302252 0.45468832 0.44054479 0.3677318 ]
Mean value across of validation scores 0.44274489261393396
Standard deviation of validation scores 0.03978852971586144
```

NOTE_ 교차 검증 기술을 사용하면 모든 관측치를 사용할 수 있으며 별도의 홀드아웃 테스트 분할을 만들 필요가 없다. 이렇게 하면 모델이 더 많은 데이터를 학습하게 된다.

6.6 전략: 그리드 검색을 통한 하이퍼파라미터 조정

그리드 검색은 모델의 인수로 사용되는 다양한 매개변수를 조정 및 평가해 모델의 정확도를 향상시키는 유용한 기술이다. 이는 머신러닝 모델에 대해 주어진 메트릭(예: 정확도)을 최대화하는 다양한 하이퍼파라미터 조합을 시도해 수행한다. 예를 들어 sklearn.svm.SVC 모델을 사용하는 경우, linear, rbf(방사형 기저 함수radial basis function), poly(다항식polynomial) 등 여러 값을 사용할 수 있는 kernel(https://oreil.ly/30Xsq)이라는 매개변수가 있다. 또한 앞에서 전처리 파이프라인을 만들 때 한 것처럼, TF-IDF 벡터화에서 사용하는 ngram_range 인자를 여러 가지 값으로 변경하면서 테스트할 수도 있다. 그리드 검색을 수행할 때, 평가하려는 매개변수 값 세트를 제공하고 모델 훈련의 교차 검증 방법과 결합해 모델 정확도를 최대화하는 하이퍼파라미터 세트를 찾는다. 이 기술의 가장 큰 단점은 CPU와 시간 집약적이라는 것이다. 어떻게 보면, 최고의 성능을 내는 값 세트에 도달하기 위해 되도록 많은 하이퍼파라미터 조합을 테스트하는 셈이다.

모델에 대한 하이퍼파라미터의 올바른 선택을 테스트하기 위해 먼저 실행하려는 단계를 정의하는 training_pipeline을 만든다. 이 경우 TF-IDF 벡터화 및 LinearSVC 모델 훈련을 지정한다. 그런 다음 grid_param 변수를 사용해 테스트하려는 매개변수 세트를 정의한다. 매개변수 값은 파이프라인의 특정 단계에서 사용되므로, grid_param을 지정할 때 단계 이름을 접두사로 사용한다. 예를 들어 min_df는 벡터화 단계에서 사용되는 매개변수이므로 tfidf__min_df라고 한다.

마지막으로 GridSearchCV 메서드를 사용한다. 이 메서드는 다양한 하이퍼파라미터 집합으로 전체 파이프라인의 여러 버전을 테스트하고 최고 성능 버전을 선택하는 교차 검증 점수를 생성하는 기능을 제공한다.

```
training_pipeline = Pipeline(
    steps=[('tfidf', TfidfVectorizer(stop_words="english")),
            ('model', LinearSVC(random_state=42, tol=1e-5))])

grid_param = [{
    'tfidf__min_df': [5, 10],
    'tfidf__ngram_range': [(1, 3), (1, 6)],
    'model__penalty': ['l2'],
    'model__loss': ['hinge'],
```

```
    'model__max_iter': [10000]
}, {
    'tfidf__min_df': [5, 10],
    'tfidf__ngram_range': [(1, 3), (1, 6)],
    'model__C': [1, 10],
    'model__tol': [1e-2, 1e-3]
}]

gridSearchProcessor = GridSearchCV(estimator=training_pipeline,
                                   param_grid=grid_param,
                                   cv=5)
gridSearchProcessor.fit(df['text'], df['Priority'])

best_params = gridSearchProcessor.best_params_
print("Best alpha parameter identified by grid search ", best_params)

best_result = gridSearchProcessor.best_score_
print("Best result identified by grid search ", best_result)
```

| 출력 |

```
Best alpha parameter identified by grid search {'model__loss': 'hinge',
'model__max_iter': 10000, 'model__penalty': 'l2', 'tfidf__min_df': 10,
'tfidf__ngram_range': (1, 6)}
Best result identified by grid search  0.46390780513357777
```

min_df 및 ngram_range라는 두 개의 모델 매개변수 세트를 사용해 두 값을 평가했다. 첫 번째 세트에서는 최대 1,000번의 반복으로 l2 model_penalty 및 힌지 model_loss로 시도했다. 두 번째 세트에서는 정규화 매개변수 C의 값과 모델의 허용 오차의 값을 변경했다. 앞서 최고 모델의 매개변수를 보았지만 매개변수 값이 상호 작용하는 방식을 보기 위해 생성된 모든 모델의 성능도 확인할 수 있다. 다음과 같이 상위 5개 모델과 해당 매개변수 값을 볼 수 있다.

```
gridsearch_results = pd.DataFrame(gridSearchProcessor.cv_results_)
gridsearch_results[['rank_test_score', 'mean_test_score',
                    'params']].sort_values(by=['rank_test_score'])[:5]
```

	rank_test_score	mean_test_score	params
3	1	0.46	{'model__loss': 'hinge', 'model__max_iter': 10000, 'model__penalty': 'l2', 'tfidf__min_df': 10, 'tfidf__ngram_range': (1, 6)}
2	2	0.46	{'model__loss': 'hinge', 'model__max_iter': 10000, 'model__penalty': 'l2', 'tfidf__min_df': 10, 'tfidf__ngram_range': (1, 3)}
0	3	0.46	{'model__loss': 'hinge', 'model__max_iter': 10000, 'model__penalty': 'l2', 'tfidf__min_df': 5, 'tfidf__ngram_range': (1, 3)}
1	4	0.46	{'model__loss': 'hinge', 'model__max_iter': 10000, 'model__penalty': 'l2', 'tfidf__min_df': 5, 'tfidf__ngram_range': (1, 6)}
5	5	0.45	{'model__C': 1, 'model__tol': 0.01, 'tfidf__min_df': 5, fidf__ngram_range': (1, 6)}

6.7 텍스트 분류 시스템 요약 및 결론

텍스트 분류를 위한 단계를 다른 분류 작업에 적용하며 요약하겠다. 이 장을 시작할 때 버그 수정을 빠르게 하기 위해서는 주어진 사용자 버그 보고서에서 버그의 우선순위를 식별하고 적절한 팀에 할당해야 한다고 언급했다. 이때 할당은 버그가 위치한 소프트웨어 부분을 식별해 자동으로 될 수 있다. 버그 보고서에는 Core, UI, Doc을 포함한 값을 가진 Component라는 기능이 있음을 확인했다. 이로써 버그를 담당자나 적절한 팀에 할당할 수 있어 더 빨리 해결하게 된다. 이 작업은 버그 우선순위를 식별하는 것과 유사하며, 같은 구조를 다른 응용 프로그램에 적용하는 방법을 이해하는 데 도움이 된다.

다음 변경 사항으로 시스템을 업데이트한다.

- 그리드 검색을 포함해 최적의 하이퍼파라미터를 식별하고 실행 시간을 합리적 수준으로 만들기 위해 테스트되는 옵션 수를 제한하는 추가 단계
- sklearn.svm.SVC 함수를 사용해 성능을 비교하고 비선형 커널을 시도하는 추가 옵션

```python
# SVC와 LinearSVC의 선택을 결정하는 플래그
runSVC = True

# 데이터를 로드하기(데이터프레임으로)
df = pd.read_csv('eclipse_jdt.csv')
df = df[['Title', 'Description', 'Component']]
df = df.dropna()
df['text'] = df['Title'] + df['Description']
df = df.drop(columns=['Title', 'Description'])

# 1단계 - 데이터 준비
df['text'] = df['text'].apply(clean)
df = df[df['text'].str.len() > 50]

if (runSVC):
    # SVC를 실행할 때 합리적인 실행 시간이 되도록 데이터를 샘플링한다.
    df = df.groupby('Component', as_index=False).apply(pd.DataFrame.sample,
                                                       random_state=21,
                                                       frac=.2)

# 2단계 - 훈련-테스트 분할
X_train, X_test, Y_train, Y_test = train_test_split(df['text'],
                                                    df['Component'],
                                                    test_size=0.2,
                                                    random_state=42,
                                                    stratify=df['Component'])
print('Size of Training Data ', X_train.shape[0])
print('Size of Test Data ', X_test.shape[0])

# 3단계 - 머신러닝 모델 훈련
tfidf = TfidfVectorizer(stop_words="english")

if (runSVC):
    model = SVC(random_state=42, probability=True)
    grid_param = [{
        'tfidf__min_df': [5, 10],
        'tfidf__ngram_range': [(1, 3), (1, 6)],
        'model__C': [1, 100],
        'model__kernel': ['linear']
    }]
else:
    model = LinearSVC(random_state=42, tol=1e-5)
    grid_param = {
        'tfidf__min_df': [5, 10],
```

```
        'tfidf__ngram_range': [(1, 3), (1, 6)],
        'model__C': [1, 100],
        'model__loss': ['hinge']
    }

training_pipeline = Pipeline(
    steps=[('tfidf', TfidfVectorizer(stop_words="english")), ('model', model)])

gridSearchProcessor = GridSearchCV(estimator=training_pipeline,
                                   param_grid=grid_param, cv=5)

gridSearchProcessor.fit(X_train, Y_train)

best_params = gridSearchProcessor.best_params_
print("Best alpha parameter identified by grid search ", best_params)

best_result = gridSearchProcessor.best_score_
print("Best result identified by grid search ", best_result)

best_model = gridSearchProcessor.best_estimator_

# 4단계 - 모델 평가
Y_pred = best_model.predict(X_test)
print('Accuracy Score - ', accuracy_score(Y_test, Y_pred))
print(classification_report(Y_test, Y_pred))
```

| 출력 |

```
Size of Training Data 7204
Size of Test Data 1801
Best alpha parameter identified by grid search {'model__C': 1,
'model__kernel': 'linear', 'tfidf__min_df': 5, 'tfidf__ngram_range': (1, 6)}
Best result identified by grid search 0.739867279666898
Accuracy Score - 0.7368128817323709
              precision    recall  f1-score   support

        APT       1.00      0.25      0.40        16
       Core       0.74      0.77      0.75       544
      Debug       0.89      0.77      0.82       300
        Doc       0.50      0.17      0.25        12
       Text       0.61      0.45      0.52       235
         UI       0.71      0.81      0.76       694
```

				0.74	1801
accuracy				0.74	1801
macro avg	0.74	0.54		0.58	1801
weighted avg	0.74	0.74		0.73	1801

정확도 및 분류 보고서에 따르면 73% 정확도를 달성했으며 이 모델은 우선순위보다 버그가 참조하는 소프트웨어 구성 요소를 더 정확하게 예측할 수 있다고 결론지을 수 있다. 일부 개선 사항은 그리드 검색 및 교차 검증의 추가 단계로 인한 것이지만 대부분은 단지 모델이 버그 설명과 참조하는 구성 요소 간에 식별할 수 있는 관계가 있기 때문이다. Component 기능은 이전에 발견한 클래스 불균형 문제와 동일한 수준의 문제를 일으키지는 않는다. 그러나 구성 요소 내에서도 다른 구성 요소에 비해 관측치가 적은 소프트웨어 구성 요소 Doc에 대한 결과가 좋지 않음을 볼 수 있다. 또한 베이스라인과 비교해 이 모델의 성능이 향상되었음을 알 수 있다. 데이터의 균형을 맞추거나 모델이 버그가 더 많은 소프트웨어 구성 요소를 예측하는 것이 더 중요하다는 점에 입각해 비즈니스 결정을 내릴 수 있다.

```
clf = DummyClassifier(strategy='most_frequent')
clf.fit(X_train, Y_train)
Y_pred_baseline = clf.predict(X_test)
print ('Accuracy Score - ', accuracy_score(Y_test, Y_pred_baseline))
```

| 출력 |

```
Accuracy Score - 0.38534147695724597
```

또한 이 모델이 어디에서 작동하고 어디에서 실패하는지 살펴보며 이 모델이 예측하는 방법을 알아보자. 먼저 정확한 예측 결과를 내놓은 두 가지를 샘플링할 것이다.

```
# Title과 Description을 결합한 데이터프레임을 생성하고,
# 탐색할 수 있는 실제 값과 예측 값
frame = { 'text': X_test, 'actual': Y_test, 'predicted': Y_pred }
result = pd.DataFrame(frame)

result[(((result['actual'] == 'P1') | (result['actual'] == 'P2')) &
        (result['actual'] == result['predicted'])].sample(2)
```

| 출력 |

	text	actual	predicted
28225	Move static initializer lacks atomic undo.When a method is moved the move can be atomically undone with a single Undo command. But when a static initializer is moved it can only be undone with an Undo command Issued in both the source and destination files	UI	UI
30592	Debug view steals focus when breakpoint hitM5 - I20060217-1115 When you debug a program that has breakpoints when the debugger hits a breakpoint pressing Ctrl+Sht+B does not remove the breakpoint even though the line looks like it has the focus. To actually remove the breakpoint one has to click in the editor on the proper line and repress the keys	Debug	Debug

버그가 Debug 구성 요소에 속하는 것으로 분류되면 설명에서 debugger^{디버거}와 breakpoint^{중단점} 같은 용어를 사용하는 반면 버그가 UI에 분류되면 Undo^{실행 취소}와 movement^{이동 표시} 같은 용어를 볼 수 있다. 이것은 훈련된 모델이 특정 단어와 해당 소프트웨어 구성 요소 간의 연관성을 학습할 수 있음을 나타낸다. 예측이 잘못된 몇 가지 결과도 살펴보겠다.

```
result[result['actual'] != result['predicted']].sample(2)
```

| 출력 |

	text	actual	predicted
16138	Line wrapping on @see tags creates a new warning Invalid parameters declarationIn Eclipce 3.0M5 with the javadoc checking enabled linewrapping will cause a warning Javadoc: Invalid parameters declaration This will cause the warning: /** * @ see com.xyz.util.monitoring.MonitoringObserver#monitorSetVal ue */ where this will not : /** * @see com.xyz.util.monitoring.Monitori ngObserver#monitorSetValue	Text	Core
32903	After a String array is created eclipse fails to recognize methods for an object.Type these lines in any program. String abc = new String {a b c} System. After System. eclipse wont list all the available methods	Core	UI

분류가 잘못된 이유를 찾기는 어렵지만 모델의 정확도를 개선하려면 자세히 분석해야 한다. 모델을 구축한 후에는 예측 결과를 분석하고 모델이 이렇게 예측한 이유를 이해해야 한다. 모델 예측을 설명하는 데 사용할 수 있는 기술은 7장에서 자세히 다룬다.

6.8 마치며

지도 텍스트 분류 모델을 구축하는 여러 단계를 소개했다. 필요한 경우 클래스 밸런싱을 포함한 데이터 준비 단계부터 시작한다. 그런 다음 모델 정확도를 정확히 측정하기 위해 선호하는 기술로 교차 검증을 사용하고 훈련 및 테스트 분할을 생성하는 단계를 살펴봤다. 그런 다음 최적의 조합을 찾기 위해 다양한 하이퍼파라미터 설정을 검증하는 기술의 하나로 그리드 검색을 제시했다. 지도 머신러닝은 대출 채무 불이행 예측, 광고 클릭 예측 등 여러 응용 프로그램에 적용되는 광범위한 영역이다. 이번 전략은 지도 학습 머신러닝 모델을 구축하기 위한 종단간 end-to-end 기술을 제시하며 텍스트 분류 외의 다른 문제에도 사용할 수 있다.

6.9 더 읽어보기

- Bergstra, James, and Yoshua Bengio. "Random Search for Hyper-Parameter Optimization." 2012. http://www.jmlr.org/papers/volume13/bergstra12a/bergstra12a.pdf

- Berwick, R. "An Idiot's guide to Support Vector Machines." http://web.mit.edu/6.034/wwwbob/svm-notes-long-08.pdf

- Kohavi, Ron. "A Study of CrossValidation and Bootstrap for Accuracy Estimation and Model Selection." http://ai.stanford.edu/~ronnyk/accEst.pdf

- Raschka, Sebastian. "Model Evaluation, Model Selection, and Algorithm Selection in Machine Learning." 2018. https://arxiv.org/pdf/1811.12808.pdf

## CHAPTER 7

텍스트 분류기

이전 장들에서는 구조화되지 않은 텍스트 데이터에 대한 고급 분석 방법에 대해 배웠다. 텍스트 데이터에 대한 통계부터 NLP까지 사용해 흥미로운 통찰을 얻을 수 있었다.

분류를 위한 지도supervised 방법을 사용할 때는 훈련 알고리즘이 이미 주어진 범주에 텍스트 문서를 할당했다. 비록 분류 절차의 품질을 확인했지만 중요한 측면을 건너뛰었다. 모델이 주어진 질의에 대해 왜 그렇게 예측했는지 그 이유를 모른다.

예측한 결과가 정확하면 그렇게 예측한 이유가 중요하지 않을 수 있다. 그러나 일상생활에서는 종종 자신의 결정을 다른 사람에게 설명해서 투명하게 알려야 할 때가 있다. 머신러닝 알고리즘도 마찬가지다.

실제 프로젝트를 진행하다보면 '왜 알고리즘이 그 범주/감성을 할당했을까?'라는 질문을 적지 않게 들을 것이다. 하지만 알고리즘이 학습한 방법을 이해하고 있으면, 모델 성능을 개선하기 위해 여러 알고리즘을 적용하거나 새로운 특성을 추가하고, 가중치를 변경하는 등 다양한 수단을 동원할 수 있다. 앞선 질문은 구조화된 데이터보다 텍스트에서 훨씬 더 중요하다. 텍스트 자체가 인간이 해석하기 더 쉽기 때문이다. 또한 텍스트에는 이메일 서명 같은 아티팩트가 많은데 이 아티팩트가 분류 과정을 방해하지 않도록 하는 것이 좋다.

기술적 관점 외에 법적 측면도 고려해야 한다. 자신의 알고리즘이 편향되지 않았거나 차별적이지 않음을 입증할 책임이 있을 수 있다. 유럽 연합의 GDPR은 공개 웹사이트에서 의사 결정(예: 특정 종류의 지불만 허용)을 내리는 알고리즘의 설명(또는 코드, 아니면 둘 다)을 요구한다.

마지막으로, 모델을 신뢰하려면 증거가 필요하다. 결과를 가능한 한 투명하게 만들면 당신의 방법에 대한 신뢰가 더욱 공고해지고 확신하게 될 것이다.

7.1 학습 목표

지도 기반 머신러닝 모델의 결과를 설명하는 몇 가지 방법을 살펴보겠다. 가능한 경우 이전 장의 분류 예제를 기반으로 한다. 6장의 버그 보고서 분류를 다시 살펴보는 것으로 시작하자. 몇몇 보고서는 올바르게 분류되었지만, 그렇지 않은 보고서도 있다. 이들 보고서에서 특정 클래스에 속하는 버그의 확률을 계산하고 (소위 ground truth라고 부르는) 정답과 비교할 것이다.

다음 절에서는 어떤 특성이 모델 결정에 영향을 미쳤는지 분석한다. 계산에는 서포트 벡터 머신support vector machine을 사용한다. 결과를 해석하고 분석해서 얻은 지식으로 방법을 개선할 수 있는지 알아본다.

그 후에는 일반적인 접근 방식을 취해 라임Local Interpretable Model–Agnostic Explanations(LIME)을 도입한다. LIME은 머신러닝 모델에 관계없이 (거의) 적용 가능한 방법론agnostic이며 많은 알고리즘의 결과를 설명할 수 있다.

여러 해에 걸쳐 설명 가능한 AI에 대해 많은 연구가 수행되었다. 그 결과 고안된 앵커Anchor라는 정교한 모델을 마지막으로 소개하겠다.

이 장을 공부한 후에는 지도 머신러닝 모델의 결과를 다양한 방법으로 설명하게 될 것이다. 이를 자신의 프로젝트에 사용하고 특정 요구 사항에 가장 적합한 방법을 결정할 수 있다. 또 결과를 해석하고 직관적인 시각화를 만들어 비전문가도 쉽게 이해시킬 수 있을 것이다.

7.2 전략: 예측 확률을 사용한 분류 신뢰도 결정

버그 보고서가 어떤 구성 요소에 대한 것인지 분류하는 모델을 만든 6장의 예를 상기하자. 이 예제에서는 최적의 매개변수를 사용해 서포트 벡터 머신을 훈련한다. 그 외 표기법은 동일하다.

```
svc = SVC(kernel="linear", C=1, probability=True, random_state=42)
svc.fit(X_train_tf, Y_train)
```

분류 보고서는 평균 정밀도와 재현율이 75%로 양호해 분류가 잘 작동했다. 그러나 예측 값이 실제 값과 다른 경우도 있었다. 실제 결과를 알 수 없으므로, '좋은' 예측과 '나쁜' 예측을 구별하는 데 사용할 패턴이 있는지 알기 위해 실제 분류 시나리오의 예측 결과를 더 자세히 살펴보자.

이를 위해 서포트 벡터 머신 모델의 `predict_proba` 함수를 사용한다. 이 함수는 SVM의 내부, 즉 각 클래스에 대해 계산된 확률을 반환한다.[72] 매개변수에는 문서 벡터로 구성된 행렬이 필요하다. 결과는 클래스별 예측 확률이다. 먼저, 예측 결과에서 데이터프레임을 구성한다.

```
X_test_tf = tfidf.transform(X_test)
Y_pred = svc.predict(X_test_tf)
result = pd.DataFrame({ 'text': X_test.values, 'actual': Y_test.values,
                        'predicted': Y_pred })
```

테스트 데이터셋의 한 문서로 분석하기 위해 어떤 문서를 사용할지 찾아보자. 이때 분류 모델을 최적화하기를 원하므로 주로 예측이 잘못된 경우에 관심이 있다고 가정한다.

```
result[result["actual"] != result["predicted"]].head()
```

| 출력 |

	text	actual	predicted
2	NPE in Delta processor while executing JDT/UI ...	Core	UI
15	Inserting a block of text in editor badly alig...	UI	Text
16	Differences when debugging identical objects W...	Debug	Core
20	Foreach template doesnt work for class members... Core	Core	UI
21	exchange left and right operands for compariso... UI	UI	Core

21번 문서는 이를 살펴보기 좋은 후보로 보인다. 실제 클래스는 예측한 Core가 아니다. 문서

....
72 기하학적으로 확률을 SVM에 의해 정의된 초평면까지의 샘플 거리로 생각할 수 있다.

의 문장에는 left와 right란 단어가 있는데, 이는 UI 요소를 설명할 때도 적합한 단어처럼 들린다. 21번 문서를 자세히 살펴보자.

```
text = result.iloc[21]["text"]
print(text)
```

| 출력 |

```
exchange left and right operands for comparison operators changes semantics
Fix for Bug 149803 was not good.; ; The right fix should do the following;
if --> if --> if ; if ; if
```

Core와 UI 모두에 가볍게 언급할 수 있는 단어가 포함되었으므로 이 문서를 통해 모델이 잘못 예측한 이유를 자세히 분석할 수 있다. 확률을 보면 더 자세히 이해하게 될지도 모른다. 확률을 계산하는 방법은 매우 쉽다.

```
svc.predict_proba(X_test_tf[21])
```

| 출력 |

```
array([[0.002669, 0.46736578, 0.07725225, 0.00319434, 0.06874877, 0.38076986]])
```

클래스는 APT, Core, Debug, Doc, Text, UI순으로 출력되었다. 이를 통해 알고리즘은 UI보다 Core를 조금 더 많이 확신했다.

항상 그럴까? 테스트 데이터셋의 모든 문서에 대한 결정 확률을 찾아 계산하고 데이터프레임에 추가할 것이다.

```
class_names = ["APT", "Core", "Debug", "Doc", "Text", "UI"]
prob = svc.predict_proba(X_test_tf)
# 설명 가능한 결과를 위한 새로운 데이터프레임
er = result.copy().reset_index()
for c in enumerate(class_names):
    er[c] = prob[:, i]
```

데이터프레임의 일부 샘플을 살펴보고 알고리즘이 결정을 확신하는 경우(즉, 선택한 범주의 확률이 그 외 범주보다 훨씬 더 높은 경우), 그 예측 결과가 더 정확한지 알아보겠다.

```
er[["actual", "predicted"] + class_names].sample(5, random_state=99)
```

| 출력 |

	actual	predicted	APT	Core	Debug	Doc	Text	UI
266	UI	UI	0.000598	0.000929	0.000476	0.001377	0.224473	0.772148
835	Text	Text	0.002083	0.032109	0.001481	0.002085	0.696666	0.265577
998	Text	Text	0.000356	0.026525	0.003425	0.000673	0.942136	0.026884
754	Core	Text	0.003862	0.334308	0.011312	0.015478	0.492112	0.142927
686	UI	UI	0.019319	0.099088	0.143744	0.082969	0.053174	0.601705

표를 보면 754번은 잘못된 예측을 했다. 이 경우 알고리즘은 꽤 '불확실'한 결정을 했고, 해당 범주는 50% 미만의 확률로만 선택되었다. 이에 대한 패턴을 찾을 수 있을까?

정확히 예측한 데이터프레임 하나와 잘못 예측한 데이터프레임 하나를 구축한다. 그런 다음 가장 높은 확률의 분포를 분석하고 차이점이 있는지 확인하자.

```
er['max_probability'] = er[class_names].max(axis=1)
correct = (er[er['actual'] == er['predicted']])
wrong = (er[er['actual'] != er['predicted']])
```

이제 히스토그램으로 확인하자.

```
correct["max_probability"].plot.hist(title="Correct")
wrong["max_probability"].plot.hist(title="Wrong")
```

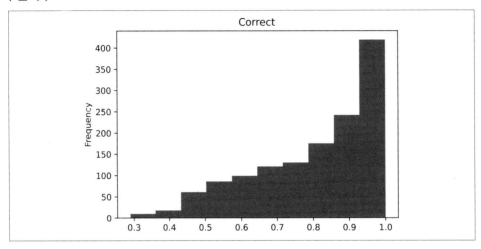

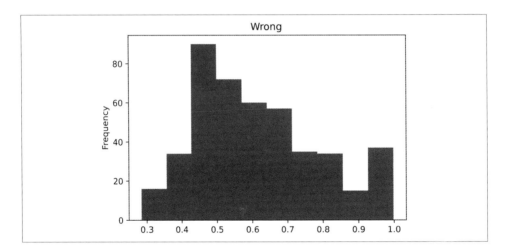

예측이 정확한 경우 모델이 높은 확률로 결정되는 경우가 많지만 결정이 틀린 경우 확률이 상당히 낮음을 알 수 있다. 나중에 다시 살펴보겠지만, 높은 확률로 잘못된 범주의 작은 피크는 짧은 텍스트나 누락된 단어 때문에 생긴다.

마지막으로 80% 이상의 확률로 내린 결정만 고려한다면 결과를 개선할 수 있는지 살펴보겠다.

```
high = er[er["max_probability"] > 0.8]
print(classification_report(high["actual"], high["predicted"]))
```

| 출력 |

```
              precision    recall f1-score    support

         APT       0.90      0.75      0.82         12
        Core       0.94      0.89      0.92        264
       Debug       0.94      0.99      0.96        202
         Doc       1.00      0.67      0.80          3
        Text       0.78      0.75      0.77         72
          UI       0.90      0.92      0.91        342

    accuracy                          0.91        895
   macro avg       0.91      0.83      0.86        895
weighted avg       0.91      0.91      0.91        895
```

이것을 다음에 표시된 원래 결과와 비교하자.

```
print(classification_report(er["actual"], er["predicted"]))
```

| 출력 |

```
              precision    recall f1-score    support

         APT       0.90      0.56      0.69         16
        Core       0.76      0.77      0.76        546
       Debug       0.90      0.78      0.84        302
         Doc       1.00      0.25      0.40         12
        Text       0.64      0.51      0.57        236
          UI       0.72      0.82      0.77        699

    accuracy                          0.75       1811
   macro avg       0.82      0.62      0.67       1811
weighted avg       0.75      0.75      0.75       1811
```

Core, Debug, Text, UI 구성 요소를 예측하는 정밀도가 크게 향상됨과 동시에 재현율도 증가했음을 알 수 있다. SVM이 더 작은 데이터 하위 집합을 사용해 분류기가 더 잘 작동하게 되었다. 그러나 샘플이 적은 구성 요소(APT, Doc)에서는 실제로 재현율만 향상되었다. 이 범주는 샘플이 매우 적고 알고리즘이 텍스트를 기반으로 결정하기에는 정보도 너무 적은 것 같다.

Doc의 경우 이 클래스에 속하는 대부분의 문서를 제거해 재현율을 높였다.

그러나 개선에는 대가가 따른다. 위 조건으로 데이터셋의 약 절반인 900개 이상의 문서가 제외됐다. 따라서 전반적으로 더 작은 데이터셋에서 실제로 더 적은 수의 문서를 찾았다! 프로젝트에 따라서는 모델이 '확실한' 경우에만 결정하고 모호한 경우를 버리도록(또는 손으로 분류)하는 게 유용할 수 있다. 이는 비즈니스 요구 사항에 따라 다르다.

이 절에서는 예측 확률과 결과 품질 간의 상관 관계를 찾아보았다. 그러나 모델이 어떻게 예측하는지(즉, 어떤 단어가 중요한 특성으로 영향을 미치는지)는 아직 이해하지 못했는데, 이것은 다음 절에서 분석한다.

7.3 전략: 예측 모델의 특성 중요도 측정

이 절에서는 올바른 클래스를 찾기 위해 모델과 관련된 특성을 찾는다. 다행히 SVM 클래스에는 모델에 가장 큰 영향을 미치는 특성을 반환하는 매개변수(또는 계수[coefficient])가 있다.

```
svc.coef_
```

| 출력 |

```
<15x6403 sparse matrix of type '<class 'numpy.float64'>'
    with 64451 stored elements in Compressed Sparse Row format>
```

6403은 어휘의 크기다(len(tfidf.get_snames)). 그렇다면 15는 어디에서 유래된 것일까? 그 답은 조금 더 복잡하다. 계수는 각 클래스가 일대일로 다른 클래스와 가지는 관계를 기술적으로 수치화한 것이므로 행렬로 구성된다. 클래스는 6개가 있고, 자신과 경쟁할 필요가 없으므로 조합(이항 계수 6/2)은 15개가 있다. 15개 계수는 [표 7-1]처럼 구성된다.

표 7-1 다중 클래스 SVC 분류기에 대한 계수 레이아웃

	APT	Core	Debug	Doc	Text	UI
APT		0	1	2	3	4
Core			5	6	7	8
Debug				9	10	11
Doc					12	13
Text						14
UI						

WARNING_ 계수 구조는 머신러닝 모델에 따라 다르다

다른 분류기를 사용하는 경우 계수는 구성이 완전히 달라질 수 있다. SVM에서도 비선형 모델 (SGDClassifier에서 생성)을 사용하면 클래스당 하나의 계수 집합만 생성된다. ELI5를 이야기할 때 이에 대한 몇 가지 예를 볼 수 있다.

모델이 APT와 Core를 어떻게 구별하는지 알고 싶다면 행을 먼저 읽어야 하므로 인덱스 0의 계수 값을 읽어야 한다. 그러나 Core와 UI의 차이점에 더 관심이 많으므로 인덱스 8의 값을 읽는다. 첫 단계에서 계수를 값으로 정렬하는데, 이때 단어의 어휘 내에서의 위치 값을 유지하면서 정렬한다.[73]

```
# coef_[8]은 행렬을 생성하고 A[0]은 행렬의 첫 번째 행을 취한 후 배열로 변환한다.
coef = svc.coef_[8].A[0]
vocabulary_positions = coef.argsort()
vocabulary = tfidf.get_feature_names()
```

그 후 모델이 판단하는 데 긍정적 영향과 부정적 영향을 미칠 상위 10개 단어를 각각 뽑는다.

```
top_words = 10
top_positive_coef = vocabulary_positions[-top_words:].tolist()
top_negative_coef = vocabulary_positions[:top_words].tolist()
```

----

73 옮긴이_ 예를 들어, [0.2, 0.1, 0.5]란 배열이 있다고 할 때, 이 문장의 결과는 [2, 0, 1]이다(내림차순 정렬). 이 list에서의 숫자는 값의 본래 배열의 인덱스를 의미하며, 인덱스에 해당하는 값을 가져오면 [0.5, 0.2, 0.1]이 된다. 아래 코드에서는 argsort()가 그런 역할을 하며, 대부분 라이브러리가 동일한 역할을 하는 함수 argsort를 가지고 있다.

그런 다음 결과를 쉽게 표시하도록 데이터프레임에 집계할 것이다.

```
core_ui = pd.DataFrame([[vocabulary[c],
                        coef[c]] for c in top_positive_coef + top_negative_coef],
                        columns=["feature", "coefficient"]).sort_values("coefficient")
```

계수이 기여도를 이해하기 쉽게 시각화한다. [그림 7–1]과 같이 양수 값은 Core 구성 요소를 선호하고 음수 값은 UI를 선호한다. 이를 얻기 위해 다음 코드를 사용한다.

```
core_ui.set_index("feature").plot.barh()
```

이 결과는 해석하기가 매우 쉽다. SVM 모델은 compiler와 ast라는 단어가 Core 구성 요소에만 해당하는 반면 wizard와 ui, dialog는 UI 구성 요소의 버그를 식별하는 데 사용된다는 것을 배웠다. quickfix란 단어가 UI에서 더 많이 사용된다는 결과는 Core에서는 장기적인 안정성이 중요하다는 것을 강조한다.

전체 SVM 모델이 Core와 UI 중에서 선택하는 데 중요한 특성을 방금 찾았다. 그러나 다른 클래스와의 비교도 필요하므로, 버그 보고서가 주어진 경우 위 정보만으로는 현재까지 Core로 분류될 수 있는 버그를 식별하는 데 중요한 특성이 나타나지 않았다. Core 구성 요소에 대해 이러한 특성을 얻기 위해 이전 행렬의 인덱스 5, 6, 7, 8을 고려할 필요가 있다. 이번에는 APT와 Core의 차이를 무시했다. 이를 고려하려면 인덱스 0의 값을 보아야 한다.

```
c = svc.coef_
coef = (c[5] + c[6] + c[7] + c[8] - c[0]).A[0]
vocabulary_positions = coef.argsort()
```

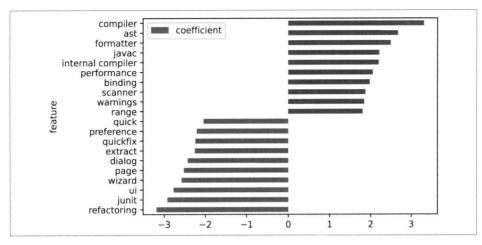

그림 7-1 UI(네거티브) 및 Core(포지티브)에 대한 단어 빈도

나머지 코드는 이전 코드와 거의 동일하다. 이제 다이어그램을 20개 단어로 확장한다(그림 7-2).

```
top_words = 20
top_positive_coef = vocabulary_positions[-top_words:].tolist()
top_negative_coef = vocabulary_positions[:top_words].tolist()
core = pd.DataFrame([[vocabulary[c], coef[c]]
                         for c in top_positive_coef + top_negative_coef],
                     columns=["feature", "coefficient"]).\
           sort_values("coefficient")
core.set_index("feature").plot.barh(figsize=(6, 10),
                color=[['red']*top_words + ['green']*top_words])
```

다이어그램에서 모델이 Core 구성 요소를 식별하는 데 사용한 많은 단어를 볼 수 있으며 그 하단에서는 주로 다른 구성 요소를 식별하는 데 사용한 단어를 볼 수 있다.

이 전략을 사용해 SVM 모델의 결과를 설명 가능하도록 투명하게 만들 수 있다. 이 방법은 많은 프로젝트에서 머신러닝의 '마법'과 주관성을 제거해 가치를 증명했다. 꽤 잘 작동하지만, 모델이 특정 단어의 변화에 얼마나 민감한지는 아직 모른다. 이는 절 하나를 할애해야 할 정도로 복잡하다.

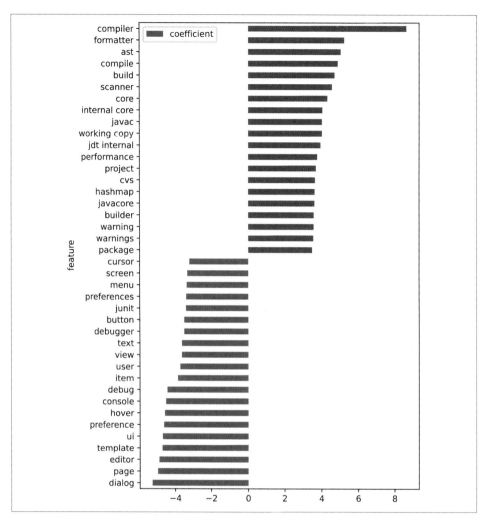

그림 7-2 Core 구성 요소에 맞는favoring 또는 맞지 않는opposing 계수

7.4 전략: LIME을 사용한 분류 결과 설명

LIME은 'Local Interpretable Model–Agnostic Explanations'(https://oreil.ly/ D8cIN)의 약어이며 설명 가능한 머신러닝을 위한 인기 있는 프레임워크다. 워싱턴 대학교

(https://oreil.ly/Q8zly)에서 고안했으며 누구나 사용할 수 있도록 깃허브(https://oreil.ly/bErrv)에 공개했다.

LIME에서 정의한 기능을 알아보자. 각 예측 결과를 개별적으로 살펴본다. 예측을 민감하게 만드는 로컬 구성 요소를 찾기 위해, 입력 벡터에 변화를 주었을 때 예측 결과가 달라지는지 살펴본다.

> **WARNING_ 설명 가능성**Explainability**을 얻기 위해서는 많은 계산 시간이 필요하다**
> LIME의 설명자(explainer) 코드를 실행하는 데 상당한 시간이 걸릴 수 있다. 하지만 일반 컴퓨터에서도 10분이면 결과를 볼 수 있도록 예제를 만들었다. 샘플 크기를 늘리면 몇 시간이 걸릴 수 있다.

벡터의 변화에 따라 해당 클래스에 어떤 구성 요소가 더 중요한지 덜 중요한지를 판단할 수 있다. LIME은 그것을 시각화하고 개별 문서에 대한 알고리즘의 결정 메커니즘을 설명한다. LIME은 특정 머신러닝 모델에 의존하지 않고 다양한 문제에 적용될 수 있다. 그렇다고 모든 모델에 해당되는 것은 아니다. LIME을 적용하려면, 모델 출력은 각 범주의 확률이 되어야 하는데, 모든 서포트 벡터 머신 모델이 그렇게 할 수 있는 것은 아니다. 또한 예측에 상당한 시간이 소요되는 복잡한 모델을 사용하는 것은 텍스트 분석에서 흔히 볼 수 있는 고차원 특성 공간에서는 그다지 실용적이지 않다.

LIME은 특성 벡터의 일부분을 수정하기 때문에 많은 예측을 수행해야 하며 완료하는 데 오랜 시간이 걸린다. 마지막으로 LIME은 샘플별로 모델에 대한 설명을 생성해 이해하기 쉽게 만든다. 이를 사용해 모델을 개선할 뿐만 아니라 분류 작동 방식을 설명할 수도 있다. 모델은 여전히 블랙박스이지만, 박스 안에서 무슨 일이 일어나는지 어느 정도 알게 될 것이다.

이전 절의 분류 문제로 돌아가서 몇 가지 샘플에 대한 LIME 설명을 찾아보겠다. LIME은 텍스트를 입력으로, 분류 확률을 출력으로 원하므로 벡터화 객체와 분류기를 이용해 파이프라인을 구성한다.

```
from sklearn.pipeline import make_pipeline
pipeline = make_pipeline(tfidf, best_model)
```

파이프라인은 다음과 같이 텍스트를 제공하면 예측을 할 수 있어야 한다.

```
pipeline.predict_proba(["compiler not working"])
```

```
array([[0.00240522, 0.95605684, 0.00440957, 0.00100242, 0.00971824,
        0.02640771]])
```

분류기는 이것을 Core인 클래스 2로 예측한다. 따라서 파이프라인은 원하는 방식으로 정확하게 작동한다. 텍스트 문서를 함수의 입력으로 사용하면, 각 범주에 속하는 문서에 대한 확률을 반환한다. 이제 먼저 LIME 패키지를 로드해서 LIME을 사용할 수 있게 준비할 차례다(pip 또는 conda를 사용해 먼저 패키지를 설치해야 할 수도 있음). 그런 다음 LIME의 핵심 요소 중 하나이며 개별 예측을 설명하는 설명자Explainer를 만든다.

```
from lime.lime_text import LimeTextExplainer
explainer = LimeTextExplainer(class_names=class_names)
```

다음으로 잘못 예측된 클래스를 데이터프레임에서 확인한다.

```
er[er["predicted"] != er["actual"]].head(5)
```

| 출력 |

	index	text	actual	predicted	APT	Core	Debug	Doc	Text	UI
2	2	NPE in Delta processor while executing JDT/UI ⋯	Core	UI	0.003357	0.309548	0.046491	0.002031	0.012309	0.626265
15	15	Inserting a block of text in editor badly alig⋯	UI	Text	0.001576	0.063076	0.03461	0.003907	0.614473	0.282356
16	16	Differences when debugging identical objects W⋯	Debug	Core	0.002677	0.430862	0.313465	0.004193	0.055838	0.192965

20	20	Foreach template doesnt work for class members…	Core	UI	0.00088	0.044018	0.001019	0.000783	0.130766	0.822535
21	21	exchange left and right operands for compariso…	UI	Core	0.002669	0.467366	0.077252	0.003194	0.068749	0.38077

해당 레코드(이 경우 21행)를 살펴보자.

```
id = 21
print('Document id: %d' % id)
print('Predicted class =', er.iloc[id]["predicted"])
print('True class: %s' % er.iloc[id]["actual"])
```

| 출력 |

```
Document id: 21
Predicted class = Core
True class: UI
```

이제 LIME을 이용해 왜 이런 결과가 나왔는지 확인할 시간이다!

```
exp = explainer.explain_instance(result.iloc[id]["text"],
        pipeline.predict_proba, num_features=10, labels=[1, 5])
print('Explanation for class %s' % class_names[1])
print('\n'.join(map(str, exp.as_list(label=1))))
print()
print('Explanation for class %s' % class_names[5])
print('\n'.join(map(str, exp.as_list(label=5))))
```

| 출력 |

```
Explanation for class Core
('fix', -0.14306948642919184)
```

```
('Bug', 0.14077384623641856)
('following', 0.11150012169630388)
('comparison', 0.10122423126000728)
('Fix', -0.0884162779420967)
('right', 0.08315255286108318)
('semantics', 0.08143857054730141)
('changes', -0.079427782008582)
('left', 0.03188240169394561)
('good', -0.0027133756042246504)

Explanation for class UI
('fix', 0.15069083664026453)
('Bug', -0.14853911521141774)
('right', 0.11283930406785869)
('comparison', -0.10654654371478504)
('left', -0.10391669738035045)
('following', -0.1003931859632352)
('semantics', -0.056644426928774076)
('Fix', 0.05365037666619837)
('changes', 0.040806391076561165)
('good', 0.0401761761717476)
```

LIME은 특정 클래스에 대해 찬성favoring(긍정) 또는 반대opposing(부정)라고 생각하는 단어를 출력한다. 이 결과는 매우 쉽고 SVM 예제에서 달성한 것과 유사하다. 오히려 더 좋은 점은 이제 모델 자체와 독립적이라는 것이다. 단지 모델에서 `predict_proba`만 지원하면 된다(랜덤 포레스트에서도 동일).

LIME을 사용하면 더 많은 클래스로 분석을 확장하고 특정 단어의 영향을 직관적으로 알 수 있는 그래픽 표현을 만들 수 있다.

```
exp = explainer.explain_instance(result.iloc[id]["text"],
        pipeline.predict_proba, num_features=6, top_labels=3)
exp.show_in_notebook(text=False)
```

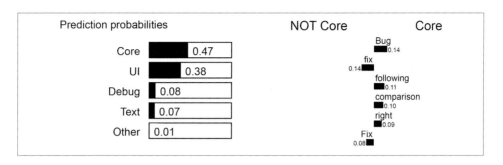

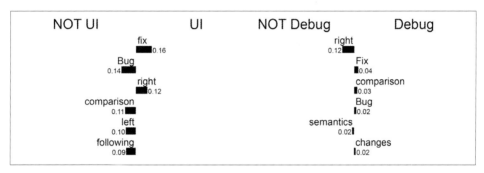

결과가 직관적이어서 해석과 심지어 발표에 포함시키기가 훨씬 더 적합해 보인다. 우리는 fix와 right가 포함된 질의를 UI 클래스로 할당하는 동시에 이 질의가 Core 클래스에는 중요하지 않음을 명확하게 볼 수 있다. 그러나 버그는 comparison, semantics와 마찬가지로 Core 클래스와 관련이 있음을 나타낸다. 불행하게도, 위 결과는 사람이 우선순위 분류 규칙으로 받아들일 만한 정도가 아니다. 구체적이지도 추상적이지도 않다. 즉, 모델이 과적합된 것처럼 보인다.

NOTE_ 모델 개선

해결하려는 문제에 대해 박식한 사람들을 통해 모델을 개선할 수 있다. 예를 들어, 버그가 정말로 Core에만 해당하는지 아니면 불용어로 만드는 것이 더 좋은지 질문할 수 있다. 모든 것을 소문자로 변환하는 것도 유용할 수 있다.

LIME은 모델 성능을 전체적으로 해석하는 데 도움이 되는 대표적인 샘플을 찾는 데 유용할 수도 있다. 이 기능을 하위 모듈 선택submodular picks이라고 하며 다음과 같은 방법으로 수행한다.

```
from lime import submodular_pick
import numpy as np
np.random.seed(42)
lsm = submodular_pick.SubmodularPick(explainer, er["text"].values,
                                     pipeline.predict_proba,
                                     sample_size=100,
                                     num_features=20,
                                     num_exps_desired=5)
```

각각의 '픽(pick)'은 앞서 노트북에서 살펴본 대로 시각화할 수 있으며 이제 강조 표시를 더해 완성도를 높인다. 여기서는 첫 번째 항목만 확인하겠다.

```
lsm.explanations[0].show_in_notebook()
```

| 출력 |

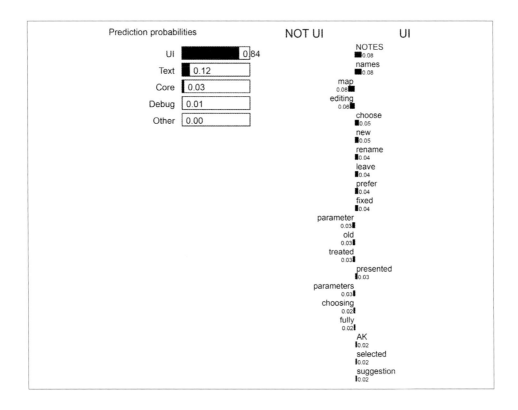

다음의 경우 결과를 해석할 수 있지만, 모델이 추상화를 학습한 것처럼 보이지는 않는다. 이는 다시 과적합의 신호다.

Text with highlighted words

Rename parameter - should leave existing parameter names for editing When performing a rename on parameters; a map of parameter names is; presented; which is nice.; However when choosing one to rename; its new name is emptied which is somewhat disruptive. I; would prefer having it fully selected; so as to easily choose to rename or discard; i.e. the; old name could be treated as a suggestion .; ; NOTES:; ; AK ; fixed

---

LIME 소프트웨어 모듈은 사이킷런의 선형 서포트 벡터 머신에서는 작동하지만 더 복잡한 커널에서는 작동하지 않는다. 결과로 얻은 그래픽 프레젠테이션은 훌륭하지만, 발표에는 적합하지 않다. 따라서 이러한 문제점을 극복하기 위한 대안적 구현인 ELI5를 살펴보기로 한다.

7.5 전략: ELI5를 사용한 분류 결과 설명

ELI5[Explain it to me like I'm 5]는 머신러닝 설명을 위한 또 다른 인기 있는 소프트웨어 라이브러리로 LIME 알고리즘을 사용한다. 비선형 SVM에 사용할 수 있고 API가 다르기 때문에, 간단히 살펴보고 사용 방법을 소개하겠다.

ELI5는 libsvm으로 훈련된 모델이 필요하다. 불행히도 이전의 SVC[support vector classifier] 모델은 그렇지 않다. 운 좋게도 SVM 훈련은 정말 빠르기 때문에 동일한 데이터로 새 분류기를 만들 수 있지만 libsvm 기반 모델과 다른 모듈을 이용해 생성한 모델 간의 성능 차이를 확인할 수 있다. 성능 차이가 무시할 수준이라면 libsvm을 사용하지 않는 모델의 해석에서도 ELI5를 사용한 결과를 이용하는 것은 충분히 합리적일 수 있다. 모델 품질을 요약한 6장의 분류 보고서를 기억할 것이다.

```python
from sklearn.linear_model import SGDClassifier
svm = SGDClassifier(loss='hinge', max_iter=1000, tol=1e-3, random_state=42)
svm.fit(X_train_tf, Y_train)
Y_pred_svm = svm.predict(X_test_tf)
print(classification_report(Y_test, Y_pred_svm))
```

	precision	recall	f1-score	support
APT	0.89	0.50	0.64	16
Core	0.77	0.78	0.77	546
Debug	0.85	0.84	0.85	302
Doc	0.75	0.25	0.38	12
Text	0.62	0.59	0.60	236
UI	0.76	0.79	0.78	699
accuracy			0.76	1811
macro avg	0.77	0.62	0.67	1811
weighted avg	0.76	0.76	0.76	1811

마지막 줄을 살펴보면 SVC로 달성한 것과 거의 같다. 따라서 `libsvm`으로 만든 모델을 가지고 설명하는 것은 합리적이다! ELI5를 사용하면 이 모델에 대한 설명을 쉽게 찾을 수 있다.

```
import eli5
eli5.show_weights(svm, top=10, vec=tfidf, target_names=class_names)
```

y=APT top features		y=Core top features		y=Debug top features		y=Doc top features		y=Text top features		y=UI top features	
Weight[?]	Feature	Weight[?]	Feature	Weight[?]	Feature	Weight[?]	Feature	Weight[?]	Feature	Weight[?]	Feature
+3.972	apt	+4.208	compiler	+6.390	debug	+1.732	htm	+3.196	javadoc	+4.683	junit
+2.497	factory path	+3.115	ast	+4.827	breakpoint	+1.700	guide		view	+4.326	refactoring
+1.844	processor	+2.829	javac	+3.950	debugger	+1.092	help	+2.621	folded	+3.222	quickfix
+1.435	factory	+2.460	formatter	+3.921	console	+1.052	whats	+2.543	dictionary	+3.148	wizard
+1.229	jdt apt	+2.428	compile	+3.206	variables	+0.927	jdt doc	+2.501	jface text	+2.947	working set
+1.071	reconcile	+2.427	build		view	+0.911	tutorial	+2.490	breadcrumb	+2.934	refactor
+0.969	testing	+2.418	internal	+3.140	internal	+0.881	jdt	+2.474	hover	+2.909	extract
+0.884	annotation		compiler		debug	+0.880	developer	+2.330	workaround	+2.857	organize
	processing	+2.365	working	+3.099	breakpoints	...822 more positive ...		+2.290	template	...3028 more positive ...	
...998 more positive ...			copy	+2.841	step	-1.255	apt	...2674 more positive ...		...3359 more negative ...	
...2861 more negative ...		...3162 more positive ...		+2.804	debug ui	-1.385	\<BIAS\>	...3567 more negative ...		-3.118	breakpoint
-0.881	jdt core	...3210 more negative ...		+2.783	launching			-2.296	notes	-4.042	debug
-1.329	\<BIAS\>	-2.578	wizard	...2500 more positive ...				-2.355	debug		
		-2.893	refactoring	...3750 more negative ...							

긍정적인 특성(즉, 단어)은 녹색으로 표시된다. 더 짙은 녹색 음영은 클래스에 대한 단어의 더 큰 기여를 의미한다. 빨간색은 정반대로 작동한다. 빨간색으로 표시되는 단어는 그 클래스에 접근하지 못하게 한다(예: 둘째 열의 맨 아래에 있는 refactoring은 클래스 Core를 강력하게 거부한다). \<BIAS\>는 특수한 경우로 소위 절편intercept[74]을 내포한다.

---

74 옮긴이_ Linear Kernel을 사용하는데, 일반적인 선형 방정식은 y=ax+b이다. 이때 b에 해당하는 것을 bias 또는 intercept(절편)이라고 부른다. 본문의 절편은 이를 의미하는 것으로 보인다. 참고로 원문은 다음과 같다. "〈BIAS〉 is a special case and contains the

보다시피, 이제 개별 클래스에 대한 가중치를 얻는다. 이는 비선형 SVM 모델이 SVC와 비교해 다중 클래스 시나리오에서 다르게 작동하기 때문이다. 클래스별로 점수를 부여하면 클래스 간 경쟁은 발생하지 않는다. 언뜻 보기에 단어는 매우 그럴듯해 보인다. 또한 ELI5는 개별 관측 결과를 설명할 수 있다.

```
eli5.show_prediction(svm, X_test.iloc[21], vec=tfidf, target_names=class_names)
```

y=APT (score **-1.603**) top features

Contribution?	Feature
-0.273	Highlighted in text (sum)
-1.329	<BIAS>

exchange left and right operands for comparison operators changes semantics fix for bug 149803 was not good.; ; the right fix should do the following; if --> if --> if ; if ; if

y=Core (score **-0.342**) top features

Contribution?	Feature
+0.530	Highlighted in text (sum)
-0.872	<BIAS>

exchange left and right operands for comparison operators changes semantics fix for bug 149803 was not good.; ; the right fix should do the following; if --> if --> if ; if ; if

y=Debug (score **-0.835**) top features

Contribution?	Feature
+0.017	Highlighted in text (sum)
-0.852	<BIAS>

exchange left and right operands for comparison operators changes semantics fix for bug 149803 was not good.; ; the right fix should do the following; if --> if --> if ; if ; if

so-called intercept, i.e., systematic failures of the model."

y=Doc (score **-1.434**) top features

Contribution[?]	Feature
-0.050	Highlighted in text (sum)
-1.385	<BIAS>

exchange left and right operands for comparison operators changes semantics fix for bug 149803 was not good.; ; the right fix should do the following; if --> if --> if ; if ; if

y=Text (score **-1.221**) top features

Contribution[?]	Feature
-0.126	Highlighted in text (sum)
-1.095	<BIAS>

exchange left and right operands for comparison operators changes semantics fix for bug 149803 was not good.; ; the right fix should do the following; if --> if --> if ; if ; if

y=UI (score **-0.838**) top features

Contribution[?]	Feature
-0.363	<BIAS>
-0.476	Highlighted in text (sum)

exchange left and right operands for comparison operators changes semantics fix for bug 149803 was not good.; ; the right fix should do the following; if --> if --> if ; if ; if

범주를 결정하는 알고리즘에 기여하는 단어가 무엇인지 이해하게 돕는 훌륭한 시각화다. 원래 LIME 패키지와 비교하면 ELI5는 훨씬 적은 코드가 필요하고 비선형 SVM 모델에 사용할 수 있다.

분류기 및 사용 사례에 따라 LIME 또는 ELI5를 결정할 수 있다. 동일한 방법이므로 올바르게 실행되었는지 확인하기 위해 (동일하지 않다면) 결과를 비교해야만 한다.

> **WARNING_ 진행 중인 작업**
> ELI5는 아직까지도 개발 중이어서 새로운 사이킷런 버전에서는 어려움을 겪을 수 있다. 이 장에서는 ELI5 버전 0.10.1을 사용했다.

ELI5는 분류기의 결정 논리를 이해하고 시각화하며 사용하기 쉬운 소프트웨어 라이브러리지만, 기본 LIME 알고리즘의 단점(예시로만 설명 가능) 역시 안고 있다. 블랙박스 분류를 투명하게 만들려면 모델이 사용하는 '규칙'에 접근하는 것이 좋다. 바로 이 점이 워싱턴 대학교의 연구진이 앵커Anchor라는 후속 프로젝트에 착수한 동기였다.

7.6 전략: 앵커를 사용한 분류 결과 설명

LIME과 마찬가지로 앵커(https://oreil.ly/qSDMl)는 모델에 구애받지 않고 모든 블랙박스 모델에서 작동한다. 설명을 위한 도구로써 모델의 동작을 설명하는 소위 '앵커'라는 규칙을 만든다. 이 규칙을 읽으면 모델의 예측을 설명할 뿐만 아니라 모델이 학습한 것과 같은 방식으로 예측할 수 있다.

LIME에 비해 앵커는 규칙으로 모델을 더 잘 설명한다는 매우 큰 이점이 있다. 그러나 소프트웨어 자체는 매우 새롭고 여전히 개발 중이다. 모든 예제에 적합한 것이 아니므로 분류 모델을 해석하는 데 도움이 되는 방법을 선택했다.

7.6.1 마스킹된 단어가 있는 분포 사용

앵커는 다양한 방법으로 사용할 수 있다. 여기서는 소위 '알려지지 않은unknown' 분포로 시작한다. 앵커는 예측에 중요하지 않은 기존 토큰을 unknown이라는 단어로 대체해 모델이 어떻게 결정을 내리는지 설명한다.

ID가 21인 문서를 다시 살펴보자. 이 경우 분류기는 확률이 거의 동일한 두 범주 중에서 하나를 선택하는 어려운 작업을 수행한다. 이 예는 연구를 위한 흥미로운 예시 중 하나일 뿐이다.

텍스트에 (의미론적) 변화를 주어 새로운 텍스트를 생성하기 위해 앵커는 스페이시의 단어 벡터를 사용하고 en_core_web_lg 같은 벡터를 포함하는 스페이시 모델이 필요하다.[75]

따라서 전제 조건으로 anchor-exp 및 spacy를 설치(conda 또는 pip 사용)하고 다음 모델을 로드한다.

---

75 옮긴이_ 임베딩 모델(Word2Vec이나 BERT 같은)을 이용해 단어 또는 문장을 벡터로 바꾼 후 그 벡터에 약간의 변화를 주어서 새로운 단어 또는 문장을 만드는 것을 의미한다.

```
$ python -m spacy download en_core_web_lg
```

첫 단계에서는 설명자를 인스턴스화한다. 설명자는 확률적 요소가 몇 가지 있으므로 난수 생성기를 동시에 다시 시작하는 것이 좋다.

```
np.random.seed(42)
explainer_unk = anchor_text.AnchorText(nlp, class_names, use_unk_distribution=True)
```

예측된 결과와 대안을 확인하고 실측과 비교하자. `predict_class_ids`는 확률을 내림차순으로 정렬했을 때 클래스의 인덱스를 포함하므로 첫 번째 요소는 예측 값이고 두 번째 요소는 가장 가까운 경쟁자다.

```
text = er.iloc[21]["text"]
actual = er.iloc[21]["actual"]
# 확률이 가장 높은 클래스를 원하므로 정렬 후 순서를 거꾸로 해야 한다.
predicted_class_ids = np.argsort(pipeline.predict_proba([text])[0])[::-1]
pred = explainer_unk.class_names[predicted_class_ids[0]]
alternative = explainer_unk.class_names[predicted_class_ids[1]]
print(f'predicted {pred}, alternative {alternative}, actual {actual}')
```

| 출력 |

```
predicted Core, alternative UI, actual UI
```

다음 단계에서 알고리즘 예측에 대한 규칙을 찾는다. 매개변수는 이전 LIME과 동일하다.

```
exp_unk = explainer_unk.explain_instance(text, pipeline.predict, threshold=0.95)
```

계산 시간은 CPU 속도에 따라 최대 60분이 소요될 수 있다.

이제 모든 것이 설명자에 포함되었으므로 설명자에게 질의해 모델의 내부 작동에 대해 알아낼 수 있다.

```
print(f'Rule: {" AND ".join(exp_unk.names())}')
print(f'Precision: {exp_unk.precision()}')
```

| 출력 |

```
Rule: following AND comparison AND Bug AND semantics AND for
Precision: 0.9865771812080537
```

규칙은 Bug와 semantic이 following과 comparison과 결합해 등장하므로 98% 이상의 정밀도로 Core 구성 요소를 예측하지만, 불행히도 이는 잘못된 결과다. 이제 모델이 Core로 분류하는 샘플도 찾을 수 있다.

```
print(f'Made-up examples where anchor rule matches and model predicts {pred}\n')
print('\n'.join([x[0] for x in exp_unk.examples(only_same_prediction=True)]))
```

다음에 표시된 UNK 토큰은 unknown^{알 수 없음}을 나타내며 해당 위치의 단어가 중요하지 않음을 의미한다.

```
Made-up examples where anchor rule matches and model predicts Core

UNK left UNK UNK UNK UNK comparison operators UNK semantics Fix for Bug UNK UNK
exchange left UNK UNK operands UNK comparison operators changes semantics Fix fo
exchange UNK and UNK operands UNK comparison UNK UNK semantics UNK for Bug UNK U
exchange UNK and right UNK for comparison UNK UNK semantics UNK for Bug 149803 U
UNK left UNK UNK operands UNK comparison UNK changes semantics UNK for Bug 14980
exchange left UNK right UNK UNK comparison UNK changes semantics Fix for Bug UNK
UNK UNK and right operands for comparison operators UNK semantics Fix for Bug 14
UNK left and right operands UNK comparison operators changes semantics UNK for B
exchange left UNK UNK operands UNK comparison operators UNK semantics UNK for Bu
UNK UNK UNK UNK operands for comparison operators changes semantics Fix for Bug
```

규칙은 일치하지만 모델이 잘못된 클래스를 예측하는 예를 요청할 수도 있다.

```
print(f'Made-up examples where anchor rule matches and model predicts \
        {alternative}\n')
print('\n'.join([x[0] for x in exp_unk.examples(partial_index=0, \
      only_different_prediction=True)]))
```

```
Made-up examples where anchor rule matches and model predicts UI

exchange left and right UNK for UNK UNK UNK UNK Fix for UNK 149803 was not UNK .
exchange left UNK UNK UNK for UNK UNK UNK semantics Fix for Bug 149803 UNK not U
exchange left UNK UNK operands for comparison operators UNK UNK Fix UNK Bug 1498
exchange left UNK right operands UNK comparison UNK UNK UNK Fix for UNK UNK UNK
exchange left and right operands UNK UNK operators UNK UNK Fix UNK UNK UNK UNK U
UNK UNK and UNK UNK UNK comparison UNK UNK UNK Fix for UNK UNK was not good UNK
exchange left and UNK UNK UNK UNK operators UNK UNK Fix UNK Bug 149803 was not U
exchange left and right UNK UNK UNK operators UNK UNK UNK for Bug 149803 UNK UNK
exchange left UNK right UNK for UNK operators changes UNK Fix UNK UNK UNK was no
UNK left UNK UNK operands UNK UNK operators changes UNK UNK for UNK 149803 was n
```

솔직히 말해서, 모델에 좋은 결과는 아니다. 모델이 학습한 기본 규칙이 구성 요소마다 특정 단어에 민감할 것이라고 예상했다. 그러나 following과 Bug가 Core에만 해당될 명백한 이유는 없다. 이 단어들은 범주에 속하는 특성의 하나가 아니라 일반적인 단어일 뿐이다.

UNK 토큰은 약간 오해의 소지가 있다. 이 샘플에서 중요하지 않더라도 알고리즘의 결정에 영향을 미칠 수 있는 실제적인 단어로 대체될 수 있다. 앵커는 이를 설명하는 데도 도움이 될 수 있다.

7.6.2 실제 단어로 작업하기

설명자의 원래 생성자에 use_unk_distribution=False 옵션을 주면 앵커에 실제 단어를 사용하도록 지시할 수 있고(스페이시의 단어 벡터를 사용해 대체하는 것과 유사) 모델의 동작을 관찰할 수도 있다.

```
np.random.seed(42)
explainer_no_unk = anchor_text.AnchorText(nlp, class_names,
                    use_unk_distribution=False, use_bert=False)
exp_no_unk = explainer_no_unk.explain_instance(text, pipeline.predict,
            threshold=0.95)
print(f'Rule: {" AND ".join(exp_no_unk.names())}')
print(f'Precision: {exp_no_unk.precision()}')
```

```
Rule: following AND Bug AND comparison AND semantics AND left AND right
Precision: 0.9601990049751243
```

규칙은 이전에 알려지지 않은 분포^{unknown distribution}와 약간 다르다. left, right 같은 단어는 Core에 대해 좀 더 구체적이 된 반면 for 같은 단어는 사라졌다.

또한 이전 규칙이 적용되는 것처럼 Core로 (잘못) 분류되는 대체 텍스트를 생성하도록 앵커에게 요청한다.

```
Examples where anchor applies and model predicts Core:

exchange left and right suffixes for comparison operators affects semantics NEED
exchange left and right operands for comparison operators depends semantics UPDA
exchange left and right operands for comparison operators indicates semantics so
exchange left and right operands for comparison operators changes semantics Firm
exchange left and right operands into comparison dispatchers changes semantics F
exchange left and right operands with comparison operators changes semantics Fix
exchange left and right operands beyond comparison operators changes semantics M
exchange left and right operands though comparison representatives changes seman
exchange left and right operands before comparison operators depends semantics M
exchange left and right operands as comparison operators changes semantics THING
```

일부 단어가 변경되었는데, 이것은 분류 결과에 영향을 미치지 않았다. 몇몇 경우에서 그 단어는 전치사일 뿐이며, 일반적으로 결과에 영향을 미치지 않는다. 앵커는 이러한 수정 사항에 대해 안정적이다.

모델이 UI를 (정확하게) 예측한 것들과 이전 결과를 비교하자. 다시 말하지만, 그 차이는 changes, metaphors 등의 단일 단어에 영향을 미치며, 이는 이전 예의 작은 수정보다 확실히 더 많은 의미를 지니지만, 사람이 이러한 단어를 다른 범주의 신호로 해석할 가능성은 희박하다.

```
Examples where anchor applies and model predicts UI:

exchange left and good operands for comparison operators changes metaphors Fix i
exchange landed and right operands for comparison supervisors changes derivation
exchange left and happy operands for correlation operators changes equivalences
```

```
exchange left and right operands for scenario operators changes paradigms Fix be
exchange left and right operands for trade customers occurs semantics Fix as BoT
exchange did and right operands than consumer operators changes analogies Instal
exchange left and few operands for reason operators depends semantics Fix for Bu
exchange left and right operands for percentage operators changes semantics MESS
exchange left and right pathnames after comparison operators depends fallacies F
exchange left and right operands of selection operators changes descriptors Fix
```

또한 앵커는 주피터 노트북에 강조된 중요한 단어와 함께 결과를 표시하는 직관적인 방법이 있으며 계산한 규칙도 이 표시에 포함된다.[76]

```
exp_unk.show_in_notebook()
```

| 출력 |

Text with highlighted words

exchange left and right operands for comparison operators changes semantics Fix for Bug 149803 was not good.; ; The right fix should do the following; if --> if --> if ; if ; if A.I. prediction

 Core

Explanation of A.I. prediction
If ALL of these words are in the text:

| comparison | Bug | following | semantics | left | right |

The A.I. will predict Core 95.8% of the time

소프트웨어 개발에도 익숙하다면 알겠지만, 규칙만으로는 올바른 범주를 결정하기가 어렵다. 즉, 말뭉치로 훈련할 때 모델이 매우 취약해 보인다는 의미다. '올바른' 범주는 컨텍스트 지식이 많은 프로젝트 기여자만 결정할 수 있다(11장 참조). 따라서 분류기가 작동한다는 사실을 발견했다고 해서 분류기가 실제로 투명한 방식으로 학습했다는 의미는 아니다.

앵커는 매우 흥미롭다. 앵커의 버전 번호가 0.0.1인 것은 우연이 아니다. 프로그램은 아직 초기 단계에 있다. 실험을 하는 동안 몇 가지 취약점을 발견했으며 프로덕션 환경에서 작동하려

---

76 숫자 범주에만 적합했기 때문에 이 작업을 수행하는 데 어려움을 겪었다. 텍스트 범주에서도 업스트림이 작동하도록 풀 리퀘스트를 할 계획이다.

면 많은 부분을 개선해야 한다. 그러나 개념적으로는 단일 예측을 설명해 모델을 투명하게 만드는 데 대단한 설득력이 있다. 계산된 규칙은 거의 고유하며 다른 솔루션으로 만들 수 없다.

7.7 마치며

이 장에서 설명한 기술을 사용하면 모델 예측을 더 투명하게 만들 수 있다. 투명성은 기술적 관점에서 경쟁 모델 중 선택하거나 특성 모델을 개선하는 데 큰 도움이 될 수 있다. 이 장에서 설명한 기술은 모델의 '내부 작동'을 통찰하고 신뢰할 수 없는 모델을 감지하고 개선하는 데 도움이 된다.

비즈니스 관점에서 볼 때 설명 가능성은 프로젝트의 훌륭한 영업 전략이다. 블랙박스 모델만 추구하지 않고 모델을 투명하게 만들면 모델에 대해 이야기하고 발표하는 일이 훨씬 쉬워진다. 포브스(https://oreil.ly/Xcfjx) 및 벤처비트(https://oreil.ly/SIa-R)의 최근 기사는 이 흥미로운 개발을 집중 보도했다. 신뢰할 수 있는 머신러닝 솔루션을 구축하려는 경우, 모델을 정작 '신뢰'하고 맡길 수 있다는 점은 점차 더 중요해질 것이다.

설명 가능한 AI는 아직 신생 분야다. 앞으로 비약적인 발전, 기능이 향상된 알고리즘과 도구의 출현을 기대할 수 있다. 대부분의 책에서 머신러닝은 블랙박스 모델처럼 작동했다. 결과가 일관되고 모델을 정당화할 필요가 없는 한 블랙박스 모델도 괜찮다. 점점 더 보편화되는 가운데 어느 한쪽이 도전을 받는다면, 설명 가능한 AI의 시대가 도래한 것이다.

## CHAPTER 8

비지도 학습: 토픽 모델링 및 클러스터링

작업할 문서가 많을 때 문서를 모두 읽기 전에 묻게 되는 질문 하나는 '이 문서가 말하고자 하는 것이 무엇인가?'다. 문서를 읽을 때면 문서의 일반적 주제, 즉 어떤 단어(이상적으로는 의미론적)가 자주 사용되는지에 관심이 있다.

토픽 모델링은 문서 모음에서 토픽(주제)을 찾는 통계 기술을 사용해 문제를 해결한다. 벡터화에 따라(5장 참조) 다양한 종류의 주제를 찾을 수 있는데, 주제는 특성(단어, N-그램 등)의 확률 분포로 구성된다.

일반적 주제는 내용이 서로 비슷하고 명확하게 구분되지 않는다. 문서도 그렇다. 고유한 단일 주제를 문서에 할당하는 것은 불가능하다. 문서에는 늘 다양한 주제가 혼합되어 있다. 토픽 모델링의 주된 목적은 임의의 문서에 토픽을 할당하는 것이 아니라 말뭉치의 전체 구조를 찾는 것이다.

종종 문서들의 집합에는 범주, 키워드 등으로 지정된 명시적 구조가 있다. 말뭉치의 유기적 구성을 살펴보면 토픽 모델링이 잠재 구조를 밝히는 데 많은 도움이 될 것이다.

토픽 모델링은 오래전부터 알려졌으며 주제를 발견하는 확률론적 방법인 LDA[77]의 발명으로 지난 15년 동안 대단한 인기를 얻었다. LDA는 유연하며 많은 수정이 가능하다. 그러나 토픽 모델링의 유일한 방법은 아니다(LDA에 편향된 문헌을 보면 믿을 수 있음). 개념적으로는 음

---

77 Blei, David M., et al. "Latent Dirichlet Allocation." Journal of Machine Learning Research 3 (4-5): 993-1022. doi:10.1162/jmlr.2003.3.4-5.993.

이 아닌 행렬 분해non-negative matrix factorization, 특잇값 분해singular-value decomposition(SVD, 때때로 LSI라고도 함) 및 그 외 몇 가지 방법이 더 간단하다.

8.1 학습 목표

이 장에서는 다양한 토픽 모델링 방법을 심층적으로 살펴보고 방법 간의 차이점과 유사점을 찾고 사용 예를 제시한다. 요구 사항에 따라 한 가지 방법을 시도할 뿐만 아니라 몇 가지 결과를 비교하는 것도 좋은 생각일 수 있다.

이 장을 공부한 후에는 다양한 토픽 모델링 방법과 그 구체적인 장단점을 알게 된다. 주제를 찾을 뿐만 아니라 문서 말뭉치의 빠른 요약을 생성하기 위해 토픽 모델링을 어떻게 적용하는지 이해하게 된다. 토픽 모델을 계산하기 위해 개체의 정확한 세분성granularity을 선택하는 것의 중요성도 배우게 된다. 최적의 토픽 모델을 찾기 위해 많은 매개변수를 실험했으니 정량적 방법과 숫자로 제작된 토픽 모델의 품질을 판단하게 될 것이다.

8.2 데이터셋: 유엔총회 일반토의

이 절에서는 유엔총회 일반토의의 말뭉치를 의미론적으로 분석하는 법을 다룬다. 이전 장에서 텍스트 통계에 대한 내용을 다룰 때 정제한 데이터셋을 사용한다. 이번에는 연설의 의미와 의미론적 내용, 주제별로 배열하는 방법을 살펴보자. 우리는 발표자들이 말하는 내용을 알고 다음 질문에 답하기를 원한다.

- 문서 말뭉치에 구조가 있을까?
- 주제가 무엇일까?
- 가장 눈에 띄는 것은 무엇일까?
- 시간이 지나면 바뀔까?

8.2.1 말뭉치 통계 확인

토픽 모델링을 시작하기 전에 기본 텍스트 말뭉치의 통계를 확인하는 것이 좋다. 분석 결과에 따라, 다양한 개체를 분석하기 위해 문서, 절, 텍스트 단락 중 하나를 선택하는 경우가 많다. 작성자 및 추가 정보에는 관심이 없으므로 CSV 파일에서 이를 제거한 후 진행한다.

```
import pandas as pd
debates = pd.read_csv("un-general-debates.csv")
debates.info()
```

| 출력 |

```
<class 'pandas.core.frame.DataFrame'>
RangeIndex: 7507 entries, 0 to 7506
Data columns (total 4 columns):
session    7507 non-null int64
year       7507 non-null int64
country    7507 non-null object
text       7507 non-null object
dtypes: int64(2), object(2)
memory usage: 234.7+ KB
```

결과가 괜찮아 보인다. 텍스트 열에 null 값이 없다. 나중에 연도와 국가를 사용할 수 있는데, 여기엔 null이 아닌 값만 있다.

각 국가는 일 년에 한 번만 연설할 수 있고, 연설은 상당히 길고 다양한 주제를 다룬다. 연설에서 다른 파트는 거의 항상 단락으로 구분된다. 불행히도 데이터셋은 형식에 몇 가지 문제가 있다. 선택한 두 연설의 텍스트를 비교하겠다.

```
print(repr(df.iloc[2666]["text"][0:200]))
print(repr(df.iloc[4729]["text"][0:200]))
```

| 출력 |

```
'\ufeffIt is indeed a pleasure for me and the members of my delegation to
extend to Ambassador Garba our sincere congratulations on his election to the
```

```
presidency of the forty-fourth session of the General '
'\ufeffOn behalf of the State of Kuwait, it\ngives me pleasure to congratulate
Mr. Han Seung-soo,\nand his friendly country, the Republic of Korea, on
his\nelection as President of the fifty-sixth session of t'
```

보다시피, 일부 연설에서 '줄 바꿈 문자(\n)'는 단락을 구분하는 데 사용된다. 다른 연설의 필사본에서 줄 바꿈은 줄을 구분하는 데 사용된다. 따라서 개행으로 단락을 찾을 수는 없다. 줄 끝의 마침표, 느낌표, 물음표에서 분할이 충분히 작동하는 것으로 나타났다. 마침표 뒤 공백은 무시한다.

```python
import re
df["paragraphs"] = df["text"].map(lambda text: re.split('[.?!]\s*\n', text))
df["number_of_paragraphs"] = df["paragraphs"].map(len)
```

2장의 분석을 통해 연간 연설 횟수가 크게 변하지 않는다는 사실을 이미 알고 있다. 단락 수도 그럴까?

```python
%matplotlib inline
debates.groupby('year').agg({'number_of_paragraphs': 'mean'}).plot.bar()
```

| 출력 |

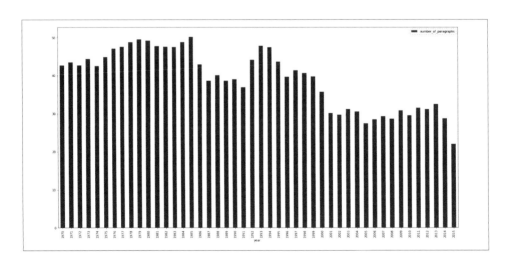

단락의 평균 수가 시간이 지니면서 크게 줄었다. 이는 연간 발표자 수가 증가하고 총 연설 시간이 제한되므로 예상했던 결과다. 그 외에도 통계 분석은 데이터셋에 체계적인 문제가 없음을 나타낸다. 말뭉치는 여전히 최신 상태다. 모든 연도에 데이터가 있다. 이제 안전하게 잠재 구조 latent structure를 밝히고 주제를 감지할 수 있다.

8.2.2 준비

토픽 모델링은 머신러닝 방법으로 벡터화된 데이터가 필요하다. 토픽 모델링 방법은 문서-용어 행렬로 시작한다. 이 행렬(4장 참조)의 의미를 상기하면, 이 행렬은 해당 문서(행)에 있는 단어(열)의 단어 빈도(또는 종종 TF-IDF 가중치로 스케일링됨)로 구성된다. 문서에는 대부분 어휘의 일부만 포함되므로 행렬은 희소 sparse 하다.

연설과 연설의 단락 모두에 대해 TF-IDF 행렬을 계산한다. 먼저 필요한 패키지를 사이킷런에서 가져온다. 처음에는 표준 스페이시 불용어를 사용해 단순한 접근 방식으로 시작한다.

```
from sklearn.feature_extraction.text import TfidfVectorizer
from spacy.lang.en.stop_words import STOP_WORDS as stopwords
```

연설에 대한 문서-용어 행렬은 계산하기 쉽고 바이그램을 포함한다.

```
tfidf_text = TfidfVectorizer(stop_words=stopwords, min_df=5, max_df=0.7)
vectors_text = tfidf_text.fit_transform(debates['text'])
vectors_text.shape
```

| 출력 |

```
(7507, 24611)
```

하지만 단락은 먼저 목록을 1차원으로 변환해야 하므로 조금 더 복잡하다. 같은 단계에서 빈 단락을 생략한다.

```
# 단락 및 연도만으로 구성된 데이터프레임 만들기
paragraph_df = pd.DataFrame([{ "text": paragraph, "year": year }
                            for paragraphs, year in \
                            zip(df["paragraphs"], df["year"])
                                for paragraph in paragraphs if paragraph])

tfidf_para_vectorizer = TfidfVectorizer(stop_words=stopwords, min_df=5,
                                        max_df=0.7)
tfidf_para_vectors = tfidf_para_vectorizer.fit_transform(paragraph_df["text"])
tfidf_para_vectors.shape
```

| 출력 |

```
(282210, 25165)
```

물론 단락 행렬에는 더 많은 행이 있다. min_df와 max_df는 문서의 개수가 변경되면 특성 선택에 영향을 미치기 때문에 열(단어)의 개수도 달라진다.

8.3 비음수 행렬 분해(NMF)

문서 말뭉치에서 잠재 구조를 찾을 때 개념적으로 가장 쉬운 방법은 문서-용어 행렬의 인수분해다. 다행히도 문서-용어 행렬에는 양수 값 요소만 있다. 따라서 행렬을 서로 다른 두 개의 음이 아닌 행렬의 곱으로 나타낼 수 있는 선형대수적인 방법을 사용할 수 있다(https://oreil.ly/JVpFA). 일반적으로 원래 행렬을 V라고 하면, 이를 두 개의 음이 아닌 행렬 W와 H의 곱으로 나타낼 수 있다.

$$V \approx W \cdot H$$

아니면 [그림 8-1]과 같이 시각화로 표현할 수도 있다(행렬 곱셈에 필요한 차원 시각화).

인수분해를 더 정확하게 할 수도 있지만, 그러려면 훨씬 더 많은 계산 비용이 들기 때문에 대략적인 인수분해로 만족한다.

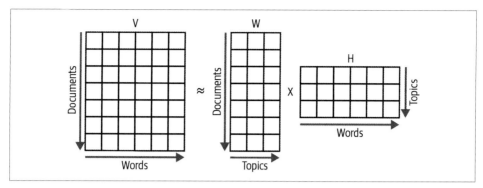

그림 8-1 비음수 행렬 분해의 도식화. 원래 행렬 V는 W와 H로 분해된다.

텍스트 분석의 맥락에서 W와 H는 모두 의미하는 바가 있다. 행렬 W는 문서–용어 행렬과 행의 수가 동일하므로 문서와 토픽의 관계를 나타낸다(문서–토픽 행렬). H는 특성과 열의 수가 동일하므로 주제와 특성의 관계를 나타낸다(주제–특성 행렬). 주제의 수(W의 열과 H의 행)는 임의로 선택할 수 있다. 이 숫자가 작을수록 분해의 정확도가 떨어진다.

8.3.1 전략: NMF를 사용한 토픽 모델 생성

사이킷런에서 연설에 대해 이 분해를 수행하기는 정말 쉽다. (거의) 모든 토픽 모델은 매개변수로 주제의 수를 취하므로 임의로 10개 주제를 선택한다(나중에 좋은 선택으로 판명됨).

```
from sklearn.decomposition import NMF

nmf_text_model = NMF(n_components=10, random_state=42)
W_text_matrix = nmf_text_model.fit_transform(tfidf_text_vectors)
H_text_matrix = nmf_text_model.components_
```

TfidfVectorizer와 유사하게 NMF에는 양수 인수 행렬positive factor matrix 중 하나를 반환하는 **fit_transform** 메서드도 있다. 다른 요소는 NMF 클래스의 **components_** 멤버 변수에서 액세스할 수 있다.

주제는 단어 분포다. 이제 이 분포를 분석하고 주제에 대한 해석을 찾을 수 있는지 확인할 것이다. [그림 8-1]을 살펴보면 H 행렬을 고려해 각 행(주제)에서 값이 가장 큰 인덱스를 찾은 다음 어휘에서 조회 인덱스로 사용할 것이다. 이것은 모든 토픽 모델에 유용하므로 요약을 출력하는 함수를 정의한다.

```
def display_topics(model, features, no_top_words=5):
    for topic, word_vector in enumerate(model.components_):
        total = word_vector.sum()
        largest = word_vector.argsort()[::-1] # invert sort order
        print("\nTopic %02d" % topic)
        for i in range(0, no_top_words):
            print(" %s (%2.2f)" % (features[largest[i]],
                    word_vector[largest[i]]*100.0/total))
```

이 함수를 호출하면 NMF가 연설에서 감지한 주제에 대한 멋진 요약을 얻을 수 있다(숫자는 각 주제에 대한 단어의 기여도 비율).

```
display_topics(nmf_text_model, tfidf_text_vectorizer.get_feature_names())
```

| 출력 |

Topic 00	Topic 01	Topic 02	Topic 03	Topic 04
co (0.79)	terrorism (0.38)	africa (1.15)	arab (1.02)	american (0.33)
operation (0.65)	challenges (0.32)	african (0.82)	israel (0.89)	america (0.31)
disarmament (0.36)	sustainable (0.30)	south (0.63)	palestinian (0.60)	latin (0.31)
nuclear (0.34)	millennium (0.29)	namibia (0.36)	lebanon (0.54)	panama (0.21)
relations (0.25)	reform (0.28)	delegation (0.30)	israeli (0.54)	bolivia (0.21)

Topic 05	Topic 06	Topic 07	Topic 08	Topic 09
pacific (1.55)	soviet (0.81)	guinea (4.26)	european (0.61)	caribbean (0.98)
islands (1.23)	republic (0.78)	equatorial (1.75)	europe (0.44)	small (0.66)
solomon (0.86)	nuclear (0.68)	bissau (1.53)	cooperation (0.39)	bahamas (0.63)
island (0.82)	viet (0.64)	papua (1.47)	bosnia (0.34)	saint (0.63)
fiji (0.71)	socialist (0.63)	republic (0.57)	herzegovina (0.30)	barbados (0.61)

사람들이 핵 군축과 테러리즘에 대해 이야기하기 때문에 Topic 00과 Topic 01은 정말 유망해 보인다. 실제 유엔총회 일반토의에서 다룬 주제다.

그러나 후속 주제는 세계의 여러 지역에 초점을 맞추고 있다. 발표자들이 주로 자국과 주변 국가를 언급했기 때문이다. 이것은 특히 중동의 갈등을 반영하는 Topic 03에서 분명하다.

단어가 주제에 기여하는 비율을 살펴보는 것도 흥미롭다. 단어 수가 많기 때문에 각각의 기여는 Topic 07의 guinea기니를 제외하고는 매우 작다. 나중에 보게 되겠지만, 주제 내 단어의 백분율은 토픽 모델의 품질을 나타내는 좋은 지표다. 주제 내 단어의 백분율이 급격히 낮아지면 주제가 잘 정의된 반면, 서서히 낮아지면 주제를 언급한 횟수가 적음을 나타낸다. 주제가 얼마나 잘 분리되었는지 직관적으로 알아내기는 훨씬 더 어렵다. 이것은 나중에 살펴보겠다.

주제가 얼마나 큰지, 즉 얼마나 많은 문서가 해당 주제에 대해 이야기하는지 알아내는 것은 흥미로울 것이다. 문서-토픽 행렬을 사용하고 모든 문서에 대한 개별 주제 기여도를 합산해 계산할 수 있다.

총합으로 정규화하고 100을 곱하면 백분율 값이 제공된다.

```
W_text_matrix.sum(axis=0)/W_text_matrix.sum()*100.0
```

| 출력 |

```
array([11.13926287, 17.07197914, 13.64509781, 10.18184685, 11.43081404,
        5.94072639, 7.89602474, 4.17282682, 11.83871081, 6.68271054])
```

더 작은 주제와 더 큰 주제가 있지만 기본적으로 이상치outlier는 없다는 것을 쉽게 알 수 있다. 균일하게 분포한다는 것은 품질 지표다. 예를 들어 토픽 모델에서 다른 모든 주제들과 비교할 때 큰 주제가 하나 또는 두 개 있는 경우 주제 수를 조정해야 한다.

다음 절에서는 연설의 단락을 토픽 모델링을 위한 개체로 사용하고 이전보다 더 명확한 주제가 나타나는지 알아본다.

8.3.2 전략: NMF를 사용한 단락 기준 토픽 모델 생성

유엔총회 일반토의에서는 여느 텍스트와 마찬가지로 서로 다른 주제가 혼합되는 경우가 많은데, 토픽 모델링 알고리즘은 개별 연설의 공통 주제를 찾아내기가 어렵다. 특히 긴 텍스트는 하나가 아닌 여러 주제를 다루는 경우가 종종 있다. 어떻게 대처할 수 있을까? 한 가지 아이디어는 주제 관점에서 일관성 있는 작은 개체를 문서에서 찾는 것이다.

말뭉치에서 단락은 연설이 자연스럽게 나누어진 것이며 화자가 한 단락에서 하나의 주제만 이야기하려 한다고 가정할 수 있다. 단락은 많은 문서에서 좋은 후보이며(그렇게 식별할 수 있는 경우) 이미 해당 TF-IDF 벡터가 준비되었다. 토픽 모델을 계산한다.

```python
nmf_para_model = NMF(n_components=10, random_state=42)
W_para_matrix = nmf_para_model.fit_transform(tfidf_para_vectors)
H_para_matrix = nmf_para_model.components_
```

이전에 개발한 display_topics 함수는 주제의 내용을 찾는 데 사용할 수 있다.

```python
display_topics(nmf_para_model, tfidf_para_vectorizer.get_feature_names())
```

| 출력 |

Topic 00	Topic 01	Topic 02	Topic 03	Topic 04
nations (5.63)	general (2.87)	countries (4.44)	people (1.36)	nuclear (4.93)
united (5.52)	session (2.83)	developing (2.49)	peace (1.34)	weapons (3.27)
organization (1.27)	assembly (2.81)	economic (1.49)	east (1.28)	disarmament (2.01)
states (1.03)	mr (1.98)	developed (1.35)	middle (1.17)	treaty (1.70)
charter (0.93)	president (1.81)	trade (0.92)	palestinian (1.14)	proliferation (1.46)

Topic 05	Topic 06	Topic 07	Topic 08	Topic 09
rights (6.49)	africa (3.83)	security (6.13)	international (2.05)	development (4.47)
human (6.18)	south (3.32)	council (5.88)	world (1.50)	sustainable (1.18)
respect (1.15)	african (1.70)	permanent (1.50)	community (0.92)	economic (1.07)
fundamental (0.86)	namibia (1.38)	reform (1.48)	new (0.77)	social (1.00)
universal (0.82)	apartheid (1.19)	peace (1.30)	peace (0.67)	goals (0.93)

연설에 대한 토픽 모델링의 이전 결과와 비교하면 남아프리카와 중동을 제외한 국가 또는 지역의 주제가 사라졌다. 이는 세계의 여러 지역에서 관심을 불러일으킨 지역 갈등 때문이다. Human rights인권, international relations국제 관계, developing countries개발 도상국, nuclear weapons핵무기, security council안보 이사회, world peace세계 평화, sustainable development지속 가능한 개발(아마도 최근에 부상한 듯함)과 같은 주제는 연설의 주제들과 비교할 때 훨씬 더 합당하다. 단어의 백분율 값을 살펴보면, 주제 단어들을 제외한 단어들의 백분율 값이 이전 결과에 비해 훨씬 더 빨리 낮아지고 주제는 더 많이 이야기되었음을 관찰할 수 있다.

8.4 잠재 시맨틱 분석/인덱싱

토픽 모델링을 수행하기 위한 또 다른 알고리즘은 선형대수적 방법인 특잇값 분해Singular Value Decomposition(SVD)를 기반으로 한다.

그림을 보면, SVD는 문서-용어 행렬에서 블록 구조를 찾아내는 방식으로 문서와 단어를 재배치한 것으로 생각할 수 있다. topicmodels.info(`https://oreil.ly/yJnWL`)에서 해당 절차의 시각화 자료를 볼 수 있다. [그림 8-2]에는 문서-용어 행렬의 시작과 결과 블록이 대각선을 이룬다.

주축 정리principal axis theorem에 따르면 직교 n × n 행렬은 고윳값 분해eigenvalue decomposition가 가능하다. 불행히도 **직교 정방 문서-용어 행렬**orthogonal square document-term matrix은 없다(드문 경우 제외). 따라서 '특잇값 분해'라는 일반화가 필요하다. 가장 일반적인 형태에서, 그 정리는 m × n 행렬 V가 다음과 같이 분해될 수 있다고 말한다.

$$V = U \cdot S \cdot V^*$$

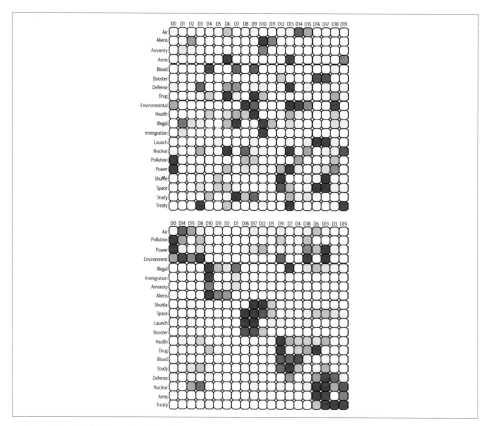

그림 8-2 SVD를 사용한 토픽 모델링 시각화

U는 단일 m × m 행렬, V*는 n × n 행렬, Σ는 특잇값을 포함하는 m × n 대각 행렬이다. 이 방정식에 정확한 해법이 있지만 찾는 데 많은 시간과 계산 노력이 필요하기 때문에 빠르게 찾을 대략적 솔루션을 찾는 중이다. 근사approximation는 단지 가장 큰 특잇값만 고려해 작동한 다. 따라서 Σ가 t × t 행렬이 되며, U는 m × t, V*는 t × n 차원을 갖는다. [그림 8-3]을 보 면 비음수 행렬 분해와 유사하다.

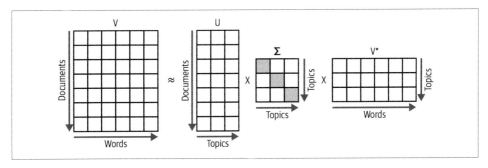

그림 8-3 도식적인 특잇값 분해

특잇값은 Σ의 대각선 요소다. 문서-토픽 관계document-topic relation는 U에 포함되는 반면 문서-토픽 매핑은 V*로 표시된다. U의 요소나 V*의 요소는 모두 양수임을 보장하지 않는다. 기여도의 상대적 크기는 여전히 해석 가능하지만, 확률 관점에서의 설명은 더 이상 유효하지 않다.

8.4.1 전략: SVD를 사용한 단락 기준 토픽 모델 생성

사이킷런에서 SVD에 대한 인터페이스는 NMF의 인터페이스와 동일하다. 이번에는 단락에서 바로 시작한다.

```
from sklearn.decomposition import TruncatedSVD

svd_para_model = TruncatedSVD(n_components = 10, random_state=42)
W_svd_para_matrix = svd_para_model.fit_transform(tfidf_para_vectors)
H_svd_para_matrix = svd_para_model.components_
```

토픽 모델을 평가하기 위해 이전에 정의한 함수도 사용할 수 있다.

```
display_topics(svd_para_model, tfidf_para_vectorizer.get_feature_names())
```

Topic 00	Topic 01	Topic 02	Topic 03	Topic 04
nations (0.67)	general (14.04)	countries (19.15)	nations (4.41)	nuclear (21.13)
united (0.65)	assembly (13.09)	development (14.61)	united (4.06)	weapons (14.01)
international (0.58)	session (12.94)	economic (13.91)	development (0.95)	disarmament (9.02)
peace (0.46)	mr (10.02)	developing (13.00)	organization (0.84)	treaty (7.23)
world (0.46)	president (8.59)	session (10.29)	charter (0.80)	proliferation (6.31)

Topic 05	Topic 06	Topic 07	Topic 08	Topic 09
rights (29.50)	africa (8.73)	council (14.96)	world (48.49)	development (63.98)
human (28.81)	south (8.24)	security (13.38)	international (41.03)	sustainable (20.78)
nuclear (9.20)	united (3.91)	africa (8.50)	peace (32.98)	peace (20.74)
weapons (6.42)	african (3.71)	south (6.11)	community (23.27)	goals (15.92)
respect (4.98)	nations (3.41)	african (3.94)	africa (22.00)	africa (15.61)

결과에 나타난 주제의 대부분은 놀랍게도 비음수 행렬 분해에서 구한 주제 목록과 유사하다. 그러나 이번에는 중동 분쟁이 별도의 화두로 등장하지 않는다. 주제-단어 매핑도 음수 값을 가질 수 있으므로 주제마다 정규화가 다르다. 주제를 구성하는 단어의 상대적 크기만 관련이 있다.

마이너스 비율에 대해 걱정하지 말자. SVD가 W에서 양수 값을 보장하지 않기 때문에 개별 단어의 기여도가 음수일 수 있다. 즉 문서에 나오는 단어가 해당 주제를 거부한다.

주제별 기여도를 측정하려면, 이제 특잇값을 살펴봐야 한다.

```
svd_para.singular_values_
```

```
array([68.21400653, 39.20120165, 36.36831431, 33.44682727, 31.76183677,
       30.59557993, 29.14061799, 27.40264054, 26.85684195, 25.90408013])
```

주제별 기여도도 단락에 대한 NMF 방법의 결과와 매우 잘 일치한다.

NMF와 SVF는 모두 문서-용어 행렬(TF-IDF 변환이 적용된)을 주제 분해의 기초로 사용했다. 또한 U 행렬의 차원은 W의 차원과 동일했다. V* 및 H에 대해서도 마찬가지다. 따라서 이 두 가지 방법이 여러 가지 면에서 유사하고, 결과마저도 유사하다는 것은 놀라운 일이 아니다. 이 방법은 계산이 매우 빠르기 때문에, 실제 프로젝트에서도 선형대수적 방법으로 시작하는 것이 좋다.

그러나 이제 선형대수 기반 방법에서 벗어나 지난 20년 동안 인기가 대단했던 확률론적 토픽 모델에 초점을 맞추겠다.

8.5 잠재 디리클레 할당(LDA)

잠재 디리클레 할당$^{Latent Dirichlet Allocation}$(LDA)은 오늘날 사용되는 토픽 모델링 중 가장 탁월한 방법임에 틀림없다. 지난 15년 동안 대중적으로 사용되었으며 다양한 사용 시나리오에 유연하게 적용할 수 있다.

LDA는 각 문서가 서로 다른 주제로 구성된 것으로 간주한다. 즉, LDA에서는 각 문서에 서로 다른 주제가 혼합되어 있다고 생각한다. 이런 식으로 주제에도 단어들이 섞여 있다.

문서당 주제의 수를 적게 유지하고 주제를 구성하는 중요한 단어 몇 개만 포함하기 위해 LDA는 초기에 디리클레 사전 분포$^{Dirichlet prior}$라고 하는 디리클레 분포$^{Dirichlet distribution}$(`https://oreil.ly/Kkd9k`)를 사용한다. 디리클레 분포는 문서에 주제를 할당할 때나 주제에 대한 단어를 찾을 때 모두 적용된다. 디리클레 분포는 문서에 소수의 주제만 가지고 있고, 주제는 소수의 단어로 정의됨을 보장한다. 앞에 다룬 유엔총회 일반토의 데이터셋에 LDA로 토픽 분포를 생성한다면, 한 주제는 nuclear^{핵무기}, treaty^{조약}, disarmament^{군축} 같은 단어로 구성되고 다른 주제는 sustainable$^{지속 가능}$, development^{개발} 등으로 샘플링될 수 있다.

초기 할당 후에는 생성 절차를 시작한다. 주제와 단어에 대해 디리클레 분포를 따른다고 가정하며, 이 분포를 따르도록 확률적 샘플링$^{stochastic sampling}$을 통해 원본 문서에서 단어를 다시 생성한다. 이 절차가 여러 번 반복되어야 하므로 계산 집약적이다.[78] 반면에 결과는 식별된 주제에 대한 문서를 생성하는 데 사용할 수 있다.

---

[78] 자세한 설명은 위키피디아 페이지(`https://oreil.ly/yr5yA`)를 참조하자.

8.5.1 전략: LDA를 사용한 단락 기준 토픽 모델 생성

사이킷런은 이러한 차이점을 모두 숨기고 다른 토픽 모델링 방법과 동일한 API를 사용한다.

```python
from sklearn.feature_extraction.text import CountVectorizer

count_para_vectorizer = CountVectorizer(stop_words=stopwords, min_df=5, max_df=0.7)
count_para_vectors = count_para_vectorizer.fit_transform(paragraph_df["text"])

from sklearn.decomposition import LatentDirichletAllocation

lda_para_model = LatentDirichletAllocation(n_components = 10, random_state=42)
W_lda_para_matrix = lda_para_model.fit_transform(count_para_vectors)
H_lda_para_matrix = lda_para_model.components_
```

> **WARNING_ 대기 시간**
> 확률적 샘플링으로 인해 절차는 NMF 및 SVD보다 훨씬 더 오래 걸린다. 몇 시간은 아니더라도 적어도 몇 분의 런타임을 예상하자.

유틸리티 함수는 단락 말뭉치의 잠재 주제를 시각화하는 데 다시 사용할 수 있다.

```python
display_topics(lda_para_model, tfidf_para.get_feature_names())
```

| 출력 |

Topic 00	Topic 01	Topic 02	Topic 03	Topic 04
africa (2.38)	republic (1.52)	general (4.22)	human (3.62)	world (2.22)
people (1.86)	government (1.39)	assembly (3.63)	rights (3.48)	people (1.14)
south (1.57)	united (1.21)	session (3.38)	international (1.83)	countries (0.94)
namibia (0.88)	peace (1.16)	president (2.33)	law (1.01)	years (0.88)
regime (0.75)	people (1.02)	mr (2.32)	terrorism (0.99)	today (0.66)
Topic 05	**Topic 06**	**Topic 07**	**Topic 08**	**Topic 09**
peace (1.76)	countries (3.19)	nuclear (3.14)	nations (5.50)	international (1.96)
security (1.63)	development (2.70)	weapons (2.32)	united (5.11)	world (1.91)

east (1.34)	economic (2.22)	disarmament (1.82)	international (1.46)	peace (1.60)
middle (1.34)	developing (1.61)	states (1.47)	security (1.45)	economic (1.00)
israel (1.24)	international (1.45)	arms (1.46)	organization (1.44)	relations (0.99)

흥미롭게도, LDA가 앞서 설명한 선형대수적 방법들과는 완전히 다른 주제 구조를 생성했다는 사실을 관찰할 수 있다. People은 매우 다른 세 가지 주제에서 가장 두드러진 단어다. Topic 04에서 South Africa는 Israel 및 Palestine과 관련되고 Topic 00에서는 Cyprus, Afghanistan, Iraq가 관련되어 있다. 이것은 설명하기 쉽지 않다. 각 주제에서 단어 가중치가 천천히 감소하고 있는 것으로 볼 수 있다.

기후 변화, 핵무기, 선거, 개발 도상국, 조직 문제 같은 주제는 이해하기 쉽다.

이 예에서 LDA는 NMF 또는 SVD보다 훨씬 더 나은 결과를 산출하지는 않았다. 그러나 샘플링 과정으로 인해 LDA는 단어로만 구성된 샘플 주제로 국한되지 않는다. 작성자-토픽 모델 author-topic models과 같이 범주형 특성도 샘플링할 수 있는 여러 변형이 있다. 게다가 LDA를 이용한 많은 연구가 진행 중이고, 그런 연구 결과들이 줄곧 발표되고 있다. 이 연구들[79]을 통해 LDA가 텍스트 분석이 아닌 곳에도 적용되고 있음을 알 수 있다.

8.5.2 전략: LDA 결과 시각화

LDA가 인기 있기 때문에 파이썬에는 LDA 결과를 시각화하는 pyLDAvis라는 멋진 패키지가 있다.[80] 다행히 이 패키지는 사이킷런에서 나온 결과를 수정 없이 사용해 시각화할 수 있다.

결과를 보는 데 시간이 좀 걸린다는 점에 주의하자.

```
import pyLDAvis.sklearn

lda_display = pyLDAvis.sklearn.prepare(lda_para_model, count_para_vectors,
                                       count_para_vectorizer, sort_topics=False)
pyLDAvis.display(lda_display)
```

---

79 Minghui Qiu et al., "It Is Not Just What We Say, But How We Say Them: LDA-based Behavior-Topic Model" (https://oreil.ly/dnqq5), Rahji Abdurehman, "Keyword-Assisted LDA: Exploring New Methods for Supervised Topic Modeling"(https://oreil.ly/DDClf).

80 pyLDAvis는 pip install pyldavis 또는 conda install pyldavis를 사용해 별도로 설치해야 한다.

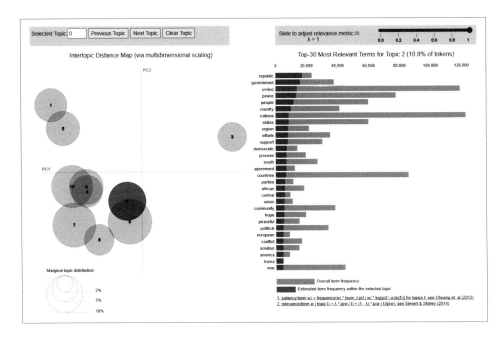

시각화 결과에는 다양한 정보가 있다. 우선 버블 그래프에서 원하는 주제의 버블을 클릭한다. 현재 선택된 주제에서 단어 분포를 상징하는 빨간색 막대 그래프를 살펴보자. 막대의 길이가 빨리 줄지 않기 때문에 Topic 2는 그다지 두드러지지 않았다. 이것은 8.5.1절 '전략: LDA를 사용한 단락 기준 토픽 모델 생성'의 표에서 본 것과 동일한 효과다(배열 인덱스를 사용한 Topic 1 참조, pyLDAvis의 주제 열거 인덱스는 1부터 시작함).

결과를 시각화하기 위해 주제는 차원 축소의 표준 방법인 주성분 분석principal component analysis(PCA)을 사용해 원래 차원(단어 수)에서 2차원으로 매핑한다. 결과는 점으로 표현되며 주제의 상대적 크기를 확인하기 위해 원이 추가된다. 준비 단계에서 `mds="tsne"`을 매개변수로 전달하면, PCA 대신 T-SNE를 사용할 수 있다. 이렇게 하면 주제 간의 거리 맵이 변경되고 겹치는 주제의 버블이 더 적게 표시된다. 이것은 시각화를 위해 많은 단어들의 벡터 차원을 단 2차원 벡터로 투영한 결과일 뿐이다. 따라서 저차원의 시각화를 전적으로 신뢰하지 말고, 주제 단어 분포의 경향성 정도만 살펴보는 것이 좋다.

Topic 4, 6, 10(international)이 많이 겹치는 반면 Topic 3(general assembly)은 그 외 주제들에서 멀리 떨어져 있는 것이 흥미롭다. 주제 버블 위에 마우스를 올리거나 클릭하면 오른쪽에서 해당 단어 분포를 볼 수 있다. 모든 주제가 완벽하게 분리되지는 않았지만 일부(예: Topic 1 및 Topic 7)는 다른 주제와 멀리 떨어져 있다. 그 위로 마우스를 가져가면 단어 내용도 서로 다르다는 것을 알 수 있다. 이러한 주제의 경우 가장 대표적인 문서를 추출해 지도 학습을 위한 훈련 세트로 사용하는 것이 유용할 수 있다.

pyLDAvis는 가지고 놀기에 좋은 도구로 프레젠테이션의 스크린샷에 적합하다. 결과가 탐색의 결과인 것처럼 보이지만, 토픽 모델의 실제 탐색은 알고리즘의 기능과 하이퍼파라미터를 수정함으로써 이루어진다.

pyLDAvis를 사용하면 주제가 서로 어떻게 배열되고 어떤 개별 단어가 중요한지에 대해 좋은 아이디어를 얻을 수 있다. 그러나 주제를 질적으로 이해하려면 또 다른 시각화를 사용해야 한다.

8.6 전략: 워드 클라우드를 사용한 토픽 모델 결과 비교

지금까지 토픽 모델을 표시하기 위해 목록을 사용했다. 이런 식으로 서로 다른 주제가 얼마나 이야기되는지 잘 식별할 수 있었다. 그러나 대부분의 경우에 토픽 모델은 말뭉치에서 선정된 주제의 유효성과 더 나은 시각화라는 첫인상을 주기 위해 사용된다. 1장에서 보았듯이 워드 클라우드는 이것을 표현하는 질적이고 직관적인 도구다.

워드 클라우드를 직접 사용해 토픽 모델을 표시할 수 있다. 코드는 이전에 정의된 display_topics 함수를 사용해 쉽게 만들 수 있다.

```python
import matplotlib.pyplot as plt
from wordcloud import WordCloud

def wordcloud_topics(model, features, no_top_words=40):
    for topic, words in enumerate(model.components_):
        size = {}
        largest = words.argsort()[::-1] # 내림차순으로 정렬한다.
        for i in range(0, no_top_words):
            size[features[largest[i]]] = abs(words[largest[i]])
        wc = WordCloud(background_color="white", max_words=100,
                    width=960, height=540)
```

```
wc.generate_from_frequencies(size)
plt.figure(figsize=(12,12))
plt.imshow(wc, interpolation='bilinear')
plt.axis("off")
# 토픽 모델의 워드 클라우드 결과를 저장하지 않으려면 다음 줄을 주석 처리하자.
plt.savefig(f'topic{topic}.png')
```

이 코드를 사용해 NMF 모델(그림 8-4)과 LDA 모델(그림 8-5)의 결과를 정성적으로 비교할 수 있다. 더 큰 단어는 해당 주제에서 더 중요한 부분이다. 많은 단어들이 워드 클라우드에서 대략적으로 크기가 같다면, 주제가 잘 이야기되지 않는다는 뜻이다.

```
wordcloud_topics(nmf_para_model, tfidf_para_vectorizer.get_feature_names())
wordcloud_topics(lda_para_model, count_para_vectorizer.get_feature_names())
```

WARNING_ 워드 클라우드는 개별 스케일링을 사용한다
워드 클라우드의 글꼴 크기는 각 주제에 대해 개별적으로 스케일링을 사용하므로 최종 결론을 내리기 전에 실제 숫자로 확인하는 것이 중요하다.

이제 프레젠테이션은 훨씬 더 매력적이다. 0-NMF와 8-LDA와 같이 두 가지 방법 간에 주제를 일치시키는 것이 훨씬 쉽다. 대부분의 주제에서 이는 매우 분명하지만 다른 점도 있다. NMF에는 1-LDA(people republic)가 없는 반면 LDA에는 9-NMF(sustainable development)가 없다.

주제에 대한 훌륭한 질적 시각화를 찾았으므로 이제 이 토픽 분포가 시간이 지남에 따라 어떻게 변했는지 살펴보겠다.

그림 8-4 NMF 토픽 모델을 나타내는 워드 클라우드

그림 8-5 LDA 토픽 모델을 나타내는 워드 클라우드

8.7 전략: 단락의 토픽 분포 및 시간 변화 계산

이 장을 시작할 때 했던 분석에서 볼 수 있듯이 연설에 대한 메타데이터는 시간이 지나면서 바뀐다. 이 결과는 토픽 분포가 시간의 경과에 따라 어떻게 변하는지를 묻는 흥미로운 질문으로 이어진다. 이것은 계산하기 쉽고 통찰력 있는 결과임이 밝혀졌다.

사이킷런 벡터화와 마찬가지로 토픽 모델에도 이미 적합한 토픽 모델을 유지하면서 기존 문서의 토픽 분포를 계산하는 변환 방법이 있다. 우선 1990년 이전의 연설과 1990년 이후의 연설을 분리한다. 이를 위해 1990년 이전과 이후의 문서에 넘파이 배열을 만든다.

```python
import numpy as np
before_1990 = np.array(paragraph_df["year"] < 1990)
after_1990 = ~ before_1990
```

그런 다음 각각의 W 행렬을 계산할 수 있다.

```python
W_para_matrix_early = nmf_para_model.transform(tfidf_para_vectors[before_1990])
W_para_matrix_late = nmf_para_model.transform(tfidf_para_vectors[after_1990])
print(W_para_matrix_early.sum(axis=0)/W_para_matrix_early.sum()*100.0)
print(W_para_matrix_late.sum(axis=0)/W_para_matrix_late.sum()*100.0)
```

| 출력 |

```
['9.34', '10.43', '12.18', '12.18', '7.82', '6.05', '12.10', '5.85', '17.36',
 '6.69']
['7.48', '8.34', '9.75', '9.75', '6.26', '4.84', '9.68', '4.68', '13.90',
 '5.36']
```

결과가 흥미롭다. 일부 백분율이 상당히 변경되었다. 특히 마지막에서 두 번째 주제의 크기는 대폭 작아진다. 이제 그 주제와 시간의 경과에 따른 변화를 자세히 살펴보려고 한다.

개별 연도에 대한 분포를 계산하고 가능한 패턴을 찾기 위한 시각화를 할 수 있는지 살펴보겠다.

```
year_data = []
years = np.unique(paragraph_years)
for year in tqdm(years):
    W_year = nmf_para_model.transform(tfidf_para_vectors[paragraph_years == year])
    year_data.append([year] + list(W_year.sum(axis=0)/W_year.sum()*100.0))
```

플롯을 더 직관적으로 만들기 위해 먼저 가장 중요한 두 단어가 결합된 주제 목록을 만든다.

```
topic_names = []
voc = tfidf_para_vectorizer.get_feature_names()
for topic in nmf_para_model.components_:
    important = topic.argsort()
    top_word = voc[important[-1]] + " " + voc[important[-2]]
    topic_names.append("Topic " + top_word)
```

그런 다음 데이터프레임에 있는 결과들을 이전에 만든 주제 목록과 열 이름으로 결합한다. 그러면 다음과 같이 쉽게 시각화할 수 있다.

```
df_year = pd.DataFrame(year_data,
                       columns=["year"] + topic_names).set_index("year")
df_year.plot.area()
```

| 출력 |

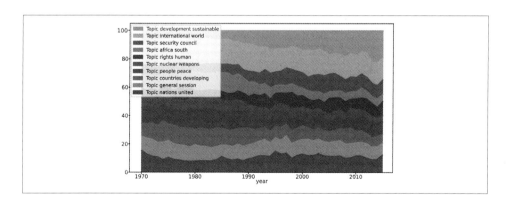

결과 그래프는 토픽 분포가 연도에 따라 변하는 모습을 시각화한다. development sustainable 지속 가능 개발이라는 주제가 지속적으로 증가했지만, south africa남아프리카라는 주제는 아파르트헤

이트apartheid 체제가 종식된 후 인기를 잃었다.

단일 단어의 시간에 따른 변화와 비교할 때, 주제들은 시간이 지나면서 자연적으로 텍스트 말뭉치 자체에서 나타나기 때문에 더 자연스러운 것 같다. 이 차트는 비지도 학습 방법으로만 생성되었으므로 편향이 없다. 모든 것이 이미 토의 데이터에 있었고 단지 발견했을 뿐이다.

지금까지는 사이킷런만을 사용해 토픽 모델링을 살펴보았다. 파이썬 생태계에는 토픽 모델을 위한 특수 라이브러리인 젠심이 있다. 지금부터는 젠심에 대해 자세히 알아보자.

8.8 젠심을 사용한 토픽 모델링

사이킷런과 함께 젠심(https://oreil.ly/Ybn63)은 파이썬에서 토픽 모델링을 수행하기 위한 인기 있는 도구다. 사이킷런과 비교하면 토픽 모델 계산을 위한 더 많은 알고리즘을 제공하고 모델 품질에 대한 추정치도 제공할 수 있다.

8.8.1 전략: 젠심 모델에 사용할 데이터 준비

젠심 모델 계산을 시작하기 전에 데이터를 준비해야 한다. 불행히도 API와 사용하는 용어가 사이킷런과 다르다. 첫 단계에서는 어휘를 준비한다. 젠심에는 통합된 토큰화가 없으며 문서 말뭉치의 각 라인이 이미 토큰화되었을 것으로 예상한다.

```
# 토큰화된 문서를 생성한다.
gensim_paragraphs = [[w for w in re.findall(r'\b\w\w+\b' , paragraph.lower())
                      if w not in stopwords]
                         for paragraph in paragraph_df["text"]]
```

토큰화 후에 이러한 토큰화된 문서들로 젠심 사전을 초기화할 수 있다. 사전을 단어에서 열column로의 매핑으로 생각하자(예: 2장에서 사용한 기능).

```
from gensim.corpora import Dictionary
dict_gensim_para = Dictionary(gensim_paragraphs)
```

사이킷런의 **TfidfVectorizer**와 유사하게 자주 등장하지 않거나 너무 자주 등장하는 단어를 필터링해 어휘를 줄일 수 있다. 크기를 줄이기 위해 총 문서의 70%를 초과하지 않으면서 최소 5개의 문서에서 등장하는 단어만 유지한다. 2장에서 보았듯이 이 매개변수는 문제에 따라 최적화되는데 이를 위해서는 약간의 실험이 필요하다.

젠심에서 매개변수는 `no_below` 및 `no_above` 필터를 통해 이를 지원한다(사이킷런에서 아날로그는 `min_df` 및 `max_df`).

```
dict_gensim_para.filter_extremes(no_below=5, no_above=0.7)
```

이제 사전을 읽고 젠심을 사용해 단어 가방 행렬(젠심에서는 말뭉치라고 하지만 이 용어를 고수한다)을 계산할 수 있다.

```
bow_gensim_para = [dict_gensim_para.doc2bow(paragraph) \
                       for paragraph in gensim_paragraphs]
```

마지막으로 TF-IDF 변환을 수행한다. 첫째 줄은 단어 가방 모델을 만들고 둘째 줄은 가중치를 변환한다.

```
from gensim.models import TfidfModel
tfidf_gensim_para = TfidfModel(bow_gensim_para)
vectors_gensim_para = tfidf_gensim_para[bow_gensim_para]
```

`vector_gensim_para` 행렬은 젠심을 사용한 모든 토픽 모델링 작업에 사용할 것이다.

8.8.2 전략: 젠심을 사용한 비음수 행렬 분해 수행

먼저 NMF의 결과를 확인하고 사이킷런의 결과를 재현할 수 있는지 살펴보겠다.

```
from gensim.models.nmf import Nmf
nmf_gensim_para = Nmf(vectors_gensim_para, num_topics=10,
                      id2word=dict_gensim_para, kappa=0.1, eval_every=5)
```

평가에는 시간이 걸릴 수 있다. 젠심은 주제를 직접 표시하는 `show_topics` 메서드를 제공하지만 사이킷런 결과처럼 보이게 구현을 해서 더 쉽게 비교할 수 있다.

```
display_topics_gensim(nmf_gensim_para)
```

| 출력 |

Topic 00	Topic 01	Topic 02	Topic 03	Topic 04
nations (0.03)	africa (0.02)	economic (0.01)	countries (0.02)	israel (0.02)
united (0.02)	south (0.02)	development (0.01)	developing (0.02)	arab (0.02)
human (0.02)	people (0.02)	countries (0.01)	resources (0.01)	palestinian (0.02)
rights (0.02)	government (0.01)	social (0.01)	sea (0.01)	council (0.01)
role (0.01)	republic (0.01)	international (0.01)	developed (0.01)	security (0.01)

Topic 05	Topic 06	Topic 07	Topic 08	Topic 09
organization (0.02)	problem (0.01)	nuclear (0.02)	session (0.02)	world (0.02)
charter (0.02)	solution (0.01)	co (0.02)	general (0.02)	peace (0.02)
principles (0.02)	east (0.01)	operation (0.02)	assembly (0.02)	peoples (0.02)
member (0.01)	situation (0.01)	disarmament (0.02)	mr (0.02)	security (0.01)
respect (0.01)	problems (0.01)	weapons (0.02)	president (0.02)	states (0.01)

NMF도 통계적 방법이므로 사이킷런으로 계산한 결과와 동일하지 않지만 유사하다. 젠심에는 토픽 모델에 대한 품질 지표인 **일관성 점수**coherence score를 계산하는 코드가 있다.

```
from gensim.models.coherencemodel import CoherenceModel

nmf_gensim_para_coherence = CoherenceModel(model=nmf_gensim_para,
                                           texts=gensim_paragraphs,
                                           dictionary=dict_gensim_para,
                                           coherence='c_v')
```

```
nmf_gensim_para_coherence_score = nmf_gensim_para_coherence.get_coherence()
print(nmf_gensim_para_coherence_score)
```

| 출력 |

```
0.6500661701098243
```

일관성 점수는 주제 수에 따라 다르다. 최적의 주제 수를 찾는 가장 일반적인 방법은 여러 값에 NMF를 실행하고 일관성 점수를 계산해 점수를 최대화하는 토픽 수를 취하는 것이다.

LDA와 동일하게 시도하고 품질 지표를 비교한다.

8.8.3 전략: 젠심을 사용한 LDA 실행

데이터가 준비되었다면, 젠심으로 LDA를 실행하는 것은 NMF를 사용하는 것만큼 쉽다. LdaModel 클래스에는 모델 튜닝을 위한 많은 매개변수가 있다. 여기서는 권장 값을 사용한다.

```
from gensim.models import LdaModel
lda_gensim_para = LdaModel(corpus=bow_gensim_para, id2word=dict_gensim_para,
    chunksize=2000, alpha='auto', eta='auto', iterations=400, num_topics=10,
    passes=20, eval_every=None, random_state=42)
```

여기서는 주제의 단어 분포를 주의 깊게 살펴보자.

```
display_topics_gensim(lda_gensim_para)
```

| 출력 |

Topic 00	Topic 01	Topic 02	Topic 03	Topic 04
climate (0.12)	country (0.05)	nations (0.10)	international (0.03)	africa (0.06)
convention (0.03)	people (0.05)	united (0.10)	community (0.01)	african (0.06)

pacific (0.02)	government (0.03)	human (0.04)	efforts (0.01)	continent (0.02)
environmental (0.02)	national (0.02)	security (0.03)	new (0.01)	terrorist (0.02)
sea (0.02)	support (0.02)	rights (0.03)	global (0.01)	crimes (0.02)
Topic 05	**Topic 06**	**Topic 07**	**Topic 08**	**Topic 09**
world (0.05)	peace (0.03)	south (0.10)	general (0.10)	development (0.07)
years (0.02)	conflict (0.02)	sudan (0.05)	assembly (0.09)	countries (0.05)
today (0.02)	region (0.02)	china (0.04)	session (0.05)	economic (0.03)
peace (0.01)	people (0.02)	asia (0.04)	president (0.04)	sustainable (0.02)
time (0.01)	state (0.02)	somalia (0.04)	secretary (0.04)	2015 (0.02)

주제는 NMF에서 생성된 주제들처럼 해석하기가 쉽지 않다. 앞서 본 것처럼 일관성 점수를 확인하면 0.45270703180962374로 점수가 더 낮다.

또한 젠심은 LDA 모델의 퍼플렉서티perplexity 점수를 계산할 수 있다. 퍼플렉서티는 확률 모델이 샘플을 얼마나 잘 예측하는지 측정한다. lda_gensim_para.log_perplexity(vectors_gensim_para)를 실행하면 -9.70558947109483의 퍼플렉서티 점수를 얻는다.

8.8.4 전략: 일관성 점수 계산

젠심은 주제 일관성을 계산할 수 있다. 방법 자체는 세분화segmentation, 확률 추정probability estimation, 확인 측도 계산confirmation measure calculation, 집계aggregation로 구성된 4단계 절차로 이루어진다. 다행히 젠심에는 이 모든 작업을 캡슐화하는 CoherenceModel 클래스가 있으며 이를 직접 사용할 수 있다.

```
from gensim.models.coherencemodel import CoherenceModel

lda_gensim_para_coherence = CoherenceModel(model=lda_gensim_para,
    texts=gensim_paragraphs, dictionary=dict_gensim_para, coherence='c_v')
lda_gensim_para_coherence_score = lda_gensim_para_coherence.get_coherence()
print(lda_gensim_para_coherence_score)
```

```
0.5444930496493174
```

lda를 nmf로 대체하면 NMF 모델에 대해 동일한 점수를 계산할 수 있다.

```
nmf_gensim_para_coherence = CoherenceModel(model=nmf_gensim_para,
    texts=gensim_paragraphs, dictionary=dict_gensim_para, coherence='c_v')
nmf_gensim_para_coherence_score = nmf_gensim_para_coherence.get_coherence()
print(nmf_gensim_para_coherence_score)
```

| 출력 |

```
0.6505110480127619
```

점수가 상당히 높은데, 이는 NMF 모델이 LDA에 비해 실제 주제에 대한 더 나은 근사치를 만들었다는 의미다.

LDA 모델에서 일관성 점수 계산을 직접 지원하기 때문에 LDA에 대한 개별 주제의 일관성 점수를 계산하기가 훨씬 쉽다. 먼저 평균을 살펴보겠다.

```
top_topics = lda_gensim_para.top_topics(vectors_gensim_para, topn=5)
avg_topic_coherence = sum([t[1] for t in top_topics]) / len(top_topics)
print('Average topic coherence: %.4f.' % avg_topic_coherence)
```

| 출력 |

```
Average topic coherence: -2.4709.
```

top_topics에 포함된 개별 주제의 일관성 점수도 주목하자. 그러나 출력이 장황하므로(그래도 확인하자!) 주제의 가장 중요한 단어에 대한 일관성 점수로 출력 결과를 약간 압축하려 한다.

```
[(t[1], " ".join([w[1] for w in t[0]])) for t in top_topics]
```

```
[(-1.5361194241843663, 'general assembly session president secretary'),
 (-1.7014902754187737, 'nations united human security rights'),
 (-1.8485895463251694, 'country people government national support'),
 (-1.9729985026779555, 'peace conflict region people state'),
 (-1.9743434414778658, 'world years today peace time'),
 (-2.0202823396586433, 'international community efforts new global'),
 (-2.7269347656599225, 'development countries economic sustainable 2015'),
 (-2.9089975883502706, 'climate convention pacific environmental sea'),
 (-3.8680684770508753, 'africa african continent terrorist crimes'),
 (-4.1515707817343195, 'south sudan china asia somalia')]
```

토픽 모델에 대한 일관성 점수는 젠심을 사용해 쉽게 계산할 수 있다. 절댓값은 해석하기 어렵지만, 방법(NMF 대 LDA) 또는 주제 수를 변경하면서 값의 변화를 보면 토픽 모델을 어떻게 개선해야 할지 아이디어를 얻게 된다. 일관성 점수와 일관성 모델coherence model이 사이킷런에 (아직) 포함되지 않았기 때문에, 이 기능을 사용할 수 있는 것은 젠심의 큰 장점이다.

아직 '정확한' 주제의 수를 추정하기는 어렵다. 이제부터는 계층적 모델을 생성하고, 이를 통해 고정된 수의 주제를 매개변수로 제공하지 않아도 되는 접근 방식을 살펴볼 것이다.

8.8.5 전략: 최적의 주제 개수 탐색

앞 절에서는 매번 10개 주제로 작업했다. 지금까지는 주제 수를 적거나 많이 내놓는 다른 모델과 토픽 모델의 품질을 비교하지 않았다. 이번 절에서는 예측된 주제들을 해석할 필요 없이 구조화된 방식으로 최적의 토픽 수를 알아보고자 한다.

이를 달성할 방법이 있음이 밝혀졌다. 토픽 모델의 '품질quality'은 이전에 도입한 일관성 점수로 측정할 수 있다. 최고의 일관성 점수를 찾기 위해 이제 LDA 모델을 사용해 다른 수의 주제에 대해 일관성 점수를 계산한다. 우리는 최적의 주제 수를 제공하는 가장 높은 점수를 찾으려고 노력할 것이다.

```
from gensim.models.ldamulticore import LdaMulticore
lda_para_model_n = []
for n in tqdm(range(5, 21)):
    lda_model = LdaMulticore(corpus=bow_gensim_para, id2word=dict_gensim_para,
```

```
                         chunksize=2000, eta='auto', iterations=400,
                         num_topics=n, passes=20, eval_every=None,
                         random_state=42)
    lda_coherence = CoherenceModel(model=lda_model, texts=gensim_paragraphs,
                         dictionary=dict_gensim_para, coherence='c_v')
    lda_para_model_n.append((n, lda_model, lda_coherence.get_coherence()))
```

WARNING_ 일관성 계산에는 시간이 걸린다

LDA 모델(및 일관성)을 계산하려면 계산 비용이 많이 들기 때문에 실제 환경에서는 최소한의 모델과 복잡
성만 계산하도록 알고리즘을 최적화하는 것이 좋다. 때로는 소수의 주제에 대해서만 일관성 점수를 계산해도
의미가 있다.

이제 좋은 일관성 점수를 산출하는 주제의 수를 선택할 수 있다. 일반적으로 점수는 주제 수에
따라 높아진다. 너무 많은 주제를 선택하면 해석이 어려워진다.

```
pd.DataFrame(lda_para_model_n, columns=["n", "model", \
    "coherence"]).set_index("n")[["coherence"]].plot(figsize=(16,9))
```

| 출력 |

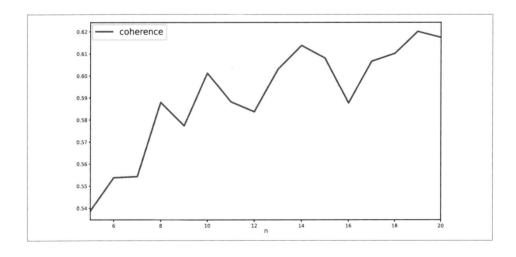

전반적으로 그래프는 주제의 수에 따라 상승하는 추세를 보인다. 그러나 13과 17개 주제에서 하락하는 모습이 보이므로 이 두 주제를 확인하는 게 좋겠다. 17개 주제에 대한 결과를 시각화한다.

```
display_topics_gensim(lda_para_model_n[12][1])
```

| 출력 |

Topic 00	Topic 01	Topic 02	Topic 03	Topic 04	Topic 05
peace (0.02)	general (0.05)	united (0.04)	nations (0.07)	development (−0.03)	international (−0.03)
international (−0.02)	assembly (0.04)	nations (0.04)	united (0.07)	general (0.02)	terrorism (0.03)
cooperation (0.01)	session (0.03)	states (0.03)	security (0.03)	conference (0.02)	states (0.01)
countries (0.01)	president (0.03)	european (0.02)	council (0.02)	assembly (0.02)	iraq (0.01)
region (0.01)	mr (0.03)	union (0.02)	international (−0.02)	sustainable (0.01)	acts (0.01)

Topic 06	Topic 07	Topic 08	Topic 09	Topic 10	Topic 11
peace (0.03)	africa (0.08)	states (0.04)	world (0.03)	human (0.07)	climate (0.03)
east (0.02)	south (0.05)	small (0.04)	international (−0.02)	rights (0.06)	change (0.03)
middle (0.02)	african (0.05)	island (0.03)	problems (0.01)	law (0.02)	global (0.02)
israel (0.02)	namibia (0.02)	sea (0.02)	war (0.01)	respect (0.02)	environment (−0.01)
solution (0.01)	republic (0.01)	pacific (0.02)	peace (0.01)	international (−0.01)	energy (0.01)

Topic 12	Topic 13	Topic 14	Topic 15	Topic 16
world (0.03)	people (0.03)	people (0.02)	countries (0.05)	nuclear (0.06)

people (0.02)	independence (−0.02)	country (0.02)	development (−0.03)	weapons (0.04)
future (0.01)	peoples (0.02)	government (0.02)	economic (0.03)	disarmament (−0.03)
years (0.01)	struggle (0.01)	humanitarian (−0.01)	developing (0.02)	arms (0.03)
today (0.01)	countries (0.01)	refugees (0.01)	trade (0.01)	treaty (0.02)

대부분의 주제는 해석하기 쉽다. 그렇지만 크기가 작아도 비슷한 단어가 공통으로 많이 포함된 주제(예: 0, 3, 8)가 많기 때문에 해석하기가 어렵다. 따라서 17개 주제가 있는 토픽 모델이 설명하기가 더 쉽냐고 묻는 질문에는 "그렇지 않다"고 답할 수 있다. 일관성이 높다고 해서 반드시 해석이 명확한 것은 아니다. 즉, 주제 수가 과하게 많아지면 일관성 점수에만 의존하는 것이 위험할 수 있다. 이론상으로는 일관성이 더 높으면 해석이 더 명확해야겠지만 종종 절충이 필요하며, 더 적은 수의 주제를 선택하면 오히려 삶이 더 쉬워질 수 있다. 일관성 그래프를 다시 살펴보면 10이 일관성 점수의 극댓값이므로 좋은 값으로 보인다.

주제의 '적정' 수를 찾는 것이 분명 어렵기 때문에 이번에는 계층적 모델을 생성해 고정된 주제 수를 매개변수로 요하지 않는 접근 방식을 살펴보겠다.

8.8.6 전략: 젠심을 사용한 계층적 디리클레 절차 생성

한 걸음 물러나서 8.8.3절 '전략: 젠심을 사용한 LDA 실행'에서 살펴본 주제의 시각화를 생각하자. 주제의 크기가 상당히 다양하며 일부 주제는 크게 겹친다. 결과가 우리에게 더 넓은 주제를 먼저 제공하고 그 아래에 일부 하위 주제를 제공하면 좋을 것이다. 이것이 계층적 디리클레 절차Hierarchical Dirichlet Process(HDP)의 정확한 개념이다. 계층적 토픽 모델은 잘 구분된 몇 가지 광범위한 주제를 제공한 다음 더 많은 단어를 추가하고 주제 정의를 더 차별화한다.

HDP는 여전히 신생 분야로 연구가 필요하다. 또한 젠심은 연구에서 자주 사용되기 때문에 HDP를 통합한 파이프라인의 실험적 구현이 있다. 이를 이용하면 기존의 벡터화를 직접 사용할 수 있으므로, HDP 사용 또한 쉬워진다. 디리클레 절차 자체가 자주 사용하는 단어를 정확하게 처리하기 때문에 또다시 단어 가방 벡터화 모델을 사용하는 것에 주목하자.

```
from gensim.models import HdpModel
hdp_gensim_para = HdpModel(corpus=bow_gensim_para, id2word=dict_gensim_para)
```

HDP는 주제 수를 추정하고 식별된 모든 항목을 표시할 수 있다.

```
hdp_gensim_para.print_topics(num_words=10)
```

| 출력 |

	prob0	word0	prob1	word1	prob2	word2	prob3	word3	prob4	word4	prob5	word5	prob6	word6	prob7	word7
0	0.015	nations	0.014	united	0.012	international	0.010	world	0.009	countries	0.009	peace	0.007	states	0.006	security
1	0.010	united	0.009	international	0.009	nations	0.008	nuclear	0.008	world	0.008	states	0.008	people	0.007	countries
2	0.017	countries	0.013	development	0.012	international	0.011	economic	0.011	world	0.009	nations	0.008	united	0.007	developing
3	0.010	nations	0.010	united	0.009	international	0.009	countries	0.009	general	0.009	world	0.007	assembly	0.007	session
4	0.011	international	0.010	peace	0.009	united	0.009	nations	0.009	people	0.007	world	0.007	countries	0.006	security
5	0.010	international	0.010	united	0.010	nations	0.009	peace	0.008	countries	0.007	world	0.006	people	0.006	security
6	0.012	international	0.010	nations	0.010	united	0.008	countries	0.008	world	0.006	peace	0.006	people	0.006	states
7	0.011	international	0.010	nations	0.010	united	0.009	countries	0.009	world	0.007	peace	0.006	economic	0.006	states
8	0.011	international	0.010	nations	0.010	united	0.008	world	0.008	countries	0.007	peace	0.006	people	0.006	states
9	0.011	international	0.010	nations	0.010	united	0.008	world	0.008	countries	0.007	peace	0.006	states	0.006	people
10	0.010	international	0.010	nations	0.010	united	0.008	world	0.007	peace	0.007	countries	0.006	people	0.006	states
11	0.011	nations	0.011	united	0.010	international	0.008	world	0.007	peace	0.007	countries	0.006	states	0.006	people
12	0.011	nations	0.010	united	0.010	international	0.008	world	0.007	countries	0.007	peace	0.005	people	0.005	states
13	0.011	nations	0.011	united	0.010	international	0.008	world	0.007	countries	0.007	peace	0.005	people	0.005	development
14	0.010	nations	0.010	international	0.010	united	0.008	world	0.008	countries	0.007	peace	0.005	development	0.005	states
15	0.011	nations	0.011	united	0.010	international	0.008	world	0.007	peace	0.007	countries	0.006	states	0.005	security
16	0.011	nations	0.011	united	0.010	international	0.008	world	0.007	peace	0.007	countries	0.005	security	0.005	states
17	0.011	nations	0.010	united	0.010	international	0.008	world	0.007	countries	0.007	peace	0.005	development	0.005	states
18	0.011	nations	0.011	united	0.010	international	0.008	world	0.007	peace	0.007	countries	0.005	development	0.005	security
19	0.011	nations	0.010	united	0.010	international	0.008	world	0.007	peace	0.007	countries	0.005	security	0.005	development

결과는 때때로 이해하기 어렵다. 몇 가지 주제를 생성하는 대략적인 토픽 모델링을 먼저 수행하는 옵션이 있을 수 있다. 큰 주제이거나 하위 주제가 있다고 의심되는 경우, 주제가 상당히 혼합된 문서만 포함된 원본 말뭉치의 하위 집합을 만들 수 있다. 그러면 약간의 수동 작업이 필요하지만 종종 HDP에 비해 훨씬 더 나은 결과가 산출된다. 이 개발 단계에서 HDP만 사용하는 것은 권장하지 않는다.

토픽 모델은 방대한 문서 말뭉치의 주제 구조를 밝히는 데 중점을 둔다. 문서에는 서로 다른 주제가 섞여 있으므로 문서를 하나의 주제에 정확히 할당하는 것은 적합하지 않다. 이것은 클러스터링을 사용해 달성할 수 있다.

8.9 전략: 클러스터링을 통한 텍스트 데이터 구조 파악

비지도 학습법에는 토픽 모델링 외에도 많은 방법이 있다. 모든 방법이 텍스트 데이터에 적합한 것은 아니지만 여러 클러스터링 알고리즘을 사용할 수 있다. 토픽 모델링과 비교할 때 각 문서(또는 단락)가 정확히 하나의 클러스터에 할당된다는 것이 중요하다.

> **NOTE_ 클러스터링은 일관된 텍스트에 적합하다**
> 이번에 사용하는 텍스트는 한 단락에 지나치게 다양한 내용이 들어 있지 않으므로 각 문서가 정확히 하나의 클러스터에 속한다고 합리적 가정을 한다. 더 큰 텍스트 조각의 경우 토픽 모델링을 사용해 가능한 조합을 고려해야 한다.

대부분의 클러스터링 방법에는 매개변수로 클러스터 수가 필요하지만 그 수를 정확하게 추측할 수 있는 방법이 몇 가지(예: 평균 이동) 있다. 이 방법의 대부분은 희소 데이터와 잘 작동하지 않으므로 텍스트 분석에는 적합하지 않다.

여기서는 k-평균 클러스터링k-means clustering을 사용했지만, BIRCH^{Balanced Iterative Reducing and Clustering using Hierarchies} 또는 스펙트럼 클러스터링spectral clustering도 적용할 수 있다. k-means 알고리즘의 작동 방식을 설명한 문헌을 참고하자.[81]

> **WARNING_ 클러스터링은 토픽 모델링보다 훨씬 더 느리다**
> 대부분의 알고리즘에서 클러스터링은 LDA보다 훨씬 더 많은 시간이 걸린다. 따라서 다음 코드 조각에서 클러스터링을 실행할 때 약 I시간 정도 기다려야 한다.

클러스터링을 위한 사이킷런 API는 토픽 모델에서 본 것과 유사하다.

```
from sklearn.cluster import KMeans
k_means_text = KMeans(n_clusters=10, random_state=42)
k_means_text.fit(tfidf_para_vectors)

KMeans(n_clusters=10, random_state=42)
```

---

81 예를 들어 안드레이 A. 샤발린(Andrey A. Shabalin)의 'k-평균 클러스터링' 페이지(https://oreil.ly/OTGWX) 또는 나프탈리 해리스(Naftali Harris)의 'K-평균 클러스터링 시각화'(https://oreil.ly/Po3bL)를 참조하자.

그러나 이제 얼마나 많은 단락이 어느 클러스터에 속하는지 알아내는 것이 훨씬 쉬워졌다. 필요한 모든 것은 k_means_para 객체의 labels_ 필드에 있다. 각 문서에는 클러스터링 알고리즘이 할당한 레이블 정보가 포함되었다.

```
np.unique(k_means_para.labels_, return_counts=True)
```

| 출력 |

```
(array([0, 1, 2, 3, 4, 5, 6, 7, 8, 9], dtype=int32),
 array([133370, 41705, 12396, 9142, 12674, 21080, 19727, 10563, 10437, 11116]))
```

이쯤에서 당신은 몇 가지 개념적 문제를 발견했을 수 있다. 데이터가 너무 이질적heterogeneous이면, 대부분의 클러스터는 작게 생성되는 경향이 있고(비교적 작은 어휘 포함) 그 외 나머지를 모두 흡수하는 큰 클러스터가 있다. 다행히도 (단락이 짧아서) 여기서는 그렇지 않다. 클러스터 0은 다른 것보다 훨씬 더 크지만 앞서 언급한 정도의 크기는 아니다. 클러스터의 크기를 표시하는 y축을 사용해 분포를 시각화한다(그림 8-6).

```
sizes = []
for i in range(10):
    sizes.append({"cluster": i, "size": np.sum(k_means_para.labels_==i)})
pd.DataFrame(sizes).set_index("cluster").plot.bar(figsize=(16,9))
```

클러스터 시각화는 토픽 모델과 유사한 방식으로 작동한다. 그러나 특성 각각의 기여도를 수동으로 계산해야 한다. 이를 위해 클러스터에 있는 문서의 TF-IDF 벡터를 모두 더하고 가장 큰 값만 유지한다.

316 파이썬 라이브러리를 활용한 텍스트 분석

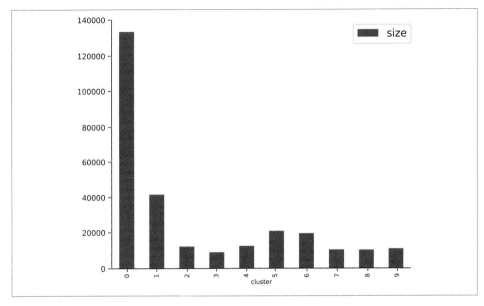

그림 8-6 클러스터 크기의 시각화

이는 해당 단어의 가중치다. 이전 코드와 비교했을 때 유일한 변경 사항이다.

```python
def wordcloud_clusters(model, vectors, features, no_top_words=40):
    for cluster in np.unique(model.labels_):
        size = {}
        words = vectors[model.labels_ == cluster].sum(axis=0).A[0]
        largest = words.argsort()[::-1] # invert sort order
        for i in range(0, no_top_words):
            size[features[largest[i]]] = abs(words[largest[i]])
        wc = WordCloud(background_color="white", max_words=100,
                    width=960, height=540)
        wc.generate_from_frequencies(size)
        plt.figure(figsize=(12,12))
        plt.imshow(wc, interpolation='bilinear')
        plt.axis("off")
        # 시각화 결과를 저장하지 않으려면 다음 줄을 주석 처리하자.
        plt.savefig(f'cluster{cluster}.png')

wordcloud_clusters(k_means_para, tfidf_para_vectors,
                tfidf_para_vectorizer.get_feature_names())
```

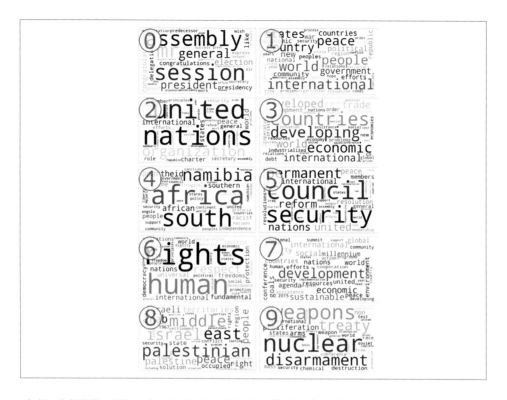

결과는 (다행히) 다른 토픽 모델링 접근 방식과 크게 다르지 않다. nuclear weapons, South Africa, general assembly 등의 주제를 인식할 수 있다. 그러나 클러스터가 더 뚜렷하다는 점에 유의하자. 달리 말해, 단어가 더 구체적이다. 불행히도 이 점은 가장 큰 클러스터 1에는 해당하지 않는다. 이 클러스터에는 명확한 방향이 없지만 더 작은 크기의 비슷한 단어가 많다. 이것은 토픽 모델링과 다른 클러스터링 알고리즘의 전형적인 현상이다.

클러스터링 계산은 특히 NMF 토픽 모델에 비해 상당히 오래 걸릴 수 있다. 긍정적 측면에서 우리는 이제 특정 클러스터에서 문서를 자유롭게 선택하고(토픽 모델과 반대로, 이것은 잘 정의됨) 계층적 클러스터링 같은 정교한 추가 작업을 수행할 수 있다.

클러스터링의 품질은 일관성coherence 또는 칼린스키-하라바츠 점수Calinski-Harabasz score를 사용해 계산할 수 있다. 이러한 측정 항목은 희소 데이터에 최적화되지 않고 계산하는 데 오랜 시간이 걸리므로 설명을 건너뛰겠다.

8.10 추가 아이디어

8장에서는 토픽 모델링을 수행하는 다양한 방법을 살펴보았다. 그러나 지금까지 살펴본 방법들은 일부에 불과하다.

- 벡터화 과정에서 N-그램을 추가할 수 있다. 사이킷런에서는 `ngram_range` 매개변수를 사용해 간단하게 할 수 있다. 젠심에는 `Phrases` 클래스를 사용한다. N-그램의 TF-IDF 가중치가 높기 때문에 주제의 특성feature에 크게 기여할 수 있고 많은 컨텍스트 정보를 추가할 수 있다.
- 몇 년 동안 시간 종속적 토픽 모델을 사용했기 때문에 국가 또는 대륙으로 발표자들을 묶은 후, 해당 대사의 연설에서 관련성이 가장 높은 주제를 찾을 수도 있다.
- 단락 대신 전체 연설을 사용해 LDA 토픽 모델의 일관성 점수를 계산하고 비교한다.

8.11 요약 및 추천

일상 업무에서 알려지지 않은 텍스트 말뭉치의 내용을 이해하려 할 때 토픽 모델링이나 클러스터링 같은 비지도 학습 방법을 제일 먼저 사용한다는 것은 입증된 것 같다. 이 방법들은 올바른 특성을 선택했는지 아니면 더 최적화할 수 있는지 확인할 때 더 유용하다.

가장 중요한 결정은 주제를 계산할 개체entity다. 예에서 볼 수 있듯이 분석에서 문서 형태는 최선의 선택이 아닐 수도 있다. 특히 문서가 상당히 길고 알고리즘적으로 결정 가능한 하위 항목으로 구성되었다면 더욱 그렇다.

적정 수의 주제를 찾기는 항상 어렵다. 일반적으로 다양한 조건으로 품질 지표를 반복적으로 계산해 최적의 수를 찾아야 한다. 자주 사용되는 실용적인 접근 방식은 합리적 수의 주제로 시도하고 결과를 해석할 수 있는지 확인하는 것이다.

훨씬 많은 수(대략 수백 개 정도)의 주제를 사용할 때, 토픽 모델은 종종 텍스트 문서의 차원 축소dimensionality reduction 기술로 사용된다. 결과 벡터화를 통해 유사성 점수는 잠재 공간에서 계산될 수 있으며, 종종 TF-IDF 공간의 간단naïve하게 계산한 거리와 비교해 더 나은 결과를 얻을 수 있다.

8.12 마치며

토픽 모델은 강력한 기술이며 계산 비용이 많이 들지 않는다. 따라서 텍스트 분석에서 널리 사용할 수 있다. 이 방법을 사용하는 제1의 이유이자 가장 중요한 이유는 문서 말뭉치의 잠재된 구조를 밝힐 수 있다는 것이다. 토픽 모델은 알려지지 않은 큰 텍스트의 구조에 대한 요약과 아이디어를 얻는 데도 유용하다. 이러한 이유로 분석 초기에 일상적으로 시용되는 경우가 많다.

다양한 알고리즘과 구현이 있으므로 다양한 방법을 실험하고 주어진 텍스트 말뭉치에 대해 어떤 방법이 최상의 결과를 산출하는지 확인하는 것이 좋다. 선형대수 기반 방법은 매우 빠르며 각 품질 지표를 계산하고 결합된 주제 수를 변경해 분석을 가능하게 한다.

토픽 모델링을 수행하기 전에 다양한 방식으로 데이터를 집계하면 흥미로운 변형이 발생할 수 있다. 유엔총회 일반토의 데이터셋에서 보았듯이, 발표자가 하나의 주제에 대해 이야기할 때 분석 단위로는 단락이 더 적합했다. 여러 작성자의 텍스트가 포함된 말뭉치의 경우, 작성자별로 모든 텍스트를 연결하면 다양한 유형의 작성자에 대한 페르소나 모델이 제공된다.

## CHAPTER 9

텍스트 요약

인터넷에는 여러 주제의 정보가 방대하게 존재한다. 구글 검색은 텍스트, 이미지, 비디오 등이 포함된 수백만 개의 검색 결과를 반환한다. 텍스트만 고려하더라도 다 읽을 수는 없다. 텍스트 요약 방법은 텍스트 정보를 몇 줄 또는 단락으로 짧게 압축해 대부분의 사용자가 이해할 수 있도록 한다. 텍스트 요약 응용 프로그램은 인터넷뿐만 아니라 법률 보조원의 사건 요약, 책 개요 등에서도 사용되고 있다.

9.1 학습 목표

이 장에서는 텍스트를 요약하는 기술을 소개하고, 사용 방법을 입문자 눈높이에서 알아본다. 요약 방법을 선정하는 데 유용한 다양한 유형의 텍스트 데이터와 특정한 특성specific characteristics 을 분석할 것이다. 이러한 방법을 다양한 사용 사례에 적용하고 성능을 분석할 것이다. 이 장의 끝에서 다양한 텍스트 요약 방법을 이해하고 모든 응용 프로그램에 적합한 접근 방식을 선택하게 될 것이다.

9.2 텍스트 요약

사람은 누구나 한 번쯤은 알게 모르게 요약 작업을 한 경험이 있다. 예를 들어 어젯밤에 본 영화를 친구에게 이야기하거나 가족에게 자신의 작품을 설명하곤 한다. 상대방과 감성을 공유하고 다른 사람에게 동기를 부여하기 위해 자신의 경험을 간략하게 요약해 전 세계에 이야기하기를 즐긴다. 텍스트 요약은 전체 문맥을 잃지 않고 유용한 정보를 전하면서 긴 텍스트의 간결한 요약을 생성하는 방법으로 정의된다. 요약은 매우 익숙한 일상이어서 교과서와 강의 노트는 물론이고 심지어 이 책을 읽는 독자도 문장을 강조하거나 중요한 개념을 잊지 않기 위해 짧은 노트를 만들 것이다.

자동으로 텍스트를 요약하는 방법은 컴퓨터를 사용해 작업을 수행한다. 요약 방법은 크게 '추출 방법'과 '추상화 방법'으로 분류한다. 추출 요약 방법에서는 주어진 텍스트 본문에서 중요한 구 또는 문장을 찾고, 이들을 적절히 결합해 전체 텍스트의 요약을 생성한다. 이 방법은 가중치를 올바르게 할당해 텍스트의 중요한 부분을 식별하고, 중복 정보를 전달하는 문장을 제거하고, 텍스트의 부분에 순위를 정하고, 가장 중요한 부분을 요약으로 결합한다. 이러한 방법은 원본 텍스트의 일부를 요약으로 선택하므로 각 문장이 문법적으로 올바르지만 단락의 응집력을 형성하지 못할 수 있다.

반면에 추상적인 요약 방법은 사람처럼 의역해서 요약을 생성한다. 이 방법은 일반적으로 중요한 단어나 문장을 선택하는 것이 아니라 문법적으로 올바른 텍스트 요약을 제공하는, 구문과 문장을 생성할 수 있는 심층 신경망$^{Deep Neural Network}$(DNN)을 사용한다. 그러나 심층 신경망을 훈련하는 과정에서는 많은 훈련 데이터가 필요하고 자연어 생성, 의미론적 분할 같은 NLP 내의 여러 하위 도메인을 다뤄야 한다.

추상적인 요약 방법은 최신 기술을 개선하기 위해 여러 접근 방식(`https://oreil.ly/DxXd1`)을 사용하는 활발한 연구 영역이다. 허깅페이스$^{Hugging Face}$의 트랜스포머스^{Transformers} 라이브러리(`https://oreil.ly/JS-x8`)는 사전 훈련된 모델을 사용해 요약 작업을 수행하는 구현을 제공한다. 사전 훈련된 모델과 트랜스포머스 라이브러리의 개념은 11장에서 자세히 살펴본다. 반면에 추출 요약은 구현이 간단하고 빠르게 실행되기 때문에 많은 사용 사례에서 선호된다. 이 장에서는 추출 요약을 사용하는 데 중점을 둔다.

현재 사례를 준비하는 데 도움이 되도록 과거 사례를 검토하려는 법률 회사와 협업한다고 가정한다. 소송 절차와 판결에 매우 오랜 시간이 걸리기 때문에 관련성이 있는 경우에만 요약을 생성해 전체 사례를 검토하려 한다. 이러한 요약은 여러 사례를 빠르게 살펴보고 시간을 효율적으로 할애하는 데 도움이 된다. 이 방식은 긴 형식의 텍스트에 적용된 텍스트 요약의 예라고 할 수 있다. 또 다른 사용 사례로는 미디어 회사가 구독자에게 매일 아침 보내는, 전날의 중요한 이벤트를 강조해 만든 뉴스레터가 있다.

고객이 긴 이메일을 좋아하지 않기 때문에 각 기사의 짧은 요약을 작성하는 것은 고객의 참여를 유지하는 중요한 방법이다. 이 사용 사례에서는 더 짧은 텍스트로 요약해야 한다. 이러한 프로젝트를 수행하는 동안 팀에서 슬랙Slack 또는 마이크로소프트 팀즈Microsoft Teams 같은 채팅 커뮤니케이션 도구를 사용할 수도 있다. 모든 팀원이 공유 채팅 그룹(또는 채널)으로 소통하는데, 회의 도중 몇 시간 자리를 비우면 공유 채팅 그룹이나 채널은 여러 메시지와 토론으로 빠르게 넘쳐날 것이다. 사용자는 100개 이상의 읽지 않은 메시지를 확인하기가 어렵고 중요한 메시지를 놓친 게 아닌지 확신할 수가 없다. 이러한 상황에서 자동화된 봇을 사용해 누락된 토론을 요약할 수 있는 방법이 있으면 도움이 될 것이다.

각 사용 사례에서 요약하려는 다음과 같은 여러 유형의 텍스트를 살펴볼 것이다.

- 단락이 포함되고 여러 페이지에 걸쳐 구조화된 방식으로 작성된 긴 형식의 텍스트. 가령 사례 절차, 연구 논문, 교과서 등
- 이미지, 데이터 및 기타 그래픽 요소가 있을 수 있는 뉴스 기사, 블로그 같은 짧은 형식의 텍스트
- 이모티콘 같은 특수 문자를 포함할 수 있고 구조화되지 않은 대화 형태의 여러 개의 짧은 텍스트. 가령 트위터 스레드, 온라인 토론 포럼, 그룹 메시징 응용 프로그램

각 유형의 텍스트 데이터가 각각 다른 정보를 나타내므로 한 가지 요약 방법이 모든 데이터에 적용되지 않을 수 있다. 이제부터 다양한 텍스트 유형에서 자동으로 요약하는 방법을 제시하고 적절한 방법을 결정하는 전략을 살펴보겠다.

9.2.1 추출 방법

추출 방법은 다음 세 가지 기본 단계를 따른다.

1. 텍스트의 '중간 표현'을 만든다.
2. 선택한 표현에 따라 문장/구phrases에 점수를 매긴다.
3. 문장의 순위를 매기고 그 순위에 따라 적절히 선택해 텍스트 요약을 만든다.

대부분의 전략은 위 단계를 따라 구성되지만 중간 표현이나 점수를 매기는 방법은 다양하다.

9.2.2 데이터 전처리

실제 과정을 진행하기 전에 3장에서 소개한 전략을 활용해서 요약하고 싶은 URL의 글을 읽어 들이자. 이번에는 텍스트를 기반으로 요약을 생성하는 데 중점을 두지만 URL에서 데이터를 추출하는 내용을 자세히 알고 싶다면 3장을 참고하도록 하자. 간단히 살펴보기 위해 가져오는 기사의 글자 수를 제한한다. 기사 전문을 보려면 주어진 URL에 접속한다.

```python
import reprlib
r = reprlib.Repr()
r.maxstring = 800

url1 = "https://www.reuters.com/article/us-qualcomm-m-a-broadcom-5g/\
                what-is-5g-and-who-are-the-major-players-idUSKCN1GR1IN"
article_name1 = download_article(url1)
article1 = parse_article(article_name1)
print ('Article Published on', r.repr(article1['time']))
print (r.repr(article1['text']))
```

| 출력 |

```
Article Published on '2018-03-15T11:36:28+0000'
'LONDON/SAN FRANCISCO (Reuters) - U.S. President Donald Trump has blocked microchip
maker Broadcom Ltd's (AVGO.O) $117 billion takeover of rival Qualcomm (QCOM.O) amid
concerns that it would give China the upper hand in the next generation of mobile
communications, or 5G. A 5G sign is seen at the Mobile
World Congress in Barcelona, Spain February 28, 2018. REUTERS/Yves HermanBelow are some
facts... 4G wireless and looks set to top the list of patent holders heading into the
5G cycle. Huawei, Nokia, Ericsson and others are also vying to amass 5G patents, which
 has helped spur complex cross-licensing agreements like the deal struck late last year
 Nokia and Huawei around handsets. Editing by Kim Miyoung in Singapore and Jason Neely
 in LondonOur Standards:The Thomson Reuters Trust Principles.'
```

NOTE_ print 문의 출력을 조절하기 위해 reprlib 패키지를 사용한다. 여기서 기사 전체를 출력하는 것은 의미가 없다. 출력되는 문자 수를 800자로 제한하고, reprlib 패키지가 기사의 시작과 끝에서 선택된 단어 시퀀스를 표시하도록 출력 형식을 다시 지정한다.

9.3 전략: 주제 표현을 이용한 텍스트 요약

먼저 앞에 있는 로이터 기사를 직접 요약한다. 이 기사를 읽은 후 사람이 요약한 내용은 다음과 같다.

> 5G is the next generation of wireless technology that will rely on denser arrays of small antennas to offer data speeds up to 50 or 100 times faster than current 4G networks. These new networks are supposed to deliver faster data not just to phones and computers but to a whole array of sensors in cars, cargo, crop equipment, etc. Qualcomm is the dominant player in smartphone communications chips today, and the concern is that a takeover by Singapore-based Broadcom could see the firm cut research and development spending by Qualcomm or hive off strategically important parts of the company to other buyers, including in China. This risked weakening Qualcomm, which would boost China over the United States in the 5G race.

기사가 전하는 내용을 이해한 다음 요약을 생성한다. 그러나 알고리즘에는 이러한 이해가 없으므로 요약에 해당 문장을 포함해야 하는지 여부를 결정하기 위해서 중요한 주제 식별에 의존해야 한다. 예제 기사에서 주제는 기술, 통신, 5G와 같이 광범할 수 있지만 알고리즘에는 중요한 단어의 모음일 뿐이다. 첫 번째 할 일은 중요한 단어와 중요하지 않은 단어를 구별해 중요한 단어가 포함된 문장에 높은 순위를 부여하는 것이다.

9.3.1 TF-IDF 값으로 중요한 단어 식별

가장 간단한 접근 방식은 해당 문장에 있는 단어의 TF-IDF 값을 집계한 후에 중요한 문장을 식별하는 것이다. TF-IDF는 5장에 자세히 설명했다. 여기서는 TF-IDF 벡터화를 적용한 다음 값을 '문장'으로 집계한다. 각 문장에 대한 점수를 해당 문장의 각 단어에 대한 TF-IDF 값의 합으로 생성할 수 있다.

이는 점수가 높은 문장이 기사의 다른 문장에 비해 중요한 단어를 많이 포함한다는 것을 의미한다.

```
from sklearn.feature_extraction.text import TfidfVectorizer
from nltk import tokenize

sentences = tokenize.sent_tokenize(article1['text'])
tfidfVectorizer = TfidfVectorizer()
words_tfidf = tfidfVectorizer.fit_transform(sentences)
```

이 기사에는 약 20개 문장이 있는데, 이는 원본 기사 분량의 10%에 해당한다. 각 문장에 대한
TF−IDF 값을 합산하고 np.argsort를 사용해 정렬한다. 이 방법은 각 문장의 인덱스를 오름
차순으로 정렬하고 [::-1]을 사용해 반환된 인덱스를 반전시킨다. 기사에 제시된 흐름대로 사
고가 흐르도록, 선택한 요약 문장이 나타나는 순서를 기사에 문장이 나타난 순서와 동일하게
해서 출력한다. 다음과 같이 생성된 요약의 결과를 볼 수 있다.

```
# 필요한 요약 문장의 수를 지정하는 매개변수
num_summary_sentence = 3

# TF-IDF 값의 합에 따라 내림차순으로 문장을 정렬
sent_sum = words_tfidf.sum(axis=1)
important_sent = np.argsort(sent_sum, axis=0)[::-1]

# 가장 중요한 문장 3개를 기사에 나온 순서대로 인쇄
for i in range(0, len(sentences)):
    if i in important_sent[:num_summary_sentence]:
        print (sentences[i])
```

| 출력 |

LONDON/SAN FRANCISCO (Reuters) - U.S. President Donald Trump has blocked microchip
maker Broadcom Ltd's (AVGO.O) $117 billion takeover of rival Qualcomm (QCOM.O) amid
concerns that it would give China the upper hand in the next generation of mobile
communications, or 5G.
5G networks, now in the final testing stage, will rely on denser arrays of small
antennas and the cloud to offer data speeds up to 50 or 100 times faster than current
4G networks and serve as critical infrastructure for a range of industries.
The concern is that a takeover by Singapore-based Broadcom could see the firm cut
research and development spending by Qualcomm or hive off strategically important parts
of the company to other buyers, including in China, U.S. officials and analysts have
said.

이 방법은 TF-IDF 값을 사용해 텍스트의 중간 표현을 만들고, 이를 기반으로 문장에 점수를 매긴 후 점수가 가장 높은 세 문장을 선택했다. 이 방법으로 선택한 문장은 이전에 수동으로 작성한 요약과 일치하고 기사에서 다루는 주요 요점을 포착했다. 업계에서 퀄컴Qualcomm의 중요성 및 5G 기술의 특정 응용 프로그램 같은 일부 뉘앙스가 누락되었다. 그러나 이 방법은 중요한 문장을 빠르게 식별하고 뉴스 기사의 요약을 자동으로 생성하는 좋은 전략이다. 이 부분을 `tfidf_summary` 함수로 래핑하겠다. 이 함수는 예시 코드 노트북에 정의되었으며 이 장의 뒷부분에서 재사용하니 참고하자.

9.3.2 LSA 알고리즘

추출 기반 요약에 사용되는 최신 방법 하나는 잠재 의미 분석latent semantic analysis(LSA)이다. LSA는 토픽 모델링, 문서 유사성 및 기타 작업에 사용되는 범용 알고리즘이다. LSA는 의미가 비슷한 단어가 동일한 문서에 등장할 것이라고 가정한다. 먼저 LSA 알고리즘에서는 전체 기사를 문장-용어 행렬의 형태로 나타낸다. 문서-용어 행렬의 개념은 8장에 소개했으며 문장-용어 행렬에 맞게 개념을 조정할 수 있다. 각 행은 문장을 나타내고 각 열은 단어를 나타낸다. 이 행렬의 각 칸 값은 종종 TF-IDF 가중치로 스케일링된 단어 빈도다. 이 방법의 목적은 문장-용어 행렬의 표현을 수정해 단어 모두를 몇 가지 주제로 줄이는 것이다. 수정된 표현을 생성하기 위해 이 행렬을 행/열이 더 적은 두 개의 새로운 분해 행렬의 곱으로 표현하는 비음수 행렬 분해를 적용한다. 이 방법의 자세한 내용은 8장을 참조하자. 행렬 분해 후에 상위 N개의 중요한 주제를 선택한 다음, 이러한 각 주제에 대해 가장 중요한 문장을 선택하고 요약을 구성해 생성할 수 있다.

LSA를 처음부터 개발하는 대신 `pip install sumy` 명령으로 설치할 수 있는 서미sumy 패키지를 사용한다. 이 라이브러리는 여러 요약 방법을 제공한다. 또한 NLTK의 토큰화 및 형태소 분석기 기능과 함께 통합된 불용어 목록을 사용하지만, 이는 사용자가 설정할 수 있다. 또한 일반 텍스트, HTML, 파일에서 입력을 읽을 수도 있다. 이를 통해 다양한 요약 방법을 빠르게 테스트하고 특정 사용 사례에 맞게 기본 구성을 변경할 수 있다. 여기서는 상위 3개 문장 식별을 포함해 기본 옵션을 사용하겠다.[82]

----

82 깃허브(https://oreil.ly/I0FMA)에서 이 전략에 사용한 사용법과 패키지에 대한 자세한 정보를 찾을 수 있다.

```python
from sumy.parsers.plaintext import PlaintextParser
from sumy.nlp.tokenizers import Tokenizer
from sumy.nlp.stemmers import Stemmer
from sumy.utils import get_stop_words

from sumy.summarizers.lsa import LsaSummarizer

LANGUAGE = "english"
stemmer = Stemmer(LANGUAGE)

parser = PlaintextParser.from_string(article1['text'], Tokenizer(LANGUAGE))
summarizer = LsaSummarizer(stemmer)
summarizer.stop_words = get_stop_words(LANGUAGE)

for sentence in summarizer(parser.document, num_summary_sentence):
    print (str(sentence))
```

| 출력 |

LONDON/SAN FRANCISCO (Reuters) - U.S. President Donald Trump has blocked microchip maker Broadcom Ltd's (AVGO.O) $117 billion takeover of rival Qualcomm (QCOM.O) amid concerns that it would give China the upper hand in the next generation of mobile communications, or 5G.
Moving to new networks promises to enable new mobile services and even whole new business models, but could pose challenges for countries and industries unprepared to invest in the transition.
The concern is that a takeover by Singapore-based Broadcom could see the firm cut research and development spending by Qualcomm or hive off strategically important parts of the company to other buyers, including in China, U.S. officials and analysts have said.

결과를 분석하면 TF-IDF의 결과와 단 한 문장이 다른 것을 알 수 있다. 바로 문장 2다. LSA 방식은 '도전challenge'에 대한 주제가 담긴 문장을 강조하는 방식을 택했지만 TF-IDF는 '5G'에 대한 정보를 더 많이 제공하는 문장을 선택했다. 이 시나리오에서 두 가지 방법으로 생성된 요약 내용이 크게 다르지 않지만, 이 방법이 더 긴 기사에서는 어떻게 작동하는지 분석하겠다.

이 부분을 lsa_summary 함수로 래핑한다. lsa_summary 함수는 함께 제공되는 노트북에 정의되었으며 재사용할 수 있다.

```
r.maxstring = 800
url2 = "https://www.reuters.com/article/us-usa-economy-watchlist-graphic/\
        predicting-the-next-u-s-recession-idUSKCN1V31JE"
article_name2 = download_article(url2)
article2 = parse_article(article_name2)
print ('Article Published', r.repr(article1['time']))
print (r.repr(article2['text']))
```

| 출력 |

```
Article Published '2018-03-15T11:36:28+0000'
'NEW YORK A protracted trade war between China and the United States, the world's
largest economies, and a deteriorating global growth outlook has left investors
apprehensive about the end to the longest expansion in American history. FILE PHOTO:
Ships and shipping containers are pictured at the port of Long Beach in Long Beach,
California, U.S., January 30, 2019.
REUTERS/Mike
BlakeThe recent ...hton wrote in the June Cass Freight Index report. 12.
MISERY INDEX The so-called Misery Index adds together the unemployment rate and the
inflation rate. It typically rises during recessions and sometimes prior to downturns.
It has slipped lower in 2019 and does not look very miserable.
Reporting by Saqib Iqbal Ahmed; Editing by Chizu NomiyamaOur Standards:The Thomson
Reuters Trust Principles.'
```

기사를 내려받았다. 이제 TF-IDF 기반 요약을 실행하겠다.

```
summary_sentence = tfidf_summary(article2['text'], num_summary_sentence)
for sentence in summary_sentence:
    print (sentence)
```

| 출력 |

```
REUTERS/Mike BlakeThe recent rise in U.S.-China trade war tensions has brought forward
the next U.S. recession, according to a majority of economists polled by Reuters who
now expect the Federal Reserve to cut rates again in September and once more next year.
On Tuesday, U.S. stocks jumped sharply higher and safe-havens like the Japanese yen
and Gold retreated after the U.S. Trade Representative said additional tariffs on some
Chinese goods, including cell phones and laptops, will be delayed to Dec. 15.
```

> ISM said its index of national factory activity slipped to 51.2 last month, the lowest reading since August 2016, as U.S. manufacturing activity slowed to a near three-year low in July and hiring at factories shifted into lower gear, suggesting a further loss of momentum in economic growth early in the third quarter.

LSA를 이용한 요약도 수행해 두 결과를 비교하겠다.

```python
summary_sentence = lsa_summary(article2['text'], num_summary_sentence)
for sentence in summary_sentence:
    print (sentence)
```

| 출력 |

> NEW YORK A protracted trade war between China and the United States, the world's largest economies, and a deteriorating global growth outlook has left investors apprehensive about the end to the longest expansion in American history. REUTERS/Mike BlakeThe recent rise in U.S.-China trade war tensions has brought forward the next U.S. recession, according to a majority of economists polled by Reuters who now expect the Federal Reserve to cut rates again in September and once more next year. Trade tensions have pulled corporate confidence and global growth to multi-year lows and U.S. President Donald Trump's announcement of more tariffs have raised downside risks significantly, Morgan Stanley analysts said in a recent note.

선택한 요약 방법에 따라 문장의 차이가 더욱 분명해진다. 무역 전쟁에 따른 긴장의 주요 주제는 두 가지 방법 모두에서 포착되지만, LSA 요약기는 투자자의 불안apprehensiveness of investors, 기업 신뢰corporate confidence 같은 중요한 주제를 강조한다. TF-IDF는 선택한 문장에서 동일한 아이디어를 표현하지만 올바른 문장을 선택하지 못해 아이디어를 제대로 전달하지 못했다. 그 밖에 주제 기반 요약 방법이 있지만 LSA가 가장 간단하고 널리 사용되는 방법이다.

> **NOTE_** 서미 라이브러리는 1958년 한스 피터 룬Hans Peter Luhn이 만든 자동 텍스트 요약(LuhnSummarizer) 방법으로, 구현도 제공한다는 점에 주목하자(https://oreil.ly/j6cQI). 또한 이 방법은 중요 단어의 빈도를 사용해 식별하고 매우 빈도가 높거나 낮은 단어를 제거할 임계값을 설정하는 식으로 동작하는 주제 표현을 기반으로 한다. 당신은 이를 요약 실험의 기준 방법으로 사용해 다른 방법에서 제공하는 개선 사항과 비교할 수 있다.

9.4 전략: 지시자 표현을 사용한 텍스트 요약

지시자 표현법Indicator Representation은 문장의 단어만을 사용하는 것보다 문장의 특성과 문서 내다른 문장들과의 관계를 사용해 문장의 중간 표현을 만드는 것을 목표로 한다. TextRank (https://oreil.ly/yY29h)는 지시자 기반 방법의 인기 있는 예시다. TextRank는 원래 구글에서 검색 결과의 순위를 지정하는 데 사용했던 그래프 기반의 순위 알고리즘 PageRank에서 영감을 받아 고안되었다. TextRank 논문의 저자는 그래프 기반 알고리즘이 웹 페이지의 개별 콘텐츠 분석보다 웹 설계자의 집단 지성collective knowledge에 의존하므로 성능이 우수하다고 말한다. 이번 텍스트 문제에 적용할 때는 각 문장에 포함된 주제보다 문장의 특성과 문장 간의 연결에 의존할 것이다.

먼저 PageRank 알고리즘이 작동하는 방식을 이해한 다음 방법론을 텍스트 요약 문제에 적용할 것이다. 웹 페이지 목록(A, B, C, D, E, F)과 서로에 대한 링크를 살펴보겠다. [그림 9-1]의 페이지 A에는 페이지 D의 링크가 포함되고 페이지 B에는 A와 D의 링크가 포함되었다. 또한 각 페이지를 참조하는 행과 다른 페이지에서 들어오는 링크를 참조하는 열이 있는 행렬 형태로 이를 나타낼 수도 있다. 그림에 표시된 행렬은 각 노드를 나타내는 행, 다른 노드에서 들어오는 링크를 참조하는 열, 그리고 그들 사이의 간선edge의 가중치를 나타내는 셀 값으로 그래프를 표현한다. 간단한 표현으로 시작한다(1은 들어오는 링크를 나타내고 0은 없음을 나타냄). 그런 다음 다른 웹 페이지로 나가는 링크의 총 개수로 나누어 이 값을 정규화할 수 있다. 예를 들어, 페이지 C에는 나가는 링크(페이지 E와 F에 대한)가 두 개 있으므로 나가는 각 링크의 값은 0.5다.

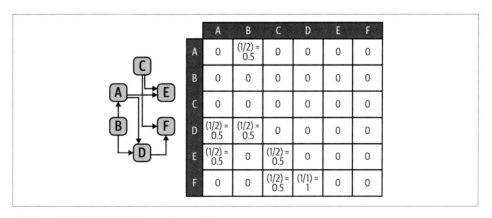

	A	B	C	D	E	F
A	0	(1/2) = 0.5	0	0	0	0
B	0	0	0	0	0	0
C	0	0	0	0	0	0
D	(1/2) = 0.5	(1/2) = 0.5	0	0	0	0
E	(1/2) = 0.5	0	(1/2) = 0.5	0	0	0
F	0	0	(1/2) = 0.5	(1/1) = 1	0	0

그림 9-1 웹 페이지 링크 및 해당 PageRank 행렬

주어진 페이지에 대한 PageRank는 해당 페이지에 대한 링크가 있는 다른 모든 페이지에 대한 PageRank의 가중치 합계다. 이는 PageRank 계산이 각 페이지에 대해 가정된 PageRank 값을 기반으로 계산을 시작하는 반복적인 함수라는 것을 의미한다. 모든 초깃값을 1로 가정하고 [그림 9-2]와 같이 행렬을 곱하면 한 번의 반복 후에 각 페이지의 PageRank에 도달한다 (감쇠 계수$^{damping\ factor}$는 고려하지 않음).

브린^{Brin}과 페이지^{Page}의 연구 보고서(`https://oreil.ly/WjjFv`)에 따르면 계산을 여러 번 반복하면 값이 안정화되고 따라서 각 페이지에 대한 PageRank 또는 중요도를 얻는다. TextRank는 텍스트의 각 문장이 페이지와 유사하고, 이를 그래프의 노드로 간주해 PageRank에서 사용한 방식을 적용한다. 노드 간 간선의 가중치는 문장 간의 유사도로 결정되는데, TextRank의 작성자는 공유된 어휘 토큰의 수를 세는 간단한 접근 방식을 제안한다. 여기서 토큰의 수는 두 문장의 크기로 정규화되었다. 사용할 수 있는 코사인 거리$^{cosine\ distance}$ 및 가장 긴 공통 부분 문자열과 같은 유사성 측정도 있다.

0	0.5	0	0	0	0		1		0.5
0	0	0	0	0	0		1		0
0	0	0	0	0	0	*	1	=	0
0.5	0.5	0	0	0	0		1		1.5
0.5	0	0.5	0	0	0		1		0.5
0	0	0.5	1	0	0		1		1.5

그림 9-2 PageRank 알고리즘의 1회 반복 적용

서미 패키지는 TextRank 구현도 제공하므로, 이전에 본 미국 경기 침체를 보도한 기사의 요약 문장을 생성하는 데 사용한다.

```
from sumy.summarizers.text_rank import TextRankSummarizer

parser = PlaintextParser.from_string(article2['text'], Tokenizer(LANGUAGE))
summarizer = TextRankSummarizer(stemmer)
summarizer.stop_words = get_stop_words(LANGUAGE)
```

```
for sentence in summarizer(parser.document, num_summary_sentence):
    print (str(sentence))
```

REUTERS/Mike BlakeThe recent rise in U.S.-China trade war tensions has brought forward the next U.S. recession, according to a majority of economists polled by Reuters who now expect the Federal Reserve to cut rates again in September and once more next year. As recession signals go, this so-called inversion in the yield curve has a solid track record as a predictor of recessions. Markets turned down before the 2001 recession and tumbled at the start of the 2008 recession.

요약된 문장 중 하나는 그대로 유지되지만, 이 방법은 이 기사에서 도출된 주요 결론과 (아마도) 연결된 두 개의 문장을 반환하도록 했다. 문장 자체가 중요하지 않을 수 있지만, 그래프 기반 방법을 사용하면 기사의 주요 주제를 지원하는 긴밀하게 연결된 문장을 선택할 수 있다. 이를 함수 textrank_summary로 래핑해 재사용할 수 있도록 한다.

이전에 살펴본 5G 기술에 대한 짧은 기사에서 이 방법이 어떻게 작동하는지 살펴본다.

```
parser = PlaintextParser.from_string(article1['text'], Tokenizer(LANGUAGE))
summarizer = TextRankSummarizer(stemmer)
summarizer.stop_words = get_stop_words(LANGUAGE)

for sentence in summarizer(parser.document, num_summary_sentence):
    print (str(sentence))
```

| 출력 |

Acquiring Qualcomm would represent the jewel in the crown of Broadcom's portfolio of communications chips, which supply wi-fi, power management, video and other features in smartphones alongside Qualcomm's core baseband chips radio modems that wirelessly connect phones to networks.
Qualcomm (QCOM.O) is the dominant player in smartphone communications chips, making half of all core baseband radio chips in smartphones.
Slideshow (2 Images)The standards are set by a global body to ensure all phones work across different mobile networks, and whoever's essential patents end up making it into the standard stands to reap huge royalty licensing revenue streams.

LSA 방법을 사용한 결과는 퀄컴 인수의 핵심 아이디어를 포착할 수 있었지만, 5G 기술에 대한 내용은 찾지 못했다.

TextRank는 일반적으로 그래프 연결을 사용해 가장 중요한 문장을 식별할 수 있으므로 텍스트가 긴 콘텐츠에서 더 잘 작동한다. 짧은 텍스트에서는 그래프가 크지 않으므로 이때의 네트워크에 숨겨진 특성이 많은 영향을 미치지는 않는다. 이 점을 더 강조하기 위해 위키백과에서 더 긴 콘텐츠의 예를 가져오겠다. 위키백과 기사의 텍스트 콘텐츠를 다운로드하기 위해 2장에서 만든 함수를 재사용한다. 기사로는 역사적 사건이나 일련의 사건, 즉 몽골의 유럽 침공을 기술한 기사를 선택한다. 그리고 이 기사는 텍스트가 훨씬 더 길므로 더 나은 요약을 제공하기 위해 약 10개 문장을 요약하도록 선택한다.

```
p_wiki = wiki_wiki.page('Mongol_invasion_of_Europe')
print (r.repr(p_wiki.text))
```

| 출력 |

```
'The Mongol invasion of Europe in the 13th century occurred from the 1220s into the
1240s. In Eastern Europe, the Mongols destroyed Volga Bulgaria, Cumania, Alania, and
the Kievan Rus\' federation. In Central Europe, the Mongol armies launched a tw...
tnotes\nReferences\nSverdrup, Carl (2010). "Numbers in Mongol Warfare". Journal of
Medieval Military History. Boydell Press. 8: 109–17 [p. 115]. ISBN 978-1-84383-596-7.
\n\nFurther reading\nExternal links\nThe Islamic World to 1600: The Golden Horde'
```

글을 가져왔으니 이를 TextRank에 적용해 결과를 확인한다.

```
r.maxstring = 200
num_summary_sentence = 10
summary_sentence = textrank_summary(p_wiki.text, num_summary_sentence)
for sentence in summary_sentence:
    print (sentence)
```

TextRank 알고리즘을 사용해 기사의 각 절에서 가장 중요한 문장을 선택하고, 기사의 요약을 거의 올바르게 제공함을 확인하기 위해 원본 위키백과 페이지(그림 9-3)에서 모델이 선택한 문장을 강조해 결과를 설명한다. 이 방법의 작동 방식을 LSA 방법과 비교할 수 있지만, 이는 독자에게 연습으로 남겨 둔다. 과학 연구 논문, 문집, 세계 지도자 연설 또는 다수의 웹 페이지와 같이 큰 텍스트 콘텐츠를 요약하려는 경우, TextRank 같은 그래프 기반 방법을 추천한다.

그림 9-3 선택한 요약 문장이 강조 표시된 위키백과 페이지

9.5 텍스트 요약 방법의 성능 측정

지금까지 주어진 텍스트의 요약을 생성하는 여러 방법을 살펴보았다. 각 방법은 미묘한 점에서 서로 달라 주관적 평가에 의존해야 했다. 주어진 사용 사례에 가장 적합한 방법을 선택하는 것은 확실히 어려운 일이다. 이 절에서는 일반적으로 사용되는 정확도 메트릭을 소개하고, 메트릭을 사용해 최상의 요약 방법을 경험적으로 선택하는 방법을 소개한다.

주어진 텍스트의 요약을 자동으로 평가하려면 비교할 수 있는 참조 요약이 있어야 한다. 일반적으로 사람이 작성한 요약을 모범 기준gold standard으로 잡을 수 있다. 자동으로 생성된 모든 요약은 정확한 요약 성능을 측정하기 위해 모범 기준과 비교할 수 있다. 또한 여러 방법을 쉽게 비교하고 최상의 방법을 선택할 기회를 준다. 그러나 인간이 생성한 요약이 모든 사용 사례에 존재하지 않을 수 있다는 문제가 종종 발생한다. 이러한 상황에서는 모범 기준으로 간주될 대리 측정값proxy measure을 선택할 수 있다. 뉴스 기사의 경우 헤드라인을 예로 들 수 있다. 사람이 작성하지만 상당히 짧을 수 있어 좋지 않은 프록시proxy이며, 정확한 요약이 아니지만 사용자를 끌어들이는 선도적 진술이다. 모범 기준이 최상의 결과를 내지 못할 수도 있지만 다양한 요약 방법의 성능을 비교하는 데는 여전히 유용하다.

ROUGE^{Recall-Oriented Understudy for Gisting Evaluation}는 요약의 정확성을 측정하는 데 일반적으로 사용되는 방법이다. ROUGE 메트릭에는 여러 유형이 있지만 기본 아이디어는 간단하다. 자동으로 생성된 요약과 모범 기준 간에 공유되는 용어 수를 비교해 정확도를 측정한다. ROUGE-N은 공통 N-그램의 수를 측정하는 메트릭이다. ROUGE-1은 개별 단어를 비교하고 ROUGE-2는 바이그램을 비교하는 식이다.

원본 ROUGE 논문(https://oreil.ly/Tsncq)은 모범 기준에 등장한 단어 중 자동 생성된 요약에 등장한 단어의 수를 비교한다. 이 책의 6장에 재현율^{recall}을 소개했다. 따라서 모범 기준에 있는 대부분의 단어가 생성된 요약에도 있으면 높은 점수를 얻는다. 그러나 이 지표만으로는 전체 내용을 알 수 없다. 길지만, 모범 기준에 있는 대부분의 단어를 포함하는 장황한 요약을 생성하는 경우를 보자. 이 요약은 높은 점수를 받지만 간결한 표현을 제공하지 않으므로 좋은 요약이 아니다. 이런 이유로 공유 단어 수를 생성된 요약의 총 단어 수와 비교하도록 ROUGE 측정을 확장하게 되었다. 이 측정은 정밀도(생성된 요약에서 실제로 유용한 단어의 수)를 나타낸다. 이러한 측정을 결합해 F-점수를 생성할 수 있다.

생성된 요약 하나를 예로 들어 ROUGE를 살펴보겠다. 인간이 생성한 모범 기준 요약이 없기 때문에 기사 제목을 모범 기준의 대용으로 사용한다. 독립적으로 간단하게 계산할 수 있지만, rouge_scorer라는 파이썬 패키지를 사용해 이 작업을 더 쉽게 할 것이다. 이 패키지는 나중에 사용할 모든 ROUGE 측정값을 구현하며, pip install rouge_scorer 명령으로 설치할 수 있다. 출력 유틸리티 함수 print_rouge_score를 사용해 점수를 간결하게 확인하겠다.

```python
num_summary_sentence = 3
gold_standard = article2['headline']
summary = ""

summary = ''.join(textrank_summary(article2['text'], num_summary_sentence))
scorer = rouge_scorer.RougeScorer(['rouge1'], use_stemmer=True)
scores = scorer.score(gold_standard, summary)
print_rouge_score(scores)
```

| 출력 |

```
rouge1 Precision: 0.06 Recall: 0.83 fmeasure: 0.11
```

이전 결과로 TextRank에 의해 생성된 요약이 재현율은 높지만 정밀도가 낮음을 알 수 있다. 그 자체는 최상의 선택이 아니지만 설명을 위해 사용했으며, 모범 기준이 매우 짧은 헤드라인임을 나타내는 아티팩트다. 메트릭의 가장 중요한 용도는 다른 방법과의 비교이며, 이 경우 LSA에서 생성한 요약과 비교한다.

```
summary = ''.join(lsa_summary(article2['text'], num_summary_sentence))
scores = scorer.score(gold_standard, summary)
print_rouge_score(scores)
```

| 출력 |

```
rouge1 Precision: 0.04 Recall: 0.83 fmeasure: 0.08
```

위의 결과는 TextRank가 정밀도가 더 높으므로 더 우수한 방법이지만 두 방법의 재현율은 동일하다는 것을 보여 준다. ROUGE-1을 ROUGE-2로 쉽게 확장할 수 있는데, ROUGE-2는 두 단어(바이그램)의 공통 시퀀스 수를 비교한다. 또 다른 중요한 메트릭은 가장 긴 공통 하위 시퀀스the longest common subsequence를 식별해 참조 요약과 생성된 요약 간의 공통 시퀀스 수를 측정하는 ROUGE-L이다. 문장의 하위 시퀀스subsequence는 단어의 상대적 순서를 변경하지 않으면서 원래 있던 단어가 일부 삭제된 문장에서 생성할 수 있는 새로운 문장이다. 이 메트릭의 장점은 정확한 시퀀스 일치에 초점을 맞추지 않고 문장의 단어 순서를 반영하는 순차 일치에 초점을 맞추는 것이다. 위키백과 페이지에 대한 ROUGE-2 및 ROUGE-L 측정 항목을 분석한다. 다시 말하지만, 여기서는 모범 기준이 없으므로 서론 단락을 모범 기준에 대한 대용물로 사용하겠다.

```
num_summary_sentence = 10
gold_standard = p_wiki.summary

summary = ''.join(textrank_summary(p_wiki.text, num_summary_sentence))

scorer = rouge_scorer.RougeScorer(['rouge2','rougeL'], use_stemmer=True)
scores = scorer.score(gold_standard, summary)
print_rouge_score(scores)
```

```
rouge2 Precision: 0.18 Recall: 0.46 fmeasure: 0.26
rougeL Precision: 0.16 Recall: 0.40 fmeasure: 0.23
```

LSA를 통한 요약의 정밀도 또한 측정한다.

```
summary = ''.join(lsa_summary(p_wiki.text, num_summary_sentence))
scorer = rouge_scorer.RougeScorer(['rouge2','rougeL'], use_stemmer=True)
scores = scorer.score(gold_standard, summary)
print_rouge_score(scores)
```

| 출력 |

```
rouge2 Precision: 0.04 Recall: 0.08 fmeasure: 0.05
rougeL Precision: 0.12 Recall: 0.25 fmeasure: 0.16
```

결과를 바탕으로 TextRank가 LSA보다 더 정확한 것으로 판명되었다. 앞서 설명한 방법과 동일한 방법으로 더 짧은 위키백과 항목에 가장 적합한 방법을 확인할 수 있다. 이 방법을 사용 사례에 적용할 때 비교를 위해 올바른 요약을 선택하는 것이 중요하다. 예를 들어, 뉴스 기사로 작업할 때 헤드라인을 사용하는 대신 기사에서 요약 절을 찾거나 몇몇 기사에서 직접 만들 수 있다. 이렇게 하면 다양한 방법을 공정하게 비교할 수 있다.

9.6 전략: 머신러닝을 이용한 텍스트 요약

많은 사람이 여행 계획, 프로그래밍 같은 주제로 열리는 온라인 토론 포럼에 접속한 적이 있을 것이다. 이러한 플랫폼의 사용자는 스레드 형태로 소통한다. 누구나 스레드를 시작할 수 있으며 그 외 구성원들이 이 스레드에서 응답을 제공한다. 스레드가 길어지면서 핵심 메시지가 유실될 수 있다. 이번 전략을 설명하기 위해 연구 논문[83]이 사용한 여행 포럼에서 추출한 데이터

---

83 Sansiri Tarnpradab, et al. "Toward Extractive Summarization of Online ForumDiscussions via Hierarchical Attention Networks." https://arxiv.org/abs/1805.10390, 데이터셋: https://oreil.ly/cqU_0

를 사용한다. 데이터에는 [그림 9-4]와 같이 해당 스레드에 대한 요약과 함께 스레드의 모든 게시물 텍스트가 포함된다.

이번 전략은 머신러닝을 사용해 전체 스레드에서 가장 중요한 게시물을 자동으로 식별해 이를 정확하게 요약하는 것이다. 먼저 논문 저자의 요약을 사용해 데이터셋의 대상 레이블을 생성한다. 그런 다음 특정 게시물이 요약에 포함되어야 하는지 여부를 결정하고 마지막으로 모델을 훈련하고 정확도를 평가하는 데 유용한 특성을 생성한다. 해야 할 일은 텍스트 분류와 유사하지만 텍스트가 아닌 '포스트' 수준에서 수행된다.

이번 전략을 설명하기 위해 포럼 스레드를 사용하지만 다른 사용 사례에도 이 전략을 쉽게 적용할 수 있다. CNN 및 데일리메일Daily Mail 뉴스 요약 작업(`https://oreil.ly/T_RNc`)이나 DUC(`https://oreil.ly/0Hlov`), SUMMAC(`https://oreil.ly/Wg322`) 데이터셋을 예로 들겠다. 각 데이터셋에서 각 기사의 텍스트와 강조 표시된 요약 문장을 찾을 수 있다. 이번 전략을 설명할 때 사용한 각 스레드와 요약 텍스트가 유사하다.

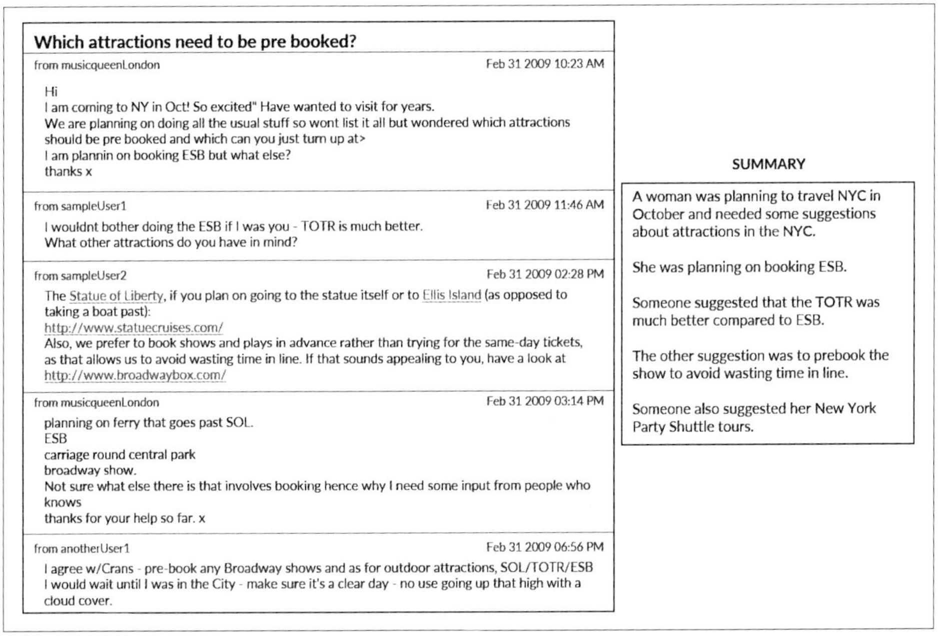

그림 9-4 스레드의 게시물 및 여행 포럼의 요약

9.6.1 1단계: 대상 레이블 생성

첫 단계는 데이터셋을 로드해 구조를 이해하고 제공된 요약을 사용해 대상 레이블을 만드는 것이다. 다음과 같이 올바른 형식의 데이터프레임을 만들기 위해 초기 데이터 준비 단계를 수행했다. 단계에 대한 자세한 내용은 책의 깃허브 저장소에 있는 `Data_Preparation` 노트북을 참조하라.

```python
import pandas as pd
import numpy as np

df = pd.read_csv('travel_threads.csv', sep='¦', dtype={'ThreadID': 'object'})
df[df['ThreadID']=='60763_5_3122150'].head(1).T
```

| 출력 |

	170
Date	29 September 2009, 1:41
Filename	thread41_system20
ThreadID	60763_5_3122150
Title	which attractions need to be pre booked?
postNum	1
text	Hi I am coming to NY in Oct! So excited" Have wanted to visit for years. We are planning on doing all the usual stuff so wont list it all but wondered which attractions should be pre booked and which can you just turn up at⟩ I am plannin on booking ESB but what else? thanks x
userID	musicqueenLon⋯
summary	A woman was planning to travel NYC in October and needed some suggestions about attractions in the NYC. She was planning on booking ESB.Someone suggested that the TOTR was much better compared to ESB. The other suggestion was to prebook the show to avoid wasting time in line.Someone also suggested her New York Party Shuttle tours.

이 데이터셋의 각 행은 스레드의 게시물을 참조한다. 각 스레드는 고유한 `ThreadID`로 식별되며 데이터프레임의 여러 행이 동일한 `ThreadID`를 가질 수 있다. `Title` 열은 사용자가 스레드를 시작한 이름을 나타낸다. 각 게시물의 내용은 텍스트 열 안에 있다. 게시물을 작성한 사용자

의 이름(userID), 게시물이 작성된 시간(및 날짜), 스레드에서의 위치(postNum) 같은 추가 세부 정보도 있다. 이 데이터셋의 경우 각 스레드에 대해 사람이 생성한 요약이 요약 열에 제공된다.

4장에서 소개한 정규 표현식을 이용한 정리 및 스페이시 파이프라인을 재사용해 게시물에서 특수 형식special formatting, URL, 기타 구두점을 제거한다. 또한 예측에 사용할 텍스트의 원형이 복원된 표현을 생성한다. 이 장과 함께 제공되는 노트북에서 함수 정의를 찾을 수 있다. 스페이시의 원형 복원 기능을 사용하므로 실행을 완료하는 데 몇 분이 걸릴 수 있다.

```
# 정규 표현식 기반 정리 기능 적용
df['text'] = df['text'].apply(regex_clean)
# spaCy 파이프라인을 사용해 원형 추출
df['lemmas'] = df['text'].apply(clean)
```

데이터셋의 각 관측치에는 스레드의 일부인 게시물이 포함된다. 게시물에 훈련-테스트 분할을 적용하면 동일한 스레드에 속한 두 개의 게시물이 훈련 및 테스트 데이터셋에 포함되어 부정확한 훈련으로 이어질 수 있다. 결과적으로 GroupShuffleSplit을 사용해 모든 게시물을 해당 스레드로 그룹화한 다음 스레드의 80%를 무작위로 선택해 훈련 데이터셋을 만들고 나머지 스레드는 테스트 데이터셋으로 구성한다. 이 기능은 동일한 스레드에 속한 게시물이 동일한 데이터셋의 일부인지 확인한다. GroupShuffleSplit 함수는 실제로 데이터를 분할하지 않지만 train_split 및 test_split으로 식별된 데이터를 분할하는 인덱스 집합을 제공한다. 이 인덱스를 사용해 두 개의 데이터셋을 생성한다.

```
from sklearn.model_selection import GroupShuffleSplit

gss = GroupShuffleSplit(n_splits=1, test_size=0.2)
train_split, test_split = next(gss.split(df, groups=df['ThreadID']))

train_df = df.iloc[train_split]
test_df = df.iloc[test_split]

print ('Number of threads for Training ', train_df['ThreadID'].nunique())
print ('Number of threads for Testing ', test_df['ThreadID'].nunique())
```

```
Number of threads for Training 559
Number of threads for Testing 140
```

다음 단계는 각 게시물의 대상 레이블을 결정하는 것이다. 대상 레이블은 특정 게시물이 요약에 포함되어야 하는지 여부를 정의한다. 각 게시물을 요약과 비교하고 요약에 포함된 내용과 가장 유사한 게시물을 선택한다. 두 문장의 유사성을 결정하는 데 사용할 메트릭이 몇 가지 있지만 이 사례에서는 짧은 텍스트로 작업하므로 자로-윙클러 거리 Jaro-Winkler distance (https://oreil.ly/b5q0B)를 선택한다. 다른 거리 측정법의 구현도 제공하는 textdistance 패키지를 사용한다. textdistance 패키지는 pip install textdistance 명령으로 쉽게 설치할 수 있으며 사용 사례에 따라 함수를 수정해서 메트릭을 선택하기도 쉽다.

다음 단계에서는 유사성을 결정하고 선택한 메트릭을 기반으로 스레드 내 모든 게시물에 순위를 지정한다. 그런 다음 이 게시물이 요약의 일부인지 여부를 나타내는 True 또는 False 값을 포함하는 summaryPost라는 대상 레이블을 만든다. 이것은 포스트의 순위와 압축 계수를 기반으로 한다. 압축 계수 30%를 선택한다. 즉, 요약에 포함할 유사도 순으로 정렬된 게시물의 상위 30%를 선택한다.

```
import textdistance

compression_factor = 0.3

train_df['similarity'] = train_df.apply(
    lambda x: textdistance.jaro_winkler(x.text, x.summary), axis=1)
train_df["rank"] = train_df.groupby("ThreadID")["similarity"].rank(
    "max", ascending=False)

topN = lambda x: x <= np.ceil(compression_factor * x.max())
train_df['summaryPost'] = train_df.groupby('ThreadID')['rank'].apply(topN)

train_df[['text','summaryPost']][train_df['ThreadID']=='60763_5_3122150'].head(3)
```

	text	summaryPost
170	Hi I am coming to NY in Oct! So excited" Have wanted to visit for years. We are planning on doing all the usual stuff so wont list it all but wondered which attractions should be pre booked and which can you just turn up at> I am plannin on booking ESB but what else? thanks x	True
171	I wouldnt bother doing the ESB if I was you TOTR is much better. What other attractions do you have in mind?	False
172	The Statue of Liberty, if you plan on going to the statue itself or to Ellis Island (as opposed to taking a boat past): http://www.statuecruises.com/ Also, we prefer to book shows and plays in advance rather than trying for the same-day tickets, as that allows us to avoid wasting time in line. If that sounds appealing to you, have a look at http://www.broadwaybox.com/	True

주어진 스레드에 대한 이전 결과에서 보듯이, 첫 번째와 세 번째 게시물은 summaryPost로 태그가 지정되지만 두 번째 게시물은 중요하지 않은 것으로 간주되어 요약에 포함되지 않는다. 대상 레이블을 정의한 방식 때문에 매우 짧은 게시물이 요약에 포함될 수도 있다. 이런 일은 주로 짧은 게시물에 스레드 제목과 동일한 단어가 포함된 경우에 발생한다. 요약에 유용하지 않으므로 단어가 20개 이하인 게시물이 요약에 포함되지 않도록 설정해 수정한다.

```
train_df.loc[train_df['text'].str.len() <= 20, 'summaryPost'] = False
```

9.6.2 2단계: 모델 예측을 지원하는 특성 추가

포럼 스레드를 다루기 위해, 예측에서 몇 가지 추가 특성을 생성해 모델의 학습을 도울 수 있다. 스레드의 제목은 주제를 간결하게 전달하고 요약에서 실제로 선택해야 하는 게시물을 식별하는 데 도움이 될 수 있다. 제목은 스레드의 게시물마다 동일하기 때문에[84] 특성으로 직접 포함할 수 없지만 대신 게시물 내용과 제목 간의 유사성을 특성의 하나로 계산한다.

----

84 옮긴이_ 포럼의 스레드는 원글에 답글을 다는 형식으로 구성되어 한 스레드에 속한 모든 게시물의 제목이 같다.

```
train_df['titleSimilarity'] = train_df.apply(
    lambda x: textdistance.jaro_winkler(x.text, x.Title), axis=1)
```

또 다른 유용한 특성은 게시물의 길이다. 짧은 게시물은 질문을 명확하게 만들도록 요청해서 스레드의 가장 유용한 지식을 포착하지 못할 수 있다. 반면에 긴 게시물은 유용한 정보가 많이 있다. 스레드에서 게시물이 표시되는 위치는 해당 게시물이 요약에 포함되어야 하는지 여부를 나타내는 유용한 지표가 될 수도 있다. 이는 포럼 스레드가 구성되는 방식에 따라 다를 수 있다. 여행 포럼의 경우 게시물은 시간순으로 정렬되며 게시물의 발생은 칼럼의 postNum에 의해 지정되고, 이를 특성으로 쉽게 사용할 수 있다.

```
# 게시물 길이 특성 추가
train_df['textLength'] = train_df['text'].str.len()
```

마지막 단계로 이전에 TfidfVectorizer를 사용해 추출한 원형의 벡터화된 표현을 생성한다. 그런 다음 벡터화된 원형과 이전에 만든 추가 특성을 포함하는 새로운 데이터프레임 train_df_tf를 만든다.

```
feature_cols = ['titleSimilarity','textLength','postNum']

train_df['combined'] = [
    ' '.join(map(str, l)) for l in train_df['lemmas'] if l is not '']
tfidf = TfidfVectorizer(min_df=10, ngram_range=(1, 2), stop_words="english")
tfidf_result = tfidf.fit_transform(train_df['combined']).toarray()

tfidf_df = pd.DataFrame(tfidf_result, columns=tfidf.get_feature_names())
tfidf_df.columns = ["word_" + str(x) for x in tfidf_df.columns]
tfidf_df.index = train_df.index
train_df_tf = pd.concat([train_df[feature_cols], tfidf_df], axis=1)
```

특성을 추가하는 이 단계는 사용 사례에 따라 확장하거나 사용자 지정을 할 수 있다. 예를 들어 더 긴 텍스트를 요약하려는 경우 문장이 속한 단락이 중요하다. 일반적으로 각 단락이나 절에서 중요 문장을 찾는다. 그렇게 찾은 문장으로 문장 유사성 측정을 하는 것은 적절하다. 과학 논문의 요약을 생성하려는 경우 인용 횟수와 해당 인용에 사용된 문장이 유용한 것으로 입증되었다. 또한 테스트 데이터셋에서 동일한 특성 엔지니어링 단계를 반복해야 한다. 이 단계는 함께 제공되는 주피터 노트북에는 있지만 여기서는 제외했다.

9.6.3 3단계: 머신러닝 모델 구축

이제 특성을 생성했으므로 6장의 텍스트 분류 기법을 재사용하지만 SVM 모델 대신 RandomForestClassifier 모델을 사용한다. 요약을 위한 머신러닝 모델을 구축하는 동안 벡터화된 텍스트 표현 이외의 추가 특성이 있을 수 있다. 특히 숫자 및 범주형 특성의 조합이 있는 상황에서는 트리 기반 분류기가 더 좋은 성능을 낼 수 있다.

```
from sklearn.ensemble import RandomForestClassifier

model1 = RandomForestClassifier()
model1.fit(train_df_tf, train_df['summaryPost'])
```

| 출력 |

```
RandomForestClassifier(bootstrap=True, ccp_alpha=0.0, class_weight=None,
                       criterion='gini', max_depth=None, max_features='auto',
                       max_leaf_nodes=None, max_samples=None,
                       min_impurity_decrease=0.0, min_impurity_split=None,
                       min_samples_leaf=1, min_samples_split=2,
                       min_weight_fraction_leaf=0.0, n_estimators=100,
                       n_jobs=None, oob_score=False, random_state=20, verbose=0,
                       warm_start=False)
```

이 모델을 테스트 스레드에 적용하고 요약 게시물을 예측한다. 정확도를 측정하기 위해 식별된 모든 요약 게시물을 연결하고 요약 생성기가 생성한 요약과 비교해 ROUGE-1 점수를 계산한다.

```
# 스레드별 rouge_score 계산 함수
def calculate_rouge_score(x, column_name):
    # 원래 요약 가져오기 - 반복되므로 첫 번째 값만 가져온다.
    ref_summary = x['summary'].values[0]

    # 요약으로 예측된 모든 게시물을 결합한다.
```

```
        predicted_summary = ''.join(x['text'][x[column_name]])

        # 각 ThreadID에 대한 rouge 점수를 반환한다.
        scorer = rouge_scorer.RougeScorer(['rouge1'], use_stemmer=True)
        scores = scorer.score(ref_summary, predicted_summary)
        return scores['rouge1'].fmeasure

test_df['predictedSummaryPost'] = model1.predict(test_df_tf)
print('Mean ROUGE-1 Score for test threads',
      test_df.groupby('ThreadID')[['summary','text','predictedSummaryPost']] \
      .apply(calculate_rouge_score, column_name='predictedSummaryPost').mean())
```

| 출력 |

```
Mean ROUGE-1 Score for test threads 0.3439714323225145
```

테스트셋의 모든 스레드에 대한 평균 ROUGE-1 점수는 0.34인데, 이 점수는 다른 공개 요약 작업(https://oreil.ly/SaCk2)의 추출 요약 점수와 비슷하다. 또한 BERT 같은 사전 훈련된 모델을 사용하면 점수가 향상된다는 사실을 리더보드에서 알 수 있다. 이 기술은 11장에서 자세히 살펴본다.

```
random.seed(2)
random.sample(test_df['ThreadID'].unique().tolist(), 1)
```

| 출력 |

```
['60974_588_2180141']
```

이 모델이 얼마나 유용한지 알기 위해 이 모델이 생성한 요약된 결과 중 하나를 살펴보겠다. 앞의 코드는 앞으로 살펴볼 문서 ID를 요약 결과 문서 ID 중에서 임의로 하나 뽑는 것이다.

```
example_df = test_df[test_df['ThreadID'] == '60974_588_2180141']
print('Total number of posts', example_df['postNum'].max())
print('Number of summary posts',
      example_df[example_df['predictedSummaryPost']].count().values[0])
print('Title: ', example_df['Title'].values[0])
```

```
example_df[['postNum', 'text']][example_df['predictedSummaryPost']]
```

| 출력 |

```
Total number of posts 9
Number of summary posts 2
Title:  What's fun for kids?
```

	postNum	text
551	4	Well, you're really in luck, because there's a lot going on, including the Elmwood Avenue Festival of the Arts (http://www.elmwoodartfest.org), with special activities for youngsters, performances (including oneby Nikki Hicks, one of my favorite local vocalists), and food of all kinds. Elmwood Avenue is one of the area's most colorful and thriving neighborhoods, and very walkable. The Buffalo Irish Festival is also goingon that weekend in Hamburg, as it happens, at the fairgrounds: www.buf...
552	5	Depending on your time frame, a quick trip to Niagara Falls would be great. It is a 45 minute drive from Hamburg and well worth the investment of time. Otherwise you have some beaches in Angola to enjoy. If the girls like to shop you have the Galleria, which is a great expansive Mall. If you enjoy a more eclectic afternoon, lunch on Elmwood Avenue, a stroll through the Albright Know Art gallery, and hitting some of the hip shops would be a cool afternoon. Darien Lake Theme Park is 40 minutes...

앞의 예에서 원래 스레드는 9개 게시물로 구성되었으며, 그중 2개는 앞서 표시된 대로 스레드를 요약하기 위해 선택되었다. 요약 게시물을 읽으면 스레드가 청소년을 위한 활동에 관한 것임을 알 수 있으며 Elmwood Avenue, Darien Lake Theme Park 등이 이미 제안되었다. 포럼 검색 결과를 스크롤하면서 마우스 커서를 올리면 해당 정보가 제공된다고 하자. 사용자가 흥미로운지 여부를 결정할 수 있을 만큼 정확한 요약을 제공하고, 요약을 클릭하면 자세한 내용을 확인하거나 다른 검색 결과를 계속 볼 수 있다. 또한 시작할 때 언급한 대로 이 전략을 다른 데이터셋과 함께 쉽게 재사용하고 거리 함수를 다른 것으로 변경하고 추가 특성을 도입한 다음 모델을 훈련할 수 있다.

9.7 마치며

텍스트 요약의 개념을 소개하고 다양한 사용 사례에서 요약을 생성하는 데 사용할 수 있는 전략을 소개했다. 웹 페이지, 블로그, 뉴스 기사 같은 짧은 텍스트에서 요약을 생성하려는 경우 LSA 요약기를 사용해 주제 표현을 기반으로 하는 전략은 제1의 전략으로 삼기에 충분하다. 연설이나 책 한 장의 내용, 과학 기사 같은 훨씬 더 큰 텍스트로 작업하는 경우, TextRank를 사용하는 전략이 더 좋다. 이 방법은 간단하고 빠르므로 자동 텍스트 요약을 향한 여정의 첫걸음으로 적당하다. 여기서 더 나아가고 싶다면, 사용 사례에 따라 맞춤화된 솔루션을 제공하는 머신러닝의 능력을 활용하는 세 번째 전략을 추천한다. 필요한 주석 데이터가 있는 경우 특성을 추가하고 머신러닝 모델을 최적화해서 성능을 개선해 이 방법을 조정할 수 있다. 회사 또는 제품에 사용자 데이터, 이용 약관을 요약하거나 신규 사용자나 신입 직원을 위해 기타 절차를 관리하는 여러 정책 문서를 예로 들 수 있다. 세 번째 전략을 실행할 때 절의 수, 블록 문자의 사용, 굵거나 밑줄 그어진 텍스트의 존재 같은 특성을 추가해 2단계에서 언급한 사용자 정의를 할 수 있다. 그러면 모델이 정책 문서의 중요 사항을 요약하는 데 도움이 된다.

9.8 더 읽어보기

- Allahyari, Mehdi, et al. "Text Summarization Techniques: A Brief Survey." `https://arxiv.org/pdf/1707.02268.pdf`

- Bhatia, Sumit, et al. "Summarizing Online Forum Discussions—Can Dialog Acts of Individual Messages Help?" `http://sumitbhatia.net/papers/emnlp14.pdf`

- Collins, Ed, et al. "A Supervised Approach to Extractive Summarisation of Scientific Papers." `https://arxiv.org/pdf/1706.03946.pdf`

- Tarnpradab, Sansiri, et al. "Toward Extractive Summarization of Online ForumDiscussions via Hierarchical Attention Networks." `https://aaai.org/ocs/index.php/FLAIRS/FLAIRS17/paper/viewFile/15500/14945`

## CHAPTER 10

단어 임베딩으로 의미 관계 탐색

유사성 개념은 머신러닝 작업의 기본이다. 앞서 5장에서는 단어 가방 모델을 기반으로 '텍스트 유사도'를 계산하는 방법을 살펴보았다. 문서에 대한 TF-IDF 벡터가 두 개 주어지면 코사인 유사도를 쉽게 계산하며 이 정보를 사용해 유사한 문서를 검색, 클러스터링, 분류할 수 있다.

그러나 단어 가방 모델의 유사성 개념은 두 문서의 공통 단어 수를 기반으로 한다. 문서가 토큰을 공유하지 않는 경우에 문서 벡터의 스칼라곱과 코사인 유사성은 0이 된다. 소셜 플랫폼에 올라온 새로운 영화에 대한 의견 두 가지를 살펴보자.

'What a wonderful movie(정말 멋진 영화야).'

'The film is great(영화가 훌륭해).'

두 의견은 전혀 다른 단어로 표현되었지만 비슷한 의미를 전한다. 이 장에서는 단어의 의미를 포착하는 수단인 단어 임베딩을 소개하고 이를 사용해 말뭉치에서 의미론적 유사성을 탐색한다.

10.1 학습 목표

이 절에서는 시장 조사 연구원이 자동차 시장의 모종의 관계를 이해하기 위해 자동차와 관련된 텍스트를 사용하는 경우를 생각해보자. 특히 자동차 브랜드와 모델의 유사성을 탐색하고자 한다. 예를 들어, '주어진 브랜드 B 모델과 가장 유사한 브랜드 A 모델'이 어느 것일지 말이다.

앞으로 사용할 말뭉치는 4장에서 사용한 레딧 셀프포스트 데이터셋의 자동차 범주에 있는 20개 하위 레딧으로 구성되었다. 각 하위 레딧에는 Mercedes, Toyota, Ford, Harley-Davidson 같은 브랜드의 자동차, 오토바이에 대한 천 개의 포스트가 있다. 각 게시물은 사용자가 작성한 질문, 답변, 댓글이므로 실제 사용자가 유사하다고 생각하는 모델이 어느 것인지 알 수 있다.

또한 8장에 소개한 젠심 라이브러리(https://oreil.ly/HaYkR)를 다시 사용한다. 젠심 라이브러리는 다양한 유형의 임베딩을 훈련하고 해당 모델을 의미론적 추론에 사용하는 멋진 API를 제공한다.

이 장을 공부한 후에는 의미론적 분석을 위한 단어 임베딩을 사용할 수 있을 것이다. 사전 훈련된 임베딩을 사용하는 방법, 고유한 임베딩을 훈련하는 방법, 다양한 모델을 비교하는 방법, 시각화하는 방법을 알게 된다. 깃허브 저장소(https://oreil.ly/W1ztU)에서 일부 이미지와 함께 이 장의 소스 코드를 찾을 수 있다.

10.2 시맨틱 임베딩 케이스

이전 장에서는 모델에 TF-IDF 벡터화를 사용했다. 이 모델은 계산하기 쉽지만 몇 가지 심각한 단점이 있다.

- 문서 벡터가 어휘의 크기로 정의되는 매우 높은 차원을 가진다. 따라서 벡터가 극도로 희소하다. 즉, 대부분의 항목이 0이다.
- 트위터 메시지, 서비스 댓글, 이와 유사한 콘텐츠에서 사용되는 짧은 텍스트에는 일반적인 단어가 등장할 확률이 낮기 때문에 잘 작동하지 않는다.
- 감성 분석, 질의 응답, 기계 번역 같은 고급 응용 프로그램이 올바르게 작동하려면 단어의 실제 의미를 포착해야 한다.

단어 가방 모델은 분류 또는 토픽 모델링 같은 작업에는 놀라울 정도로 잘 작동하지만, 텍스트가 길고 훈련 데이터가 충분히 많은 경우에만 사용할 수 있었다. 단어 가방 모델의 유사성은 전적으로 중요한 공통 단어의 존재를 기반으로 함을 기억하자.

이와 대조적으로 임베딩은 일종의 의미론적 유사성을 포착하는 객체의 조밀한 숫자 벡터 표현이다. 텍스트 분석에서 임베딩에 대해 이야기할 때는 **단어 임베딩**과 **문서 임베딩**을 구별해야 한다. 단어 임베딩은 단일 단어에 대한 벡터고, 문서 임베딩은 문서를 나타내는 벡터다. 문서는 짧은 구, 문장, 단락 또는 긴 기사와 같이 단어의 시퀀스를 의미한다. 이 장에서는 단어에 대한 조밀한 벡터 표현에 초점을 맞출 것이다.

10.2.1 단어 임베딩

임베딩 알고리즘의 대상은 다음과 같이 정의할 수 있다. 차원 d가 주어지면 의미가 유사한 단어가 유사한 벡터를 갖도록 단어에 대한 벡터 표현을 찾는다. 차원 d는 모든 단어 임베딩 알고리즘의 하이퍼파라미터다. 일반적으로 50에서 300 사이의 값으로 설정된다.

차원 자체에는 사전 정의되거나 사람이 이해할 수 있는 의미가 없다. 대신, 모델은 텍스트에서 단어 사이의 잠재적 관계를 학습한다. [그림 10-1]의 왼쪽에서 그 개념을 살펴보자. 각 단어에 5차원 벡터가 있는데, 각 차원은 해당 측면에서 유사한 단어가 이 차원에서도 유사한 값을 갖도록 단어 간의 일부 관계를 나타낸다. 차원 이름은 해당 값의 가능한 해석을 나타낸다.

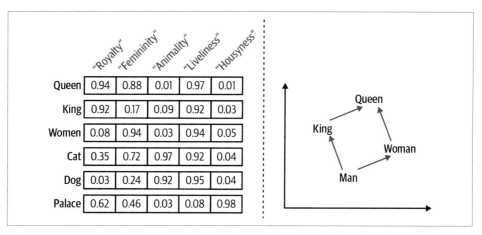

그림 **10-1** 단어의 의미론적 유사성을 나타내는 조밀한 벡터 표현(왼쪽)은 유추 질문에 답하는 데(오른쪽) 사용할 수 있다. 가능한 해석을 나타내도록 벡터 차원에 Royalty 같은 가상 이름을 지정했다.[85]

---

85 아드리안 콜리어(Adrian Colyer)의 블로그 'The Amazing Power of Word Vector'(https://oreil.ly/8iMPF)에서 착안했다.

훈련의 기본 개념은 유사한 맥락에 등장한 단어는 의미가 유사하다는 것이다. 이것을 분포 가설이라고 한다. 테스기노^{tesgüino}를 설명한 문장을 예로 들겠다.[86]

- A bottle of ___ is on the table.
- Everybody likes ___ .
- Don't have ___ before you drive.
- We make ___ out of corn.

tesgüino라는 단어를 모르더라도 일반적인 맥락을 분석하면 그 의미를 꽤 잘 유추할 수 있다. 알코올 음료라는 것을 알기 때문에 의미적으로 유사한 단어를 식별할 수도 있다.

10.2.2 단어 임베딩을 사용한 유추 추론

정말 놀라운 것은 이 방법으로 구축된 단어 벡터를 통해 벡터 대수와 함께 '여왕과 왕의 관계는 여성과 남성의 관계와 같다'[87] 같은 유추를 감지할 수 있다는 것이다(그림 10-1, 오른쪽).

$v(w)$를 단어 w에 대한 단어 임베딩이라고 하자. 수식은 다음과 같이 표현할 수 있다.

$$v(queen) - v(king) = v(woman) - v(man)$$

이 근사 방정식이 성립하면, 유추를 질문으로 다시 공식화할 수 있다.

'여성(woman)'을 '남성(man)'으로 유추할 때 '왕(king)'은 무엇으로 유추할 수 있는가? 수학적으로는 다음과 같이 표시할 수 있다.[88]

$$v(woman) + [v(king) - v(man)] \approx ?$$

이제 유추 질문에 답하기 위해 일종의 퍼지 추론을 하겠다. '파리가 프랑스의 수도라면 독일의 수도는 어디인가?' 같은 질문과 'Ford에 F150이 있다면 Toyota에는 무엇이 있을까?' 같은 시장 조사에 사용될 질문을 사용하겠다.

---

[86] 자주 인용되는 이 예는 1975년 언어학자 유진 나이다(Eugene Nida)가 처음 사용했다.

[87] 옮긴이_ 원문은 다음과 같다. "queen is to king like woman is to man."

[88] 제이 알람마르(Jay Alammar)의 글 'The Illustrated Word2Vec'(https://oreil.ly/TZNTT)은 이 방정식에 대한 훌륭한 시각적 설명을 제공한다.

10.2.3 임베딩 유형

단어 임베딩을 훈련하기 위해 여러 알고리즘이 개발되었다. 젠심을 사용하면 Word2Vec 및 FastText 임베딩을 훈련할 수 있다. GloVe 임베딩은 유사성 쿼리에 사용할 수 있지만 젠심으로 훈련할 수는 없다. 이러한 알고리즘의 기본 아이디어를 소개하고 더 고급이지만 더 복잡한 컨텍스트화된 임베딩 방법을 간략하게 설명한다. 이 장의 끝에 참조할 원본 논문과 설명을 추가하겠다.

Word2Vec

단어 임베딩에 대한 접근 방식은 이전에도 있었지만, 토마시 미콜로프^{Tomáš Mikolov}가 구글에서 개발한 모델(Mikolov et al., 2013)은 방금 설명한 유추 작업에서 이전 방식을 크게 능가해 이정표가 되었다. Word2Vec에는 두 가지 변형 모델 CBOW^{continuous bag-of-words} 및 skip-gram이 있다(그림 10-2 참조).

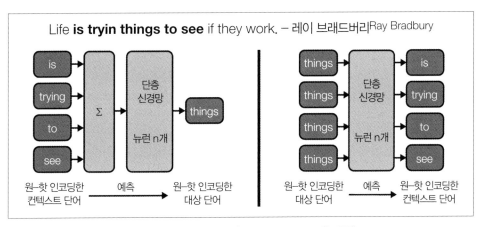

그림 10-2 CBOW(continuous bag-of-words, 왼쪽) 대 skip-gram 모델(오른쪽)

두 알고리즘은 모두 대상 단어 w_t와 컨텍스트 윈도우의 크기 c로 정의된 슬라이딩 윈도우를 사용한다. 예에서는 c = 2다. 즉 훈련 샘플은 5개 단어 $\{w_{t-2}, \cdots, w_{t+2}\}$로 구성된다. 훈련 샘플 중에는 **is trying things to see**처럼 굵게 인쇄된 샘플도 있다. CBOW 아키텍처(그림 10-2 왼쪽)에서 모델은 컨텍스트 단어에서 대상 단어를 예측하도록 훈련된다. 여기서 훈련 샘플은 컨텍스트 단어의 원-핫 인코딩한 벡터의 합 또는 평균과 대상 단어의 레이블로 구성된다. 대조적으로, skip-gram 모델(그림 10-2 오른쪽)은 대상 단어로 컨텍스트 단어들을 예측하도록 훈련된다. 이 경우 각 대상 단어는 각 컨텍스트 단어에 대해 별도의 훈련 샘플을 생성한다. 벡터를 평균하는 과정이 없다. 따라서 skip-gram은 더 느리게 훈련하지만(슬라이딩 윈도우 크기가 큰 경우 훈련이 훨씬 더 느려진다!) 자주 사용하지 않는 단어에 대해 더 나은 결과를 제공한다.

두 임베딩 알고리즘은 모두 간단한 단층 신경망과 빠르고 확장 가능한 훈련을 위해 몇 가지 트릭을 사용한다. 학습된 임베딩은 실제로 은닉층의 가중치 행렬로 정의된다. 따라서 100차원 벡터 표현을 학습하려면 은닉층은 100개 뉴런으로 구성되어야 한다. 입력 및 출력 단어는 원-핫 벡터로 표시된다. 임베딩의 차원과 컨텍스트 윈도우 c의 크기는 여기에 제시된 모든 임베딩 방법의 하이퍼파라미터다. 이 장의 뒷부분에서 이것이 임베딩에 미치는 영향을 살펴보겠다.

GloVe

스탠퍼드 대학교의 NLP 그룹이 2014년에 개발한 GloVe^{global vectors} 접근법(`https://oreil.ly/7hIGW`)은 예측 작업 대신 **전역 동시 발생 행렬**^{a global co-occurrence matrix}을 사용해 단어 벡터를 계산한다(Pennington et al., 2014). 크기 V의 어휘에 대한 동시 발생 행렬은 차원이 V × V다. 행렬의 각 셀 i, j에는 고정된 컨텍스트 윈도우 크기를 기반으로 하는 wi 및 wj 단어의 동시 발생 횟수가 포함된다. 임베딩은 토픽 모델링 또는 차원 축소에 사용되는 기술과 유사한 행렬 분해 기술을 사용해 계산된다.

예측 작업을 위해 로컬 컨텍스트 윈도우만 사용하는 Word2Vec과 달리, 동시 발생 행렬은 글로벌 말뭉치 통계를 캡처하기 때문에 이 모델을 글로벌이라고 한다. GloVe는 일반적으로 Word2Vec보다 성능이 더 좋지는 않지만, 훈련 데이터 및 작업에 따라 Word2Vec과 유사한 결과를 생성한다(토론은 Levy et al., 2014 참조).

FastText

세 번째로 소개하는 모델 역시 토마시 미콜로프의 팀이 개발했다. 다만 이번에는 소속이 페이스북^{Facebook}으로 바뀌었다(Joulin et al., 2017). 주된 목표는 어휘에서 벗어난 단어를 처리하는 것이었다. Word2Vec과 GloVe는 모두 훈련 말뭉치에 포함된 단어에 대해서만 단어 임베딩을 생성한다. 반면 FastText(`https://fasttext.cc`)는 벡터 표현을 유도하기 위해 문자

N-그램 형태의 하위 단어 정보를 사용한다. 예를 들어 fasttext의 문자 트라이그램은 fas, ast, stt, tte, tex, ext다. 사용된 N-그램의 길이(최소 및 최대)는 모델의 하이퍼파라미터다.

모든 단어 벡터가 N-그램의 임베딩으로 구성된다. 그리고 대부분의 문자 N-그램에 임베딩이 있기 때문에 이전 모델에서 보지 못한 단어에서도 작동한다. 예를 들어, fasttext의 벡터는 일반적인 N-그램 때문에 fast 및 text와 유사하다. 따라서 FastText는 어휘에 맞지 않는 철자가 틀린 단어에 대한 임베딩을 찾는 데 매우 유용하다.

심층 컨텍스트화된 임베딩

단어의 의미론적 의미semantic meaning는 종종 문맥에 따라 달라진다. 'I am right'와 'Please turn right'에서 right라는 단어의 의미를 생각하자.[89] 세 가지 모델(Word2Vec, GloVe, FastText)은 모두 단어 하나마다 각자의 벡터 표현을 가진다. 때문에 컨텍스트 종속 의미를 구별할 수 없다.

ELMoEmbedding from Language Models 같은 컨텍스트화된 임베딩은 컨텍스트, 즉 앞뒤 단어를 고려한다(Peters et al., 2018). 이는 조회 가능한 한 단어 벡터가 없다는 의미다. 대신 ELMo는 다층 양방향 장단기 기억 신경망multilayer bidirectional long short-term memory neural network (LSTM)을 통해 전체 문장을 전달하고 내부 계층의 가중치에서 각 단어에 대한 벡터를 조합한다. BERT 및 그 후속 모델 같은 최근 모델은 양방향 LSTM 대신 어텐션 트랜스포머attention transformer를 사용해 접근 방식을 개선한다. 이러한 모든 모델은 전이 학습이라는 이점을 갖게 된다. 즉 사전 훈련된 언어 모델을 사용하고 분류 또는 질의응답과 같은 특정 다운스트림 작업downstream task을 위해 이를 미세 조정fine-tune할 수 있는 기능을 얻는다. 이 개념은 11장에서 자세히 다룰 것이다.

10.3 전략: 사전 훈련된 모델에 유사한 질의 사용

이제 연습을 시작하겠다. 첫 번째 예에서는 사전 훈련된 임베딩을 사용한다. 이 임베딩은 누군가가 이미 위키백과Wikipedia 또는 뉴스 기사 같은 대규모 자료를 이용해 훈련을 해 두었다는 이점이 있다. 이번 전략에 사용할 수 있는 모델을 확인하고 그중 하나를 로드해 단어 벡터로 추론

---

89 발음은 같지만 의미가 다른 단어를 동음 이의어라고 한다. 철자가 같고 의미가 다르면 동형 이의어라고 한다.

을 수행한다.

10.3.1 사전 훈련된 모델 불러오기

여러 모델을 공개적으로 다운로드할 수 있다.[90] 맞춤형 모델을 로드하는 방법은 나중에 설명하겠지만 여기서는 젠심의 편리한 다운로더 API를 사용하겠다.

기본적으로 젠심은 ~/gensim-data 아래에 모델을 저장한다.[91] 이것을 사용자 정의 경로로 변경하려면 다운로더 API를 가져오기 전에 환경 변수 GENSIM_DATA_DIR을 설정하면 된다. 로컬 디렉터리에 모든 모델을 저장한다.

```
import os
os.environ['GENSIM_DATA_DIR'] = './models'
```

이제 사용 가능한 모델을 살펴보겠다. 다음 줄은 api.info()['models']에서 얻은 모델 정보를 데이터프레임으로 변환해 멋진 형식의 목록을 얻고 총 13개 항목 중 처음 5개 항목을 표시한다.

```
import gensim.downloader as api

info_df = pd.DataFrame.from_dict(api.info()['models'], orient='index')
info_df[['file_size', 'base_dataset', 'parameters']].head(5)
```

| 출력 |

	file_size	base_dataset	parameters
fasttext-wiki-news-subwords-300	1005007116	Wikipedia 2017, UMBC webbase corpus and statmt. org news dataset (16B tokens)	{'dimension': 300}

---

[90] 예를 들면 RaRe Technologies(https://oreil.ly/two0R) 및 3Top(https://oreil.ly/4DwDy) 등이다.
[91] 옮긴이_ 리눅스 계열에 해당하는 위치다. 윈도우 계열은 사용자 계정 폴더 밑에 위치한다.

conceptnet-numberbatch-17-06-300	1225497562	ConceptNet, word2vec, GloVe, and OpenSubtitles 2016	{'dimension': 300}
word2vec-ruscorpora-300	208427381	Russian National Corpus (about 250M words)	{'dimension': 300, 'window_size': 10}

여기서는 **glove-wiki-gigaword-50** 모델을 사용한다. 50차원 단어 벡터가 있는 이 모델은 크기는 작지만 담고 있는 내용은 포괄적이어서 목적을 이루기에 충분하다. 약 60억 개의 소문자 토큰으로 훈련되었다. **api.load**는 필요한 경우 모델을 다운로드한 다음 메모리에 로드한다.

```
model = api.load("glove-wiki-gigaword-50")
```

실제로 다운로드한 파일에는 전체 GloVe 모델이 포함되지 않고 일반 단어 벡터만 포함되었다. 모델의 내부 상태가 포함되지 않았으므로 이러한 축소 모델은 그 이상의 훈련을 할 수 없다.

10.3.2 유사성 쿼리

모델이 주어지면 king 같은 단일 단어에 대한 벡터는 **model.wv['king']** 속성을 통해 간단하게 액세스하거나 더 간단하게 바로 가기 **model['king']**을 통해 액세스할 수 있다. 영단어 king과 queen에 대한 50차원 벡터의 처음 10개 구성 요소를 살펴보겠다.

```
v_king = model['king']
v_queen = model['queen']

print("Vector size:", model.vector_size)
print("v_king =", v_king[:10])
print("v_queen =", v_queen[:10])
print("similarity:", model.similarity('king', 'queen'))
```

```
Vector size: 50
v_king  = [ 0.5   0.69 -0.6  -0.02  0.6  -0.13 -0.09  0.47 -0.62 -0.31]
v_queen = [ 0.38  1.82 -1.26 -0.1   0.36  0.6  -0.18  0.84 -0.06 -0.76]
similarity: 0.7839043
```

예상대로 값은 여러 차원에서 유사해 0.78 이상의 높은 유사성 점수를 얻는다. queen은 king 과 유사도가 높지만 king과 가장 유사한 단어일까? `most_similar` 함수를 호출해 king과 가 장 유사한 세 단어를 확인하자.

```
model.most_similar('king', topn=3)
```

```
[('prince', 0.824), ('queen', 0.784), ('ii', 0.775)]
```

king과 가장 유사한 단어는 prince이고, queen은 둘째로 유사한 단어다. 그다음으로 유사한 단어는 많은 왕이 2세의 의미로 사용한 로마자 II다.

단어 벡터의 유사도 점수는 일반적으로 5장에 소개한 코사인 유사도로 계산한다. 젠심은 유사 도 함수의 여러 변형을 제공한다. 예를 들어, `cosine_similarities` 함수는 단어 벡터와 다 른 단어 벡터 배열 간의 유사도를 계산한다. king을 더 많은 단어와 비교하겠다.

```
v_lion = model['lion']
v_nano = model['nanotechnology']

model.cosine_similarities(v_king, [v_queen, v_lion, v_nano])
```

```
array([ 0.784, 0.478, -0.255], dtype=float32)
```

모델은 훈련 데이터(위키백과 및 Gigaword)를 기반으로, king이 queen과 유사하고, lion

과는 약간 유사하며, nanotechnology와는 전혀 유사하지 않다고 가정한다. 음이 아닌 TF-IDF 벡터와 달리, 단어 임베딩은 일부 차원에서 음수일 수도 있다. 따라서 유사도는 +1에서 −1 사이의 값을 가진다.

앞서 사용된 `most_similar()` 함수는 각각 벡터 목록인 positive와 negative의 두 개의 매개변수도 허용한다.

만약 $positive = [pos_1, \cdots, pos_n]$이고 $negative = [neg_1, \cdots, neg_m]$라면, 그때 이 함수는 다음과 같은 방식을 이용해 가장 유사한 단어 벡터를 찾는다.

$$\sum_{i=1}^{n} pos_i - \sum_{j=1}^{m} neg_j$$

그러므로 젠심에서는 다음과 같이 왕족에 대한 유추 쿼리를 공식화할 수 있다.

```
model.most_similar(positive=['woman', 'king'], negative=['man'], topn=3)
```

| 출력 |

```
[('queen', 0.852), ('throne', 0.766), ('prince', 0.759)]
```

그리고 독일 수도에 대한 질문은 다음과 같이 할 수 있다.

```
model.most_similar(positive=['paris', 'germany'], negative=['france'], topn=3)
```

| 출력 |

```
[('berlin', 0.920), ('frankfurt', 0.820), ('vienna', 0.818)]
```

france프랑스와 capital수도의 합에 가장 가까운 단어를 찾기 위해 negative 목록을 생략할 수도 있다.

```
model.most_similar(positive=['france', 'capital'], topn=1)
```

```
[('paris', 0.784)]
```

정말 Paris^{파리}가 나온다! 단어 벡터는 정말 놀랍고 강력한 힘을 지녔다. 그러나 머신러닝이 늘 그렇듯 모델은 완벽하지 않다. 모델은 데이터에 있는 것만 배울 수 있다. 따라서 보는 유사도 쿼리가 이러한 놀라운 결과를 산출하는 것은 아니다.

```
model.most_similar(positive=['greece', 'capital'], topn=3)
```

| 출력 |

```
[('central', 0.797), ('western', 0.757), ('region', 0.750)]
```

분명히 모델이 아테네와 그리스의 관계를 도출할 만큼 훈련 데이터가 충분하지 않았다.

> **NOTE_** 젠심은 코사인 유사도의 변형인 **most_similar_cosmul** 함수를 제공한다. 이 함수는 유사도 방정식에서 값을 좌우하는 가장 큰 항^{term}의 효과를 완화시키기 때문에 앞서 표시된 것보다 유추 질의에 더 잘 작동해야 한다(Levy et al., 2015). 그러나 이전 예의 경우 반환된 단어가 동일하지만 유사도 점수는 더 높다.

위키백과 및 뉴스 기사에서 수정된 텍스트로 임베딩을 훈련하면 모델이 '수도^{capital}' 같은 사실 관계를 잘 포착할 수 있다. 그러나 다른 브랜드의 제품을 비교하는 시장 조사 질문은 어떨까?

일반적으로 이 정보는 위키백과에서 찾을 수 없고 사람들이 제품에 대해 토론하는 최신 소셜 플랫폼에서 찾을 수 있다. 소셜 플랫폼의 사용자 댓글에 대한 임베딩을 훈련하는 경우, 모델은 사용자 토론 데이터에서 단어를 학습한다. 이런 식으로 모델은 관계의 객관적 사실 여부와 관계없이 사람들이 관계에 대해 생각하는 방식을 배운다. 이 흥미로운 부작용에 대해 기억해 두자. 종종 응용 프로그램별 편향을 정확히 포착해야 할 일이 생기는데, 이에 대해서는 다음에 알아보겠다. 하지만 모든 훈련 자료에는 원치 않는 부작용을 유발하는 약간의 편견이 포함된다 (다음 글상자 참조)는 점에 유의하자.

WARNING_ 남자는 컴퓨터 프로그래머가, 여자는 가정 주부가 된다

분류부터 기계 번역까지의 NLP 작업에 대한 대부분의 최신 접근 방식은 더 좋은 결과를 얻기 위해 의미론적 임베딩을 사용한다. 따라서 임베딩의 품질은 최종 모델의 품질에 직접적 영향을 미친다. 불행히도 머신러닝 알고리즘은 훈련 데이터에 존재하는 편향을 증폭시키는 경향이 있다. 이는 단어 임베딩에서도 마찬가지다. 볼룩바시(Bolukbasi)는 '구글 뉴스 기사에서 훈련된 단어 임베딩조차 불안할 정도로 여성/남성 성별 고정관념을 나타낸다'고 밝혔다. 일반적인 접근 방식은 분류와 같은 다운스트림 작업에 사전 훈련된 단어 임베딩을 사용하기 때문에 문제가 된다. 따라서 훈련 데이터 편향 제거는 오늘날 연구에서 열띤 토론의 주제가 된다.

10.4 자체 임베딩 학습 및 평가를 위한 전략

이 절에서는 레딧 셀프포스트Reddit Selfposts 데이터셋의 자동차에 달린 사용자 게시물 2만 개에 대해 도메인별로 임베딩을 훈련하고 평가한다. 데이터 준비는 항상 특정 작업에 대한 모델의 유용성에 상당한 영향을 미치므로 훈련을 시작하기 전에 고려해야 한다.

10.4.1 데이터 준비

젠심은 훈련을 위한 입력으로 토큰이 필요하다. 토큰화 외에도 데이터 준비를 위해 고려해야 할 몇 가지 측면이 있다. 분포 가설에 따라 함께 등장하거나 유사한 맥락에서 자주 등장하는 단어는 유사한 벡터를 얻는다. 따라서 동시 발생이 실제로 식별되는지 확인해야 한다. 여기 예제와 같이 훈련 문장이 많지 않은 경우 전처리에서 다음 단계를 거쳐야 한다.

1. 텍스트에서 원하지 않는 토큰(기호, 태그 등)을 삭제한다.
2. 모든 단어를 소문자로 바꾼다.
3. 원형을 사용한다.

이 모든 것은 어휘를 작게, 훈련 시간을 짧게 유지하기 위한 단계다. 물론 이러한 규칙에 따라 훈련 데이터를 정리하면 굴절어inflected 및 대문자uppercase 단어가 어휘에서 벗어나게out-of-vocabulary 된다. 이는 명사에 대한 의미론적 추론에서는 문제가 되지 않지만, 예를 들어 감성을 분석하려는 경우에는 문제가 될 수 있다. 또한 다음 토큰 범주를 고려해야 한다.

| 불용어 |

불용어는 불용어가 아닌 단어의 컨텍스트에 대한 중요한 정보를 전달할 수 있다. 따라서 불용어를 유지하기로 한다.

| 숫자 |

응용 프로그램에 따라 숫자는 가치가 있을 수도 있고 그냥 노이즈일 수도 있다. 이 예에서는 자동 데이터를 보고 있으며 BMW 모델 이름이기도 한 328 같은 토큰을 유지하려고 한다. 관련 정보가 있는 경우 번호를 유지해야 한다.

또 다른 질문은 문장을 나누어야 하는지 아니면 게시물을 있는 그대로 두어야 하는지가 된다. '나는 BMW 328이 좋다. 하지만 벤츠 C300도 훌륭하다'는 문장을 유사성 작업에서 각각 다른 두 개의 게시물로 취급해야 할까? 아마 그렇지 않을 것이다. 따라서 하나의 사용자 게시물에 있는 모든 원형 목록을 훈련을 위한 단일 문장으로 취급한다.

이미 4장에서 자동차에 대한 2만 개의 레딧 게시물 원형을 준비했다. 따라서 데이터 준비 부분을 건너뛰고 원형을 팬더스 데이터프레임으로 로드할 수 있다.

```
db_name = "reddit-selfposts.db"
con = sqlite3.connect(db_name)
df = pd.read_sql("select subreddit, lemmas, text from posts_nlp", con)
con.close()

df['lemmas'] = df['lemmas'].str.lower().str.split() # lower case tokens
sents = df['lemmas'] # our training "sentences"
```

구

특히 영어에서는 단어가 복합 구에 사용된 경우 그 의미가 바뀔 수 있다. 예를 들어 timing belt, seat belt, rust belt를 살펴보자. 이 모든 합성어는 말뭉치에서 찾을 수 있지만 의미가 서로 다르다. 따라서 이러한 합성어를 단일 토큰으로 취급하는 것이 더 나을 수 있다.

예를 들어 스페이시의 명사 뭉치 감지와 같은 알고리즘을 사용해 이러한 구문을 감지할 수 있다(4.6절 '스페이시를 사용한 언어 처리' 참조). N-그램과 같이 이러한 배열을 식별하기 위한 여러 통계 알고리즘도 있다. 원본 Word2Vec 논문(Mikolov et al., 2013)에서는 기본적으로 두 단어 발생 사이의 통계적 의존성을 측정하는 PMI^{Pointwise Mutual Information}를 기반으로 간단하지만 효과적인 알고리즘을 사용한다.

현재 훈련 중인 모델을 위해서 보다 강력한 결과를 제공하는 NPMI^{Normalized Pointwise Mutual Information}라는 고급 알고리즘을 사용한다. 이 알고리즘은 −1에서 +1까지로 제한된 값 범위를 감안할 때 조정하기도 더 쉽다. 초기 실행에서 NPMI의 임계값은 0.3이라는 다소 낮은 값으로 설정되었다. 구문에서 단어를 연결하는 구분 기호로 하이픈(−)을 선택하고 텍스트에서 harley−davidson 같은 복합 토큰을 생성한다. 기본 밑줄 구분 기호는 다른 토큰을 생성한다.

```
from gensim.models.phrases import Phrases, npmi_scorer

phrases = Phrases(sents, min_count=10, threshold=0.3,
                  delimiter=b'-', scoring=npmi_scorer)
```

이 구문 모델^{phrase mode}을 사용해 흥미로운 합성어를 식별할 수 있다.

```
sent = "I had to replace the timing belt in my mercedes c300".split()
phrased = phrases[sent]
print('¦'.join(phrased))
```

| 출력 |

```
I¦had¦to¦replace¦the¦timing-belt¦in¦my¦mercedes-c300
```

timing−belt는 좋지만, mercedes c300처럼 브랜드와 모델 이름을 조합하고 싶지 않다. 따라서 좋은 임계값을 찾기 위해 구문 모델을 분석하겠다. 앞서 선택한 값은 분명 너무 낮았다. 다음 코드는 말뭉치에서 찾은 모든 구문을 점수와 함께 내보내고 결과를 쉽게 검사할 수 있도록 데이터프레임으로 변환한다.

```
phrase_df = pd.DataFrame(phrases.export_phrases(sents),
                         columns =['phrase', 'score'])
phrase_df = phrase_df[['phrase', 'score']].drop_duplicates() \
          .sort_values(by='score', ascending=False).reset_index(drop=True)
phrase_df['phrase'] = phrase_df['phrase'].map(lambda p: p.decode('utf-8'))
```

이제 mercedes에 적합한 임계값을 확인할 수 있다.

```
phrase_df[phrase_df['phrase'].str.contains('mercedes')]
```

| 출력 |

	phrase	score
83	mercedes benz	0.80
1417	mercedes c300	0.47

보다시피 0.5보다 크고 0.8보다 작아야 한다. bmw, ford, harley davidson 같은 몇 가지 브랜드까지 확인하면 0.7이란 임계값이 공급업체 이름을 식별하면서 브랜드와 모델을 잘 분리하고 있음을 알 수 있다. 실제로 0.7이라는 다소 엄격한 임계값을 사용한 구문 모델은 street glide(Harley-Davidson), land cruiser(Toyota), forester xt(Subaru), water pump, spark plug, timing-belt 같은 단어 조합을 유지한다.

구문 모델을 다시 빌드하고 합성어를 위한 단일 토큰들을 사용해 데이터프레임에 새 열을 만든다.

```
phrases = Phrases(sents, min_count=10, threshold=0.7,
                  delimiter=b'-', scoring=npmi_scorer)

df['phrased_lemmas'] = df['lemmas'].map(lambda s: phrases[s])
sents = df['phrased_lemmas']
```

데이터 준비 단계의 결과는 원형과 구로 구성된 문장이다. 이제 다양한 임베딩 모델을 훈련하고 그 모델에서 얻을 수 있는 통찰을 확인할 것이다.

10.4.2 전략: 젠심을 통한 모델 훈련

Word2Vec 및 FastText 임베딩은 젠심에서 편리하게 훈련할 수 있다. 다음 호출은 컨텍스트 윈도우 크기가 2인 말뭉치에 대한 100차원 **Word2Vec** 임베딩, 즉 대상 단어 ±2 컨텍스트 단어를 가지고 훈련한다. 관련된 다른 하이퍼파라미터도 설명을 위해 전달된다. 여기서는 skip-gram 알고리즘을 사용하고 5 에폭^{Epoch} 동안 4개 스레드에서 네트워크를 훈련한다.

```python
from gensim.models import Word2Vec

model = Word2Vec(sents,               # 토큰화된 입력 문장들
                 size=100,            # 단어 벡터의 크기 (기본 100차원)
                 window=2,            # 컨텍스트 윈도우 크기 (기본 5)
                 sg=1,                # skip-gram 사용 (기본 0 == CBOW)
                 negative=5,          # negative 샘플의 수 (기본 5)
                 min_count=5,         # 단어의 최소 발생 횟수 그 이하면 무시 (기본 5)
                 workers=4,           # 스레드 수 (기본 3)
                 iter=5)              # 에폭 수 (기본 5)
```

약 30초 만에 i7 노트북에서 20,000문장을 훈련했다. 상당히 빠르다. 더 많은 샘플과 더 많은 에폭, 더 긴 벡터와 더 큰 컨텍스트 윈도우는 훈련 시간을 증가시킨다. 예를 들어 컨텍스트 윈도우 크기가 30인 100차원 벡터를 훈련하려면 skip-gram의 이 설정에서 약 5분이 필요하다. 대조적으로 CBOW 훈련 시간은 컨텍스트 윈도우 크기와 다소 독립적이다.

다음 호출은 훈련된 전체 모델을 디스크에 저장한다. 전체 모델은 모든 내부 상태를 포함하는 완전한 신경망을 의미한다. 이후 모델을 다시 로드하고 추가로 훈련할 수 있다.

```python
model.save('./models/autos_w2v_100_2_full.bin')
```

알고리즘과 하이퍼파라미터의 선택은 결과 모델에 상당한 영향을 미친다. 따라서 다양한 모델을 훈련하고 검사할 수 있도록 코드를 제공한다. 매개변수 그리드는 Word2Vec 또는 FastText에 대해 훈련할 알고리즘 변형(CBOW 또는 skip-gram) 및 윈도우 크기를 정의한다. 여기에서 벡터 크기를 변경할 수도 있지만 해당 매개변수는 그렇게 큰 영향을 미치지 않는다. 경험에 따르면 50 또는 100차원 벡터는 더 작은 말뭉치에서 잘 작동한다. 따라서 실험에서 벡터 크기를 100으로 수정한다.

```python
from gensim.models import Word2Vec, FastText

model_path = './models'
model_prefix = 'autos'
```

```
param_grid = {'w2v': {'variant': ['cbow', 'sg'], 'window': [2, 5, 30]},
              'ft': {'variant': ['sg'], 'window': [5]}}
size = 100

for algo, params in param_grid.items():
    for variant in params['variant']:
        sg = 1 if variant == 'sg' else 0
        for window in params['window']:
            if algo == 'w2v':
                model = Word2Vec(sents, size=size, window=window, sg=sg)
            else:
                model = FastText(sents, size=size, window=window, sg=sg)

            file_name = f"{model_path}/{model_prefix}_{algo}_{variant}_{window}"
            model.wv.save_word2vec_format(file_name + '.bin', binary=True)
```

말뭉치의 유사성을 분석하기 위해 완전한 모델을 저장하지 않고 일반 단어 벡터만 저장한다. 이는 KeyedVectors 클래스로 저장되며, 모델 속성 model.wv로 액세스할 수 있다. 이 방법은 훨씬 더 작은 파일을 생성하고 목적을 이루기에 충분하다.

> **WARNING_** 정보 유실에 주의하라! 단어 벡터로만 구성된 모델을 다시 로드하면 더 이상 훈련할 수 없다. 게다가 FastText 모델은 어휘에서 벗어난 단어에 대한 임베딩을 유도하는 기능을 상실한다.

10.4.3 전략: 다양한 모델 평가

실제로 도메인별 작업과 말뭉치에 가장 적합한 하이퍼파라미터를 알고리즘적으로 식별하기는 상당히 어렵다. 따라서 모델을 수동으로 검사하고 이미 알려진 관계를 식별하기 위해 모델이 어떻게 수행되는지 확인하려는 것은 어리석은 생각이 아니다.

단어 벡터만 포함하는 저장된 파일은 작기 때문에(각각 약 5MB) 많은 파일을 메모리에 로드하고 몇 가지 비교를 실행할 수 있다. 얻은 결과를 이해하기 위해 모델을 5개 하위 집합으로 나눈다. 모델은 모델 이름으로 인덱싱된 사전에 저장된다. 사전 훈련된 GloVe 모델을 비롯해 비교하려는 모델을 추가할 수 있다.

```
from gensim.models import KeyedVectors

names = ['autos_w2v_cbow_2', 'autos_w2v_sg_2',
         'autos_w2v_sg_5', 'autos_w2v_sg_30', 'autos_ft_sg_5']
models = {}

for name in names:
    file_name = f"{model_path}/{name}.bin"
    models[name] = KeyedVectors.load_word2vec_format(file_name, binary=True)
```

비교를 위해 작은 함수를 제공한다. 모델 목록과 단어를 사용해 각 모델에 따라 가장 유사한 단어로 데이터프레임을 생성한다.

```
def compare_models(models, **kwargs):

    df = pd.DataFrame()
    for name, model in models:
        df[name] = [f"{word} {score:.3f}"
                    for word, score in model.most_similar(**kwargs)]
    df.index = df.index + 1 # 행 인덱스는 1부터 시작하도록 하자
    return df
```

이제 매개변수가 계산된 모델에 어떤 영향을 미치는지 확인하겠다. 자동차 시장을 분석할 때 bmw와 가장 유사한 단어가 어느 것인지 확인한다.

```
compare_models([(n, models[n]) for n in names], positive='bmw', topn=10)
```

| 출력 |

	autos_w2v_cbow_2	autos_w2v_sg_2	autos_w2v_sg_5	autos_w2v_sg_30	autos_ft_sg_5
1	mercedes 0.873	mercedes 0.772	mercedes 0.808	xdrive 0.803	bmws 0.819
2	lexus 0.851	benz 0.710	335i 0.740	328i 0.797	bmwfs 0.789
3	vw 0.807	porsche 0.705	328i 0.736	f10 0.762	m135i 0.774
4	benz 0.806	lexus 0.704	benz 0.723	335i 0.760	335i 0.773

5	volvo 0.792	merc 0.695	x-drive 0.708	535i 0.755	mercedes_benz 0.765
6	harley 0.783	mercede 0.693	135i 0.703	bmws 0.745	mercedes 0.760
7	porsche 0.781	mercedes-benz 0.680	mercede 0.690	x-drive 0.740	35i 0.747
8	subaru 0.777	audi 0.675	e92 0.685	5-series 0.736	merc 0.747
9	mb 0.769	335i 0.670	mercedes-benz 0.680	550i 0.728	135i 0.746
10	volkswagen 0.768	135i 0.662	merc 0.679	435i 0.726	435i 0.744

흥미롭게도 윈도우 크기가 2인 첫 번째 모델은 주로 다른 자동차 브랜드를 말하는 반면, 윈도우 크기가 30인 모델은 다양한 BMW 모델 목록을 늘어놓는다. 사실, 짧은 윈도우 크기는 패러다임적 관계paradigmatic relation, 즉 문장에서 서로 대체될 수 있는 단어를 강조한다. 이 예의 경우, bmw와 유사한 단어를 검색할 때 그 결과는 브랜드가 된다. 더 큰 크기의 윈도우는 단어가 동일한 컨텍스트에 자주 등장하는 경우 유사하다는 통사적 구문 관계syntagmatic relation를 더 많이 포착한다. 기본값인 윈도우 크기 5는 두 가지를 혼합한다. 이 데이터는 패러다임적 관계는 CBOW 모델로 가장 잘 표현되는 반면, 통사적 관계는 큰 윈도우 크기를 요하므로 skip-gram 모델로 더 잘 포착된다. FastText 모델의 출력은 철자가 유사한 단어가 유사한 점수를 얻는 속성을 포함한다.

비슷한 개념 찾기

윈도우 크기가 2인 CBOW 벡터는 패러다임 관계에서 매우 정확하다. 이 모델을 사용해 일부 알려진 용어에서 시작해 이후 도메인의 중심 용어와 개념을 식별할 수 있다. [표 10-1]은 autos_w2v_cbow_2 모델에 대한 일부 유사성 질의의 출력이다. concept 열은 출력으로 기대하는 단어의 종류를 강조하기 위해 추가했다.

표 10-1 창 크기가 2인 CBOW 모델을 사용해 선택된 단어와 가장 유사한 이웃

Word	Concept	Most Similar
toyota	car brand	ford mercedes nissan certify dodge mb bmw lexus chevy honda
camry	car model	corolla f150 f−150 c63 is300 ranger 335i 535i 328i rx
spark−plug	car part	water−pump gasket thermostat timing−belt tensioner throttle−body serpentine−belt radiator intakemanifold fluid
washington	location	oregon southwest ga ottawa san_diego valley portland mall chamber county

물론, 대답이 항상 기대한 대로 나오는 것은 아니다. 그냥 유사한 단어를 답할 뿐이다. 예를 들어, toyota와 비슷한 단어 목록에는 자동차 브랜드뿐 아니라 여러 모델도 포함된다. 그러나 실제 프로젝트에서 비즈니스 부서의 도메인 전문가는 잘못된 용어를 쉽게 식별하고 여전히 흥미로운 새로운 연관성을 찾을 수 있다. 그러나 이런 식으로 단어 임베딩 작업을 할 때는 수동 큐레이션curation이 반드시 필요하다.

자체 모델에서의 유사성 추론

이제 서로 다른 모델이 유사한 개념을 감지하는 방법을 알아보겠다. 우선 toyota에 ford의 f−150 픽업 트럭에 필적하는 제품이 있는지 알아보자. 질문은 다음과 같다. ford에 f150이 있다면 toyota에는 무엇이 있을까? 앞서 사용한 `compare_models` 함수를 사용하고 다른 모델에 대한 `wv.most_similar()`의 결과를 비교하기 위해 결과를 전치transpose한다.

```
compare_models([(n, models[n]) for n in names],
               positive=['f150', 'toyota'], negative=['ford'], topn=5).T
```

| 출력 |

	1	2	3	4	5
autos_w2v_cbow_2	f−150 0.850	328i 0.824	s80 0.820	93 0.819	4matic 0.817
autos_w2v_sg_2	f−150 0.744	f−250 0.727	dodge−ram 0.716	tacoma 0.713	ranger 0.708

autos_w2v_sg_5	tacoma 0.724	tundra 0.707	f-150 0.664	highlander 0.644	4wd 0.631
autos_w2v_sg_30	4runner 0.742	tacoma 0.739	4runners 0.707	4wd 0.678	tacomas 0.658
autos_ft_sg_5	toyotas 0.777	toyo 0.762	tacoma 0.748	tacomas 0.745	f150s 0.744

실제로 토요타의 타코마^{Tacoma}는 툰드라^{Tundra}와 함께 F-150과 경쟁하고 있다. 그런 점을 감안하면 윈도우 크기가 5인 skip-gram 모델이 가장 좋은 결과를 낸다.[92] toyota를 gmc로 바꾸면 sierra가 출력되고 chevy(쉐보레)로 바꾸면 silverado가 가장 유사하게 출력된다. 이들 모두는 각 회사가 내놓은 풀 사이즈 픽업 트럭으로 경쟁하는 관계다. 임베딩 모델을 이용해 찾는 방식은 브랜드와 자동차의 관계도 잘 찾지만, 레딧 포럼에서 많이 언급된 모델을 찾을 때 가장 잘 작동한다.

10.5 임베딩 시각화를 위한 전략

이 장에서 하는 것처럼 단어 임베딩을 기반으로 말뭉치를 탐색하면 전체 개념이 본질적으로 모호하기 때문에 실제 유사도 점수에는 관심이 없다. 여기서 이해하려는 것은 근접성^{closeness}과 유사도^{similarity}의 개념에 기반한 의미론적 관계다. 따라서 시각적 표현은 단어 임베딩과 그 관계를 탐색하는 데 매우 유용할 수 있다. 이 절에서는 먼저 다양한 차원 축소 기술을 사용해 임베딩을 시각화한다. 그런 다음 주어진 키워드에 대해서 의미적으로 이웃이 되는 키워드를 시각적으로 탐색한다. 앞으로 살펴보겠지만 이러한 유형의 데이터 탐색은 도메인별 용어 간의 매우 흥미로운 관계를 드러낼 수 있다.

10.5.1 전략: 차원 축소 적용

고차원 벡터는 데이터를 2차원 또는 3차원으로 투영해 시각화한다. 투영이 잘 작동하면 관련 용어 클러스터를 시각적으로 감지하고 말뭉치의 의미 개념을 훨씬 더 깊이 이해할 수 있

92 코드를 직접 실행하면 무작위 초기화로 인해 책의 결과와 약간 다르게 나올 수 있다.

다. 관련 단어의 클러스터를 찾고 윈도우 크기가 30인 모델에서 특정 키워드의 의미적 이웃을 탐색한다. 따라서 BMW 관련 용어가 포함된 BMW 클러스터, Toyota 관련 용어가 포함된 Toyota 클러스터 등이 나타날 것으로 예상된다.

차원 축소는 머신러닝 영역에도 많이 적용된다. 일부 학습 알고리즘은 고차원이 문제인데, 가끔은 희소 데이터도 그렇다. PCA, t-SNE 또는 UMAP 같은 차원 축소 기법(다음 글상자 '차원 축소 기법' 참조)은 투영에 의한 데이터 분포의 중요한 측면을 보존하거나 강조하기까지 한다. 일반적인 아이디어는 고차원 공간에서 서로 가까운 객체는 투영했을 때도 역시 가까우며 서로 유사하고, 고차원에서 멀리 있는 객체는 투영했을 때 역시 멀리 유지되는 방식으로 데이터를 투영하는 것이다. 이 예에서는 최상의 시각화 결과를 제공하기 위해 UMAP 알고리즘을 사용한다. 그러나 umap 라이브러리가 사이킷런에서 사용되도록 사이킷런의 estimator 인터페이스를 구현했기 때문에 UMAP의 reducer를 사이킷런의 PCA 또는 TSNE 클래스로 쉽게 교체할 수 있다.

차원 축소 기법

차원 축소를 위한 다양한 알고리즘이 있다. 시각화에 자주 사용되는 것은 PCA, t-SNE, UMAP이다.

PCA(주성분 분석)는 데이터 포인트의 대부분의 분산이 보존되도록 데이터의 선형 투영을 수행한다. 수학적으로는 공분산 행렬(주성분)의 가장 큰 고윳값의 고유 벡터를 기반으로 한다. PCA는 글로벌 데이터 분포만 고려한다. 로컬 구조와 상관없이 모든 데이터 포인트가 동일한 방식으로 변환된다. 대상 공간(n_components)의 차원 수를 제외하면 PCA에는 조정할 하이퍼파라미터가 없다.

t-SNE 및 UMAP 같은 비선형 알고리즘은 매핑에서 로컬 및 전역 측면의 균형을 유지하려고 한다. 따라서 원래 공간의 다른 영역은 로컬 데이터 분포에 따라 다르게 투영된다. 두 알고리즘은 모두 좋은 결과를 생성하기 위해 신중하게 선택해야 하는 하이퍼파라미터를 제공한다. t-SNE의 경우, perplexity(대략 각 점의 최근접 이웃의 유효 수)다. UMAP의 경우, 로컬 이웃local neighborhood의 크기(n_neighbors)와 투영에서 점들의 최소 거리(min_dist)를 추가로 지정해야한다. 2008년에 발표된 t-SNE는 매우 인기 있지만 몇 가지 심각한 제한 사항이 있다. 전역 구조보다 로컬 구조를 훨씬 더 잘 보존하고 확장이 잘 되지 않으며 실질적으로 2차원 또는 3차원에서만 작동한다. 2018년에 발표된 UMAP은 더 빠르고 전역 데이터 구조를 훨씬 더 잘 유지한다.

다음 코드 블록에는 [그림 10-3]과 같이 UMAP을 사용해 임베딩을 2차원 공간에 투영하는 기본 작업이 포함되었다. 임베딩 모델과 화면에 뿌릴 단어를 선택한 후(이 경우 전체 어휘를 사용함) 대상 차원 n_components=2로 UMAP 차원 감소기를 인스턴스화한다. 표준 유클리드 거리 측정법 대신 평소와 같이 코사인을 사용한다. 그런 다음 임베딩에 reducer.fit_transform(wv)을 호출해 2D로 투영한다.

```python
from umap import UMAP

model = models['autos_w2v_sg_30']
words = model.vocab
wv = [model[word] for word in words]

reducer = UMAP(n_components=2, metric='cosine', n_neighbors = 15, min_dist=0.1)
reduced_wv = reducer.fit_transform(wv)
```

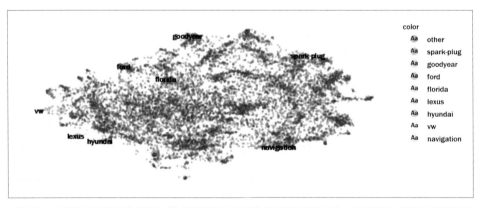

그림 10-3 모델의 모든 단어 임베딩에 대한 2차원 UMAP 투영. 이 산점도의 클러스터 중 일부를 설명하기 위해 몇 개의 단어와 가장 유사한 이웃이 강조 표시되었다.

멋진 기능이 두 가지 있기 때문에 맵플롯립^Matplotlib 대신 시각화를 위해 Plotly Express를 사용한다. 첫째, 대화형 플롯을 생성한다. 포인트 위로 마우스를 가져가면 해당 단어가 표시된다. 또한 확대 및 축소해서 볼 지역을 선택할 수 있다. Plotly Express의 또 다른 좋은 기능은 단순성이다. 표시할 좌표와 메타데이터가 포함된 데이터프레임만 준비하고 그런 다음 차트를 인스턴스화하면 된다. 이 경우 산점도(px.scatter)를 사용한다.

```
import plotly.express as px

plot_df = pd.DataFrame.from_records(reduced_wv, columns=['x', 'y'])
plot_df['word'] = words
params = {'hover_data': {c: False for c in plot_df.columns},
          'hover_name': 'word'}

fig = px.scatter(plot_df, x="x", y="y", opacity=0.3, size_max=3, **params)
fig.show()
```

깃허브(https://oreil.ly/gX6Ti)의 임베딩 패키지에서 더 일반적인 함수인 plot_embeddings를 찾는다. 그다음 차원 축소 알고리즘을 선택하고 저차원 투영에서 가장 유사한 이웃 단어들 중에 선택된 검색 단어를 강조 표시한다. [그림 10-3]의 플롯에 대해 사전에 수동으로 일부 클러스터를 검사한 다음 클러스터에 색상을 지정하기 위해 일반적인 검색 단어 몇 개를 명시적으로 명명했다.[93] 대화형 보기에서 포인트 위로 마우스를 가져가면 단어를 볼 수 있다.

이 다이어그램을 그리는 코드는 다음과 같다.

```
from blueprints.embeddings import import plot_embeddings

search = ['ford', 'lexus', 'vw', 'hyundai',
          'goodyear', 'spark-plug', 'florida', 'navigation']

plot_embeddings(model, search, topn=50, show_all=True, labels=False,
                algo='umap', n_neighbors=15, min_dist=0.1)
```

데이터 탐색 시 모든 단어를 시각화하지 않고 검색어 집합과 가장 유사한 이웃 단어 집합만 시각화하는 것이 더 흥미로울 수 있다. [그림 10-4]는 다음 코드로 생성된 결과다. 검색 단어와 가장 유사한 상위 10개 이웃이 표시되었다.

```
search = ['ford', 'bmw', 'toyota', 'tesla', 'audi', 'mercedes', 'hyundai']

plot_embeddings(model, search, topn=10, show_all=False, labels=True,
    algo='umap', n_neighbors=15, min_dist=10, spread=25)
```

---

93 깃허브(https://oreil.ly/MWJLd)에서 채색된 그림을 볼 수 있다.

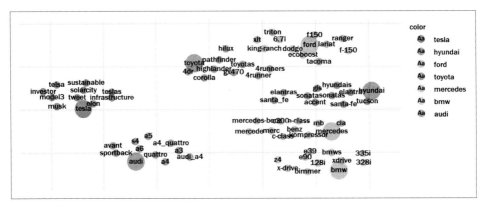

그림 10-4 선택된 키워드 단어와 가장 유사한 이웃의 2차원 UMAP 투영

[그림 10-5]는 동일한 키워드지만 유사한 이웃이 더 많은 3차원 플롯을 출력한다. Plotly를 사용해 포인트 클라우드를 회전하고 확대할 수 있다는 점이 좋다. 이렇게 하면 흥미로운 영역을 쉽게 조사할 수 있다. 다음 호출로 다이어그램을 그린다.

```
plot_embeddings(model, search, topn=30, n_dims=3,
    algo='umap', n_neighbors=15, min_dist=.1, spread=40)
```

'tacoma는 toyota에 있어 ford의 f150와 같다' 같은 비유를 시각화하려면 선형 PCA 변환을 사용해야 한다. UMAP과 t-SNE는 모두 원래 공간을 비선형 방식으로 왜곡한다. 따라서 투영된 공간에서 차분 벡터의 방향은 원래 방향과 전혀 관련이 없을 수 있다. PCA도 전단^{shearing}으로 인해 왜곡되지만 UMAP이나 t-SNE만큼 효과가 강하지 않다.

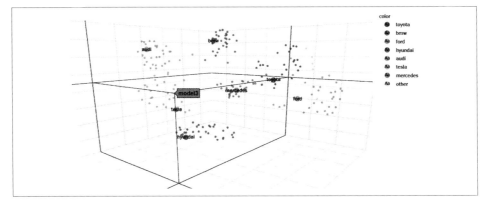

그림 10-5 선택된 키워드 및 가장 유사한 이웃 키워드의 3차원 UMAP 투영

10.5.2 전략: 텐서플로의 임베딩 프로젝터 사용

자체 구현 시각화 기능의 적당한 대안은 텐서플로의 임베딩 프로젝터다. 이 기능은 PCA, t-SNE, UMAP을 지원하며 몇 가지 편리한 옵션으로 데이터 필터링 및 강조 표시를 제공한다. 또한 온라인 버전(https://oreil.ly/VKLxe)이 있어 텐서플로를 따로 설치할 필요가 없다. 몇 개의 데이터셋이 이미 데모로 로드되어 있다.

텐서플로의 임베딩 프로젝터로 단어 임베딩을 표시하려면 표 형식으로 저장된 값을 저장한 두 개의 파일을 만든다. 하나는 단어 벡터가 있는 파일이고 다른 하나는 임베딩에 대한 메타데이터가 포함된 선택적 파일이다. 이 작업을 단 몇 줄의 코드로 수행할 수 있다.

```python
import csv

name = 'autos_w2v_sg_30'
model = models[name]

with open(f'{model_path}/{name}_words.tsv', 'w', encoding='utf-8') as tsvfile:
    tsvfile.write('\n'.join(model.vocab))

with open(f'{model_path}/{name}_vecs.tsv', 'w', encoding='utf-8') as tsvfile:
    writer = csv.writer(tsvfile, delimiter='\t',
                        dialect=csv.unix_dialect, quoting=csv.QUOTE_MINIMAL)

for w in model.vocab:
    _ = writer.writerow(model[w].tolist())
```

이제 임베딩을 프로젝터에 로드하고 3D 시각화를 탐색할 수 있다. 클러스터 감지를 위해서는 UMAP 또는 t-SNE를 사용해야 한다. [그림 10-6]은 임베딩에 대한 UMAP 투영의 컷아웃이다. 프로젝터에서 데이터 포인트를 클릭하거나 단어를 검색해 처음 100개의 이웃을 강조 표시할 수 있다. 할리 데이비슨Harley-Davidson과 관련된 용어를 탐색하기 위한 출발점으로 harley를 선택했다. 보다시피, 이러한 종류의 시각화는 도메인의 중요한 용어와 의미론적 관계를 탐색할 때 매우 유용할 수 있다.

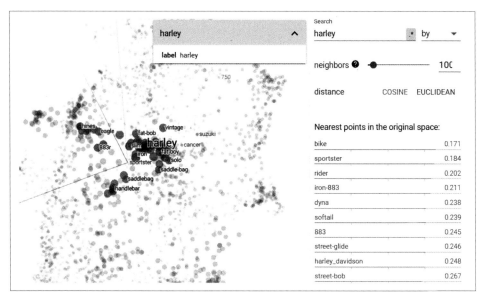

그림 10-6 텐서플로의 임베딩 프로젝터로 임베딩 시각화

10.5.3 전략: 유사성 트리 구성

유사성 관계가 있는 단어는 다음과 같은 방식으로 네트워크 그래프로 해석할 수 있다. 단어는 그래프의 노드를 나타내며 두 노드가 '매우' 유사할 때마다 간선(엣지^{edge})이 생성된다. '매우' 의 기준은 상위 n개의 가장 유사한 이웃에 있는 노드 또는 유사성 점수의 임계값이 될 수 있다. 그러나 한 단어의 주변에 있는 대부분의 단어는 그 한 단어와 유사할 뿐만 아니라 주변 단어들 끼리도 유사하다. 따라서 단어의 작은 부분 집합에 대해 완전한 네트워크 그래프를 이해하기 쉽게 시각화하면 지나치게 많은 간선이 생긴다. 따라서 여기서는 약간 다른 접근 방식으로 시작해 이 네트워크의 하위 그래프인 유사성 트리를 만들겠다. [그림 10-7]은 이러한 루트 단어 인 noise의 유사도 트리다.

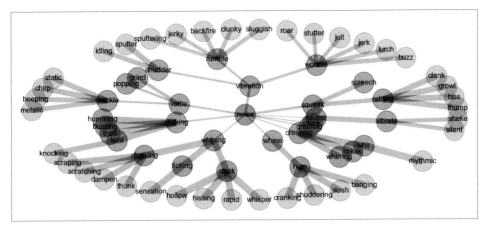

그림 10-7 noise와 가장 유사한 단어의 유사성 트리

이러한 시각화를 생성하기 위해 두 가지 함수를 제공한다. 첫째 `sim_tree`는 루트 단어에서 시작하는 유사성 트리를 생성한다. 둘째 요소인 `plot_tree`는 이미지를 생성한다. 두 함수 모두에서 파이썬의 그래프 라이브러리 `networkx`를 사용한다.

먼저 `sim_tree`를 살펴보겠다. 루트 단어에서 시작해 상위 n개의 가장 유사한 이웃을 찾아 해당 간선과 함께 그래프에 추가한다. 그런 다음 루트 노드까지 최대 거리에 도달할 때까지 새로 발견된 각각의 이웃과 이웃에 대해 동일한 작업을 수행한다. 내부적으로는 너비 우선 검색breadth-first search을 구현하기 위해 큐(`collections.deque`)를 사용한다. 간선은 유사도에 따라 가중치가 부여되며 나중에 선 너비의 스타일을 지정하는 데 사용된다.

```
import networkx as nx
from collections import deque

def sim_tree(model, word, top_n, max_dist):

    graph = nx.Graph()
    graph.add_node(word, dist=0)

    to_visit = deque([word])
    while len(to_visit) > 0:
        source = to_visit.popleft() # 다음 노드 방문
        dist = graph.nodes[source]['dist']+1

        if dist <= max_dist: # 새 노드 발견
```

```
            for target, sim in model.most_similar(source, topn=top_n):
                if target not in graph:
                    to_visit.append(target)
                    graph.add_node(target, dist=dist)
                    graph.add_edge(source, target, sim=sim, dist=dist)
    return graph
```

plot_tree 함수는 레이아웃을 만들고 임의의 스타일로 노드와 간선을 그리는 몇 번의 호출로 구성된다. Graphviz의 **twopi** 레이아웃을 사용해 노드를 눈송이 그림과 같이 배치한 그림을 생성했다. 간결하도록 몇 가지 세부 사항을 생략했지만 깃허브(https://oreil.ly/W-zbu)에서 전체 코드를 볼 수 있다.

```
from networkx.drawing.nx_pydot import graphviz_layout

def plot_tree(graph, node_size=1000, font_size=12):

    pos = graphviz_layout(graph, prog='twopi', root=list(graph.nodes)[0])

    colors = [graph.nodes[n]['dist'] for n in graph] # 거리에 따라 색칠한다.
    nx.draw_networkx_nodes(graph, pos, node_size=node_size, node_color=colors,
                           cmap='Set1', alpha=0.4)
    nx.draw_networkx_labels(graph, pos, font_size=font_size)

    for (n1, n2, sim) in graph.edges(data='sim'):
        nx.draw_networkx_edges(graph, pos, [(n1, n2)], width=sim, alpha=0.2)

    plt.show()
```

[그림 10-7]은 이들 함수를 사용해 생성했다.

```
model = models['autos_w2v_sg_2']
graph = sim_tree(model, 'noise', top_n=10, max_dist=3)
plot_tree(graph, node_size=500, font_size=8)
```

noise와 유사도가 높은 단어 10개를 찾고, 이렇게 찾은 유사어와 유사한 단어를 10개씩 찾은 뒤, 새로 찾은 유사어와 유사한 단어 10개씩 찾는 과정을 총 3회 반복한다. 시각화로 일종의 분류 체계를 만들었다고 착각하게 되지만, 실상은 그렇지 않다. 부모 단어와 가장 유사한 자식 단어의 관계를 강조하기 위해 그래프에 표시 가능한 간선의 하위 집합만 선택했다. 이 접근은 형제 노드 또는 조부모 노드에 존재할 수 있는 간선은 무시한다. 그럼에도 시각적 표현은 루트 단어 주변의 응용 프로그램 도메인의 특정 어휘를 탐색하는 데 도움이 된다. 그러나 젠심은 단어 간의 계층적 관계를 학습하기 위해 푸앵카레[Poincaré] 임베딩(https://oreil.ly/mff7p)도 구현한다.

이 그림에 사용된 작은 컨텍스트 윈도우 2를 가진 모델은 noise의 동의어를 다양하게 나타낸다. 큰 컨텍스트 윈도우를 선택하면 루트 단어와 관련된 더 많은 개념을 얻을 수 있다. [그림 10-8]은 다음 매개변수를 이용해 생성한다.

```
model = models['autos_w2v_sg_30']
graph = sim_tree(model, 'spark-plug', top_n=8, max_dist=2)
plot_tree(graph, node_size=500, font_size=8)
```

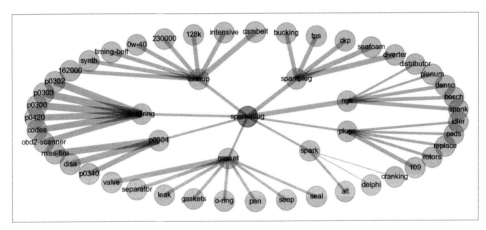

그림 10-8 spark-plug와 가장 유사한 단어와 해당 단어의 유사한 단어로 구성한 유사성 트리

여기서는 spark-plug를 루트 단어로 선택하고 윈도우 크기가 30인 모델을 선택했다. 생성된 다이어그램은 스파크 플러그(spark-plug)와 관련된 도메인별 용어에 대한 훌륭한 개요를 제공한다. 예를 들어, p0302는 엔진 실린더에 실화가 발생했다는 표준 OBD2 오류 코드다.

물론 이러한 차트는 데이터 준비의 약점도 일부 나타낸다. spark-plug와 spark plug, spark, plugs에 대한 4개 노드가 있으며 이들은 모두 동일한 개념을 나타낸다. 이 모든 것에 대해 단일 임베딩을 하려면 이러한 서로 다른 쓰기 형식을 단일 토큰으로 병합해야 한다.

10.6 마치며

도메인 특정 모델에서 특정 핵심 용어의 유사한 이웃을 탐색하는 것은 도메인 특정 말뭉치에서 단어 간의 잠재적 의미 관계를 발견하는 긴요한 기술이 될 수 있다. 단어 유사성의 전체 개념은 본질적으로 모호하지만 자동차에 대한 단 2만 개의 사용자 게시물에서 간단한 신경망을 훈련해 매우 흥미롭고 해석 가능한 결과를 생성했다.

대부분의 머신러닝 작업과 마찬가지로, 결과의 품질은 데이터 준비의 영향을 크게 받는다. 하려는 작업에 따라 원본 텍스트에 적용할 정규화 및 정제 방식의 종류를 의식적으로 결정해야 한다.

많은 경우 원형과 소문자 단어를 사용하면 유사성 추론을 위한 좋은 임베딩이 생성된다. 구문 검색phrase detection은 결과를 개선할 뿐만 아니라 응용 프로그램 도메인에서 가능한 중요한 합성 어compound terms를 식별하는 데 도움이 될 수 있다.

젠심을 사용해 임베딩을 훈련하고 저장 및 분석했다. 젠심은 매우 인기 있지만 (Py) Magnitude(https://oreil.ly/UlRzX) 또는 finalfusion(https://oreil.ly/TwM4h) 같은 더 빠른 대안이 가능한지 확인할 수도 있다. 물론 텐서플로 및 파이토치를 사용해 다양한 종류의 임베딩을 훈련할 수도 있다.

오늘날 시맨틱 임베딩은 복잡한 머신러닝 작업의 기본이 되었다. 그러나 감성 분석sentiment analysis 또는 의역 감지paraphrase detection 같은 작업에서는 단어가 아닌 문장 또는 완전한 문서에 대한 임베딩이 필요하다. 문서 임베딩을 생성하는 다양한 접근 방식이 알려졌다(Wolf, 2018; Palachy, 2019). 일반적인 접근 방식은 문장에서 단어 벡터의 평균을 계산하는 것이다. 스페이시의 일부 모델은 어휘에 단어 벡터(https://oreil.ly/zI1wm)를 포함하며 기본적으로 평균 단어 벡터를 기반으로 문서 유사성을 계산한다. 그러나 평균 단어 벡터는 단일 문장이나 매우 짧은 문서에서만 합리적으로 잘 작동한다. 또한 전체 접근 방식은 단어 순서를 고려하지 않는 단어 가방 아이디어로 제한된다.

최첨단 모델은 의미론적 임베딩과 단어 순서를 모두 활용한다. 감성 분류를 위해 다음 장에서 이러한 모델을 사용할 것이다.

10.7 더 읽어보기

- Bolukbasi, Tolga, Kai-Wei Chang, James Zou, Venkatesh Saligrama, and Adam Kalai. Man Is to Computer Programmer as Woman Is to Homemaker? Debiasing Word Embeddings. 2016. `https://arxiv.org/abs/1607.06520`

- Joulin, Armand, Edouard Grave, Piotr Bojanowski, and Tomáš Mikolov. Bag of Tricks for Efficient Text Classification. 2017. `https://www.aclweb.org/anthology/E17-2068`

- Levy, Omer, Yoav Goldberg, and Ido Dagan. Improving Distributional Similarity with Lessons Learned from Word Embeddings. `https://www.aclweb.org/anthology/Q15-1016`

- McCormick, Chris. Word2Vec Tutorial. `http://mccormickml.com/2016/04/19/word2vec-tutorial-the-skip-gram-model`, `http://mccormickml.com/2017/01/11/word2vec-tutorial-part-2-negative-sampling`

- Mikolov, Tomáš, Kai Chen, Greg Corrado, and Jeffrey Dean. Efficient Estimation of Word Representations in Vector Space. 2013. `https://arxiv.org/abs/1301.3781`

- Mikolov, Tomáš, Ilya Sutskever, Kai Chen, Greg Corrado, and Jeffrey Dean. Distributed Representations of Words and Phrases and Their Compositionality. 2013. `https://arxiv.org/abs/1310.4546`

- Palachy, Shay. Beyond Word Embedding: Key Ideas in Document Embedding. `https://www.kdnuggets.com/2019/10/beyond-word-embedding-document-embedding.html`

- Pennington, Jeffrey, Richard Socher, and Christopher Manning. Glove: Global Vectors for Word Representation. 2014. `https://nlp.stanford.edu/pubs/glove.pdf`

- Peters, Matthew E., Mark Neumann, Mohit Iyyer, et al. Deep contextualized word representations. 2018. `https://arxiv.org/abs/1802.05365`

- Wolf, Thomas. The Current Best of Universal Word Embeddings and Sentence Embeddings. 2018.
`https://medium.com/huggingface/universal-word-sentenceembeddings-ce48ddc8fc3a`

## CHAPTER 11

텍스트 데이터를 이용한 감성 분석

뇌는 현실 세계에서 상호 작용을 할 때 말뿐 아니라 표정, 몸짓 언어, 기타 물리적 신호를 사용해 무의식적으로 피드백을 등록한다. 그러나 많은 커뮤니케이션이 디지털화되면서 물리적 신호를 평가할 수 없는 텍스트 형태의 커뮤니케이션이 많아지고 있다. 따라서 글에 나타난 사람의 기분이나 감성을 읽어 내는 것이 메시지의 이해도를 높이는 데 매우 중요해졌다.

예를 들어, 현재 고객 지원은 소프트웨어 티켓팅 시스템 또는 챗봇을 사용해 자동화하고 있다. 따라서 고객의 감성을 이해하는 유일한 방법은 응답에서 감성을 읽어 내는 것이다. 특히 컴플레인을 제기한 고객을 상대하는 경우 사태를 완화시킬 수 있도록 응답에 각별한 주의를 기울여야 한다. 마찬가지로 고객이 특정 제품이나 브랜드를 어떻게 생각하는지 파악하기 위해 해당 브랜드에 대한 소셜 미디어 채널의 게시물, 댓글, 리뷰에서 감성을 분석할 수 있다.

텍스트에서 감성을 이해하려면 직접적이지도 분명하지도 않은 측면을 추론해야 하기 때문에 어렵다. 아마존에서 노트북을 구매한 고객의 리뷰를 보자.

이 노트북은 문제가 많다. 속도가 매우 느린 게 사양 설명서와 정확히 일치한다! 부팅 시간은 더 길다.

이 글을 읽으면 노트북의 속도와 부팅 시간이 오래 걸린다는 내용을 감지해 '부정적 리뷰'라는 아이러니한 결론이 나온다. 그러나 자세히 분석하면 속도가 사양과 정확히 일치한다는 내용을 알 수 있다. '부팅 시간은 더 길다'라는 사실(매개변수)도 '부팅 시간은 짧은 것이 좋다'라는 사실을 알지 못한다면 장점으로 인식될 수 있다. 감성 분석은 사용하는 텍스트 데이터 유형에 따라 다르다. 예를 들어, 신문 기사는 구조화된 방식으로 작성되지만, 트윗 및 기타 소셜 미디어 텍스트는 속어와 구두점 오류가 있는 느슨한 구조를 따른다. 결과적으로 모든 시나리오에 적용할 수 있는 만능 전략은 없다. 대신에 성공적인 감성 분석을 하는 데 사용할 수 있는 다양한 전략을 소개하겠다.

11.1 학습 목표

이 장에서는 텍스트 데이터 조각에서 감성을 추정하는 여러 기술을 살펴본다. 간단한 규칙 기반 기술로 시작해 복잡한 방법을 거쳐 가며 구글의 BERT 같은 최신 언어 모델을 사용한다. 이러한 기술을 살펴보면 고객 감성에 대한 이해를 높이고 다양한 사례에 사용할 수 있는 전략을 알게 된다. 예를 들어, 2장의 트위터 API 함수와 결합해 특정 성향이나 정치 사안에 대한 대중의 감성을 결정할 수 있다. 또한 조직에서는 고객 불만 또는 지원 이메일의 감성을 분석하고 고객 만족도를 파악할 수 있다.

11.2 감성 분석

많은 정보가 텍스트 형태를 띤다. 커뮤니케이션은 맥락에 따라 객관적 텍스트와 주관적 텍스트로 구분할 수 있다. 교과서, 위키백과, 기사에서 볼 수 있듯이, 객관적 텍스트는 사실에 대한 간단한 설명이다. 그러한 텍스트는 일반적인 사실만 전달할 뿐 의견이나 감성은 표현하지 않는다. 반면에 주관적 텍스트는 누군가의 반응을 전하거나 감성, 기분, 느낌에 대한 정보를 제공한다. 이 텍스트는 대개 트윗의 소셜 미디어 채널이나 제품 리뷰와 같이 고객이 자신의 의견을 표현하는 공간에서 볼 수 있다. 감성 연구는 텍스트라는 매체를 통해 표현된 개인의 심리상태를 이해하기 위해 시작되었다. 따라서 감성 분석은 객관적 텍스트보다 이러한 정보가 포함된 주관적 텍스트에서 가장 잘 작동한다. 분석을 시작하기 전에 찾고 있는 감성 정보를 포착할 올바른 종류의 데이터셋이 있는지 확인해야 한다.

텍스트 조각의 감성은 구, 문장, 문서에서 결정할 수 있다. 예를 들어 고객이 회사에 보낼 이메일을 작성할 경우, 이메일에는 여러 문장으로 이루어진 여러 단락이 있다. 감성은 각 문장과 각 단락에서 계산할 수 있다.

단락 1은 긍정적이지만 단락 3과 4는 부정적일 수 있다. 따라서 고객이 표현한 전반적인 감성을 확인하려면 문서 수준까지 각 단락에 대한 감성을 집계하는 가장 좋은 방법을 결정해야 한다. 이번에 소개할 전략은 문장 수준에서 감성을 계산한다.

감성 분석을 수행하는 기술은 간단한 규칙 기반 기술과 지도 머신러닝 접근 방식으로 나눌 수 있다. 규칙 기반 기술은 주석이 달린 훈련 데이터가 필요하지 않기 때문에 적용하기가 쉽다. 지도 학습 접근 방식은 더 나은 결과를 제공하지만 데이터에 레이블을 지정하는 노력이 추가된다. 이 요구 사항을 해결하는 간단한 방법을 사용 사례로 확인하겠다. 이 장에서는 다음과 같은 전략을 제공한다.

- 어휘를 기반으로 한 감성 분석
- 텍스트 데이터에서 추가 특성을 구축한 후, 지도 머신러닝 알고리즘을 적용하는 감성 분석
- 전이 학습 기법과 BERT와 같은 사전 훈련된 언어 모델을 사용한 감성 분석

11.3 데이터셋: 아마존 고객 리뷰

선도적인 가전제품 회사의 마케팅 부서에서 일하는 분석가가 자사의 스마트폰 제품이 경쟁 제품과 어떻게 비교되는지 알고 싶다고 하자. 기술 사양을 비교하는 손쉬운 방법이 있지만, 제품에 대한 소비자의 인식을 더 이해하고 싶다. 이 경우, 아마존에 게시된 제품 리뷰로 고객의 감성을 분석할 수 있다. 이제 소개할 전략을 사용해 브랜드에 대한 각 리뷰의 감성을 집계하면, 고객이 각 브랜드를 어떻게 인식하는지 식별하게 될 것이다. 유사하게, 회사가 주력하고 있는 영역 외에 그에 인접한 제품을 도입해 비즈니스를 확장하려 한다면 어떻게 해야 할까? 태블릿, 스마트 워치, 액션 카메라 같은 세그먼트의 모든 제품에 대한 고객 리뷰를 분석하고 집계된 감성을 기반으로 고객 만족도가 낮고 제품의 잠재적 성공 확률이 높은 세그먼트를 결정할 수 있다.

이번 전략에서는 여러 범주에 속하는 다양한 제품에 대한 아마존 고객 리뷰 모음이 들어 있는 데이터셋을 사용한다. 이 데이터셋은 이미 스탠퍼드 대학교 연구원에 의해 스크랩 및 편집되었다.[94] 마지막 업데이트 버전(https://oreil.ly/QcMIz)은 1996년에서 2018년까지 아마존

---

94 J. McAuley and J. Leskovec. "Hidden Factors and Hidden Topics: Understanding Rating Dimensions with Review Text." RecSys, 2013. https://snap.stanford.edu/data/web-Amazon.html

웹사이트에서 여러 범주에 걸친 제품 리뷰로 구성되었다. 여기에는 제품 리뷰, 제품 평가, 유용성 투표 및 제품 메타데이터와 같은 기타 정보가 포함된다. 이 장에서는 제품 리뷰에 중점을 두고 한 문장 길이의 리뷰들만 사용할 것이다. 이는 코드를 단순하게 유지하고 집계 단계를 생략하기 위한 것이다. 여러 문장이 포함된 리뷰에는 긍정적 감성과 부정적 감성이 모두 포함될 수 있다. 따라서 리뷰의 모든 문장에 하나의 감성으로 통일해서 태그를 지정하는 것은 합당하지 않다. 또한 사용 메모리와 처리 시간을 줄이기 위해 일부 범주에 대해서만 데이터를 사용한다. 이런 데이터셋을 이미 준비했지만, 저장소에 있는 Data_Preparation 노트북을 참조해 준비 단계를 이해하고 확장할 수 있다. 이번 전략은 모든 종류의 데이터셋에서 작동하므로 강력한 하드웨어 또는 클라우드 인프라에 액세스할 수 있다면 더 많은 범주에 적용할 수 있다. 이제 데이터셋을 살펴보겠다.

```
df = pd.read_json('reviews.json', lines=True)
df.sample(5)
```

| 출력 |

	overall	verified	reviewerID	asin	text	summary
163807	5	False	A2A8GHFXUG1B28	B0045Z4JAI	Good Decaf... it has a good flavor for a decaf :)	Nice!
195640	5	True	A1VU337W6PKAR3	B00K0TIC56	I could not ask for a better system for my small greenhouse, easy to set up and nozzles do very well	I could not ask for a better system for my small greenhouse
167820	4	True	A1Z5TT1BBSDLRM	B0012ORBT6	good product at a good price and saves a trip to the store	Four Stars

104268	1	False	A4PRXX2G8900X	B005SPI45U	I like the principle of a raw chip – something I can eat with my homemade salsa and guac – but these taste absolutely revolting.	No better alternatives but still tastes bad.
51961	1	True	AYETYLNYDIS2S	B00D1HLUP8	Fake China knockoff, you get what you pay for.	Definitely not OEM

데이터셋을 보면 다음 열이 포함되었음을 알 수 있다.

| Overall |

리뷰어가 제품에 부여한 최종 등급이다. 범위는 1(최저, lowest)에서 5(최고, highest)

| Verified |

아마존이 상품 구매를 확인했는지 여부를 나타낸다.

| ReviewerID |

아마존이 각 리뷰어에게 할당한 고유 식별자다.

| ASIN |

아마존이 상품을 식별하는 데 사용하는 고유 상품 코드다.

| Text |

사용자가 제공한 리뷰의 실제 텍스트다.

| Summary |

사용자가 제공한 리뷰의 헤드라인 또는 요약이다.

텍스트 열은 고객 리뷰의 주요 내용을 담고 있다. 나머지 열 정보도 유용할 수 있지만, 이번에는 해당 열을 중점으로 사용한다.

11.4 전략: 어휘 기반 감성 분석

아마존Amazon 고객 리뷰 데이터를 분석할 때 맨 처음 만나는 문제는 대상 레이블이 없다는 것이다. 특정 리뷰가 긍정적인지 부정적인지 자동으로 알 수는 없다. 텍스트는 제품이 완벽하게 작동했기 때문에 만족을 표현하는 것일까, 아니면 처음 사용하자마자 제품이 고장 났기 때문에 분노를 표현하는 것일까? 리뷰를 실제로 읽을 때까지는 결정을 내릴 수 없다. 30만 개에 가까운 리뷰를 읽고 각 리뷰에 대상 감성을 수동으로 할당해야 하기 때문에 결정을 내리기는 더욱 어렵다. 이러한 문제를 어휘 기반의 접근 방식을 사용해 극복하겠다.

어휘집lexicon이란 무엇일까? 어휘집은 전문 지식을 기반으로 편집된 사전과도 같다. 어휘집의 주요 차별화 요소는 특정 지식을 통합하고 특정 목적을 위해 수집되었다는 것이다. 여기서는 일반적으로 사용되는 감성 어휘를 사용해 질의 문장에 나타난 감성을 평가한다. 이에 대한 간단한 예로 행복happy이라는 단어는 감성 점수가 +1이고, 좌절frustrated이라는 단어는 감성 점수가 −1이다. 영어로 표준화된 몇 가지 어휘집을 사용할 수 있는데, 주로 사용되는 어휘집으로는 AFINN 어휘집, SentiWordNet, 빙 리우Bing Liu가 만든 Bing Liu 어휘집, VADER 어휘집이 있다. 이 어휘집은 어휘의 크기와 표현에 있어서 서로 다르다. 예를 들어 AFINN 어휘집 (https://oreil.ly/YZ9WB)은 3,300개 단어가 포함된 단일 사전의 형태로 제공되며 각 단어에는 '−3'에서 '+3' 사이의 서명된 감성 점수가 할당된다. 극성polarity은 부정/긍정을 나타내고 크기는 강도를 나타낸다. 반면 Bing Liu 어휘집(https://oreil.ly/jTj_u)은 긍정적 단어와 부정적 단어로 이루어진 두 가지 목록 형태로 제공되며 결합 어휘는 6,800단어다. 대부분의 감성 어휘는 영어로 되어 있지만 이 연구 논문에서는 독일어[95] 및 기타 81개 언어용 어휘도

---

[95] 'Interest Group on German Sentiment Analysis, Multi-Domain Sentiment Lexicon for German'(https://oreil.ly/WpMhF)

생성했다.[96]

먼저 선택한 어휘집에서 각 단어에 대한 감성 점수를 식별한 다음 이를 합산해 문장 또는 구의 감성 정도를 결정한다. 이 기술을 사용하면 각 리뷰를 수동으로 확인하거나 감성 레이블을 할당할 필요가 없다. 대신, 여기서는 각 단어에 전문가 감성 점수를 제공하는 어휘집에 의존한다. 첫 번째 전략에서는 Bing Liu 어휘집을 사용한다. 하지만 다른 어휘집도 자유롭게 확장해 사용할 수 있다.

사전은 일반적으로 단어의 여러 변형을 포함하고 불용어를 제외하므로 이 접근 방식에서는 표준 전처리 단계가 필수적이지 않다. 어휘집에 있는 단어만을 가지고 점수를 매긴다. 이로 인해 이 방법의 단점이 드러나는데, 이는 전략 설명을 마무리할 때 자세히 논의하겠다.

11.4.1 Bing Liu 어휘집

Bing Liu 어휘집은 단어를 긍정적 의견을 표현하는 단어와 부정적 의견을 표현하는 단어로 나누어 정리했다. 이 사전에는 철자가 틀린 단어도 포함되어 온라인 토론 포럼, 소셜 미디어 및 기타 소스에서 추출한 텍스트에 사용하기가 적합하므로, '아마존 고객 리뷰' 데이터에서도 더 좋은 결과를 생성할 것이다.

Bing Liu 어휘집은 긍정적 단어와 부정적 단어 집합이 포함된 zip 파일로 작성자의 웹사이트(https://oreil.ly/A_O4Q)에서 찾을 수 있다. 또한 다운로드 후 사용할 수 있는 말뭉치로 NLTK 라이브러리에서도 사용할 수 있다. 어휘집을 읽어 어휘집 단어와 해당 단어의 감성 점수를 저장할 수 있는 파이썬 사전을 만든다. 다음 단계에서는 데이터셋의 각 리뷰에 대한 점수를 생성한다. 먼저 텍스트 내용을 소문자로 변환한다. 그런 다음 NLTK 패키지의 `word_tokenize` 함수를 사용해 문장을 단어로 분할하고 이 단어가 사전의 일부인지 확인한다. 그런 후 리뷰를 위해 총 감성 점수를 저장한다. 마지막 단계로 문장의 단어 수를 기반으로 이 점수를 정규화한다. 이 기능은 `bing_liu_score` 함수에 캡슐화되었으며 데이터셋의 모든 리뷰에 적용된다.

---

96 Yanqing Chen and Steven Skiena. Building Sentiment Lexicons for All Major Languages(https://oreil.ly/Inbs8). 어휘집은 Kaggle에서 다운로드 가능하다(https://oreil.ly/xTeH4).

```
from nltk.corpus import opinion_lexicon
from nltk.tokenize import word_tokenize
nltk.download('opinion_lexicon')
print('Total number of words in opinion lexicon', len(opinion_lexicon.words()))
print('Examples of positive words in opinion lexicon', opinion_lexicon.positive()[:5])
print('Examples of negative words in opinion lexicon', opinion_lexicon.negative()[:5])
```

| 출력 |

```
Total number of words in opinion lexicon 6789
Examples of positive words in opinion lexicon ['a+', 'abound', 'abounds',
'abundance', 'abundant']
Examples of negative words in opinion lexicon ['2-faced', '2-faces',
'abnormal', 'abolish', 'abominable']
```

이를 리뷰에 적용한다.

```
# 리뷰 텍스트를 채점하는 데 사용할 파이썬 사전을 만들겠다.
df.rename(columns={"reviewText": "text"}, inplace=True)
pos_score = 1
neg_score = -1
word_dict = {}

# 사전에 긍정적 단어 추가
for word in opinion_lexicon.positive():
        word_dict[word] = pos_score

# 사전에 부정적 단어 추가
for word in opinion_lexicon.negative():
        word_dict[word] = neg_score

def bing_liu_score(text):
    sentiment_score = 0
    bag_of_words = word_tokenize(text.lower())
    for word in bag_of_words:
        if word in word_dict:
            sentiment_score += word_dict[word]
    return sentiment_score / len(bag_of_words)

df['Bing_Liu_Score'] = df['text'].apply(bing_liu_score)
df[['asin','text','Bing_Liu_Score']].sample(2)
```

| 출력 |

	asin	text	Bing_Liu_Score
188097	B00099QWOU	As expected	0.00
184654	B000RW1XO8	Works as designed…	0.25

감성 점수를 계산했으면 계산된 점수가 고객이 제공한 평가를 기반으로 하는 기대치와 일치하는지 확인한다. 각 리뷰에 대해 이를 확인하는 대신 기대치와 다른 감성 점수를 가진 리뷰를 찾아 비교할 수 있다. 별 5개 등급의 리뷰는 별 1개 등급의 리뷰보다 감성 점수가 더 높을 것으로 예상된다. 다음 단계에서는 각 리뷰의 점수를 +1에서 −1 사이로 조정하고 등급별 유형에 대한 모든 리뷰의 평균 감성 점수를 계산한다.

```
df['Bing_Liu_Score'] = preprocessing.scale(df['Bing_Liu_Score'])
df.groupby('overall').agg({'Bing_Liu_Score':'mean'})
```

| 출력 |

overall	Bing_Liu_Score
1	−0.587061
2	−0.426529
4	0.344645
5	0.529065

앞 코드는 모든 종류의 감성 어휘집을 사용해 감성 점수를 빠르게 결정하고, 감성 예측의 정확성을 향상시켜야 하는 다른 정교한 기술을 비교하기 위한 기준선baseline 역할도 할 수 있다.

11.4.2 어휘 기반 접근 방식의 단점

어휘 기반 접근 방식은 간단하지만 몇 가지 단점이 있다.

첫째, 어휘집의 크기에 제한된다. 선택한 어휘집에 단어가 하나도 없으면 이 리뷰에 대한 감성 점수를 결정하는 동안 이 정보를 사용할 수 없다. 이상적인 시나리오에서는 해당 언어로 된 단어가 모두 들어 있는 어휘집을 사용하고 싶지만 실현 가능하지 않다.

둘째, 선택된 어휘집이 표준이라는 가정하에 저자가 제공한 감성 점수/극성을 신뢰해야 한다. 그러나 어휘집에 따라 주어진 사용 사례에 적합하지 않을 수 있기 때문에 이 점은 문제가 된다. 앞의 예에서 Bing Liu 어휘집은 온라인에서 사용되는 언어를 포착하고 사전에 일반적인 오타와 속어가 포함되기 때문에 아마존 리뷰 데이터와 관련이 있다. 그러나 트윗 데이터셋에서 작업하는 경우, VADER 어휘집이 인기 있는 약어(예: LOL) 및 이모티콘을 지원하기 때문에 더 적합할 것이다.

마지막으로, 부정negation을 간과한다. 어휘집은 단어만 일치하고 구가 일치하지 않으므로 실제로 중립적인 표현 'not bad나쁘지 않음'를 포함하는 문장에 부정 점수를 준다.

감성 분석을 개선하려면 지도 학습을 이용한 머신러닝 접근 방식을 사용해야 한다.

11.5 지도 학습 접근법

지도 학습을 이용한 접근 방식은 데이터의 패턴을 모델링하고 현실에 가까운 예측 함수를 생성할 수 있어 유용하다. 또한 이 방식은 유연해서 다양한 기술 중에서 선택하고 최대 정확도를 제공하는 기술을 식별할 수 있다. 지도 학습 머신러닝에 대한 자세한 내용은 6장에서 다뤘다.

이러한 접근 방식을 사용하려면 레이블이 지정된 데이터가 필요하다. 종종 둘 이상의 사람이 각 리뷰를 보고 감성을 결정해야 한다. 둘 이상의 작업자가 서로 다른 감성값을 결정했는데 각 작업자가 동의하지 않으면, 그 교착 상태를 깨기 위해 제3의 작업자가 필요할 수 있다. 작업자가 5명 있는 것이 일반적이며, 그중 최소 3명 이상이 해당 레이블을 확정하는 데 동의해야 한다. 지루하고 비용이 많이 드는 작업이지만, 실제 비즈니스 문제를 다룰 때 선호되는 접근 방식이다.

그러나 많은 경우 고비용의 레이블링 절차를 거치지 않고 지도 학습 접근 방식을 테스트할 수 있다. 더 간단한 옵션은 자동으로 레이블링을 하는 데 도움이 될 수 있는 데이터 내 프록시 표시자proxy indicators를 확인하는 것이다. 아마존 리뷰를 보자. 누군가가 제품에 별 5개 등급을 부여했다면 사용한 제품이 마음에 들었다고 가정할 수 있으며, 이는 리뷰에 반영되어야 한다. 마찬가지로 다른 리뷰어가 제품에 대해 별 1개 등급을 제공했다면, 해당 제품에 불만을 품고 부정적인 말을 할 것이다. 따라서 제품 평가를 특정 리뷰가 긍정적인지 부정적인지를 판단하는 대리 측정값proxy measure으로 사용할 수 있다. 등급이 높을수록 특정 리뷰가 긍정적이어야 한다.

11.5.1 지도 학습 접근 방식을 위한 데이터 준비

따라서 데이터셋을 지도 머신러닝 문제로 변환하는 첫 단계로 사용자 평가를 사용해 리뷰에 자동으로 레이블을 달 것이다. 이전에 제공된 추론을 기반으로 모든 리뷰에 긍정적 평가 4와 5, 부정적 평가 1과 2를 추가하기로 했다. 데이터 준비 과정에서 긍정적 리뷰와 부정적 리뷰를 명확하게 구분하기 위해 평점 3을 준 리뷰도 필터링했다. 이 단계는 사용 사례에 따라 조정할 수 있다.

```
df = pd.read_json('reviews.json', lines=True)

# 제품 등급을 기반으로 0 또는 1의 레이블 정보를 가진 새로운 클래스 레이블 할당하기
df['sentiment'] = 0
df.loc[df['overall'] > 3, 'sentiment'] = 1
df.loc[df['overall'] < 3, 'sentiment'] = 0

# 간단한 데이터프레임을 유지하기 위해 불필요한 열 제거하기
df.drop(columns=['reviewTime', 'unixReviewTime', 'overall', 'reviewerID', 'summary'],
        inplace=True)
df.sample(3)
```

| 출력 |

	verified	asin	text	sentiment
176400	True	B000C5BN72	everything was as listed and is in use all appear to be in good working order	1
65073	True	B00PK03IVI	this is not the product i received.	0
254348	True	B004AIKVPC	Just like the dealership part.	1

제공된 리뷰 선택 항목에서 볼 수 있듯이, 사용자가 제공한 평가에 따라 1 또는 0 값을 포함하는 감성이라는 새 열이 생성되었다. 이제 이 예를 텍스트에 있는 콘텐츠를 사용해 긍정적(1) 감성 아니면 부정적(0) 감성을 예측하는 지도 학습 머신러닝 문제로 다룰 수 있다.

11.6 전략: 텍스트 데이터 벡터화 및 지도 학습 알고리즘 적용

이번 전략은 텍스트 데이터를 정리한 후에 벡터화를 수행하고, 분류를 위한 서포트 벡터 머신 모델을 적용해 지도 학습 머신러닝 알고리즘을 구축하는 것이다.

11.6.1 1단계: 데이터 준비

데이터를 전처리하기 위해 4장의 정규 표현식을 적용하고 특수 문자, HTML 태그, URL을 제거한다.

```
df['text_orig'] = df['text'].copy()
df['text'] = df['text'].apply(clean)
```

그런 다음, 4.4절 '텍스트 데이터 정리'에서 소개한 전략을 적용한다. 이렇게 하면 텍스트가 소문자로 표준화되고 숫자와 구두점이 제거되며 후속 단계에서 사용할 수 있는 형식이 된다. 실행을 완료하는 데 몇 분 정도 걸릴 수 있다. 몇몇 경우에 리뷰의 모든 토큰이 정리 단계에서 제거될 수 있는데, 이러한 리뷰를 포함하는 것은 의미가 없다.

```
df["text"] = df["text"].apply(clean_text)

# 정리 단계 후에 빈 문자열이 있는 행을 제거한다.
df = df[df['text'].str.len() != 0]
```

11.6.2 2단계: 훈련-테스트 분할

벡터화의 다음 단계로 분할을 통해 훈련 및 테스트 데이터를 얻는다. 데이터의 80-20 분할을 만들고 **stratify** 인자의 인수로 대상 변수인 감성을 지정해 긍정 및 부정 클래스의 분포가 두 분할에서 유사한지 확인한다.

```
from sklearn.model_selection import train_test_split
X_train, X_test, Y_train, Y_test = train_test_split(df['text'],
                                                    df['sentiment'],
                                                    test_size=0.2,
```

```
                                        random_state=42,
                                        stratify=df['sentiment'])

print ('Size of Training Data ', X_train.shape[0])
print ('Size of Test Data ', X_test.shape[0])

print ('Distribution of classes in Training Data :')
print ('Positive Sentiment ', str(sum(Y_train == 1)/ len(Y_train) * 100.0))
print ('Negative Sentiment ', str(sum(Y_train == 0)/ len(Y_train) * 100.0))

print ('Distribution of classes in Testing Data :')
print ('Positive Sentiment ', str(sum(Y_test == 1)/ len(Y_test) * 100.0))
print ('Negative Sentiment ', str(sum(Y_test == 0)/ len(Y_test) * 100.0))
```

| 출력 |

```
Size of Training Data 234108
Size of Test Data 58527
Distribution of classes in Training Data :
Positive Sentiment 50.90770071932612
Negative Sentiment 49.09229928067388
Distribution of classes in Testing Data :
Positive Sentiment 50.9081278726058
Negative Sentiment 49.09187212739419
```

11.6.3 3단계: 텍스트 벡터화

다음 단계에서는 정리된 텍스트를 모델에서 사용 가능한 특성으로 변환한다. 머신러닝 모델은 텍스트 데이터를 이해하지 못하고 숫자 데이터로만 작업할 수 있다. 벡터화된 표현을 생성하기 위해 5장의 TF-IDF 벡터화 과정을 사용한다. min_df의 매개변수를 10으로 선택하고 바이그램을 포함하지 않는다. 또한 이전 단계에서 이미 불용어를 제거했으므로 벡터화 중에 이를 처리할 필요가 없다. 평가 중에 사용될 테스트 분할을 변환하기 위해 동일한 벡터화를 사용할 것이다.

```
from sklearn.feature_extraction.text import TfidfVectorizer

tfidf = TfidfVectorizer(min_df = 10, ngram_range=(1,1))
```

```
X_train_tf = tfidf.fit_transform(X_train)
X_test_tf = tfidf.transform(X_test)
```

11.6.4 4단계: 머신러닝 모델 훈련

6장에서 설명한 것처럼 서포트 벡터 머신support vector machine (SVM)은 텍스트 데이터로 작업할 때 선호되는 머신러닝 알고리즘이다. SVM은 많은 숫자 특성numeric feature을 가진 데이터셋에서 잘 작동하는 것으로 알려졌으며, 특히 예제에서 사용할 LinearSVC 모듈은 처리 속도도 매우 빠르다. 랜덤 포레스트random forest 또는 XGBoost 같은 트리 기반 방법을 선택할 수도 있지만, 경험상 정확도는 비슷하고 빠른 훈련 시간 덕분에 실험이 더 빨라질 수 있다.

```
from sklearn.svm import LinearSVC

model1 = LinearSVC(random_state=42, tol=1e-5)
model1.fit(X_train_tf, Y_train)
```

| 출력 |

```
LinearSVC(C=1.0, class_weight=None, dual=True, fit_intercept=True,
          intercept_scaling=1, loss='squared_hinge', max_iter=1000,
          multi_class='ovr', penalty='l2', random_state=42, tol=1e-05,
          verbose=0)
```

만들어진 모델의 성능을 측정하겠다.

```
from sklearn.metrics import accuracy_score
from sklearn.metrics import roc_auc_score

Y_pred = model1.predict(X_test_tf)
print ('Accuracy Score - ', accuracy_score(Y_test, Y_pred))
print ('ROC-AUC Score - ', roc_auc_score(Y_test, Y_pred))
```

```
Accuracy Score - 0.8658396979172006
ROC-AUC Score - 0.8660667427476778
```

보다시피, 이 모델은 약 86%의 정확도를 달성한다. 모델의 감지 능력 체크$^{sense\ check}$를 수행하기 위해 일부 모델 예측과 리뷰 텍스트를 살펴보겠다.

```
sample_reviews = df.sample(5)
sample_reviews_tf = tfidf.transform(sample_reviews['text'])
sentiment_predictions = model1.predict(sample_reviews_tf)
sentiment_predictions = pd.DataFrame(data = sentiment_predictions,
                                     index=sample_reviews.index,
                                     columns=['sentiment_prediction'])
sample_reviews = pd.concat([sample_reviews, sentiment_predictions], axis=1)
print ('Some sample reviews with their sentiment - ')
sample_reviews[['text_orig','sentiment_prediction']]
```

| 출력 |

```
Some sample reviews with their sentiment -
```

	text_orig	sentiment_prediction
29500	Its a nice night light, but not much else apparently	1
98387	Way to small, do not know what to do with them or how to use them	0
113648	Didn't make the room "blue" enough – returned with no questions asked	0
281527	Excellent	1
233713	fit like oem and looks good	1

모델이 리뷰를 합리적으로 잘 예측할 수 있음을 알 수 있다. 예를 들어, 사용자가 제품이 너무 작아서 사용할 수 없다고 판단한 리뷰 98387은 부정적인 것으로 표시된다. 사용자가 제품이 잘 맞고 좋아 보인다고 말한 리뷰 233713은 긍정적인 것으로 표시된다. 모델의 결과와 Bing Liu 어휘집을 사용한 기준 모델의 결과를 어떻게 비교할 수 있을까?

```
def baseline_scorer(text):
    score = bing_liu_score(text)
    if score > 0:
        return 1
    else:
        return 0

Y_prcd_baseline = X_test.apply(baseline_scorer)
acc_score = accuracy_score(Y_pred_baseline, Y_test)
print (acc_score)
```

| 출력 |

```
0.7521998393903668
```

75%의 어휘집 기준 모델을 향상시키고 정확도를 더 향상시킬 수 있지만 이 방법은 간단하게 빠른 결과를 제공한다. 예를 들어 브랜드에 대한 고객의 인식을 경쟁 업체와 비교해 확인하려는 경우, 같은 방법으로 각 브랜드에 대한 감성을 집계하면 고객의 인식을 바르게 이해할 수 있다. 또는 사용자가 영화를 볼지 말지 결정하는 데 도움이 되는 앱을 만들 수도 있다. 트위터 또는 유튜브 댓글에서 수집한 데이터에 이 전략을 사용해 사용자가 긍정적으로 느끼는지 아니면 부정적으로 느끼는지를 판단하고 그 결과를 제안하는 데 사용할 수 있다. 다음에 설명할 전략은 정확도를 높이는 데 사용할 수 있는 정교한 기법이다.

11.7 딥러닝을 사용한 사전 훈련된 언어 모델

언어는 수세기에 걸쳐 진화했으며 여전히 변화하고 있다. 문장 형성에 대한 문법 규칙과 지침이 있지만, 종종 엄격하게 지켜지지 않고 문맥에 크게 의존한다. 같은 생각을 표현하더라도 이메일을 쓸 때와 트윗할 때 선택하는 단어는 상당히 다를 것이다. 그리고 많은 언어(영어 포함)에서 규칙의 예외가 무척 많다! 그 결과, 컴퓨터 프로그램이 텍스트 기반 커뮤니케이션을 이해하기가 어렵다. 이 난관은 언어 모델을 사용해 모델에 더 깊은 언어 이해를 제공함으로써 극복할 수 있다.

언어 모델은 문장의 구조와 그 안의 단어를 이해할 수 있도록 자연어를 수학적으로 나타낸 것이다. 언어 모델에는 여러 유형이 있지만 이번에는 사전 훈련된 언어 모델의 사용에 중점을 둘 것이다. 이러한 언어 모델의 가장 중요한 특성은 심층 신경망 아키텍처를 사용하고 방대한 데이터 말뭉치에서 훈련된다는 것이다. 언어 모델을 사용하면 언어 번역, 자동 철자 수정, 텍스트 요약 같은 NLP 작업의 성능이 크게 향상된다.

11.7.1 딥러닝 및 전이 학습

딥러닝은 일반적으로 인공 신경망artificial neural network(ANN)을 활용하는 일련의 머신러닝 방법을 설명하는 데 사용된다. ANN은 인간의 뇌에서 영감을 받아 생물학적 시스템에서 이루어지는 뉴런 간의 연결 및 정보 처리 활동을 모방하려고 한다. 간단히 설명하면 데이터의 도움으로 학습된 네트워크 간선의 가중치로 여러 계층에 걸쳐 서로 연결된 노드 네트워크를 사용해 함수를 모델링한다. 자세한 설명은 오렐리앙 제롱의 『핸즈온 머신러닝(2판)』(한빛미디어, 2020) 2부를 참조하자.

전이 학습은 사전 훈련되고 널리 사용 가능한 언어 모델의 이점을 취하기 위해 특정 사용 사례에 모델을 전이해 해당 문제를 풀려는 딥러닝 기술의 하나다. 또한 한 작업에서 얻은 지식과 정보를 다른 문제에도 적용할 수 있는 능력을 준다. 예를 들어, 기타 연주를 처음 배우지만, 그 지식을 사용해 첼로나 하프를 비교적 쉽게 (완전한 초보자보다) 더 빨리 연주할 수 있게 된다. 머신러닝 알고리즘으로 동일한 개념이 적용될 때 이를 전이 학습transfer learning이라고 한다.

이 아이디어는 컴퓨터 비전 산업에서 처음 대중화되었었는데, 이 산업의 대규모 이미지 인식 문제(https://oreil.ly/ISv5j)에서 여러 연구진은 오류를 줄이기 위해 여러 계층의 복잡한 신경망을 구축하려고 경쟁을 벌였다. 그리고 다른 연구자들은 이러한 복잡한 모델이 해당 과제만이 아니라 미세하게 수정된 다른 이미지 인식 작업에서도 잘 작동한다는 것을 발견했다. 이러한 대형 모델은 이미 이미지에 대한 기본 특성(가장자리, 모양 등)을 배워서 처음부터 훈련할 필요 없이 특정 응용 프로그램에 맞게 미세 조정을 할 수 있다. 지난 2년 동안 바로 이 기술이 텍스트 분석에 성공적으로 적용되었다. 먼저 심층 신경망은 대규모 텍스트 말뭉치(종종 위키백과와 같이 공개적으로 사용 가능한 데이터 소스에서 파생됨)로 훈련된다. 선택된 모델 아키텍처는 LSTM 또는 트랜스포머Transformer가 변형된 것이다.[97] 이러한 모델의 훈련에서는 문장

---

[97] Ashish Vaswani et al. "Attention Is All You Need." 2017. https://arxiv.org/abs/1706.03762

에서 한 단어가 제거(마스킹)된 후 문장에 있는 그 외 단어가 주어지면 마스크된 단어를 예측해야 한다. 인간의 비유로 돌아가서, 하프나 첼로 연주법보다 기타 연주법을 가르치는 유튜브 비디오가 훨씬 더 많을 수 있다. 사용할 수 있는 리소스가 많기 때문에 먼저 기타 연주를 배우고 이 지식을 하프나 첼로 같은 다른 연주법에 적용하는 것이 좋다.

이러한 대형 모델은 훈련하는 데 많은 시간이 걸릴 수 있다. 다행히도 수많은 연구진이 fastai의 ULMFiT(https://oreil.ly/ukMdf), 구글의 BERT(https://oreil.ly/GtSpY), OpenAI의 GPT-2(https://oreil.ly/LVwyy), 마이크로소프트의 Turing(https://msturing.org)을 비롯해 공개적으로 사용 가능한 사전 훈련 모델을 만들고 있다. [그림 11-1]은 전이 학습을 적용하는 마지막 단계를 나타낸다. 여기서 사전 훈련된 모델의 초기 계층은 고정된 상태로 유지되고 모델의 최종 계층은 당면한 작업에 더 적합하도록 재훈련된다. 이러한 방식으로 사전 훈련된 모델을 텍스트 분류 및 감성 분석과 같은 특정 작업에 적용할 수 있다.

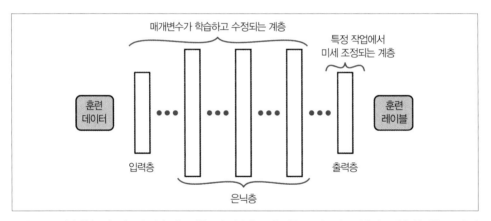

그림 11-1 전이 학습. 네트워크의 앞에 있는 계층들의 매개변수들은 매우 큰 말뭉치를 사용해 모델을 훈련함으로써 배운다. 그 후 주어진 작업의 데이터셋을 이용해 출력층의 매개변수를 미세 조정한다.

이번엔 구글에서 출시한 BERT 사전 훈련 모델을 사용한다. BERT는 Bidirectional Encoder Representations from Transformers의 약자다. 이 모델은 트랜스포머스 아키텍처를 사용하고 대량의 텍스트 데이터를 사용해 훈련한다. 여기서 사용하는 모델(bert-base-uncased)은 MLM^Masked Language Model을 사용해 영어 위키백과 및 Books 말뭉치로 훈련되었다. 다른 말뭉치로 훈련된, 버전이 다른 BERT 모델도 있다. 예를 들면 독일 위키백과 기사를 이용해 훈련된 BERT 모델이다. 마스킹된 언어 모델은 입력에서 일부 토큰을 무작위로 마스킹(숨김)하는데, 목적은 컨텍스트(주변 단어)만을 기반으로 마스킹된 단어의 원래 어휘 ID를 예측하는 것이다. 이 모델은 양방향이기 때문에 각 문장을 양방향으로 보고 컨텍스트를 더 잘 이해할 수 있다. 또한 BERT는 하위 단어[subword]를 토큰으로 사용하므로 단어의 의미를 식별할 때 더 세분화된다. 또 다른 장점은 BERT가 컨텍스트 인식 임베딩[context-aware embedding]을 생성한다는 것이다. 예를 들어, cell이라는 단어는 사용된 문장에서 주변 단어에 따라 생물학적 의미를 가질 수도 있고 '감옥'을 의미할 수도 있다. BERT의 작동 방식에 대한 자세한 내용은 11.10절 '더 읽어보기'를 참조하자.

11.8 전략: 전이 학습 기법과 사전 훈련된 언어 모델 사용

이번 전략은 사전 훈련된 언어 모델을 활용해 감성 분류를 수행한다. 표현된 감성을 기반으로 조치를 취하려는 사용 사례를 보자. 예를 들어, 불만이 있는 고객을 고객 지원 담당자의 상관에게 안내하려한다. 이때는 감성을 정확하게 감지하는 것이 중요하다. 그렇지 않으면 고객을 잃을 위험이 있다. 또 다른 예로 옐프[Yelp](https://yelp.com) 같은 공개 웹사이트의 리뷰와 평점에 크게 의존하는 소규모 비즈니스 업체라고 가정한다. 평가를 개선하기 위해 불만족한 고객에게 쿠폰이나 특별 서비스를 제공해 후속 조치를 취하려 한다. 적당한 고객을 타깃팅하려면 정확해야 한다. 이러한 사용 사례에서는 모델을 훈련할 데이터가 많지 않을 수 있지만, 정확도가 높아야 한다. 감성이 단어와 그 단어 주변 컨텍스트의 영향을 받는다는 것을 알고, 사전 훈련된 언어 모델을 사용하면 감성 예측 성능을 향상시킬 수 있다. 이를 통해 일반적인 사용 사례에서 데이터셋이 가지고 있는 제한된 갯수라는 한계를 넘어서 지식을 통합하는 능력을 얻는다.

이번 전략을 소개하기 위해 사용하기 쉽고 사전 훈련된 다양한 모델을 광범위하게 지원하는 트랜스포머스[Transformers] 라이브러리를 사용한다. 이 라이브러리는 다음 글상자 '트랜스포머스 라이브러리 선택'에서 자세하게 소개한다. 트랜스포머스 라이브러리는 여러 연구자의 기여로 지속적으로 업데이트된다.

11.8.1 1단계: 모델 로드 및 토큰화

트랜스포머스 라이브러리를 사용할 때 수행할 첫 단계는 선택한 모델에 필요한 세 가지 클래스를 가져오는 것이다. 여기에는 사용하려는 모델의 설정값을 담는 데 사용되는 config 클래스, 모델에서 사용하는 토큰화, 모델 아키텍처와 가중치를 정의하는 model 클래스가 포함된다. 토큰화는 모델 훈련을 위해 텍스트를 토큰화하고 준비한다. 이러한 클래스는 모델 아키텍처에 따라 다르며 다른 아키텍처를 사용하려면 적절한 클래스를 대신 가져와야 한다. 여기서는 12개의 레이어 깊이와 1억 1천만 개의 매개변수를 포함하는 가장 작은 BERT 모델인 bert-base-uncased를 선택한다!

트랜스포머스 라이브러리를 사용하면 이미 많은 모델 아키텍처에 대해 사전 훈련된 여러 모델을 제공한다는 이점이 있으며, 허깅페이스가 제공하는 다양한 모델은 웹사이트(https://oreil.ly/QdC7E)에서 확인할 수 있다. 사전 훈련된 모델에서 모델 클래스를 인스턴스화하면 허깅페이스에서 호스팅하는 AWS S3 버킷에서 모델 아키텍처와 가중치가 다운로드된다. 처음에는 시간이 걸릴 수 있지만 이후에는 컴퓨터에 캐시되므로 후속 다운로드가 필요하지 않다. 감성(긍정 대 부정)을 예측하기 위해 사전 훈련된 모델을 사용하기 때문에 `finetuning_task='binary'`를 지정한다. 이 코드를 실행하기 전에 추가 파이썬 패키지가 설치되었는지 확인하기 위해 함께 제공되는 노트북에 추가 지침을 제공했다.

```
from transformers import BertConfig, BertTokenizer, BertForSequenceClassification

config = BertConfig.from_pretrained('bert-base-uncased',finetuning_task='binary')
tokenizer = BertTokenizer.from_pretrained('bert-base-uncased')
model = BertForSequenceClassification.from_pretrained('bert-base-uncased')
```

입력 텍스트 데이터를 모델 아키텍처에서 요구하는 표준 형식으로 변환해야 한다. 리뷰의 원시 텍스트를 토큰 ID 값으로 변환하는 `get_tokens` 메서드를 정의한다. 사전 훈련된 모델은 각 관측치를 고정 길이 시퀀스로 받아들인다. 따라서 관측치가 최대 시퀀스 길이보다 더 짧으면 빈(0) 토큰으로 채워지고 더 길면 잘린다. 각 모델 아키텍처에는 지원하는 최대 시퀀스 길이가 있다. 토큰화 클래스는 문장을 토큰으로 분할하고, 최대 길이에 맞게 조정해 고정 길이 시퀀스를 생성하고, 마지막으로 모델 훈련 중에 사용할 수 있는 숫자 값으로 표현하는 토큰화 기능을 제공한다. 또한 이 함수는 실제 단어가 있는 위치와 패딩 문자가 포함된 위치를 구별하기 위해 attention 마스크를 추가한다.

```
def get_tokens(text, tokenizer, max_seq_length, add_special_tokens=True):
    input_ids = tokenizer.encode(text,
                                 add_special_tokens=add_special_tokens,
                                 max_length=max_seq_length,
                                 pad_to_max_length=True)
    attention_mask = [int(id > 0) for id in input_ids]
    assert len(input_ids) == max_seq_length
    assert len(attention_mask) == max_seq_length

    return (input_ids, attention_mask)
```

```
text = "Here is the sentence I want embeddings for."
input_ids, attention_mask = get_tokens(text,
                                        tokenizer,
                                        max_seq_length=30,
                                        add_special_tokens = True)
input_tokens = tokenizer.convert_ids_to_tokens(input_ids)
print (text)
print (input_tokens)
print (input_ids)
print (attention_mask)
```

| 출력 |

```
Here is the sentence I want embeddings for.
['[CLS]', 'here', 'is', 'the', 'sentence', 'i', 'want', 'em', '##bed',
'##ding', '##s', 'for', '.', '[SEP]', '[PAD]', '[PAD]', '[PAD]', '[PAD]',
'[PAD]', '[PAD]', '[PAD]', '[PAD]', '[PAD]', '[PAD]', '[PAD]', '[PAD]',
'[PAD]', '[PAD]', '[PAD]', '[PAD]']
[101, 2182, 2003, 1996, 6251, 1045, 2215, 7861, 8270, 4667, 2015, 2005, 1012,
102, 0, 0, 0, 0, 0, 0, 0, 0, 0, 0, 0, 0, 0, 0, 0, 0]
[1, 1, 1, 1, 1, 1, 1, 1, 1, 1, 1, 1, 1, 1, 0, 0, 0, 0, 0, 0, 0, 0, 0, 0, 0, 0,
0, 0, 0, 0]
```

지금까지 관찰한 첫 번째 토큰은 BERT 모델의 사전 훈련 작업의 하나인 분류를 나타내는 [CLS] 토큰이다. 이 토큰은 문장의 시작을 식별하는 데 사용되며 모델 내 전체 문장의 집계된 표현을 저장한다. 또한 문장 끝에 구분 기호를 나타내는 [SEP] 토큰이 있다. BERT가 언어 번역과 같은 비분류 작업에 사용되는 경우, 각 관찰에는 한 쌍의 텍스트(예: 영어 텍스트 및 프랑스어 텍스트)가 포함되며 [SEP] 토큰은 첫 번째와 두 번째 텍스트를 구분하는 데 사용된다. 그러나 분류 모델을 구축하는 중이므로 구분자 토큰 뒤에 [PAD] 토큰이 온다. 시퀀스 길이를 30으로 지정했지만 테스트 관찰이 그렇게 길지 않았기 때문에 끝에 여러 패딩 토큰이 추가되었다. 또 다른 흥미로운 관찰은 embeddings 같은 단어가 하나의 토큰이 아니라 실제로 em, ##bed, ##ding, ##s로 분할된 것이다. ##은 BERT 모델의 특별한 특성인 하위 단어subword인 토큰을 식별하는 데 사용된다. 이를 통해 모델은 어근, 접두사, 접미사를 더 잘 구별하고 이전에는 보지 못한 단어의 의미를 추론할 수 있다.

중요한 점은 딥러닝 모델이 컨텍스트 기반 접근 방식을 사용하기 때문에 전처리 없이 원래 형식의 텍스트를 사용하는 것이 좋다는 것이다. 따라서 토큰화는 어휘에서 가능한 모든 토큰을 생성할 수 있다. 결과적으로 정리된 텍스트 열이 아닌 원래 `text_orig` 열을 사용해 데이터를 다시 분할해야 한다. 그런 다음 동일한 기능을 훈련 및 테스트 데이터에 적용하고 이번에는 `max_seq_length`로 50을 사용한다.

```
X_train, X_test, Y_train, Y_test = train_test_split(df['text_orig'],
                                                    df['sentiment'],
                                                    test_size=0.2,
                                                    random_state=42,
                                                    stratify=df['sentiment'])
X_train_tokens = X_train.apply(get_tokens, args=(tokenizer, 50))
X_test_tokens = X_test.apply(get_tokens, args=(tokenizer, 50))
```

딥러닝 모델은 텐서플로(https://tensorflow.org) 및 파이토치(https://pytorch.org) 같은 프레임워크를 사용해 GPU에서 훈련된다. 텐서tensor는 프레임워크에서 데이터를 표현하고 작업하는 데 사용하는 '기본 데이터 구조'이며 데이터를 N 차원으로 저장할 수 있다. 텐서는 체스판에 비유해 간단하게 시각화할 수 있다. 비어 있는 위치를 '0'으로 표시하고, 흰색 조각이 차지하는 위치를 '1'로, 검은색 조각이 차지하는 위치를 '2'로 표시한다고 가정한다. 주어진 시점에서 체스판의 상태를 나타내는 8×8 행렬을 얻는다. 이제 체스판의 변화를 여러 이동에 걸쳐 추적하고 저장할 수 있도록 여러 개의 8×8 행렬을 얻어 텐서에 저장한다. 텐서는 데이터의 n 차원 표현으로, 공간 좌표의 함수들인 구성 요소 배열을 포함한다. 과거의 체스 움직임을 추적하는 텐서는 랭크 3 텐서인 반면, 초기 8×8 행렬도 텐서로 간주될 수 있지만 랭크 2다.

단순히 설명했지만, 더 깊이 이해하려면 조셉 C. 콜레츠키Joseph C. Kolecki의 "An Introduction to Tensors for Students of Physics and Engineering"(https://oreil.ly/VC_80)을 추천한다. 여기서는 토큰(크기 50의 여러 배열을 포함하는 텐서), 입력 마스크(크기 50의 배열을 포함하는 텐서) 및 대상 레이블(크기 1의 스칼라를 포함하는 텐서)을 포함하는 세 개의 텐서를 만든다.

```
import torch
from torch.utils.data import TensorDataset

input_ids_train = torch.tensor(
```

```
    [features[0] for features in X_train_tokens.values], dtype=torch.long)
input_mask_train = torch.tensor(
    [features[1] for features in X_train_tokens.values], dtype=torch.long)
label_ids_train = torch.tensor(Y_train.values, dtype=torch.long)

print (input_ids_train.shape)
print (input_mask_train.shape)
print (label_ids_train.shape)
```

| 출력 |

```
torch.Size([234104, 50])
torch.Size([234104, 50])
torch.Size([234104])
```

이 텐서에 있는 내용을 살짝 들여다보면 문장의 각 토큰에 대한 BERT 어휘의 매핑이 포함되었음을 알 수 있다. 숫자 101은 시작을 나타내고 102는 복습 문장의 끝을 나타낸다. 이러한 텐서를 TensorDataset으로 함께 결합한다. TensorDataset은 모델 훈련 중에 모든 관측치를 로드하는 데 사용되는 기본 데이터 구조다.

```
input_ids_train[1]
```

| 출력 |

```
tensor([ 101, 2009, 2134, 1005, 1056, 2147, 6314, 2055, 2009, 1037, 5808, 1997,
        2026, 2769,  102,    0,    0,    0,    0,    0,    0,    0,    0,    0,
           0,    0,    0,    0,    0,    0,    0,    0,    0,    0,    0,    0,
           0,    0,    0,    0,    0,    0,    0,    0,    0,    0,    0,    0,
           0,    0])

train_dataset = TensorDataset(input_ids_train,input_mask_train,label_ids_train)
```

11.8.2 2단계: 모델 훈련

데이터를 전처리하고 토큰화했으므로 이제 모델을 훈련할 준비가 되었다. 딥러닝 모델의 큰 메모리 사용량과 계산 요구로 인해 이전 전략에서 사용한 SVM 모델과 다른 접근 방식을 따른다. 모든 훈련 데이터는 배치로 분할되고(train_batch_size로 정의되고 RandomSampler를 사용해 모든 관측치에서 무작위로 샘플링됨) 모델을 통해 계산된다. 모델이 배치를 통해 모든 훈련 데이터를 보았을 때 한 에폭Epoch 동안 훈련되었다고 한다. 따라서 에폭은 훈련 데이터의 모든 관측치를 한 번 통과한다. batch_size와 에폭 수의 조합은 모델을 훈련하는 데 걸리는 시간을 결정한다. 더 큰 batch_size를 선택하면 에폭의 전달 수가 줄지만 메모리 소비가 더 많아질 수 있다.

더 많은 수의 에폭을 선택하면 모델이 매개변수의 올바른 값을 학습하는 데 더 많은 시간을 할애할 수 있지만 훈련 시간도 길어진다. 이번에는 batch_size를 64로, num_train_epochs를 2로 정의했다.

```python
from torch.utils.data import DataLoader, RandomSampler

train_batch_size = 64
num_train_epochs = 2

train_sampler = RandomSampler(train_dataset)
train_dataloader = DataLoader(train_dataset,
                              sampler=train_sampler,
                              batch_size=train_batch_size)
t_total = len(train_dataloader) // num_train_epochs

print("Num examples = ", len(train_dataset))
print("Num Epochs = ", num_train_epochs)
print("Total train batch size = ", train_batch_size)
print("Total optimization steps = ", t_total)
```

| 출력 |

```
Num examples = 234104
Num Epochs = 2
Total train batch size = 64
Total optimization steps = 1829
```

한 배치의 모든 데이터가 모델의 레이어를 통과하면서 계산되면forward 역전파 알고리즘이 역방향backward으로 적용된다. 이 기술을 사용하면 신경망의 각 매개변수에 대한 기울기gradient를 자동으로 계산할 수 있으므로 매개변수를 조정해 오류를 줄일 수 있다. 이것은 확률적 경사 하강법stochastic gradient descent이 작동하는 방식과 유사하다. 자세한 설명은 『핸즈온 머신러닝(2판)』(한빛미디어, 2020)의 4장을 참조한다. 주목할 핵심은 딥러닝 알고리즘을 훈련할 때 학습률learning rate 및 최적화 프로그램의 신택과 같이 역전파에 영향을 미치는 매개변수가 모델이 얼마나 빨리 매개변수를 학습하고 높은 정확도에 도달하는지를 결정한다는 것이다. 특정 방법이나 값이 더 좋은 이유를 설명할 과학적 근거는 없지만, 많은 연구자[98]가 최선의 선택이 무엇인지 찾기 위해 다양한 시도를 한다. 다음과 같이 BERT 논문의 매개변수와 트랜스포머스 라이브러리의 권장 사항을 기반으로 선택하자.

```python
from transformers import AdamW, get_linear_schedule_with_warmup

learning_rate = 1e-4
adam_epsilon = 1e-8
warmup_steps = 0

optimizer = AdamW(model.parameters(), lr=learning_rate, eps=adam_epsilon)
scheduler = get_linear_schedule_with_warmup(optimizer,
                                            num_warmup_steps=warmup_steps,
                                            num_training_steps=t_total)
```

훈련을 시작하기 전에 GPU를 사용할 수 있는지 확인한다(다음 글상자 '구글 콜랩에서 무료로 GPU 사용하기' 참조). 만일 GPU에서 사용할 수 있다면, 모델과 입력 데이터가 GPU로 전송된 다음 모델에 입력을 주어 출력을 생성하도록 설정한다. 레이블을 지정했기 때문에 실제(손실)와의 편차를 이미 알고 있으며 기울기를 계산하는 역전파를 사용해 매개변수를 조정한다. 옵티마이저 및 스케줄러 단계는 어떻게 매개변수를 조정할지 결정하는 데 사용된다. 그레이디언트가 폭발exploding gradients하는 문제를 방지하기 위해 그레이디언트 값을 사용자가 설정한 최댓값으로 자르는 특수 조건이 필요함에 유의하자(https://oreil.ly/Ry0Vi).

98 Robin M. Schmidt, Frank Schneider, and Phillipp Hennig. "Descending through a Crowded Valley: Benchmarking Deep Learning Optimizers." 2020. https://arxiv.org/pdf/2007.01547.pdf

구글 콜랩에서 무료로 GPU 사용하기

신경망 아키텍처의 인기와 BERT 같은 모델의 성공을 견인한 주요 동인 하나는 그래픽 처리 장치Graphics Processing Unit(GPU)의 사용이었다. GPU를 사용하면 병렬 연산, 특히 심층 신경망에서 사용하는 행렬 곱셈을 CPU보다 훨씬 더 빠르게 할 수 있다. GPU는 CPU가 결코 제공할 수 없는 다중 계층으로 복잡한 신경망 아키텍처를 훈련할 수 있는 기능을 제공한다.[99] 노트북 또는 데스크톱 컴퓨터에 최신 GPU(NVIDIA)가 제공되지 않으면 이러한 사전 훈련된 모델을 실험하기가 더 어려우므로 AWS 같은 클라우드 제공업체를 선택하고 사용량 기준으로 GPU가 있는 머신을 임대해야 한다.

그러나 구글 콜랩Colaboratory에는 무료로 제공되는 GPU 환경이 있다. 구글 콜랩은 구글 클라우드에서 주피터 노트북을 이용해 실행되는 환경이다. 주피터 노트북과 마찬가지로 브라우저를 통해 액세스하고 셀별로 인터페이스에서 명령을 실행할 수 있다. 가장 큰 장점은 런타임 환경을 GPU로 변경할 수 있고 모든 코드가 GPU를 사용해 무료로 실행된다는 것이다. 무료 옵션으로 노트북을 실행할 수 있는 기간에는 제한이 있지만, 이러한 제한을 해제하는 유료 월간 구독도 함께 제공된다.

이를 사용하려면 구글 계정이 있어야 하고 https://colab.research.google.com에 로그인해 새 노트북을 만든 다음 '편집' 〉 '런타임 설정'을 선택한다. '하드웨어 가속기' 드롭다운에서 'GPU'를 선택한다. 코드 실행을 마치면 이 노트북을 구글 드라이브에 저장하거나 주피터 노트북으로 다운로드할 수도 있다.

이제 이 모든 단계를 중첩된 for 루프로 래핑할 것이다. 각 에폭에 대해 하나씩, 에폭의 각 배치에 대해 다른 단계를 수행하고 앞서 소개한 TQDM 라이브러리를 사용해 손실 값을 인쇄하는 동안 훈련 진행 상황을 추적한다.

```
from tqdm import trange, notebook

device = torch.device("cuda" if torch.cuda.is_available() else "cpu")
train_iterator = trange(num_train_epochs, desc="Epoch")

# 모델을 '훈련' 모드로 전환한다.
```

---

99 옮긴이_ 실제로는 CPU로도 계산할 수 있다. 다만, 단일 CPU로 다층 신경망(예로 BERT나 GPT-x 모델)을 계산하려면 참을성이 꽤 필요하다. 만일 CPU를 많이 사용할 수 있다면, 파이토치 같은 프레임워크는 (별도로 CPU 사용 개수를 제한하지 않는다면) 시스템에 있는 CPU들을 최대한 활용해 연산할 것이다. 그래도 GPU보다는 대개 더 느릴 것이다.

```python
model.train()

for epoch in train_iterator:
    epoch_iterator = notebook.tqdm(train_dataloader, desc="Iteration")
    for step, batch in enumerate(epoch_iterator):

        # 매 반복마다 모든 그레이디언트 값을 재설정한다.
        model.zero_grad()

        # 모델과 입력 값을 GPU에 넣는다.
        model.to(device)
        batch = tuple(t.to(device) for t in batch)

        # 모델에 넣을 입력 값을 설정한다.
        inputs = {'input_ids': batch[0],
                  'attention_mask': batch[1],
                  'labels': batch[2]}

        # 포워드 패스로 모델을 통과한다. 입력 -> 모델 -> ¦ 출력 ¦
        outputs = model(**inputs)

        # 계산된 편차(손실)를 얻는다.
        loss = outputs[0]
        print("\r%f" % loss, end='')

        # 손실을 역전파(기울기 자동 계산)한다.
        loss.backward()

        # 그레이디언트의 최댓값을 1.0으로 제한해 그레이디언트 폭발을 방지한다.
        torch.nn.utils.clip_grad_norm_(model.parameters(), 1.0)

        # 매개변수 및 학습률을 업데이트한다.
        optimizer.step()
        scheduler.step()
```

지금까지 수행한 단계는 '아마존 고객 리뷰'의 감성 분석에 맞게 다운로드한 BERT 모델의 매개변수를 미세 조정한 것이다. 모델이 매개변수 값을 올바르게 학습하는 경우 손실 값이 여러 반복에 걸쳐 감소하는 것을 관찰할 수 있다. 훈련 단계가 끝나면 모델과 토큰화 방식을 선택한 출력 폴더에 저장할 수 있다.

```python
model.save_pretrained('outputs')
```

11.8.3 3단계: 모델 평가

테스트 데이터에서 모델을 평가하는 것은 훈련 단계에서 하는 것과 유사하지만 약간의 차이가 있다. 먼저 전체 테스트 데이터셋을 평가해야 하므로 무작위 샘플을 만들 필요가 없다. 대신 SequentialSampler 클래스를 사용해 샘플을 로드한다. 그러나 한 번에 로드할 수 있는 샘플 수에는 여전히 제약이 따르므로 이를 해결하기 위해 test_batch_size를 사용해야 한다. 둘째, 역방향 전달backward pass이나 매개변수 조정이 필요하지 않은 순방향 전달forward pass만 수행한다. 이 모델은 손실 및 출력 확률 값을 포함하는 출력 텐서를 제공한다. np.argmax 함수를 사용해 최대 확률로 출력 레이블을 결정하고 실제 레이블과 비교해 정확도를 계산한다.

```python
import numpy as np
from torch.utils.data import SequentialSampler

test_batch_size = 64
test_sampler = SequentialSampler(test_dataset)
test_dataloader = DataLoader(test_dataset,
                             sampler=test_sampler,
                             batch_size=test_batch_size)

# 이전에 저장한 사전 훈련된 모델을 로드한다.
# model = model.from_pretrained('/outputs')¹⁰⁰

# 예측 및 실제 레이블을 초기화한다.
preds = None
out_label_ids = None

# 모델을 평가 모드로 설정한다.
model.eval()

for batch in notebook.tqdm(test_dataloader, desc="Evaluating"):

    # 모델과 입력 데이터를 GPU에 넣는다.
    model.to(device)
    batch = tuple(t.to(device) for t in batch)

    # '평가' 모드 이후로 어떠한 그레이디언트도 추적하지 않는다.
```

---

100 옮긴이_ 모델 로드 코드가 주석으로 처리되었는데, 이는 학습코드와 평가코드가 하나의 파이썬 파일 안에서 순서대로 실행되도록 되어 있기 때문이다. 즉, 학습이 완료된 이후에 바로 평가를 진행하므로, 학습이 완료된 모델을 그대로 가져와 쓰면 된다. 단, 학습이 완료된 후 종료했고, 평가만 다시 진행하려면, 모델을 로드해야 하므로 주석을 해제해야 한다.

```
with torch.no_grad():
    inputs = {'input_ids': batch[0],
              'attention_mask': batch[1],
              'labels': batch[2]}

    # 모델에 입력 데이터를 전달한다.
    outputs = model(**inputs)

    # 레이블을 제공했기 때문에 손실이 발생한다.
    tmp_eval_loss, logits = outputs[:2]

    # 테스트 데이터셋에 항목 배치가 두 개 이상 있을 수 있다.
    if preds is None:
        preds = logits.detach().cpu().numpy()
        out_label_ids = inputs['labels'].detach().cpu().numpy()
    else:
        preds = np.append(preds, logits.detach().cpu().numpy(), axis=0)
        out_label_ids = np.append(out_label_ids,
                                  inputs['labels'].detach().cpu().numpy(),
                                  axis=0)

# 최종 손실, 예측 및 정확도를 얻는다.
preds = np.argmax(preds, axis=1)
acc_score = accuracy_score(preds, out_label_ids)
print ('Accuracy Score on Test data ', acc_score)
```

| 출력 |

```
Accuracy Score on Test data  0.9535086370393152
```

테스트 데이터에 대한 결과를 보면 모델 정확도가 95%로 증가했다. 수치가 TF-IDF 및 SVM을 사용한 이전 기준선과 비교해 10%포인트 높아졌다. 이런 향상은 최첨단 언어 모델을 사용해 얻은 이점이자 BERT가 대량의 데이터로 훈련된 결과일 가능성이 크다. 리뷰가 상당히 짧고 이전 모델은 관계를 학습하기 위한 데이터만 있다. 반면 BERT는 컨텍스트를 인식하고 리뷰 단어에 대한 사전 정보를 전달할 수 있다. learning_rate 같은 하이퍼파라미터를 미세 조정하거나 더 많은 에폭에 대한 훈련을 통해 정확도를 향상시킬 수 있다. 사전 훈련된 언어 모델의 매개변수 수가 미세 조정에 사용하는 데이터 수를 훨씬 초과하므로 이 과정에서 과적합을 피하도록 주의해야 한다!

보다시피 사전 훈련된 언어 모델을 사용하면 모델의 정확도가 향상되지만 많은 추가 단계가 필요하며 GPU 사용과 같은 비용이 발생할 수 있다(CPU에서 유용한 모델 훈련은 50~100배 더 오래 걸릴 수 있음). 사전 훈련된 모델은 상당히 크고 메모리 효율적이지 않다. 프로덕션 환경에서 이러한 모델을 사용하면 메모리에 수백만 개의 매개변수를 로드하는 데 걸리는 시간으로 인해 종종 더 복잡하고 추론 시간이 길어지므로, 이 모델은 실시간 시나리오에 비효율적이다. DistilBERT(`https://oreil.ly/o4xEU`) 및 ALBERT(`https://oreil.ly/m715P`) 같은 몇 가지 사전 훈련된 모델은 정확도와 모델 단순성 간의 유리한 균형을 위해 특별히 개발되었다. 여기서 소개한 코드에 모델 클래스를 적절히 변경해 트랜스포머 라이브러리에서 사용할 수 있는 `distill-bertuncased` 또는 `albert-base-v1` 모델을 선택하면 정확도를 확인할 수 있다.

11.9 마치며

감성 분석에 사용할 수 있는 몇 가지 전략을 소개했다. 간단한 어휘 기반 접근 방식에서 복잡한 최첨단 언어 모델에 이르기까지 다양하다. 트위터 데이터를 사용해 특정 주제의 감성을 결정하기 위한 일회성 분석에서 사용하려면 첫 번째 전략이 가장 적합하다.

고객 리뷰에 표현된 감성을 사용해 제품/브랜드의 순위를 생성하거나 감성을 기반으로 고객 불만을 라우팅하려는 경우, 두 번째 및 세 번째 전략에서 설명한 지도 학습 머신러닝 접근 방식이 더 적합할 것이다. 정확도가 가장 중요한 경우, 사전 훈련된 언어 모델을 사용해 최상의 결과를 얻을 수 있지만 이 또한 더 복잡하고 비용이 많이 드는 기술이다. 각 전략마다 적합한 상황이 다르기 때문에 사용자의 요구에 적합한 전략을 결정하는 것이 중요하다. 일반적으로 사용 사례에 잘 맞는 방법을 찾아야 하며 항상 처음에는 단순하게 시작한 다음 복잡성을 늘려 가서 더 나은 결과를 얻는 편이 좋다.

11.10 더 읽어보기

- Kolecki, Joseph C. "An Introduction to Tensors for Students of Physics and Engineering." https://www.grc.nasa.gov/WWW/k-12/Numbers/Math/documents/Tensors_TM2002211716.pdf

- McCormick, Chris, and Nick Ryan. "BERT Word Embedding Tutorial." http://mccormickml.com/2019/05/14/BERT-word-embeddings-tutorial

- Olah, Christopher. "Understanding LSTMs." https://colah.github.io/posts/2015-08-Understanding-LSTMs

- Uszkoreit, Jakob. "Transformer: A Novel Neural Network Architecture for Language Understanding." https://ai.googleblog.com/2017/08/transformer-novel-neuralnetwork.html

## CHAPTER 12

지식 그래프 구축

텍스트 분석을 위해 많은 전략을 소개했다. 지금까지는 주로 통계와 머신러닝의 도움으로 데이터의 패턴을 식별했다. 10장에서는 임베딩을 사용해 '독일에 있어 프랑스의 파리 같은 존재는 무엇인가?(What is to Germany like Paris is to France?)' 같은 질문에 답하는 방법을 알아보았다. 임베딩은 유사도 개념을 기반으로 훈련 문서에서 학습한 일종의 암시적 지식implicit knowledge을 나타낸다. 대조적으로 지식 기반knowledge base은 'Berlin capital-of Germany' 형식의 구조화된 설명으로 구성된다. 이 경우 'capital-of'는 Berlin과 Germany라는 두 특정 개체의 관계를 정확하게 정의한다. 많은 개체와 그 관계에 의해 형성되는 네트워크는 수학적 의미의 그래프, 즉 지식 그래프다.

[그림 12-1]은 앞선 예제를 간단한 지식 그래프로 나타낸 예다. 이 장에서는 구조화되지 않은 텍스트에서 구조화된 정보를 추출하고 기본 지식 그래프를 작성한다.

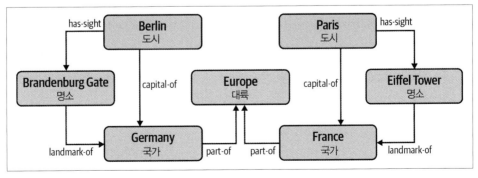

그림 12-1 간단한 지식 그래프

12.1 학습 목표

NLP에서 정보 추출은 언어의 복잡성^{complexity}과 고유한 모호성^{inherent ambiguity} 때문에 어려운 작업이다. 따라서 개체와의 관계를 찾아내기 위해서는 일련의 단계를 적용해야 한다. 이 절의 사용 사례는 회사에 대한 비즈니스 뉴스 기사를 기반으로 지식 그래프를 만드는 것이다.

이 장에서는 스페이시의 고급 언어 처리 기능에 대해 자세히 알아본다. 개체명 인식^{named-entity recognition}, 상호 참조 해결^{coreference resolution}, 관계 추출^{relation extraction}을 위한 사용자 지정 규칙과 함께 사전 훈련된 신경망 모델을 사용한다. 개체 연결^{entity linking}을 수행하는 데 필요한 단계는 설명하지만, 구현을 위한 세부 사항은 다루지 않겠다.

이 장을 읽고 나면 자신의 지식 기반을 구축하기 위한 기본 언어학적 지식 및 기술 지식을 갖게 된다. 이 장의 소스 코드와 추가 정보는 깃허브 저장소(`https://oreil.ly/5dF4g`)에서 찾을 수 있다.

12.2 지식 그래프

지식 그래프는 커다란 시맨틱 네트워크다. [그림 12-1]과 같이 사람, 장소, 이벤트 또는 회사와 같은 개체인 노드와 이러한 노드 간의 형식화된 관계를 나타내는 간선^{edge}으로 구성된다.

구글, 마이크로소프트, 메타(페이스북) 등의 대기업은 지식 그래프를 사용해 검색 엔진 및 쿼리 서비스를 강화한다.[101] 그리고 근래에는 더 많은 기업이 시장에 대한 통찰을 얻거나 챗봇을 강화하기 위해 자체적으로 지식 그래프를 구축하고 있다. 그러나 가장 큰 지식 그래프는 진 세계에 분포한다. Linked Open Data는 URI^{Uniform Resource Identifier}로 식별할 수 있는 웹에서 사용 가능한 모든 데이터를 나타낸다. 이는 시맨틱 웹 분야가 20년간 학술적으로 발전한 결과다(다음 글상자 '시맨틱 웹 및 RDF' 참조).

노드 및 간선의 유형은 도메인에서 사용되는 용어의 지식 기반 자체인 온톨로지로 정확하게 정의된다. 예를 들어, 공개 온톨로지 위키데이터^{Wikidata}는 [그림 12-1]에 사용된 모든 유형의 정

---

101 Natasha Noy, Yuqing Gao, Anshu Jain, Anant Narayanan, Alan Patterson, and Jamie Taylor. "Industry-scale Knowledge Graphs: Lessons and Challenges." 2019. `https://queue.acm.org/detail.cfm?id=3332266`

의를 제공한다.[102] 각 정의에는 고유한 URI가 있다(예: 'city'는 `http://www.wikidata.org/wiki/Q515`). 사실, 위키데이터에는 쿼리 가능한 형식의 유형 정의와 실제 개체가 모두 포함되었다.

시맨틱 웹 및 RDF

2001년 시맨틱 웹Semantic Web이라는 용어를 만든 팀 버너스리Tim Berners-Lee의 비전은 웹의 데이터를 컴퓨터가 이해할 수 있도록 하는 것이었다.[103] 오늘날 많은 지식이 공개 지식 그래프로 제공된다. 예를 들어 위키데이터(`https://wikidata.org`)와 디비피디아DBpedia(`https://wiki.dbpedia.org`)는 위키백과와 관련된 두 개의 거대한 지식 기반이다.

리소스 설명 프레임워크인 RDFResource Description Framework는 개체와 해당 속성 및 관계에 대한 표기법을 정의하는 W3C 표준이다. 지식 기반 간의 지식 상호 연결을 단순화할 목적으로 만들어졌다. RDF의 기본 개념은 자원resource과 문장statements이다. 자원은 개체, 유형 또는 리터럴 값 같은 '사물things'이다. 문장은 Berlin(Q64) capital-of(P1376) Germany(Q183) 같은 자원의 주어-술어-목적어 조합subject-predicate-object triple이다. 앞 문장에서 괄호 안의 숫자는 언급된 개체와 'capital-of' 관계를 나타내는 고유한 위키데이터 식별자다. 고유 식별자와 표준화된 정의는 공개 및 비공개 지식 기반을 연결하는 토대가 된다.

위키데이터 같은 공개 지식 기반은 SPARQL을 사용해 데이터를 쿼리할 수 있는 가능성을 제공한다. SPARQL은 RDF 기반 쿼리 언어다. 예를 들어 위키데이터 SPARQL(`https://query.wikidata.org`) 엔드포인트를 방문해 도메인에 대한 관련 개체 목록을 요청할 수 있다. 이 장의 깃허브 노트북(`https://oreil.ly/FKJ2D`)에서 위키데이터 SPARQL 엔드포인트를 쿼리하는 함수를 찾을 수 있다. 이 함수는 별칭이 있는 미국의 모든 부서 목록을 요청하고 결과를 팬더스 데이터프레임으로 반환한다.

12.2.1 정보 추출

[그림 12-2]와 같이 텍스트에서 구조화된 정보를 추출하는 데 필요한 일반적인 단계가 있다.

---

102 자세한 내용은 `https://oreil.ly/nzhUR`을 참조하자.

103 Tim Berners-Lee et al. "The Semantic Web: a New Form of Web Content that is Meaningful to Computers Will Unleash a Revolution of New Possibilities." Scientific American 284 No. 5: May 2001.

첫 단계는 **개체명 인식**named-entity recognition이다. 이 단계는 텍스트에서 명명된 개체의 언급을 찾아 올바른 유형(예: 사람, 조직 또는 위치)으로 레이블을 지정한다. 동일한 개체는 대개 이름의 변형이나 대명사에 의해 문서에서 여러 번 참조된다. 두 번째 단계인 **상호 참조 해결**coreference resolution은 중복 및 정보 유실을 방지하기 위해 변형이나 대명사를 사용한 참조를 식별하고 어떤 개체를 의미하는지 해결한다.

일반적으로 상호 참조 해결과 밀접하게 관련된 것은 다음 단계로 진행하는 **개체 연결 작업**entity linking이다. 여기서 목표는 텍스트에서 언급mention한 내용을 온톨로지상에서 실제 세계에 존재하는 개체와 연결하는 것이다. 예를 들어 베를린을 온톨로지 데이터에서 베를린에 해당하는 URI(http://www.wikidata.org/entity/Q64)로 연결하는 식이다. 따라서 이를 통해 모든 모호함이 제거된다. Q64는 독일의 베를린이지 뉴햄프셔의 도시가 아니다(위키데이터의 Q821244 참조). 이 작업은 다양한 소스의 정보를 연결하고 실제로 지식 기반을 구축하는 데 필수다.

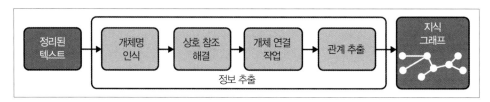

그림 12-2 정보 추출 과정

마지막 단계인 **관계 추출**relation extraction은 개체 간의 관계를 식별한다. 응용 프로그램 시나리오에서는 임의의 텍스트에서 이러한 종류의 정보를 올바르게 추출하기가 어렵기 때문에 일반적으로 관심이 있는 몇 가지 관계만 고려한다.

마지막으로 지식 기반 응용 프로그램의 백엔드로 그래프 데이터베이스에 그래프를 저장할 수 있다. 이러한 그래프 데이터베이스는 데이터를 RDF 트리플(트리플 스토어triple store)로 저장하거나 노드와 간선을 임의의 속성을 가질 수 있는 속성 그래프 형태로 저장한다. 일반적으로 사용되는 그래프 데이터베이스는 GraphDB(트리플 스토어), Neo4j 및 Grakn(속성 그래프 property graph) 등이다.

단계마다 규칙 기반 접근 방식과 머신러닝 중에서 선택할 수 있다. 여기서는 사용 가능한 스페이시 및 규칙 모델을 추가로 사용할 것이다. 그러나 전용 모델을 훈련하지는 않겠다. **도메인 의**

존적 지식domain-specific knowledge의 추출 규칙을 사용하면 훈련 데이터 없이 빠르게 시작할 수 있다는 장점이 있다. 앞으로 보겠지만, 그 결과는 정말 흥미로운 분석 몇 가지를 가능하게 한다. 그러나 대규모로 **기업 지식 기반**corporate knowledge base을 구축하려는 경우, 명명된 개체 및 관계 감지relation detection는 물론 개체 연결을 위해 자체 모델을 훈련해야 할 수도 있다.

12.3 데이터셋: 로이터-21578

금융 비즈니스 회사에서 일하고 있으며 인수 합병에 대한 뉴스를 추적한다고 가정하자. 회사 이름과 관련 거래 유형을 자동으로 식별하고, 이 결과를 지식 기반에서 사용할 수 있다면 좋을 것이다. 이 장에서는 회사에 대한 몇 가지 정보를 추출하기 위한 빌딩 블록을 설명한다. 예를 들어 'Company1 acquires Company2.' 같은 관계를 추출한다.

이러한 시나리오를 시뮬레이션하기 위해 공개적으로 사용 가능한 데이터셋인 잘 알려진 로이터-21578Reuters-21578(https://oreil.ly/lltWo) 뉴스 말뭉치를 사용한다. 여기에는 1987년 로이터에서 발행한, 90개 분야에 속한 뉴스 기사 2만 여 개가 있다. 이 데이터셋은 무료이고 쉽게 구할 수 있다. 실제로 NLTK 표준 말뭉치 중 하나로 사용할 수 있으며 NLTK로 간단히 다운로드할 수 있다.

```
import nltk
nltk.download('reuters')
```

이번에는 인수 관련 범주acquisitions category (acq)의 기사로만 작업한다. 목적에 맞게 준비하기 위해 모든 기사를 단일 데이터프레임에 로드하고 4.4절 '텍스트 데이터 정리'에 따라 일부 데이터 정리를 수행했다. 신경망 모델은 잘 구조화된 문장에서 좋은 성능을 보이기 때문에 명명된 개체와 관계를 좋은 성능으로 인식하려면 깨끗한 데이터가 중요하다. 이 데이터셋의 경우 HTML 이스케이프escape를 대체하고, 주식 시세 기호를 제거하고, mln(million) 같은 약어를 대체하고, 일부 철자 오류를 수정했다. 또한 헤드라인은 대문자로만 작성되었기 때문에 삭제했다. 그러나 전체 기사 본문은 유지했다. 모든 정리 단계는 깃허브(https://oreil.ly/21p8d)에서 찾을 수 있다. 데이터프레임에서 정리된 기사 샘플을 살펴보자.

USAir Group Inc said a U.S. District Court in Pittsburgh issued a temporary
restraining order to prevent Trans World Airlines Inc from buying additional
USAir shares. USAir said the order was issued in response to its suit, charging
TWA chairman Carl Icahn and TWA violated federal laws and made misleading
statements. TWA last week said it owned 15 % of USAir's shares. It also offered
to buy the company for 52 dollars a share cash or 1.4 billion dollars.

12.4 개체명 인식

데이터 정리 후에는 정보 추출 절차의 첫 단계, 즉 개체명 인식^{named-entity recognition}을 시작한다.
개체명 인식은 4장에서 스페이시의 표준 파이프라인 일부로 간략하게 소개했다. 스페이시는
빠르고 확장 가능한 API가 있기 때문에 이 장의 모든 전략에서 활용하기로 한다. 그러나 그 외
에 Stanza 또는 Flair를 사용할 수도 있다(다음 글상자 'NER의 대안: Stanza 및 Flair' 참조).

스페이시는 여러 언어에 대해 훈련된 NER 모델을 제공한다. 영어 모델은 18개 개체 유형을
포함하는 대규모 OntoNotes5 말뭉치(https://oreil.ly/gyOiH)에서 훈련되었다. [표
12-1]에 유형의 일부를 나열했다. 나머지 유형은 숫자 개체용이다.

표 12-1 OntoNotes 5 말뭉치의 NER 유형 하위 집합

NER 형태	설명	NER 형태	설명
PERSON(사람)	사람(소설 등 극중 인물도 포함)	PRODUCT(제품)	자동차, 무기, 음식, 기타 등
NORP(국적 등)	국적, 종교 및 정치 단체	EVENT(사건)	허리케인, 전투, 전쟁, 스포츠 이벤트, 기타 등
FAC(시설)	시설: 건물, 공항, 고속도로, 교량 등	WORK_OF_ART(창작물)	책 제목, 노래 등
ORG(조직)	조직: 회사, 에이전시, 기관 등	LAW(법)	문서로 표기된 법
GPE(나라 등)	나라, 도시, 주	LANGUAGE(언어)	각종 언어
LOCATION(위치)	지역, 산맥, 수역		

NER 태거는 언어 모델을 로드할 때 기본적으로 활성화된다. 표준(작은) 영어 모델 en_core_
web_sm을 사용해 nlp 객체를 초기화하고 NLP 파이프라인의 구성 요소를 출력하는 것으로 시

작하겠다.[104]

```
nlp = spacy.load('en_core_web_sm')
print(*nlp.pipeline, sep='\n')
```

| 출력 |

```
('tagger', <spacy.pipeline.pipes.Tagger object at 0x7f98ac6443a0>)
('parser', <spacy.pipeline.pipes.DependencyParser object at 0x7f98ac7a07c0>)
('ner', <spacy.pipeline.pipes.EntityRecognizer object at 0x7f98ac7a0760>)
```

텍스트가 처리되면 doc.ents를 사용해 명명된 개체에 직접 액세스할 수 있다. 각 개체에는 개체 유형을 설명하는 텍스트와 레이블이 있다. 다음 코드의 마지막 줄에 있는 이 속성은 이 텍스트에서 인식된 개체 목록을 인쇄하는 데 사용된다.

```
text = """Hughes Tool Co Chairman W.A. Kistler said its merger with
Baker International Corp was still under consideration.
We hope to come soon to a mutual agreement, Kistler said.
The directors of Baker filed a law suit in Texas to force Hughes
to complete the merger."""
doc = nlp(text)

print(*[(e.text, e.label_) for e in doc.ents], sep=' ')
```

| 출력 |

```
(Hughes Tool Co, ORG) (W.A. Kistler, PERSON) (Baker International Corp, ORG)
(Kistler, ORG) (Baker, PERSON) (Texas, GPE) (Hughes, ORG)
```

스페이시의 깔끔한 시각화 모듈인 display를 사용해 문장과 명명된 개체의 시각적 표현을 생성할 수 있다. 이는 결과를 살펴보는 데 유용하다.

---

104 별표 연산자(*)는 파이썬 목록의 각 원소를 출력 함수의 인수로 취급한다.

```
from spacy import display
display.render(doc, style='ent')
```

| 출력 |

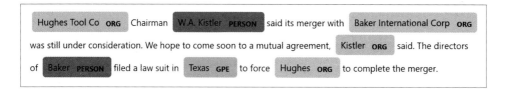

일반적으로 스페이시의 개체명 인식기는 잘 작동한다. 이 예에서는 명명된 모든 개체를 감지할 수 있다. 그러나 둘째와 셋째 문장에서 Kistler와 Baker에 붙은 레이블은 정확하지 않다. 사실, NER 모델에서 사람과 조직을 구별하기는 상당히 어렵다. 그러한 개체 유형이 매우 유사하게 사용되기 때문이다. 이 문제는 나중에 이름 기반 상호 참조 해결name-based coreference resolution을 위한 전략에서 해결할 것이다.

NER의 대안: Stanza 및 Flair

이전에 StanfordNLP로 알려진 Stanza 1.0.0(`https://oreil.ly/MupNu`)은 2020년 3월에 출시되었다. 스페이시와 유사하게 여러 언어를 일관된 방식으로 지원하도록 설계되었다. 또한 잘 알려진 CoreNLP Java 패키지의 추가 언어 기능을 위한 파이썬 API도 포함한다.

Stanza의 API는 스페이시의 API와 매우 유사하다. 하지만 Explosion[105]의 스페이시 개발팀이 공식적으로 유지 관리하는 `spacy_stanza` 라이브러리(`https://oreil.ly/2Q2E1`)가 Stanza NLP 파이프라인에 대한 래퍼를 제공한다는 점에서 훨씬 더 우수하다. 따라서 이 장의 스페이시 기반 함수에 Stanza 모델을 활용할 수 있다. 이 책을 쓰는 시점에서 Stanza의 영어 모델은 앞서 소개한 스페이시 2.3.2 모델보다 더 정확하다. 그러나 크기가 커서 훨씬 느리다. 스페이시 3.0 모델은 Stanza만큼 정확하고 속도는 훨씬 더 빠른 것으로 보고되었다.

우수한 NER 모델이 있는 또 다른 인기 있는 NLP 라이브러리는 Flair(`https://oreil.ly/hKFSk`)다. Flair는 베를린의 훔볼트 대학교Humboldt University와 잘란도Zalando Research 사가 공동 개발했으며 현재 파이토치 생태계의 일부이니 한번 살펴보기 바란다.

---

105 옮긴이_ 스페이시를 개발하고 유지 보수하는 회사다(`https://explosion.ai`).

12.4.1 전략: 규칙 기반의 개체명 인식

모델이 훈련되지 않은 도메인별 개체를 식별하려는 경우, 당연히 스페이시(`https://oreil.ly/6EMig`)를 사용해 자체 모델을 훈련할 수 있다. 모델을 훈련하려면 많은 훈련 데이터가 필요하지만, 때로는 사용자 지정 개체 유형에 대한 간단한 규칙을 지정하는 것으로 충분하기도 하다. 이 절에서는 로이터 데이터셋에서 Department of Justice(또는 Justice Department) 같은 정부 조직 이름을 탐지하기 위해 규칙을 사용한다.

스페이시는 이를 위해 EntityRuler(`https://oreil.ly/A6MZ8`)를 제공한다. 파이프라인 구성 요소는 통계적 이름 식별 인식기와 함께 또는 그 대신 사용할 수 있다. 스페이시의 매칭 엔진은 문자열이 아닌 스페이시 토큰의 시퀀스로 패턴을 정의하기 때문에 정규 표현식 검색보다 더 강력하다. 따라서 원형 또는 **part-of-speech** 태그 같은 토큰 속성을 사용해 패턴을 작성할 수 있다.

말뭉치에서 자주 언급되는 미국 정부의 부서 및 '증권 거래 위원회'Securities and Exchange Commission' 와 일치하는 패턴 규칙을 몇 가지 정의하겠다.

```python
from spacy.pipeline import EntityRuler

departments = ['Justice', 'Transportation']
patterns = [{"label": "GOV",
             "pattern": [{"TEXT": "U.S.", "OP": "?"},
                         {"TEXT": "Department"}, {"TEXT": "of"},
                         {"TEXT": {"IN": departments}, "ENT_TYPE": "ORG"}]},
            {"label": "GOV",
             "pattern": [{"TEXT": "U.S.", "OP": "?"},
                         {"TEXT": {"IN": departments}, "ENT_TYPE": "ORG"},
                         {"TEXT": "Department"}]},
            {"label": "GOV",
             "pattern": [{"TEXT": "Securities"}, {"TEXT": "and"},
                         {"TEXT": "Exchange"}, {"TEXT": "Commission"}]}]
```

각 규칙은 레이블이 있는 파이썬의 사전형으로 구성된다. 이 경우 사용자 지정 개체 유형 GOV 및 토큰 시퀀스가 일치해야 하는 패턴으로 구성된다. 위 코드에 보이듯 동일한 레이블에 여러 개의 규칙을 지정할 수 있다.[106]

....

[106] 구문에 대한 설명은 스페이시의 규칙 기반 일치 사용 문서(`https://oreil.ly/Hvtgs`)를 참조하고 대화형 패턴 탐색기(`https://explosion.ai/demos/matcher`)를 확인하자.

예를 들어 첫 번째 규칙은 U.S. (선택적인[107] 토큰, "OP": "?"로 표시) 및 Department, of, Justice, Transportation라는 텍스트로 구성된 토큰 시퀀스다. 이 규칙과 두 번째 규칙이 매칭되면 ORG 유형의 개체라고 확실히 판별할 수 있음을 주목하자. 따라서 이러한 패턴들은 스페이시의 개체명 인식 모델보다 먼저 적용되어야 한다. 패턴을 기반으로 EntityRuler를 만들고 파이프라인에 추가한다.

```
entity_ruler = EntityRuler(nlp, patterns=patterns, overwrite_ents=True)
nlp.add_pipe(entity_ruler)
```

이제 nlp를 호출하면 해당 조직들에 새로운 유형의 GOV 레이블이 자동으로 지정된다.

```
text = """Justice Department is an alias for the U.S. Department of Justice.
Department of Transportation and the Securities and Exchange Commission
are government organisations, but the Sales Department is not."""

doc = nlp(text)
display.render(doc, style='ent')
```

| 출력 |

Justice Department `GOV` is an alias for U.S. Department of Justice `GOV` .
Department of Transportation `GOV` and the Securities and Exchange Commission `GOV`
are government organisations, but the Sales Department `ORG` is not.

12.4.2 전략: 개체명 정규화

단일 이름으로 다른 개체 멘션을 단순화하는 한 가지 접근 방식은 멘션의 정규화 또는 표준화다. 여기서는 일반적으로 도움이 되는 정규화를 수행한다. 즉, 불특정 접미사와 접두사를 제거한다. 다음 예를 살펴보자.

---

[107] 옮긴이_ 앞의 "TEXT" 안 문자열이 0회 또는 1회 나타나는 경우를 말한다(https://spacy.io/usage/rule-based-matching #quantifiers 참조).

```
text = "Baker International's shares climbed on the New York Stock Exchange."

doc = nlp(text)
print(*[([t.text for t in e], e.label_) for e in doc.ents], sep='\n')
```

| 출력 |

```
(['Baker', 'International', "'s"], 'ORG')
(['the', 'New', 'York', 'Stock', 'Exchange'], 'ORG')
```

첫 문장에 있는 Baker International's가 회사 이름의 일부가 아님에도 이를 하나의 개체로 감지했다. 뉴욕 증권 거래소를 의미하는 the New York Stock Exchange에 붙은 관사 the 도 이와 비슷한 사례다. 관사가 실제로 이름의 일부인지 여부에 관계없이 개체는 관사와 함께 나타나거나 때로는 관사 없이 나타날 수 있다. 따라서 관사 및 아포스트로피 s('s를 의미)를 제거하면 내용상 언급된 이름을 더 쉽게 연결할 수 있다.

> **WARNING_** 어떤 규칙이든 오류 가능성이 있다. 'The Wall Street Journal'이나 'McDonald's'를 생각해 보자. 이러한 경우처럼 관사 또는 아포스트로피 s를 보존하려면 규칙에 대한 예외를 정의해야 한다.

함수는 스페이시에서 선행 관사leading article와 후행 아포스트로피를 제거하는 것과 같은 정규화를 구현한다. 개체가 담겨 있는 변수에서 값을 바로 업데이트할 수 없으므로, 그 개체 변수의 사본을 만들고 수정 사항을 이 사본에 적용한다.

```
from spacy.tokens import Span

def norm_entities(doc):
    ents = []
    for ent in doc.ents:
        if ent[0].pos_ == "DET": # 선행 관사
            ent = Span(doc, ent.start+1, ent.end, label=ent.label)
        if ent[-1].pos_ == "PART": # 's 같은 불변화사
            ent = Span(doc, ent.start, ent.end-1, label=ent.label)
        ents.append(ent)
    doc.ents = tuple(ents)
    return doc
```

스페이시의 개체는 개체의 시작 지점과 끝 지점, 그리고 개체 유형을 나타내는 추가 레이블이 포함된 Span 객체다. 반복문은 개체를 순서대로 살펴보며 필요에 따라 개체의 첫 토큰과 마지막 토큰을 위치를 조정해 정규화한 뒤, ents로 복사한다. 마지막으로 doc.ents를 ents로 교체한다.

이 함수는 스페이시 Doc 객체(doc이라는 이름의)를 매개변수로 사용하고 Doc 객체를 반환한다. 따라서 그것을 또 다른 파이프라인 구성 요소로 사용해 기존 파이프라인에 간단히 추가할 수 있다.

```
nlp.add_pipe(norm_entities)
```

이제 예제 문장에서 절차를 반복하고 결과를 확인할 수 있다.

```
doc = nlp(text)
print(*[([t.text for t in e], e.label_) for e in doc.ents], sep='\n')
```

| 출력 |

```
(['Baker', 'International'], 'ORG')
(['New', 'York', 'Stock', 'Exchange'], 'ORG')
```

12.4.3 개체 토큰 병합

이전 예처럼 합성어를 단일 토큰으로 취급하는 것은 대개의 경우 문장 구조를 단순화하기 때문에 합리적이다. 스페이시는 이를 위해 내장된 파이프라인 기능 merge_entities를 제공한다. NLP 파이프라인에 추가하고 개체명마다 정확히 하나의 토큰을 얻는다.

```
from spacy.pipeline import merge_entities
nlp.add_pipe(merge_entities)
doc = nlp(text)
print(*[(t.text, t.ent_type_) for t in doc if t.ent_type_ != ''])
```

```
('Baker International', 'ORG') ('New York Stock Exchange', 'ORG')
```

개체를 병합하면 단순화할 수는 있지만 항상 좋은 것은 아니다. 예를 들어 런던 증권 거래소 London Stock Exchange 같은 개체의 복합 이름을 보자. 단일 토큰으로 병합된 후에는 런던 시와 이 개체의 암시적 관계가 사라진다.

12.5 상호 참조 해결

정보 추출에서 어려운 장애물 하나는 언급된 개체가 다양한 철자(표면 형태surface forms라고도 함)로 나타난다는 사실이다. 다음 문장을 보자.

> Hughes Tool Co Chairman W.A. Kistler said its merger with Baker International Corp. was still under consideration. We hope to come to a mutual agreement, Kistler said. Baker will force Hughes to complete the merger. A review by the U.S. Department of Justice was completed today. The Justice Department will block the merger after consultation with the SEC.

개체는 종종 전체 이름으로 소개되지만 나중에 언급되는 경우 축약된 버전을 사용한다. 이것은 무슨 일이 일어나고 있는지 이해하기 위해 해결해야 하는 공동 참조 유형의 하나다. [그림 12-3]은 통일된 이름이 없는 경우(왼쪽)와 있는 경우(오른쪽)의 **동시 발생 그래프**co-occurrence graph다. 다음 절에서 구축할 이러한 그래프는 동일한 기사에 나타난 개체 쌍을 시각화한 것이다.

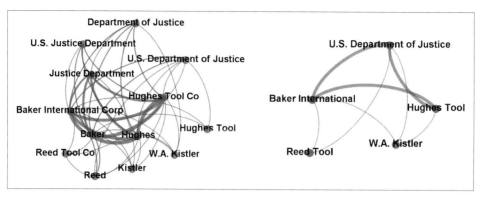

그림 12-3 같은 글을 시각화한 동시 발생 그래프(왼쪽)와 상호 참조 해결 후 그래프(오른쪽)

상호 참조 해결은 단일 텍스트 내에서 개체의 다른 언급, 예를 들어 약어, 별칭 또는 대명사 등이 어떤 개체와 연결되는지를 결정하는 작업이다. 이 단계의 결과는 멘션 클러스터(예: {Hughes Tool Co, Hughes, its})라는 상호 참조 멘션 그룹이 된다. 이 절의 목표는 문서 내에서 관련 언급을 식별해 연결하는 것이다.

이를 위해 상호 참조 해결과 이름 통일name unification을 위한 전략을 구현하겠다(그림 12-4 참조). 여기서는 관심 있는 개체 유형을 조직과 개인으로 제한할 것이다. 먼저 사전 조회를 해서 SEC 같은 별칭을 해결한다. 그런 다음 별칭을 문서에서 맨 처음 언급된 이름과 일치시킨다. 예를 들어, Kistler에서 W.A. Kistler까지 연결을 생성할 것이다. 그 후 첫 문장의 대명사 it과 같은 간접 참조(대용어anaphora)를 처리한다. 마지막으로 해결한 개체의 이름을 다시 정규화한다. 이 모든 단계는 추가 파이프라인 기능으로 구현된다.

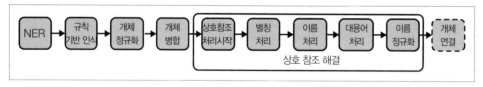

그림 12-4 개체명 인식 및 상호 참조 해결을 위한 파이프라인

개체 연결은 한 단계 더 나아간다. 여기서 개체에 대한 언급은 의미론적 수준에서 명확해지며 기존 지식 기반의 고유 항목에 연결된다. 개체 연결은 그 자체가 어려운 작업이기 때문에 이에 대한 내용은 이 절의 끝에서 논의하겠다.

12.5.1 전략: 스페이시의 토큰 확장

개체의 다른 언급에서 '참조 대상'으로의 링크를 기술적으로 생성하는 방법이 필요하다. 예를 들어, 상호 참조 해결 후 Kistler에 대한 토큰은 '(W.A. Kistler, PERSON)'을 가리켜야 한다. 스페이시의 확장 메커니즘을 통해 토큰 클래스에 사용자 정의 속성을 추가할 수 있는데, 앞서 논의한 정보를 토큰에 같이 저장하는 완벽한 방법이다.

따라서 두 개의 토큰 확장자 ref_n(참조자 이름)과 ref_t(참조자 유형)를 만든다. 두 속성은 스페이시에 의해 토큰 객체가 생성될때 지정한 기본값으로 초기화된다.

```
from spacy.tokens import Token
Token.set_extension('ref_n', default='')
Token.set_extension('ref_t', default='')
```

다음에 표시된 함수 init_coref는 ORG, GOV, PERSON 유형의 각 개체 멘션이 초기 참조initial reference로 그 자신이 되도록 한다. 이 초기화는 후속 기능에 필요하다.

```
def init_coref(doc):
    for e in doc.ents:
        if e.label_ in ['ORG', 'GOV', 'PERSON']:
            e[0]._.ref_n, e[0]._.ref_t = e.text, e.label_
    return doc
```

사용자 정의 속성은 토큰의 밑줄 속성을 통해 접근된다. merge_entities 이후, 각 개체 멘션 e는 속성을 설정하는 단일 토큰 e[0]으로 구성된다. 토큰 대신 개체 스팬에 속성을 정의할 수도 있지만 나중에 대명사 확인을 위해 동일한 메커니즘을 사용하겠다.

12.5.2 전략: 별칭 처리

우선 Transportation Department(U.S. Department of Transportation) 같은 잘 알려진 별칭과 SEC 또는 TWA 같은 두문자어를 처리한다. 이러한 별칭을 해결하는 간단한 방법은 조회 사전lookup dictionary을 사용하는 것이다. 여기서 로이터 말뭉치의 모든 약어와 일부 공통 별칭에 대한 사전 그리고 모듈의 일부를 사용한다.[108] 몇 가지 조회의 예를 보자.

----

108 깃허브(https://oreil.ly/LlPHm)의 이 장 노트북에서 두문자어 감지에 대한 추가 함수를 찾을 수 있다.

```
from blueprints.knowledge import alias_lookup

for token in ['Transportation Department', 'DOT', 'SEC', 'TWA']:
    print(token, ':', alias_lookup[token])
```

| 출력 |

```
Transportation Department : ('U.S. Department of Transportation', 'GOV')
DOT : ('U.S. Department of Transportation', 'GOV')
SEC : ('Securities and Exchange Commission', 'GOV')
TWA : ('Trans World Airlines Inc', 'ORG')
```

각각의 토큰 별칭은 개체 이름과 유형으로 구성된 튜플에 매핑된다. 다음에 표시된 **alias_resolver** 함수는 개체의 텍스트가 사전에 있는지 확인한다. 만약 있다면 해당 **ref** 속성이 조회된 값으로 업데이트된다.

```
def alias_resolver(doc):
    """별칭 검색 후 결과를 ref_t, ref_n에 저장한다"""
    for ent in doc.ents:
        token = ent[0].text
        if token in alias_lookup:
            a_name, a_type = alias_lookup[token]
            ent[0]._.ref_n, ent[0]._.ref_t = a_name, a_type
    return propagate_ent_type(doc)
```

별칭을 한 후에는 잘못 식별된 사례에서 **명명된 개체**named-entity의 유형을 수정할 수도 있다. **propagate_ent_type** 함수는 확인한 별칭을 모두 업데이트하고, 이름 기반 상호 참조 해결 과정에도 사용된다.

```
def propagate_ent_type(doc):
    """ref_t 안에 저장된 개체 형식을 전파한다 """
    ents = []
    for e in doc.ents:
        if e[0]._.ref_n != '': # e가 상호 참조라면
            e = Span(doc, e.start, e.end, label=e[0]._.ref_t)
        ents.append(e)
```

```
        doc.ents = tuple(ents)
        return doc
```

다시 파이프라인에 `alias_resolver`를 추가한다.

```
nlp.add_pipe(alias_resolver)
```

이제 결과를 확인할 수 있다. 제공된 패키지에는 이 장의 관련 속성들을 사용해 doc 토큰에 대한 데이터프레임을 생성하는 유틸리티 함수 `display_ner`가 포함되었다.

```
from blueprints.knowledge import display_ner
text = """The deal of Trans World Airlines is under investigation by the
U.S. Department of Transportation.
The Transportation Department will block the deal of TWA."""
doc = nlp(text)
display_ner(doc).query("ref_n != ''")[['text', 'ent_type', 'ref_n', 'ref_t']]
```

| 출력 |

	text	ent_type	ref_n	ref_t
3	Trans World Airlines	ORG	Trans World Airlines Inc	ORG
9	U.S. Department of Transportation	GOV	U.S. Department of Transportation	GOV
12	Transportation Department	GOV	U.S. Department of Transportation	GOV
18	TWA	ORG	Trans World Airlines Inc	ORG

12.5.3 전략: 이름 변형

별칭 해결alias resolution은 별칭을 미리 알고 있는 경우에만 작동한다. 그러나 기사에는 거의 모든 이름의 변형이 사용되기 때문에 모든 이름에 대한 사전을 구축하는 것은 불가능하다. 소개 예제의 첫 문장에서 인식한 명명된 개체를 다시 살펴보자.

W.A. Kistler(**PERSON**)의 상호 참조 Kistler, Baker International Corp(**ORG**)의 Baker, Hughes Tool Co(**ORG**)의 Hughes를 보자. 보다시피 축약된 회사 이름은 종종 사람 이름으로 오인된다. 특히 예시의 참조어가 문장에서 실제 의미하는 회사명이 아니라 인명의 형태로 사용되었다면 더욱 그렇다. 이러한 상호 참조를 해결하고 각 멘션에 올바른 개체 유형을 할당하도록 함수를 구성한다.

이를 위해 뉴스 기사에 일반적인 패턴을 적용할 것이다. 일반적으로 개체는 전체 이름으로 먼저 기술하고 나중에 언급하는 경우 축약된 버전을 사용한다. 따라서 개체의 첫 번째 멘션first mention과 이름을 일치시켜 두 번째 참조를 해결한다. 물론 이것은 잘못된 일치를 생성할 수 있는 경험적 규칙이다. 예를 들어, Hughes라는 단어가 같은 기사에서 회사와 전설적인 기업가 하워드 휴스Howard Hughes(실제로 Hughes Tool Co.의 설립자)를 언급할 수도 있다. 그러나 여기서 사용하는 데이터셋에서는 드물며, 경험적 규칙이 올바르게 작동하는 대개의 경우를 위해 불확실성을 받아들이기로 했다.

이름 일치에 대한 간단한 규칙을 정의한다. 즉 두 번째 멘션secondary mention은 모든 단어가 최초 멘션primary mention에 등장한 순서와 동일하게 나타나는 경우 최초 멘션과 일치한다. 이 규칙을 확인하기 위해 다음에 표시된 `name_match` 함수는 두 번째 멘션 `m2`를 정규 표현식으로 변환하고 최초 멘션 `m1`과 일치하는 항목이 있는지 검색한다.

```
def name_match(m1, m2):
    m2 = re.sub(r'[()\.]', '', m2) # 괄호와 점을 무시한다.
    m2 = r'\b' + m2 + r'\b'        # \b는 단어의 경계를 표시한다.
    m2 = re.sub(r'\s+', r'\\b.*\\b', m2)
    return re.search(m2, m1, flags=re.I) is not None
```

예를 들어 Hughes Co.의 두 번째 멘션은 `\bHughes\b.*\bCo\b`로 변환되는데, Hughes Tool Co과 일치한다. `\b`는 Hugh와 같은 하위 단어subword가 아닌 전체 단어만 일치하도록 한다.

이러한 매칭 방식을 기반으로, 다음에 표시된 **name_resolver** 함수는 조직 및 개인에 대한 이름 기반 상호 참조 해결ⁿᵃᵐᵉ⁻ᵇᵃˢᵉᵈ ᶜᵒʳᵉᶠᵉʳᵉⁿᶜᵉ ʳᵉˢᵒˡᵘᵗⁱᵒⁿ을 구현한다.

```python
def name_resolver(doc):
    """e2에 대한 최초 멘션으로 e1에 대한 이름 기반 멘션을 생성한다"""
    ents = [e for e in doc.ents if e.label_ in ['ORG', 'PERSON']]
    for i, e1 in enumerate(ents):
        for e2 in ents[i+1:]:
            if name_match(e1[0]._.ref_n, e2[0].text):
                e2[0]._.ref_n = e1[0]._.ref_n
                e2[0]._.ref_t = e1[0]._.ref_t
    return propagate_ent_type(doc)
```

먼저 모든 조직 및 개인 개체의 목록을 만든다. 그런 다음 개체 e1과 e2의 모든 쌍이 서로 비교된다. 문서에서 개체 e1이 e2보다 항상 먼저 오도록 한다. e2가 e1과 일치하면 e2의 참조 대상은 e1과 동일하게 설정된다. 따라서 첫 번째 일치 개체는 자동으로 후속 상호 참조로 전파된다.

이 함수를 **nlp** 파이프라인에 추가하고 결과를 확인한다.

```python
nlp.add_pipe(name_resolver)

doc = nlp(text)
displacy.render(doc, style='ent')
```

| 출력 |

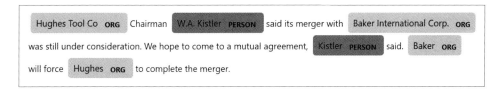

이제 예제에서 명명된 개체마다 올바른 유형이 배정되었다. 개체가 그들의 첫 번째 멘션과 매핑이 제대로 되었는지 확인할 수 있다.

```python
display_ner(doc).query("ref_n != ''")[['text', 'ent_type', 'ref_n', 'ref_t']]
```

| 출력 |

	text	ent_type	ref_n	ref_t
0	Hughes Tool Co	ORG	Hughes Tool Co	ORG
2	W.A. Kistler	PERSON	W.A. Kistler	PERSON
7	Baker International Corp.	ORG	Baker International Corp.	ORG
22	Kistler	PERSON	W.A. Kistler	PERSON
25	Baker	ORG	Baker International Corp.	ORG
28	Hughes	ORG	Hughes Tool Co	ORG

12.5.4 전략: NeuralCoref로 대용어 해결

언어학에서 대용어^{anaphora}는 이전 텍스트에 따라 해석이 달라지는 단어다. 앞서 사용한 예제 문장을 다음과 같이 바꿨다.

```
text = """Hughes Tool Co said its merger with Baker
was still under consideration. Hughes had a board meeting today.
W.A. Kistler mentioned that the company hopes for a mutual agreement.
He is reasonably confident."""
```

여기서 its^{그것}, the company^{그 회사}, he^그는 대용어다. 허깅페이스^{Hugging Face}의 NeuralCoref (https://oreil.ly/kQRhE)는 이러한 종류의 상호 참조를 해결하기 위한 라이브러리[109]다. 이 알고리즘은 단어 임베딩(10장 참조)을 기반으로 하는 특성 벡터를 두 개의 신경망과 함께 사용해 상호 참조 클러스터와 주요 언급을 식별한다.[110]

NeuralCoref는 스페이시를 위한 파이프라인 확장으로 구현되었다. greedyness 값이 0.45인 신경망 기반 상호 참조 해석기를 만들고 파이프라인에 추가한다. greedyness 값을 결정하기 위해서, 그 값을 변화시키면서 모델의 감도^{sensitivity}를 제어해 몇 가지 실험을 했고, 이를

----

109 편집자_ 번역서 출간 시점 기준으로 예제 코드에서 NeuralCoref를 불러올 때 오류가 발생해 코드를 사용할 수 없다(콜랩, 로컬 환경 모두 해당). 이는 NeuralCoref가 스페이시 3.0을 지원하지 않아 발생하는 문제로, 해당 문제 해결 시 저장소에 반영할 예정이다.

110 더 알고 싶다면, 토마스 울프(Thomas Wolf)의 글 'State-Of-The-Art Neural Coreference Resolution For Chatbots' (https://oreil.ly/VV4Uy)를 보자.

통해 기본값인 0.5보다 약간 더 제한적인(더 나은 정확도, 더 낮은 재현율) 값을 선택하기로 했다.

```
from neuralcoref import NeuralCoref
neural_coref = NeuralCoref(nlp.vocab, greedyness=0.45)
nlp.add_pipe(neural_coref, name='neural_coref')
```

NeuralCoref는 스페이시의 확장 메커니즘을 사용해 Doc, Span, Token 객체에 사용자 지정 속성을 추가하는 데도 사용한다. 텍스트가 처리되면 doc._.coref_clusters 속성으로 감지된 상호 참조 클러스터에 액세스할 수 있다. 이 예에서는 세 가지 클러스터가 식별되었다.

```
doc = nlp(text)
print(*doc._.coref_clusters, sep='\n')
```

| 출력 |

```
Hughes Tool Co: [Hughes Tool Co, its]
Hughes: [Hughes, the company]
W.A. Kistler: [W.A. Kistler, He]
```

NeuralCoref는 일반적으로 상호 참조가 명명된 개체로 제한되지 않기 때문에 Span 객체(토큰 시퀀스)에서 작동한다. 따라서 anaphor_coref 함수는 각 토큰에 대해 첫 번째 상호 참조 클러스터를 검색하고 ref_n 속성에 값이 있는 첫 번째 명명된 개체를 검색한다. 지금 이 조건은 조직과 사람에만 해당한다. 일단 발견되면 anaphor 토큰의 ref_n 및 ref_t 값을 최초 참조와 동일한 값으로 설정한다.

```
def anaphor_coref(doc):
    """대용어 해결"""
    for token in doc:
        # 토큰이 상호 참조이지만 역참조되지 않은 경우
        if token._.in_coref and token._.ref_n == '':
            ref_span = token._.coref_clusters[0].main # 참조된 span을 얻기
            if len(ref_span) <= 3: # 단지 짧은 span만을 고려
                for ref in ref_span: # 첫 번째의 역참조 개체를 발견
                    if ref._.ref_n != '':
```

```
                    token._.ref_n = ref._.ref_n
                    token._.ref_t = ref._.ref_t
                    break

    return doc
```

다시 이 해석기를 파이프라인에 추가하고 결과를 확인한다.

```
nlp.add_pipe(anaphor_coref)
doc = nlp(text)
display_ner(doc).query("ref_n != ''") \
  [['text', 'ent_type', 'main_coref', 'ref_n', 'ref_t']]
```

| 출력 |

	text	ent_type	main_coref	ref_n	ref_t
0	Hughes Tool Co	ORG	Hughes Tool Co	Hughes Tool Co	ORG
2	its		Hughes Tool Co	Hughes Tool Co	ORG
5	Baker	PERSON	None	Baker	PERSON
11	Hughes	ORG	Hughes	Hughes Tool Co	ORG
18	W.A. Kistler	PERSON	W.A. Kistler	W.A. Kistler	PERSON
21	the		Hughes	Hughes Tool Co	ORG
22	company		Hughes	Hughes Tool Co	ORG
29	He		W.A. Kistler	W.A. Kistler	PERSON

이제 파이프라인은 [그림 12-4]에 표시된 모든 단계로 구성된다.

> **WARNING_** 긴 런타임에 주의하라! NeuralCoref는 총 처리 시간을 5~10배 증가시킨다. 따라서 필요한 경우에만 대용어 해결을 사용해야 한다.

12.5.5 이름 정규화

이름 해결name resolution을 통해 한 기사에서 회사에 대한 언급을 하나의 이름으로 통일하더라도 여러 기사에서 회사 이름은 여전히 일관적이지 않다. 한 기사에서는 Hughes Tool Co.를, 다른 기사에서는 Hughes Tool을 보게 된다. 개체 링커를 사용해 다른 개체 멘션을 고유한 표준 표현에 연결할 수 있지만, 개체 링커가 없는 경우 (확인된) 이름 개체를 고유 식별자로 사용한다. 상호 참조 해결을 위한 이전 단계에서 확인된 이름은 항상 기사에서 첫 번째로, 거의 항상 완전한 형태로 언급된다. 따라서 오류 가능성은 그리 크지 않다.

그러나 회사 이름에서 Co. 또는 Inc. 같은 법정 접미사를 제거해 회사명 언급이 조화를 이루게 해야 한다. 다음 함수는 이를 성취하기 위해 정규 표현식을 사용한다.

```
def strip_legal_suffix(text):
    return re.sub(r'(\s+and)?(\s+|\b(Co|Corp|Inc|Plc|Ltd)\b\.?)*$', '', text)

print(strip_legal_suffix('Hughes Tool Co'))
```

| 출력 |

```
Hughes Tool
```

마지막 파이프라인 함수 norm_names는 이 최종 정규화를 ref_n 속성에 저장된 상호 참조가 해결된 조직 이름 각각에 적용한다. Hughes(PERSON)와 Hughes(ORG)는 이 접근 방식을 사용해도 여전히 별도의 개체로 유지된다.

```
def norm_names(doc):
    for t in doc:
        if t._.ref_n != '' and t._.ref_t in ['ORG']:
            t._.ref_n = strip_legal_suffix(t._.ref_n)
            if t._.ref_n == '':
                t._.ref_t = ''
    return doc

nlp.add_pipe(norm_names)
```

때때로 개체명 인식기는 Co. 또는 Inc. 같은 법정 접미사 자체를 명명된 개체로 잘못 분류한다. 이러한 개체 이름이 빈 문자열로 제거되면 일단은 무시한다. 나중에 처리하겠다.

12.5.6 개체 연결

이전 절에서는 명명된 개체의 서로 다른 언급을 통일할 목적으로 작업 파이프라인을 개발했다. 그러나 이 모든 것은 문자열을 기반으로 하며, 구문적 표현을 제외하고는 문자열 U.S. Department of Justice와 표현된 실제 개체가 연결되지 않는다. 반대로 개체 링커의 작업은 명명된 개체를 전역적으로 확인하고 고유하게 식별된 실제 개체에 연결하는 것이다. 개체 연결은 '문자열에서 실체로strings to things'**111** 연결하는 단계를 만든다.

기술적으로는 각 언급이 URI에 매핑됨을 의미한다. URI는 차례로 기존 지식 기반의 개체와 연결된다. 이때 지식 기반은 위키데이터Wikidata 또는 디비피디아DBpedia 같은 공개 온톨로지 또는 는 회사의 비공개 지식 기반일 수 있다. URI는 URL(예: 웹 페이지)일 수 있지만, 반드시 그럴 필요는 없다. 예를 들어, U.S. Department of Justice에는 위키데이터 URI `http://www.wikidata.org/entity/Q1553390`이 있는데, 이 URI는 이 개체에 대한 정보를 찾을 수 있는 웹 페이지이기도 하다. 고유한 지식 기반을 구축한다면 각 URI에 대한 웹 페이지는 필요하지 않다. 단지 고유한 것unique이기만 하면 된다.

그런데 디비피디아와 위키데이터는 서로 다른 URI를 사용하지만 디비피디아에서 상호 참조로 위키데이터 URI를 찾을 수 있다. 물론 둘 다 위키백과 웹 페이지에 대한 링크를 포함한다.

개체가 U.S. Department of Justice와 같이 정규화된 이름으로 언급되는 경우 개체 연결은 간단하다. 그러나 U.S.가 빠진 Department of Justice는 이미 많은 주에서 사용되는 명칭이기 때문에 상당히 모호하다. 실제 의미가 맥락에 따라 달라지는데, 개체 링커는 이러한 모호한 언급을 컨텍스트에 따라 올바른 URI에 매핑한다. 이 일은 상당히 어려우며, 여전히 연구되고 있는 영역이다. 비즈니스 프로젝트에서 개체 연결을 위한 일반적인 해법은 공공 서비스를 사용하는 것이다.

---

111 구글이 2012년 지식 그래프를 도입할 때 만든 슬로건이다.

여러분은 각자 고유한 개체 링커를 만들 수 있다. 간단한 솔루션은 이름 기반 조회 사전이다. 그러나 이는 컨텍스트를 고려하지 않으며 개체에 대한 모호한 이름을 해결하지 않는다. 이를 위해서는 정교한 접근이 필요하다. 최첨단 솔루션은 개체 연결을 위해 임베딩 및 신경망 모델을 사용한다. 스페이시는 이러한 개체 연결 기능도 제공한다(`https://oreil.ly/bqs8E`). 스페이시의 개체 링커를 사용하려면 실제 개체에 대한 임베딩을 먼저 생성해야 한다(10장 참조). 이 임베딩은 지정한 설명을 기반으로 의미 체계를 포착한다. 그런 다음 올바른 URI에 대한 언급 상황에 맞게 매핑을 학습하도록 모델을 훈련할 수 있다. 그러나 개체 링커의 설정 및 학습은 이 장의 범위를 벗어나므로 설명을 생략하겠다.

12.6 전략: 동시 발생 그래프 생성

이전 장에서는 명명된 개체를 정규화하고 최소한으로 문서 내 상호 참조를 해결하기 위해 많은 노력을 기울였다. 이제 개체 쌍 간의 첫 번째 관계를 분석할 준비가 되었다. 이를 위해 지식 그래프의 가장 단순한 형태인 동시 발생 그래프를 생성한다. 동시 발생 그래프의 노드는 개체 (예: 조직)다. 예를 들어 기사, 단락 또는 문장 내의 동일한 컨텍스트에서 언급된 경우, 두 개체는 (무방향) 간선을 공유한다.

[그림 12-5]는 로이터 말뭉치의 기사에서 함께 언급된 회사에 대한 동시 발생 그래프의 일부다. 간선의 너비는 동시 발생 빈도를 시각화한다. 네트워크에서 밀접하게 관련된 그룹 또는 커뮤니티를 식별하기 위한 구조적 측정인 모듈성^{modularity}(`https://oreil.ly/pGZ-s`)을 사용해 노드와 간선을 채색했다.[112]

---

[112] 깃허브(`https://oreil.ly/2ju0k`)에서 채색된 그림을 확인할 수 있다.

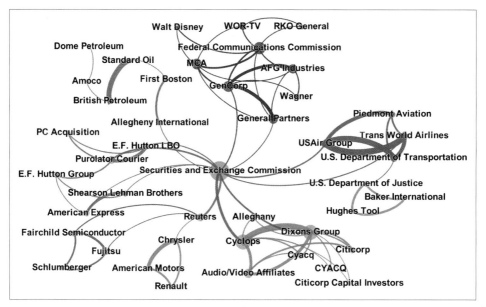

그림 12-5 로이터 말뭉치에서 생성된 동시 발생 그래프의 가장 큰 연결 구성 요소

물론, 여기서는 관계의 유형에 대해 아무것도 모른다. 사실, 두 개체에 대한 공통 언급은 단지 모종의 관계가 '있을 수 있음'을 나타낸다. 문장을 실제로 분석하지 않는 한 확실히 알 수 없는데, 이 분석은 다음 절에서 하겠다. 그러나 동시 발생에 대한 단순한 탐색에서 부분적으로 알아낸 것이 있다. 예를 들어, [그림 12-5]에서 중앙 노드는 Securities and Exchange Commission이다. 매우 다양한 개체와 함께 많은 기사에서 언급되기 때문이다. 이 기업은 인수합병에서 중요한 역할을 한다. 다른 클러스터는 특정 거래에 관련된 회사(또는 커뮤니티)를 나타낸다.

동시 발생 그래프를 그리려면 문서에서 개체 쌍을 추출해야 한다. 여러 주제 영역을 다루는 긴 기사의 경우 단락 또는 문장 내에서 동시 발생을 검색하는 것이 더 나을 수 있다. 그러나 합병 및 인수에 대한 로이터 기사는 한정된 도메인에 밀집되었으므로 여기서는 문서 수준을 고수한다. 동시 발생을 추출하고 시각화하는 절차를 간략하게 살펴보겠다.

12.6.1 문서에서 동시 발생 추출

extract_coocs 함수는 주어진 Doc 객체에서 지정된 유형의 개체 쌍 목록을 반환한다.

```
from itertools import combinations

def extract_coocs(doc, include_types):
    ents = set([(e[0]._.ref_n, e[0]._.ref_t)
                for e in doc.ents if e[0]._.ref_t in include_types])
    yield from combinations(sorted(ents), 2)
```

먼저 상호 참조 확인 개체 이름 및 유형 집합을 만든다. 이를 위해 파이썬 표준 라이브러리 **itertools** 함수 조합을 사용해 모든 개체 쌍을 생성한다. 각 쌍은 (Baker, Hughes) 및 (Hughes, Baker)와 같이 중복된 항목을 방지하기 위해 사전 순으로 정렬된다(**sorted (ents)**).

전체 데이터셋을 효율적으로 처리하기 위해 **nlp.pipe**를 호출해 스페이시의 스트리밍을 다시 사용한다(4장에서 소개됨). 문서 내 동시 발생을 찾기 위해 대용어 해결anaphora resolution이 필요하지 않으므로 여기에서 해당 구성 요소를 비활성화한다.

```
batch_size = 100

coocs = []
for i in range(0, len(df), batch_size):
    docs = nlp.pipe(df['text'][i:i+batch_size],
                    disable=['neural_coref', 'anaphor_coref'])
    for j, doc in enumerate(docs):
        coocs.extend([(df.index[i+j], *c)
                      for c in extract_coocs(doc, ['ORG', 'GOV'])])
```

첫 번째 기사에서 확인된 동시 발생을 살펴보겠다.

```
print(*coocs[:3], sep='\n')
```

| 출력 |

```
(10, ('Computer Terminal Systems', 'ORG'), ('Sedio N.V.', 'ORG'))
(10, ('Computer Terminal Systems', 'ORG'), ('Woodco', 'ORG'))
(10, ('Sedio N.V.', 'ORG'), ('Woodco', 'ORG'))
```

정보 추출에서는 문제가 발생한 경우 정보의 출처를 식별하도록 일종의 추적 가능성이 항상 권장된다. 따라서 각 동시 발생 튜플(여기서는 ID 10)과 함께 기사의 색인(이 경우 로이터 말뭉치의 파일 ID)을 유지한다. 이 목록을 기반으로, 개체 조합, 그것의 빈도 및 동시 발생이 발견된 기사 ID(5개로 제한됨)당 정확히 하나의 항목이 있는 데이터프레임을 생성한다.

```
coocs = [([id], *e1, *c2) for (id, e1, e2) in coocs]
cooc_df = pd.DataFrame.from_records(coocs,
            columns=('article_id', 'ent1', 'type1', 'ent2', 'type2'))
cooc_df = cooc_df.groupby(['ent1', 'type1', 'ent2', 'type2'])['article_id'] \
            .agg(['count', 'sum']) \
            .rename(columns={'count': 'freq', 'sum': 'articles'}) \
            .reset_index().sort_values('freq', ascending=False)
cooc_df['articles'] = cooc_df['articles'].map(
                    lambda lst: ','.join([str(a) for a in lst[:5]]))
```

다음은 말뭉치에서 가장 자주 발견되는 세 가지 개체 쌍이다.

```
cooc_df.head(3)
```

| 출력 |

	ent1	type1	ent2	type2	freq	articles
12667	Trans World Airlines	ORG	USAir Group	ORG	22	1735,1771,1836,1862,1996
5321	Cyclops	ORG	Dixons Group	ORG	21	4303,4933,6093,6402,7110
12731	U.S. Department of Transportation	GOV	USAir Group	ORG	20	1735,1996,2128,2546,2799

12.6.2 Gephi를 사용한 그래프 시각화

실제로 이 데이터프레임은 이미 그래프의 간선 목록을 나타낸다. 시각화를 위해 그래프 분석을 위한 오픈 소스 도구 Gephi(https://gephi.org)를 선호한다. 이 도구는 인터랙티브하기 때문에 파이썬의 그래프 라이브러리 NetworkX보다 사용하기가 훨씬 더 좋다.[113] Gephi를 사용하려면 그래프의 노드 및 간선 목록을 Graph Exchange XML 형식으로 저장해야 한다. 다행히도 NetworkX는 이 형식으로 그래프를 내보내는 기능을 제공한다. 따라서 데이터프레임을 NetworkX 그래프로 변환하고 .gexf 파일로 저장할 수 있다. Gephi는 자동으로 가중치 속성을 사용해 간선 너비를 조정하기 때문에 그래프를 간결하게 유지하고 빈도 열의 이름을 변경하기 위해 희귀 개체 쌍을 버린다.

```
import networkx as nx

graph = nx.from_pandas_edgelist(
        cooc_df[['ent1', 'ent2', 'articles', 'freq']] \
        .query('freq &gt; 3').rename(columns={'freq': 'weight'}),
        source='ent1', target='ent2', edge_attr=True)


nx.readwrite.write_gexf(graph, 'cooc.gexf', encoding='utf-8',
                        prettyprint=True, version='1.2draft')
```

Gephi로 파일을 가져온 후 가장 큰 구성 요소(연결된 하위 그래프)만 선택하고, 명확하도록 몇 개의 연결만 있는 노드 일부를 수동으로 제거했다.[114] 결과는 [그림 12-5]에 나와 있다.

> NOTE_ 때때로 자주 발생하지 않는 관계가 가장 흥미롭다. 가령 과거에 몇 번 언급되고 잊힌 관계가 이후 합병으로 새롭게 이어지는 경우를 보자. 이전에는 아무 관계가 없었던 개체가 갑자기 동시 발생하면 관계에 대한 심층 분석을 시작하라는 신호일 수 있다.

12.7 관계 추출

앞에서 동시 발생 그래프를 통해 회사 네트워크를 새롭게 통찰했지만, 관계 유형에 대해서는 알게 된 것이 없다. 예를 들어 [그림 12-5]의 왼쪽 아래 모서리에서 슐룸베르거Schlumberger, 페어차일드 반도체Fairchild Semi-conductor, 후지쯔Fujitsu로 이루어진 하위 그래프를 살펴보겠다. 지금

---

113 그래프의 NetworkX 버전은 깃허브(https://oreil.ly/OWTcO)에 있는 이 장의 노트북에서 찾을 수 있다.

114 자세한 내용은 이 장의 깃허브(https://oreil.ly/nri01)에서 확인하자.

은 회사 간의 관계에 대해 아는 것이 없다. 정보가 여전히 다음과 같은 문장에 숨겨져 있다.

후지쯔는 확장하기를 원한다. 슐룸베르거의 산업체인 페어차일드의 지분 80%를 인수할 계획이다.

이 절에서는 패턴 기반의 관계 추출을 위한 두 가지 전략을 소개한다. 첫째는 주어-술어-목적어subject-predicate-object 형식의 토큰 구문을 검색하는 간단한 전략이다. 둘째는 문장의 구문 구조인 의존성 트리dependency tree를 사용해 복잡한 규칙으로 더 정확한 결과를 얻는 전략이다. 결국에는 인수(acquires), 매도(sells), ~의 자회사(subsidiary-of), ~의 의장(chairperson-of)이라는 네 가지 관계를 기반으로 지식 그래프를 생성한다. 솔직히 말하면, 더 쉽게 식별할 수 있는, 인수(acquires) 및 매도(sells)를 완곡하게 표현한 정의를 사용할 것이다. 이 패턴은 '후지쯔는 페어차일드의 지분 80%를 인수할 계획이다.'뿐 아니라 '후지쯔는 페어차일드의 인수 옵션을 철회한다.' 같은 표현도 추출할 수 있다.

관계 추출은 자연어의 모호성, 관계의 다양한 종류 및 변형으로 복잡하며, 이에 대한 모델 기반 접근 방식은 아직도 연구 중이다.[115] FewRel(`http://zhuhao.me/fewrel`) 같은 공개 훈련 데이터셋이 있지만 관계를 식별하기 위해 모델을 훈련하는 것은 여전히 연구 단계에 있으며 이 책의 범위를 벗어난다.

12.7.1 전략: 구문 일치를 사용한 관계 추출

첫 번째 전략에서는 규칙 기반의 개체명 인식을 사용했다. 이번에는 토큰 시퀀스에 대한 패턴을 기반으로 관계를 식별하겠다. 접근 방식을 설명하기 위해 간단한 예제로 시작한다.

```
text = """Fujitsu plans to acquire 80% of Fairchild Corp, an industrial unit
of Schlumberger."""
```

다음과 같은 패턴을 검색해 이 문장에서 관계를 찾을 수 있다.

```
ORG {optional words, not ORG} acquire {optional words, not ORG} ORG
ORG {optional words, not ORG} unit of {optional words, not ORG} ORG
```

---

115 최신 기술 개요(`https://oreil.ly/l6DIH`)를 참조하자.

스페이시의 규칙 기반 매처(https://oreil.ly/Mxd3m)를 사용하면, 텍스트 토큰뿐만 아니라 원형 또는 품사 같은 속성 정보를 이용해 패턴을 검색할 수 있다. 이를 사용하려면 먼저 matcher 객체를 정의해야 한다. 그런 다음 매처에 토큰 패턴이 있는 규칙을 추가할 수 있다.

```python
from spacy.matcher import Matcher

matcher = Matcher(nlp.vocab)

acq_synonyms = ['acquire', 'buy', 'purchase']
pattern = [{'_': {'ref_t': 'ORG'}}, # subject
           {'_': {'ref_t': {'NOT_IN': ['ORG']}}, 'OP': '*'},
           {'POS': 'VERB', 'LEMMA': {'IN': acq_synonyms}},
           {'_': {'ref_t': {'NOT_IN': ['ORG']}}, 'OP': '*'},
           {'_': {'ref_t': 'ORG'}}] # object
matcher.add('acquires', None, pattern)

subs_synonyms = ['subsidiary', 'unit']
pattern = [{'_': {'ref_t': 'ORG'}}, # subject
           {'_': {'ref_t': {'NOT_IN': ['ORG']}},
            'POS': {'NOT_IN': ['VERB']}, 'OP': '*'},
           {'LOWER': {'IN': subs_synonyms}}, {'TEXT': 'of'},
           {'_': {'ref_t': {'NOT_IN': ['ORG']}},
            'POS': {'NOT_IN': ['VERB']}, 'OP': '*'},
           {'_': {'ref_t': 'ORG'}}] # object
matcher.add('subsidiary-of', None, pattern)
```

첫 번째 패턴은 인수(acquires) 관계에 대한 것이다. 조직명, 뒤이어 조직명이 아닌 임의의 토큰이 나오고, 그다음으로 acquire의 여러 동의어, 또 임의의 토큰들, 마지막으로 두 번째 조직명으로 구성된 모든 스팬span을 반환한다. '~의 자회사(subsidiary-of)' 두 번째 패턴도 비슷하게 작동한다.

물론, 읽기 어려운 표현이다. 한 가지 이유는 표준 ENT_TYPE 대신 사용자 정의 속성 ref_t를 사용했기 때문인데, 이 속성은 개체로 표시되지 않은 상호 참조(예: 대명사)를 일치시키는 데 필요하다. 또 다른 이유는 일부 NOT_IN 절을 포함한 것인데, 별표 연산자(*)가 있는 규칙은 무한한 길이의 패턴을 검색해서 항상 위험하기 때문이다. 토큰에 대한 추가 조건은 잘못된 일치가 발생할 위험을 줄일 수 있다. 예를 들어, ~의 자회사(subsidiary-of) 관계에 'Fairchild, an industrial unit of Schlumberger'를 일치시키지만, 'Fujitsu mentioned a unit of

Schlumberger'는 일치시키지 않는다. 규칙을 개발할 때는 복잡성과 정확성을 얻은 대가를 지불해야 한다. 앞으로 이 측면에서 인수 관계의 문제를 논의하겠다.

함수 extract_rel_match는 이제 처리된 Doc 객체와 매처를 인자로 취하고, 그들을 이용해 얻은 모든 일치 결과를 주어–술어–목적어 조합subject–predicate–object triples으로 변환한다.

```python
def extract_rel_match(doc, matcher):
    for sent in doc.sents:
        for match_id, start, end in matcher(sent):
            span = sent[start:end]  # 매치된 스팬
            pred = nlp.vocab.strings[match_id] # 규칙 이름
            subj, obj = span[0], span[-1]
            if pred.startswith('rev-'): # 뒤집힌 관계(reversed relation)
                subj, obj = obj, subj
                pred = pred[4:]
            yield ((subj._.ref_n, subj._.ref_t), pred,
                   (obj._.ref_n, obj._.ref_t))
```

술어는 규칙의 이름을 따라 결정된다. 즉 관련된 개체는 단순히 일치 범위의 첫 번째와 마지막 토큰이다. 전체 문서에서 여러 문장에 걸쳐 매칭되지 말아야 할 것을 매칭할 위험이 높기 때문에 검색을 문장 수준으로 제한한다.

일반적으로 규칙은 주어–술어–목적어 순서로 일치하지만, 종종 개체는 'the Schlumberger unit Fairchild Corp'과 같이 역순으로 텍스트에 나타난다. 여기서 subsidiary-of 관계에 대한 개체의 순서는 '목적어–술어–주어object–predicate–subject'다. extract_rel_match는 이러한 것을 처리하고 규칙에 다음과 같은 접두사 rev-가 있는 경우 주어와 목적어를 전환한다.

```python
pattern = [{'_': {'ref_t': 'ORG'}}, # subject
           {'LOWER': {'IN': subs_synonyms}}, # predicate
           {'_': {'ref_t': 'ORG'}}] # object
matcher.add('rev-subsidiary-of', None, pattern)
```

이제는 다음과 같은 문장에서 인수(acquire)와 ~의 자회사(subsidiary-of) 관계의 두 가지 변형을 감지할 수 있다.

```python
text = """Fujitsu plans to acquire 80% of Fairchild Corp, an industrial unit
of Schlumberger. The Schlumberger unit Fairchild Corp received an offer."""
```

```
doc = nlp(text)
print(*extract_rel_match(doc, matcher), sep='\n')
```

| 출력 |

```
(('Fujitsu', 'ORG'), 'acquires', ('Fairchild', 'ORG'))
(('Fairchild', 'ORG'), 'subsidiary-of', ('Schlumberger', 'ORG'))
(('Fairchild', 'ORG'), 'subsidiary-of', ('Schlumberger', 'ORG'))
```

이 예제에서는 규칙이 잘 작동하지만 인수(acquires) 관계는 그다지 신뢰할 수 없다. 동사
acquire는 개체의 다양한 곳에서 나타날 수 있다. 따라서 다음과 같은 잘못된 일치가 발생할
가능성이 높다.

```
text = "Fairchild Corp was acquired by Fujitsu."
print(*extract_rel_match(nlp(text), matcher), sep='\n')
```

| 출력 |

```
(('Fairchild', 'ORG'), 'acquires', ('Fujitsu', 'ORG'))
```

또는 이런 경우도 있다.

```
text = "Fujitsu, a competitor of NEC, acquired Fairchild Corp."
print(*extract_rel_match(nlp(text), matcher), sep='\n')
```

| 출력 |

```
(('NEC', 'ORG'), 'acquires', ('Fairchild', 'ORG'))
```

이 규칙은 주어와 목적어의 위치가 바뀐 수동태 절인 was acquired by에서 제대로 작동하지
않았다. 또한 잘못된 일치를 생성하기 때문에 명명된 개체 또는 부정이 포함된 삽입을 처리할

수 없다. 이러한 경우를 올바르게 다루려면 문장의 구문 구조syntactical structure에 대한 지식이 필요한데, 이 경우 의존성 트리에서 얻는다.

그러나 먼저 매처에서 인수(acquires)에 대한 신뢰할 수 없는 규칙을 제거하겠다.

```
if matcher.has_key("acquires"):
    matcher.remove("acquires")
```

12.7.2 전략: 의존성 트리를 사용한 관계 추출

언어의 문법 규칙grammatical rules은 각 문장에 구문 구조를 부과한다. 각 단어는 다른 단어와의 관계에서 특정 역할을 한다. 예를 들어 명사는 문장에서 주어나 목적어가 되는데, 이는 동사와의 관계에 좌우된다. 언어 이론에서 문장의 단어는 계층적으로 상호 의존하는데, 이러한 종속성을 재구성하는 것이 NLP 파이프라인에서 파서가 하는 일이다. 결과로 의존성 트리dependency tree가 반환된다.[116] 이것을 displacy를 이용해 시각화할 수 있다.

```
text = "Fujitsu, a competitor of NEC, acquired Fairchild Corp."
doc = nlp(text)
displacy.render(doc, style='dep',
                options={'compact': False, 'distance': 100})
```

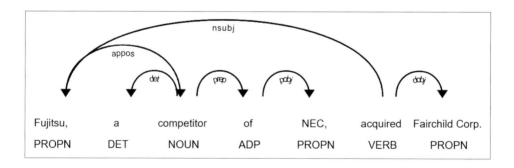

---

116 구단위 파서(Constituency parser)는 의존성 파서와 달리 중첩 구문(nested phrases)을 기반으로 하는 계층적 문장 구조(hierarchical sentence)를 생성한다.

의존성 트리의 각 노드는 단어를 나타낸다. 간선은 의존성 정보로 레이블이 지정된다. 루트 노드는 일반적으로 문장의 술어이며, 이 경우에는 주어(nsubj)와 목적어(obj)를 직계 자식으로 가진다. 루트 노드와 그 자식 노드로 이루어진 첫 번째 레벨은 이미 'Fujitsu acquired Fairchild Corp.'라는 문장의 핵심을 나타낸다.

수동태가 있는 예도 살펴보자. 이 경우 보조 동사(auxpass)는 acquired가 수동형으로 사용되고 Fairchild가 수동 주어(nsubjpass)임을 시사한다.

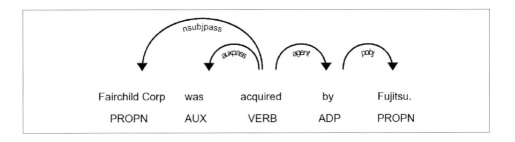

WARNING_ 의존성 레이블의 값은 훈련된 말뭉치에 따라 달라진다. 언어마다 문법 규칙이 다르기 때문에 언어 종속성도 다르다. 따라서 의존성 파서에서 어떤 태그 세트를 사용하는지 반드시 확인해야 한다.

extract_rel_dep 함수는 의존성을 기반으로 acquires 같은 동사 기반 관계를 식별하는 규칙을 구현한다.

```python
def extract_rel_dep(doc, pred_name, pred_synonyms, excl_prepos=[]):
    for token in doc:
        if token.pos_ == 'VERB' and token.lemma_ in pred_synonyms:
            pred = token
            passive = is_passive(pred)
            subj = find_subj(pred, 'ORG', passive)
            if subj is not None:
                obj = find_obj(pred, 'ORG', excl_prepos)
                if obj is not None:
                    if passive: # 역할을 바꾼다.
                        obj, subj = subj, obj
                    yield ((subj._.ref_n, subj._.ref_t), pred_name,
                        (obj._.ref_n, obj._.ref_t))
```

메인 루프는 문서의 모든 토큰을 반복하고 관계를 시사하는 동사를 검색한다. 이 조건은 이전에 사용한 플랫 패턴 규칙^{flat pattern rule}과 동일하다. 그러나 가능한 술어를 감지하면 이제 올바른 주어와 목적어를 찾기 위해 의존성 트리를 탐색한다. `find_subj`는 왼쪽 하위 트리를 검색하고 `find_obj`는 술어의 오른쪽 하위 트리를 검색한다. 이러한 기능은 책에 기술되지 않았지만 이 장의 깃허브 노트북에서 찾을 수 있다. 중첩된 문장에는 주어와 목적어가 여러 개 있을 수 있으므로 너비 우선 검색을 사용해 가장 가까운 주어와 목적어를 찾는다. 마지막으로 술어가 수동절을 나타내면 주어와 목적어가 바뀐다.[117]

이 함수는 매도(sells) 관계에서도 작동한다.

```python
text = """"Fujitsu said that Schlumberger Ltd has arranged
to sell its stake in Fairchild Inc."""
doc = nlp(text)
print(*extract_rel_dep(doc, 'sells', ['sell']), sep='\n')
```

| 출력 |

```
(('Schlumberger', 'ORG'), 'sells', ('Fairchild', 'ORG'))
```

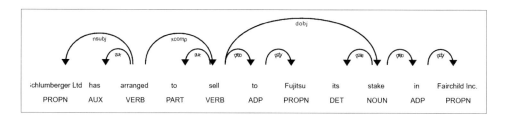

이 경우 의존성 트리에서 가장 가까운 목적어가 Fairchild Inc.인데, 조사된 관계의 목적어로 올바르게 식별된다. 그러나 가장 가까운 것으론 충분하지 않다. 다음 예를 살펴보자.

Schlumberger sells Fairchild to Fujitsu라는 문장에는 세 가지 관계가 있다. 매도(sells)라는 관계는 한 회사가 다른 회사의 전체나 일부를 매도한다는 뜻이다. 다른 부분은 인수(acquires) 관계에 의해 커버된다. 그런데 여기서 올바른 목적어를 어떻게 감지할 수 있을까?

---

117 옮긴이_ 알다시피 이는 영어에 대한 설명이다. 한국어에서는 해당하지 않는다.

Fujitsu와 Fairchild는 모두 이 문장에서 전치사를 가진 목적어^{dependency pobj}이며 Fujitsu가 가장 가깝다. 전치사가 핵심이다. 즉, Schlumberger sells something to Fujitsu란 문장의 핵심은 to다. 그래서 이 문장의 sell은 지금 찾고 있는 관계가 아니다. 추출 함수에서 매개변수 excl_prepos의 목적은 지정된 전치사가 있는 목적어를 건너뛰는 것이다. (A)는 전치사 필터가 없을 때, (B)는 전치사 필터가 있을 때의 출력이다.

```
print("A:", *extract_rel_dep(doc, 'sells', ['sell']))
print("B:", *extract_rel_dep(doc, 'sells', ['sell'], ['to', 'from']))
```

| 출력 |

```
A: (('Schlumberger', 'ORG'), 'sells', ('Fujitsu', 'ORG'))
B:
```

새로운 관계 추출 기능이 예제의 몇 가지 변형에서 어떻게 작동하는지 확인한다.

```
texts = [
    "Fairchild Corp was bought by Fujitsu.", # 1
    "Fujitsu, a competitor of NEC Co, acquired Fairchild Inc.", # 2
    "Fujitsu is expanding." +
    "The company made an offer to acquire 80% of Fairchild Inc.", # 3
    "Fujitsu plans to acquire 80% of Fairchild Corp.", # 4
    "Fujitsu plans not to acquire Fairchild Corp.", # 5
    "The competition forced Fujitsu to acquire Fairchild Corp." # 6
]

acq_synonyms = ['acquire', 'buy', 'purchase']
for i, text in enumerate(texts):
    doc = nlp(text)
    rels = extract_rel_dep(doc, 'acquires', acq_synonyms, ['to', 'from'])
    print(f'{i+1}:', *rels)
```

| 출력 |

```
1: (('Fujitsu', 'ORG'), 'acquires', ('Fairchild', 'ORG'))
2: (('Fujitsu', 'ORG'), 'acquires', ('Fairchild', 'ORG'))
```

```
3: (('Fujitsu', 'ORG'), 'acquires', ('Fairchild', 'ORG'))
4: (('Fujitsu', 'ORG'), 'acquires', ('Fairchild', 'ORG'))
5: (('Fujitsu', 'ORG'), 'acquires', ('Fairchild', 'ORG'))
6:
```

보다시피 처음 네 문장의 관계가 올바르게 추출되었다. 그러나 문장 5는 부정을 포함하고 여전히 인수(`acquires`) 관계를 반환한다. 이것은 False Positive(FP)의 전형적인 경우다. 이 경우를 올바르게 처리하기 위해 규칙을 확장할 수 있지만, 부정은 말뭉치에서 드물고 더 간단한 알고리즘을 위해 불확실성을 받아들이겠다. 대조적으로 문장 6은 가능한 False Negative(FN)의 예다. 관계를 언급했음에도, 이 문장의 주어는 특정 회사가 아닌 competition이기 때문에 검출되지 않았다.

실제로 의존성 기반 규칙은 근본적으로 복잡하며, 이를 더 정확하게 만드는 모든 접근 방식은 결과적으로 훨씬 더 복잡하다. 코드를 너무 복잡하게 만들지 않으면서 정밀도(더 낮은 FP)와 재현율(더 낮은 FN) 사이에서 적절한 균형점을 찾기는 어렵다.

이러한 결함에도, 의존성 기반 규칙은 여전히 좋은 결과를 제공한다. 그러나 절차의 마지막 단계는 개체명 인식, 상호 참조 해결, 의존성 구문 분석의 정확성에 따라 달라지며, 이 모두는 100% 정확도로 작동하지 않는다. 따라서 일부 FP와 FN이 발생하기 마련이다.

그러나 이 접근 방식은 매우 흥미로운 지식 그래프를 생성하기에 충분할 만큼 훌륭하다. 다음 절에서 살펴보겠다.

12.8 지식 그래프 생성

이제 특정 관계를 추출하는 방법을 알았으니 모든 것을 통합해 전체 로이터 자료에서 지식 그래프를 만들 수 있다. 먼저 조직, 사람에 대한 정보와 인수(acquire), 매도(sell), ~의 자회사(subsidiary-of), ~의 임원(executive-of)으로 구성된 네 가지 관계를 추출한다. [그림 12-6]은 일부 선택된 하위 그래프가 있는 결과 그래프다.

의존성 구문 분석 및 개체명 인식에서 최상의 결과를 얻기 위해 전체 파이프라인과 함께 스페이시의 대규모 모델을 사용한다. 가능하다면 GPU를 사용해 NLP 처리 속도를 높인다.

```
if spacy.prefer_gpu():
    print("Working on GPU.")
else:
    print("No GPU found, working on CPU.")
nlp = spacy.load('en_core_web_lg')
pipes = [entity_ruler, norm_entities, merge_entities,
         init_coref, alias_resolver, name_resolver,
         neural_coref, anaphor_coref, norm_names]
for pipe in pipes:
    nlp.add_pipe(pipe)
```

정보 추출 절차를 시작하기 전에 ~의 자회사(subsidiary-of) 관계와 유사한 ~의 임원
(executive-of) 관계에 대한 두 개의 추가 규칙을 만들고 규칙 기반 매처에 추가한다.

```
ceo_synonyms = ['chairman', 'president', 'director', 'ceo', 'executive']
pattern = [{'ENT_TYPE': 'PERSON'},
           {'ENT_TYPE': {'NOT_IN': ['ORG', 'PERSON']}, 'OP': '*'},
           {'LOWER': {'IN': ceo_synonyms}}, {'TEXT': 'of'},
           {'ENT_TYPE': {'NOT_IN': ['ORG', 'PERSON']}, 'OP': '*'},
           {'ENT_TYPE': 'ORG'}]
matcher.add('executive-of', None, pattern)

pattern = [{'ENT_TYPE': 'ORG'},
           {'LOWER': {'IN': ceo_synonyms}},
           {'ENT_TYPE': 'PERSON'}]
matcher.add('rev-executive-of', None, pattern)
```

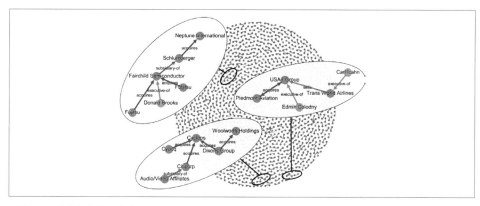

그림 12-6 선택된 세 개의 하위 그래프와 함께 로이터 말뭉치에서 추출한 지식 그래프(Gephi의 도움으로 시각화)

그런 다음 모든 관계를 추출하는 하나의 함수를 정의한다. 4개의 관계 중 2개는 매처에 의해 처리되고 나머지 2개는 의존성 기반 일치 알고리즘에 의해 처리된다.

```
def extract_rels(doc):
    yield from extract_rel_match(doc, matcher)
    yield from extract_rel_dep(doc, 'acquires', acq_synonyms, ['to', 'from'])
    yield from extract_rel_dep(doc, 'sells', ['sell'], ['to', 'from'])
```

관계를 추출하고, 이를 NetworkX 그래프로 변환하고, Gephi용 **gexf** 파일에 그래프를 저장하는 나머지 단계는 기본적으로 12.6절 '전략: 동시 발생 그래프 생성'의 설명을 따른다. 여기서는 생략하지만, 깃허브 저장소에서 전체 코드를 다시 찾아보자.

다음은 **gexf** 파일에 기록된 그래프의 노드와 간선이 포함된 최종 데이터프레임의 몇 가지 레코드다.

	subj	subj_type	pred	obj	obj_type	freq	articles
883	Trans World Airlines	ORG	acquires	USAir Group	ORG	7	2950,2948,3013,3095, 1862,1836,7650
152	Carl Icahn	PERSON	executive-of	Trans World Airlines	ORG	3	1836,2799,3095
884	Trans World Airlines	ORG	sells	USAir Group	ORG	1	9487

[그림 12-6]에서 로이터 그래프의 시각화는 Gephi의 도움으로 다시 생성되었다. 그래프는 많은 작은 구성 요소(연결되지 않은 하위 그래프)로 구성된다. 대부분의 기업은 한두 개의 뉴스 기사에서만 언급되고 여기서는 네 개의 관계만 추출했기 때문에 단순 동시 발생은 여기에 포함되지 않는다. 그림에서 세 개의 하위 그래프를 수동으로 확대한다. 이미 동시 발생 그래프(그림 12-5)에 나타난 회사끼리의 네트워크를 나타내지만 이제는 관계 유형을 알므로 훨씬 더 명확한 그림을 얻는다.

12.8.1 분석을 위한 결과 검토

지금까지 거친 각 처리 단계에는 오류가 발생할 가능성이 있다. 따라서 그래프에 저장된 정보를 맹신해서는 안 된다. 사실, 이 문제는 기사 자체의 데이터 품질에서 비롯된다. [그림 12-6]의 왼쪽 상단 예를 주의 깊게 보면 그래프에 Fujitsu와 Futjitsu라는 두 개체가 표시된 것을 알 수 있다. 실제 원본 텍스트의 철자 오류다.

[그림 12-6]의 오른쪽에 있는 확대된 하위 네트워크에서 'Piedmont acquires USAir'과 'USAir acquires Piedmont'라는, 언뜻 봐도 모순된 정보를 발견할 수 있다. 이는 사실, 두 기업이 서로의 지분 일부를 인수했으므로 둘 다 맞다. 하지만 관련된 규칙이나 모델 중 하나의 실수일 수도 있다. 이러한 종류의 문제를 추적하려면 반드시 추출된 관계의 소스에 대한 일부 정보를 저장해야 한다. 모든 기록에 기사 목록을 포함시킨 건 이 때문이다.

마지막으로, 분석은 정보의 적시성^{timeliness}이라는 한 가지 측면을 전혀 고려하지 않는다는 점에 유의하자. 세상은 끊임없이 변하고 관계도 변한다. 따라서 그래프의 각 간선에는 타임스탬프가 지정되어야 한다. 따라서 신뢰할 수 있는 정보로 지식 기반을 구축하기 위해 아직 해야 할 일이 많지만 이 책에서 제공하는 코드는 이 작업을 시작할 견고한 토대를 제공한다.

12.9 마치며

구조화되지 않은 텍스트에서 구조화된 정보를 추출해 지식 그래프를 작성하는 방법을 살펴보았다. 상호 참조 해결을 통한 개체명 인식에서 관계 추출에 이르기까지 정보 추출의 전 과정을 거쳤다.

각 단계는 그 자체로 도전이며, 항상 규칙 기반 접근 방식과 모델 기반 접근 방식 중에서 선택할 수 있다. 규칙 기반 접근 방식은 훈련 데이터가 필요하지 않다는 장점이 있다. 따라서 바로 시작할 수 있다. 규칙을 정의하기만 하면 된다. 그러나 포착하려는 개체 유형이나 관계가 설명하기 복잡하면, 과하게 단순하고 잘못된 일치 항목을 많이 반환하는 규칙이나 매우 복잡하고 유지 관리하기가 어려운 규칙으로 끝난다.

규칙을 사용할 때는 재현성(대부분의 일치 찾기)과 정밀도(정확한 일치만 찾기) 사이에서 적절한 균형점을 찾기가 항상 어렵다. 그리고 좋은 규칙을 작성하려면 상당한 기술, 언어 및 도메인 전문 지식이 필요하다. 실제로 규칙이 응용 프로그램에서 충분히 견고해질 때까지 많은 테스트와 실험을 거쳐야 한다.

대조적으로 모델 기반 접근 방식은 훈련 데이터에서 규칙을 학습한다는 것이 큰 장점이다. 물론 고품질의 훈련 데이터가 많이 필요하다는 단점이 있다. 그리고 훈련 데이터가 응용 프로그램 도메인에만 해당한다면 직접 생성해야 한다. 훈련 데이터의 수동 레이블 지정은 레이블을 설정하기 전에 누군가가 텍스트를 읽고 이해해야 하기 때문에 특히 텍스트 영역에서는 번거롭고 시간이 많이 걸린다. 사실, 오늘날 좋은 훈련 데이터를 얻는 것이 머신러닝에서 가장 큰 병목 현상이다.

훈련 데이터 누락 문제에 대한 가능한 해결책은 약한 지도 학습weak supervision learning이다. 이 방법의 아이디어는 이 장에서 정의한 것과 같은 규칙에 따라 큰 데이터셋을 생성하거나 프로그래밍 방식으로 생성하는 것이다. 물론 이 데이터셋은 규칙이 완벽하지 않기 때문에 노이즈가 있을 것이다. 그러나 놀랍게도 저품질 데이터에서 고품질 모델을 훈련하는 것이 가능하다. 개체명 인식 및 관계 추출을 위한 약한 지도 학습은 이 절에서 다룬 많은 주제와 마찬가지로 현재 연구 중인 주제다. 정보 추출 및 지식 그래프 생성의 최신 기술에 대해 자세히 알아보려면 다음 문헌을 참고한다. 좋은 출발점이 될 것이다.

12.10 더 읽어보기

- Barrière, Caroline. Natural Language Understanding in a Semantic Web Context. Switzerland: Springer Publishing. 2016. https://www.springer.com/de/book/9783319413358

- Gao, Yuqing, Jisheng Liang, Benjamin Han, Mohamed Yakout, and Ahmed Mohamed. Building a Large-scale, Accurate and Fresh Knowledge Graph. Tutorial at KDD. 2018. https://kdd2018tutorialt39.azurewebsites.net

- Han, Xu, Hao Zhu, Pengfei Yu, Ziyun Wang, Yuan Yao, Zhiyuan Liu, and Maosong Sun. FewRel: A Large-Scale Supervised Few-Shot Relation Classification Dataset with State-of-the-Art Evaluation. Proceedings of EMNLP, 2018. https://arxiv.org/abs/1810.10147

- Jurafsky, Dan, and James H. Martin. Speech and Language Processing. 3rd Edition (draft), Chapters 18 and 22. 2019. https://web.stanford.edu/~jurafsky/slp3

- Lison, Pierre, Aliaksandr Hubin, Jeremy Barnes, and Samia Touileb. Named-Entity Recognition without Labelled Data: A Weak Supervision Approach. Proceedings of ACL, 2020. https://arxiv.org/abs/2004.14723

## CHAPTER 13

프로덕션에서 텍스트 분석

지금까지 다양한 전략을 소개하고 여러 사용 사례를 적용하는 방법에 대해 이해했다. 모든 분석 또는 머신러닝 모델은 다른 사람이 쉽게 사용할 수 있을 때 가장 빛난다. 이 장에서는 앞에서 살펴본 텍스트 분류기를 공유하고, 누구나 사용할 수 있도록 클라우드 환경에 배포하는 코드도 제공한다.

레딧Reddit의 데이터를 사용해 다양한 자동차 모델을 분석하겠다. 10장에 있는 예시를 사용한다. 예를 들어 동료 한 사람이 오토바이 산업에 대해 자신과 동일한 분석을 수행하는 경우, 데이터 소스를 변경하고 코드를 재사용하는 과정은 간단하다. 하지만 실제 업무에서는 동료가 사용한 파이썬 버전과 패키지를 모두 설치해 유사한 환경을 설정해야 하기 때문에 훨씬 더 어려울 수 있다. 설치 단계를 다른 운영 체제에서 실행 중일 수도 있다. 또는 분석을 의뢰한 고객이 결과에 매우 만족해 3개월 후에 더 많은 산업 분야를 다뤄 달라고 요청할 수 있다. 동일한 분석을 반복하되, 코드와 환경이 그때와 동일하게 유지되어야 한다. 이 분석에 필요한 데이터가 훨씬 더 많고 시스템 리소스가 충분하지 않을 수 있으므로, 클라우드 컴퓨팅 리소스를 사용하려고 시도할 수 있다. 그러려면 클라우드 제공업체의 설치 단계를 거쳐야 하는데, 시간이 많이 소요될 수 있다.

13.1 학습 목표

때로는 제공된 코드를 사용해 동료가 훌륭한 결과를 얻지만, 때로는 코드를 사용할 수 없거나 재현이 안 되는 경우도 있다. 이 장에서는 자신을 포함해 다른 사람이 분석이나 알고리즘을 쉽게 반복할 수 있는 몇 가지 기술을 소개한다. 다른 사람이 우리의 분석 결과를 훨씬 더 쉽게 사용할 수 있다면 어떨까? 그렇다면 분석 전에 발생할 수 있는 불필요한 장벽이 제거되고 결과의 접근성이 향상된다. 여기서는 REST API를 사용해 동작하는 머신러닝 모델을 배포하는 방법을 소개한다. 마지막으로 더 빠른 런타임을 위해 또는 여러 응용 프로그램과 사용자에게 서비스를 제공하기 위해 클라우드 인프라를 사용하는 방법도 소개한다. 대부분의 프로덕션 서버와 서비스가 리눅스Linux에서 실행되므로 리눅스 셸이나 터미널에서 사용하는 실행 가능한 명령과 지침도 다룬다. 물론 윈도우 파워셸Windows PowerShell에서도 잘 작동한다.

13.2 전략: 콘다를 사용한 파이썬 환경 구성

이 책에서 소개하는 모든 전략은 파이썬과 패키지 생태계를 사용해 여러 텍스트 분석 작업을 수행한다. 여느 프로그래밍 언어와 마찬가지로, 파이썬(https://python.org/downloads)은 자주 업데이트되며 버전이 다양하다. 또한 팬더스Pandas, 넘파이NumPy, 사이파이SciPy와 같이 일반적으로 사용되는 패키지도 버전이 업그레이드되고, 정기적인 릴리스 주기가 있다. 유지 관리자는 최신 버전이 이전 버전과 호환되는지 확인하려고 노력하지만, 작년에 종료된 분석은 최신 버전의 파이썬에서 더 이상 실행되지 않을 위험이 있다. 앞서 구성한 코드가 최신 버전의 라이브러리에서 더는 사용되지 않는 방법을 사용했을 수 있으며, 이로 인해 사용된 라이브러리 버전을 알지 못하면 분석을 재현할 수 없다.

주피터 노트북이나 파이썬 모듈의 형태로 동료와 코드를 공유한다고 가정한다. 작업을 실행하면 마주치는 흔한 오류 하나는 이것이다.

```
import spacy
```

| 출력 |

```
--------------------------------------------------------------------------
ModuleNotFoundError                       Traceback (most recent call last)
<ipython-input-1-76a01d9c502b> in <module>
----> 1 import spacy
ModuleNotFoundError: No module named 'spacy'
```

대부분의 ModuleNotFoundError 메시지는 pip install <module_name> 명령을 이용해 필요한 패키지를 수동으로 설치하면 쉽게 해결할 수 있다. 그러나 모든 비표준 패키지에 이 작업을 수행한다고 가정하자! 또한 이 명령은 원래 사용하던 버전이 아닌 최신 버전을 설치한다. 결과적으로 재현성을 보장하는 가장 좋은 방법은 분석을 실행하는 데 사용된 파이썬 환경을 공유하는 표준화된 방법을 갖는 것이다. 이 문제를 해결하기 위해 파이썬의 Miniconda 배포와 함께 패키지 관리자 콘다^{Conda}를 사용한다.

> **NOTE_** 파이썬 환경을 만들고 공유하는 문제를 해결하는 방법에는 여러 가지가 있으며 콘다는 그중 하나일 뿐이다. pip(https://oreil.ly/Dut6o)는 파이썬에 포함되었으며 파이썬 패키지를 설치하는 데 널리 사용되는 표준 파이썬 패키지 설치 프로그램이다. venv(https://oreil.ly/k5m6A)를 사용해 각 환경에 자체 파이썬 버전과 설치된 패키지 세트가 있을 수 있는 가상 환경을 만든다. 콘다는 패키지 설치 프로그램과 환경 관리자의 기능이 결합되어 선호하는 옵션이다. 콘다를 Anaconda/Miniconda 배포판과 구별해야 한다. 배포에는 데이터 작업에 필요한 필수 패키지와 함께 파이썬 및 콘다가 포함된다. 콘다는 pip를 사용해 직접 설치할 수 있지만 가장 쉬운 방법은 콘다와 파이썬, 필수 패키지가 포함된 작은 부트스트랩 버전인 Miniconda를 설치하는 것이다.

먼저 Miniconda 배포판(https://oreil.ly/GZ4b-)을 설치한다. 실행 후에는 파이썬, conda, pip, zlib 등의 필수 패키지를 포함한 기본 설치 파일이 생성된다. 이제 필요한 패키지만 포함하고, 다른 환경과 분리된 환경을 생성할 수 있다. 패키지를 추가로 설치하거나 다른 파이썬 버전으로 업그레이드하는 변경 사항은 자체 환경을 사용하는 다른 프로젝트 또는 응용 프로그램에 영향을 미치지 않기 때문에 유용하다. 다음 명령을 실행한다.

```
conda create -n env_name [list_of_packages]
```

명령을 실행하면 Miniconda가 처음 설치되었을 때 사용 가능한 기본 버전으로 새로운 파이썬 환경이 생성된다. 다음과 같이 파이썬 버전과 설치하려는 추가 패키지 목록을 명시적으로 지정하는 blueprints라는 환경을 만든다.

```
$ conda create –n blueprints numpy pandas scikit-learn notebook python=3.8
Collecting package metadata (current_repodata.json): - done
Solving environment: \ done
 Package Plan
   environment location: /home/user/miniconda3/envs/blueprints
   added / updated specs:
     - notebook
     - numpy
     - pandas
     - python=3.8
     - scikit-learn


The following packages will be downloaded:


    package                    |              build
    ---------------------------|-----------------
    blas-1.0                   |              mkl          6 KB
    intel-openmp-2020.1        |              217        780 KB
    joblib-0.16.0              |             py_0        210 KB
    libgfortran-ng-7.3.0       |        hdf63c60_0       1006 KB
    mkl-2020.1                 |              217      129.0 MB
    mkl-service-2.3.0          |      py37he904b0f_0      218 KB
    mkl_fft-1.1.0              |      py37h23d657b_0      143 KB
    mkl_random-1.1.1           |      py37h0573a6f_0      322 KB
    numpy-1.18.5               |      py37ha1c710e_0        5 KB
    numpy-base-1.18.5          |      py37hde5b4d6_0      4.1 MB
    pandas-1.0.5               |      py37h0573a6f_0      7.8 MB
    pytz-2020.1                |             py_0        184 KB
    scikit-learn-0.23.1        |      py37h423224d_0      5.0 MB
    scipy-1.5.0                |      py37h0b6359f_0     14.4 MB
    threadpoolctl-2.1.0        |       pyh5ca1d4c_0       17 KB
    ------------------------------------------------------------
                                            Total:      163.1 MB


The following NEW packages will be INSTALLED:


  _libgcc_mutex       pkgs/main/linux-64::_libgcc_mutex-0.1-main
  attrs               pkgs/main/noarch::attrs-19.3.0-py_0
  backcall            pkgs/main/noarch::backcall-0.2.0-py_0
  blas                pkgs/main/linux-64::blas-1.0-mkl
  bleach              pkgs/main/noarch::bleach-3.1.5-py_0
```

```
 ca-certificates        pkgs/main/linux-64::ca-certificates-2020.6.24-0

(Output truncated)
```

명령이 실행되면 conda activate <env_name>을 실행해 활성화할 수 있으며, 명령 프롬프트에 환경 이름이 접두사로 붙은 것을 알 수 있다. 파이썬 버전이 지정한 것과 동일한지 추가로 확인할 수 있다.

```
$ conda activate blueprints
(blueprints) $ python --version
Python 3.8
```

다음과 같이 conda env list 명령으로 시스템의 모든 환경 목록을 볼 수 있다. 출력에는 Miniconda 설치로 생성된 기본 환경이 포함된다. 별표(*)는 현재 활성화된 환경을 나타낸다. 이 경우에는 방금 생성한 환경을 가리킨다. 작업할 때 이 환경을 계속 사용하는지 확인하자.

```
(blueprints) $ conda env list
# conda environments:
#
base                     /home/user/miniconda3
blueprints            *  /home/user/miniconda3/envs/blueprints
```

콘다는 각 환경이 동일한 패키지의 고유한 버전을 가질 수 있지만 여러 환경에 동일한 버전의 패키지를 설치할 수 있는데, 이 경우 스토리지가 증가할 수 있다. 이 문제는 하드 링크를 사용하면 어느 정도 완화되지만 패키지가 하드 코딩된 경로(https://oreil.ly/bN8Dl)를 사용한다면 작동하지 않을 수 있다. 그러나 프로젝트를 전환할 때는 다른 환경을 만드는 것이 좋다. 또는 conda remove --name <env_name> --all 명령으로 사용하지 않는 환경을 제거할 수도 있다.

이 접근 방식의 장점은 코드를 다른 사람과 공유하려는 경우 코드가 실행되는 환경을 지정할 수 있다는 것이다. conda env export > environment.yml 명령으로 환경을 YAML 파일로 내보낸다. 이 명령을 실행하기 전에 원하는 환경에 있는지 확인하자(conda activate <environment_name>).

```
(blueprints) $ conda env export > environment.yml
(blueprints) $ cat environment.yml
name: blueprints
channels:
  - defaults
dependencies:
  - _libgcc_mutex=0.1=main
  - attrs=19.3.0=py_0
  - backcall=0.2.0=py_0
  - blas=1.0=mkl
  - bleach=3.1.5=py_0
  - ca-certificates=2020.6.24=0
  - certifi=2020.6.20=py37_0
  - decorator=4.4.2=py_0
  - defusedxml=0.6.0=py_0
  - entrypoints=0.3=py37_0
  - importlib-metadata=1.7.0=py37_0
  - importlib_metadata=1.7.0=0
  - intel-openmp=2020.1=217
  - ipykernel=5.3.0=py37h5ca1d4c_0
(output truncated)
```

environment.yml 파일은 출력에 표시된 대로 환경에서 사용되는 모든 패키지 및 해당 종속 성의 목록을 생성한다. 이 파일은 conda env create -f environment.yml 명령으로 동일 한 환경을 누구든지 다시 만들 수 있게 한다. 그러나 이 방법은 YAML 파일에 나열된 종속성이 플랫폼에 따라 다르므로 플랫폼 간 제한이 있을 수 있다. 따라서 윈도우 시스템에서 작업하고 YAML 파일을 내보낸 경우에는 macOS 시스템에서 작동하지 않을 수 있다.

이는 파이썬 패키지에 필요한 일부 종속성이 플랫폼에 종속되기 때문이다. 예를 들어, Intel MKL(매스 커널 라이브러리) 최적화 라이브러리(https://oreil.ly/ND7_H)는 특정 아키 텍처에만 사용 가능하며, 다른 아키텍처에서는 OpenBLAS 라이브러리(http://openblas. net)로 대체할 수 있다. 일반 환경 파일을 제공하기 위해 conda env export --from-history > environment.yml 명령을 사용할 수 있다. 이 명령은 명시적으로 요청한 패키지 목록만 생성한다. 이 명령을 실행하면 환경을 만들 때 설치한 패키지만 나열되는 다음 출력을 볼 수 있다. 콘다 환경의 일부지만 요청하지 않은 attrs 및 backcall 같은 패키지도 나열한 이전 환경 파일과 대조된다. 이러한 YAML 파일을 사용해 새 플랫폼에서 환경을 만드는 경우 기본 패키지와 해당 플랫폼별 종속성이 콘다로 자동으로 식별되고 설치된다. 또한 명시적으로 지정한 패키지와 해당 종속성이 설치된다.

```
(blueprints) $ conda env export --from-history > environment.yml
(blueprints) $ cat environment.yml
name: blueprints
channels:
  - defaults
dependencies:
  - scikit-learn
  - pandas
  - notebook
  - python=3.8
  - numpy
prefix: /home/user/miniconda3/envs/blueprints
```

--from-history 옵션의 단점은 기본 패키지의 종속성이 플랫폼에 따라 다르므로 생성된 환경이 원래 환경의 복제본이 아니라는 것이다. 이 환경을 사용할 플랫폼이 동일하다면 이 옵션을 사용하지 않는 것이 좋다.

13.3 전략: 컨테이너를 사용한 재현 가능 환경 구성

콘다와 같은 패키지 관리자는 여러 패키지를 설치하고 종속성을 관리하는 데 도움이 되지만 여전히 재현성을 방해할 수 있는 여러 플랫폼 종속 바이너리 문제가 있다. 일을 더 간단하게 하기 위해서는 '컨테이너'라는 추상화 계층을 사용한다. 이 이름은 표준 규격의 선적 컨테이너가 선박, 트럭, 철도로 온갖 종류의 상품을 운송하는 해운 산업에서 파생되었다. 품목 유형이나 운송 방식에 관계없이 선적 컨테이너는 해당 표준을 준수하는 모든 사람이 해당 품목을 운송할 수 있다. 비슷한 방식으로 도커 컨테이너를 사용해 작업 환경을 표준화하고 실행 위치나 실행 주체에 관계없이 동일한 환경이 매번 다시 생성되도록 보장한다. 이번에는 인기 있는 도구인 도커(https://docker.com)를 사용할 것이다. [그림 13-1]은 전체적인 관점에서 도커 작동 방식의 개요를 나타낸다.

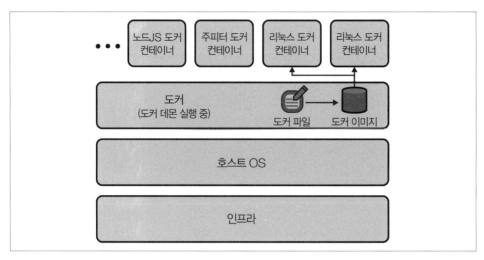

그림 13-1 도커의 워크플로

다운로드 링크(https://oreil.ly/CJWKF)에서 도커를 설치하는 것으로 시작해야 한다. 설정이 완료되면 명령줄에서 sudo docker run hello-world를 실행해 모든 것이 올바르게 설정되었는지 테스트하자(올바르게 설치되었다면 다음과 같이 출력된다). 도커 데몬은 루트 사용자가 소유한 유닉스Unix 소켓에 바인딩되므로 모든 명령은 sudo로 실행한다. 루트 액세스를 제공할 수 없는 경우 도커의 실험 버전(https://oreil.ly/X7lzt)을 설치할 수 있다.

```
$ sudo docker run hello-world

Hello from Docker!
This message shows that your installation appears to be working correctly.

To generate this message, Docker took the following steps:
 1. The Docker client contacted the Docker daemon.
 2. The Docker daemon pulled the "hello-world" image from the Docker Hub.
    (amd64)
 3. The Docker daemon created a new container from that image which runs the
    executable that produces the output you are currently reading.
 4. The Docker daemon streamed that output to the Docker client, which sent it
    to your terminal.

To try something more ambitious, you can run an Ubuntu container with:
 $ docker run -it ubuntu bash
```

```
Share images, automate workflows, and more with a free Docker ID:
 https://hub.docker.com/

For more examples and ideas, visit:
 https://docs.docker.com/get-started/
```

도커 컨테이너를 구축하는 과정은 자동차를 구매하는 과정과 유사하다. 이미 구성된 옵션 중 하나를 선택하는 것으로 시작하겠다. 이 구성에는 엔진 유형(배기량, 연료 유형), 안전 기능, 장비 수준 등과 같은 일부 구성 요소가 이미 선택되었다. 이 구성 요소 중 많은 부분을 사용자 지정할 수 있는데, 예를 들면 연료를 덜 소비하는 엔진으로 업그레이드하는 것이다. 구성 요소를 추가할 수도 있는데, 내비게이션 시스템이나 열선 시트 등이다. 결국에는 선호하는 구성을 결정하고, 차를 주문한다. 이와 비슷한 방식으로 Dockerfile에서 생성하려는 환경의 구성을 지정한다. 이는 일련의 명령어 형태로 설명되며 순차적으로 실행되어 도커 이미지가 생성된다. 도커 이미지는 Dockerfile을 기반으로 생성하는데, 선호하는 옵션으로 자동차를 구성하는 것과 같다. 모든 도커 이미지가 확장 가능하므로 모든 단계를 정의하는 대신 기존 도커 이미지를 확장하고 원하는 특정 단계를 추가해 사용자 지정할 수 있다. 도커 이미지를 실행하는 마지막 단계에서는 도커 컨테이너가 생성되는데, 이는 선호하는 구성으로 제조되어 배달된 자동차에 비유할 수 있다. 이 경우 Dockerfile에 명시된 대로 운영 체제와 추가 유틸리티 및 패키지를 포함하는 실제 운영 환경에 가까운 환경이다. 하드웨어에서 실행되고 호스트 시스템에서 제공하는 인터페이스를 사용하지만 완전히 분리되었다. 당신이 설계한 방식으로 실행되는 서버의 최소 버전이다. 동일한 이미지에서 인스턴스화된 각 도커 컨테이너는 실행 중인 호스트 시스템에 관계없이 동일하다. 분석 및 환경을 캡슐화하고 노트북 컴퓨터, 클라우드 또는 조직의 서버에서 실행하고 동일한 동작을 예상할 수 있으므로 강력하다.

다른 사람이 이미지를 가져와 컨테이너로 인스턴스화해 분석을 재현할 수 있도록, 분석에 사용된 환경과 동일한 파이썬 환경으로 도커 이미지를 만든다. 시작할 때 처음부터 도커 이미지를 지정할 수 있지만 기존 이미지로 시작해서 특정 부분을 변경해 이미지를 만드는 것이 좋다. 이때 기존 이미지를 **부모 이미지**라고 한다.

상위 이미지를 검색하기에 좋은 곳은 사전 빌드된 도커 이미지가 포함된 공개 저장소인 도커 허브 레지스트리(https://hub.docker.com)다. Jupyter Data Science(https://oreil.ly/kKLXU) 노트북과 같이 공식적으로 지원되는 이미지, 9장에서 만든 이미지와 같은 사용자 생성 이미지(https://oreil.ly/K5SMy)를 찾을 수 있다. 도커 저장소의 모든 이미지를 그대로 사용해 컨테이너를 실행할 수도 있다. 사용 가능한 Miniconda 이미지를 검색하듯 sudo docker search 명령으로 이미지를 검색하고 결과 형식에 인수를 추가할 수 있다.

```
$ sudo docker search miniconda
NAME                                    STARS
continuumio/miniconda3                  218
continuumio/miniconda                   77
conda/miniconda3                        35
conda/miniconda3-centos7                7
yamitzky/miniconda-neologd              3
conda/miniconda2                        2
atavares/miniconda-rocker-geospatial    2
```

자체 Dockerfile의 좋은 시작점이 될 Miniconda3용 이미지가 있다. 모든 Dockerfile은 파생된 이미지를 지정하는 FROM 키워드로 시작한다. 자체 이미지에서 시작할 경우 FROM scratch 키워드를 사용한다. Miniconda 이미지를 구축하는 데 사용한 Dockerfile(https://oreil.ly/ddYff)을 보면 이 이미지는 데비안Debian 상위 이미지에서 파생되었고 콘다 패키지 관리자를 설치 및 설정하는 단계만 추가되었다. 상위 도커 이미지를 사용할 때는 신뢰할 수 있는 소스에서 가져온 것인지 확인하는 것이 중요하다. 도커 허브는 공식 소스를 식별하는 데 도움이 될 수 있는 **공식 이미지**와 같은 추가 기준을 제공한다.

Dockerfile에 정의된 단계를 살펴보자. Miniconda3 이미지로 시작한 다음, 사용자 지정 환경을 만드는 단계를 추가한다. ARG 명령어를 사용해 콘다 환경의 이름에 인수를 지정한다. 그런 다음 ADD를 사용해 빌드 컨텍스트에서 이미지로 environment.yml 파일을 복사한다. 마지막으로 conda create 명령을 RUN에 대한 인수로 제공해 콘다 환경을 만든다.

```
FROM continuumio/miniconda3

# 컨텍스트를 만들고 환경을 생성하기 위해 environment.yml을 추가
ARG conda_env=blueprints
ADD environment.yml /tmp/environment.yml
RUN conda env create -f /tmp/environment.yml
```

다음 단계에서는 컨테이너에서 환경이 활성화되었는지 확인한다. 따라서 컨테이너가 시작될 때 항상 실행되는 .bashrc 스크립트의 끝에 추가한다. 또한 ENV 명령으로 PATH 환경 변수를 업데이트해 콘다 환경이 컨테이너 내 모든 곳에서 사용되는 파이썬 버전인지 확인한다.

```
# 환경 활성화 및 주피터 노트북 시작
RUN echo "source activate ${conda_env}" > ~/.bashrc
ENV PATH /opt/conda/envs/${conda_env}/bin:$PATH
```

마지막 단계에서는 도커 컨테이너의 사용자가 대화형 방식으로 분석할 수 있도록 주피터 노트북을 실행한다. 실행 파일로 실행될 컨테이너를 구성하는 데 사용되는 ENTRYPOINT 명령을 사용한다. 이러한 명령은 Dockerfile에 하나만 있을 수 있으며(여러 개 있는 경우 마지막 명령만 유효함), 컨테이너와 함께 실행할 마지막 명령이 되고 일반적인 경우 주피터 노트북과 같은 서버를 시작하는 데 사용된다. 실행하고 싶은 노트북에서 컨테이너 자체의 IP 주소(0.0.0.0), 특정 포트(8888), 루트 사용자(--allow-root)로 서버를 실행하고, 기본적으로 노트북을 표시하는 별도의 브라우저는 실행하지 않는다(--no-browser). 컨테이너가 시작되면 컨테이너 안에 있는 브라우저에서 주피터 서버를 열지 않고, 대신 지정된 포트를 사용해 호스트 시스템의 브라우저를 통해 액세스한다.

```
# 컨테이너에서 주피터 서버 시작
EXPOSE 8888
ENTRYPOINT ["jupyter","notebook","--ip=0.0.0.0", \
     "--port=8888","--allow-root","--no-browser"]
```

docker build 명령으로 Dockerfile에 이미지를 생성한다. 그리고 -t 매개변수를 사용해 이미지 이름을 지정하고 사용자 이름 다음에 이미지 이름을 추가한다. 이렇게 하면 나중에 참조할 때 이미지를 식별하는 데 유용하다. 사용자 이름을 반드시 지정해야 하는 것은 아니지만, 지정해 두면 왜 유용한지 나중에 알게 된다. 이미지를 빌드하는 동안 사용할 Dockerfile은 -f 매개변수로 지정한다. 아무것도 지정하지 않으면 도커는 PATH 인수로 지정된 디렉터리에서 Dockerfile이라는 파일을 선택한다. 또한 PATH 인수는 도커 데몬에서 빌드의 '컨텍스트'에 대한 파일을 찾을 위치를 지정한다. 이 디렉터리의 모든 파일은 tar로 패키징되어 빌드 절차 중에 데몬으로 전송된다. 여기에는 이미지에 추가해야 하는 파일과 아티팩트가 모두 포함되어야 한다(예: environment.yml 파일). 이 파일은 콘다 환경을 만들기 위해 이미지에 복사된다.

```
docker build -t username/docker_project -f Dockerfile [PATH]
```

이 명령을 실행하면 도커 데몬은 Dockerfile에 지정된 단계를 실행해 이미지 생성을 시작한다. 일반적으로 이미지를 빌드하는 데 필요한 파일과 Dockerfile이 모두 포함된 디렉터리에서 명령을 실행한다. 현재 디렉터리를 참조해 PATH 인수를 지정한다.

```
$ sudo docker build -t textblueprints/ch13:v1 .
Sending build context to Docker daemon 5.363MB
Step 1/8 : FROM continuumio/miniconda3
---> b4adc22212f1
Step 2/8 : ARG conda_env=blueprints
---> 959ed0c16483
Step 3/8 : ADD environment.yml /tmp/environment.yml
---> 60e039e09fa7
Step 4/8 : RUN conda env create -f /tmp/environment.yml
---> Running in 85d2f149820b
Collecting package metadata (repodata.json): ...working... done
Solving environment: ...working... done

Downloading and Extracting Packages

(생략)

Removing intermediate container 85d2f149820b
Step 5/8 : RUN echo "source activate ${conda_env}" > ~/.bashrc
---> e0ed2b448211
Step 6/8 : ENV PATH /opt/conda/envs/${conda_env}/bin:$PATH
---> 7068395ce2cf
Step 7/8 : EXPOSE 8888
---> Running in f78ac4aa0569
Removing intermediate container f78ac4aa0569
---> 06cfff710f8e
Step 8/8 : ENTRYPOINT ["jupyter","notebook","--ip=0.0.0.0",
                       "--port=8888","--allow-root","--no-browser"]
---> Running in 87852de682f4
Removing intermediate container 87852de682f4
---> 2b45bb18c071
Successfully built 2b45bb18c071
Successfully tagged textblueprints/ch13:v1
```

빌드가 완료된 후에는 sudo docker images 명령으로 이미지가 성공적으로 생성되었는지 확인한다. Continuumio/miniconda3 이미지가 다운로드되었으며 사용자 이름과 docker_project로 지정된 이미지도 생성되었음을 알 수 있다. 도커를 빌드하는 것은 부모 이미지를 다운로드해야 하기 때문에 처음에는 시간이 오래 걸리지만 다운로드 이후 변경 및 다시 빌드할 때는 훨씬 빠르다.

```
$ sudo docker images
REPOSITORY                    TAG        IMAGE ID
textblueprints/ch13           v1         83a05579afe6
jupyter/minimal-notebook      latest     d94723ae86d1
continuumio/miniconda3        latest     b4adc22212f1
hello-world                   latest     bf756fb1ae65
```

다음을 실행해 컨테이너 환경에서 실행 중인 인스턴스를 만든다.

```
$ docker run -p host_port:container_port username/docker_project:tag_name
```

-p 인수는 포트 전달을 허용하며 기본적으로 host_port에서 수신한 모든 요청을 container_port로 보낸다. 기본적으로 주피터 서버는 컨테이너 내의 파일과 디렉터리에만 액세스할 수 있다. 추가적으로 컨테이너 내부에서 실행되는 주피터 서버에서 로컬 디렉터리에 있는 주피터 노트북 및 코드 파일에 액세스할 수 있다. 이는 -v host_volume:container_volume을 사용해 로컬 디렉터리를 컨테이너에 볼륨으로 연결하며 가능해진다. 그러면 로컬 디렉터리를 가리키는 컨테이너 내에 새 디렉터리가 생성된다. 이렇게 설정하면 컨테이너가 종료될 때 주피터 노트북에 대한 변경 사항이 유실되지 않는다. 이 방식은 로컬에서 파일 작업을 할 때 권장되지만, 재현 가능한 환경에는 도커 컨테이너의 저장 공간을 사용한다. 다음 명령을 실행해 도커 컨테이너를 시작한다.

```
$ sudo docker run -p 5000:8888 -v \
/home/user/text-blueprints/ch13/:/work textblueprints/ch13:v1
```

```
[NotebookApp] Writing notebook server cookie secret to
/root/.local/share/jupyter/runtime/notebook_cookie_secret
[NotebookApp] Serving notebooks from local directory: /
[NotebookApp] The Jupyter Notebook is running at:
[NotebookApp] http://aaef990b90a3:8888/?token=xxxxxx
[NotebookApp] or http://127.0.0.1:8888/?token=xxxxxx
[NotebookApp] Use Control-C to stop this server and shut down all kernels
(twice to skip confirmation).
[NotebookApp]

    To access the notebook, open this file in a browser:
        file:///root/.local/share/jupyter/runtime/nbserver-1-open.html
    Or copy and paste one of these URLs:
        http://aaef990b90a3:8888/?token=xxxxxx
      or http://127.0.0.1:8888/?token=xxxxxx
```

위 로그는 실제로 컨테이너 내 8888 포트에서 시작한 주피터 서버의 로그다. 호스트 포트 5000을 매핑했으므로 URL을 복사하고 포트 번호를 5000으로만 교체해 주피터 서버에 액세스할 수 있다. 매핑된 로컬 디렉터리의 모든 파일을 포함하는 work 디렉터리도 여기에서 찾을 수 있다. sudo docker container ps 명령을 실행해 실행 중인 모든 컨테이너의 상태를 확인한다. --name 인수를 사용해 실행 중인 각 컨테이너의 이름을 지정할 수도 있다. 이 인수를 사용하지 않으면 도커 데몬이 다음과 같이 무작위로 생성된 이름을 할당한다.

```
$ sudo docker container ls
CONTAINER         ID                      IMAGE              STATUS NAMES
862e5b0570fe      textblueprints/ch13:v1  Up About a minute  musing_chaum
```

이 명령을 실행한 터미널창을 종료하면 컨테이너도 종료된다. 분리 모드에서 실행하려면 실행 명령에 -d 옵션을 추가한다. 컨테이너가 시작되면 시작된 컨테이너의 컨테이너 ID를 출력하고 sudo docker logs <container-id>를 사용해 로그를 모니터링할 수 있다. 이 도커 컨테이너에서 분석을 실행하는 데 사용된 전체 환경을 재현했다. 다음 전략으로 이를 공유할 수 있는 최고의 방법을 소개하겠다.

이 이미지를 공유하는 가장 손쉬운 방법은 도커 허브 레지스트리에 푸시하는 것이다. 먼저 무료 계정에 가입(https://oreil.ly/vyi-2)한다. 도커 허브는 도커 이미지의 공개 저장소이며, 각 이미지는 사용자 이름, 이미지 이름, 태그로 식별된다. 예를 들어, 상위 이미지로 사용한 miniconda3 패키지는 continuumio/miniconda3:latest으로 식별되며, 공유하는 모든 이미지는 사용자 이름으로 식별된다. 따라서 이전에 이미지를 빌드할 때 지정한 사용자 이름은 도커 허브에 로그인하는 데 사용한 사용자 이름과 동일해야 한다. 자격 증명을 생성했으면, Create Repository^{저장소 생성}를 클릭해 이름을 선택하고 저장소에 대한 설명을 제공한다. 이 장에서는 도커 이미지를 포함할 ch13이라는 저장소를 만들었다. 완료되면 sudo docker login 명령으로 로그인하고 사용자 이름과 비밀번호를 입력한다. 보안 강화를 위해 지침(https://oreil.ly/m95HO)에 따라 비밀번호를 안전하게 저장하자.

> **NOTE_** 도커 이미지의 빌드 절차 중에 **PATH** 인수에 있는 모든 디렉터리와 파일은 빌드 컨텍스트의 일부다. 이전 명령에서는 마침표(.)를 사용해 현재 디렉터리를 지정했지만, 빌드 및 빌드 이후의 컨테이너에 필요한 선택된 파일 목록만 포함해야 하므로 마침표가 필요하지 않다. 예를 들어, environment.yml은 필요하지만 주피터 노트북(.ipynb) 파일은 불필요하다. 원치 않는 파일이 컨테이너에 자동으로 추가되지 않도록, .dockerignore 파일에 제외된 파일 목록을 지정한다. .dockerignore 파일은 다음과 같다.
>
> ```
> .git
> .cache
> figures
> **/*.html
> **/*.ipynb
> **/*.css
> ```
>
> 또 다른 중요한 사항은 host_port(예시에서는 5000으로 지정)가 시스템의 다른 응용 프로그램에서 사용되지 않는 것을 확인하는 것이다. 이상적으로는 사용자 포트(https://oreil.ly/F-Qps)인 1024~49151의 포트 번호를 사용해야 한다. 사용된 포트 목록은 sudo ss -tulw 명령을 실행해 쉽게 확인할 수도 있다.

다음 단계는 공유하는 이미지에 tag_name으로 태그를 지정해 포함된 내용을 식별하는 것이다. 지금은 이 장의 첫 번째 버전임을 나타내기 위해 이미지에 v1 태그를 지정한다. sudo docker tag 2b45bb18c071 textblueprints/ch13:v1 명령을 실행한다. 여기서 2b45bb18c071은 이미지 ID다. 그다음 sudo docker push textblueprints/ch13 명령으로 파일을 푸시한다. 이제 프로젝트를 실행하려는 사람은 docker pull your_username/docker_project:tag_name 명령을 실행해 개인적으로 작업 중인 시스템과 상관없이 동일한 환경을 누구나 만들 수 있다. 예를 들어 docker pull textblueprints/ch09:v1 명령을 실행하면 9장에서 작성한 코드를 실행할 수 있다. 그런 다음 복제된 저장소가 포함된 디렉터리의 볼륨을 연결할 수 있다. 도커 허브는 널리 사용되는 공용 레지스트리로 도커와 함께 기본적으로 구성되지만, 각 클라우드 공급자도 자체 버전이 있으며 많은 조직에서 내부 응용 프로그램 및 팀 내에서 사용하기 위해 비공개 레지스트리를 설정한다.

여러 과학 컴퓨팅 패키지가 있는 콘다 환경에서 작업할 때 도커 이미지가 커져 도커 허브로 푸시하는 동안 대역폭에 부담이 될 수 있다. 훨씬 효율적인 방법은 저장소의 기본 경로에 `Dockerfile`을 포함하는 것이다. 예를 들어, 이 장의 코드가 들어 있는 깃허브 저장소에는 코드를 실행하는 데 필요한 환경을 만드는 데 사용하는 `Dockerfile`이 포함되었다. 이 파일은 동일한 작업 환경을 다시 생성해 분석을 하고 있는 로컬 시스템에서 분석할 리소스를 갖춘 클라우드 시스템으로 쉽게 이동할 수 있다. 데이터 크기가 증가하거나 분석하는 데 매우 오랜 시간이 걸리는 경우에 특히 유용하다.

13.4 전략: 텍스트 분석 모델을 위한 REST API 생성

11장의 전략을 적용해 조직의 고객 지원실에서 고객의 감성을 분석했다고 가정한다. 귀하의 회사는 불만이 있는 고객에게 바우처를 제공하는 고객 만족도 향상 캠페인을 실행하고 있다. 기술팀의 동료가 이 캠페인 자동화를 도와 달라고 요청한다. 그들은 도커 컨테이너를 가져와서 분석을 재현해도 되지만, 지원 대상이 작성하거나 발화한 텍스트를 제공해서 불만이 있는 고객인지 여부를 응답받는 간단한 방법을 선호한다. REST API를 사용해 분석을 캡슐화해서, 코드를 다시 실행할 필요 없이 누구나 액세스할 수 있도록 만들 수 있다. REST API는 모든 언어에서 호출할 수 있으므로 파이썬을 알 필요도 없다. 2장에서는 인기 있는 웹사이트에서 제공하는 REST API를 사용해 데이터를 추출했지만, 이번에는 자체적으로 코드를 구성한다.

REST API를 호스팅하기 위해 다음 세 가지 구성 요소를 사용한다.

- FastAPI: API 구축을 위한 빠른 웹 프레임워크
- Gunicorn: 들어오는 모든 요청을 처리하는 WSGI(Web Service Gateway Interface) 서버
- 도커: 앞서 사용한 도커 컨테이너

감성 예측을 하는 데 필요한 코드를 저장할 `app`이라는 새 폴더를 만든다. 다음과 같은 디렉터리 구조를 따르고 파일을 넣는다. `main.py`는 FastAPI 앱과 감성 예측을 수행하는 곳이고,

preprocessing.py는 도우미 함수가 포함된 곳이다. 모델 디렉터리에는 예측을 계산하는 데 사용하는 훈련된 모델이 포함되었다. 이 경우, sentiment_vectorizer 및 sentiment_classification이 있다. 마지막으로 REST API를 배포하는 데 사용할 Dockerfile, environment.yml, start_script.sh가 있다.

```
├── app
│   ├── main.py
│   ├── Dockerfile
│   ├── environment.yml
│   ├── models
│   │   ├── sentiment_classification.pickle
│   │   └── sentiment_vectorizer.pickle
│   ├── preprocessing.py
│   └── start_script.sh
```

FastAPI(https://oreil.ly/fastapi)는 API를 빌드하는 데 사용되는 빠른 파이썬 프레임워크다. 웹 서버의 요청을 파이썬에 정의된 특정 함수로 리디렉션할 수 있다. 또한 지정된 스키마에 대해 들어오는 요청의 유효성을 검사하고 간단한 REST API를 만드는 데 유용하다. 이 API로 11장에서 훈련한 모델의 예측 기능을 캡슐화한다. main.py 파일의 코드를 단계별로 살펴보고 어떻게 작동하는지 알아보자. pip install fastapi를 실행해 FastAPI를 설치하고 pip install gunicorn을 실행해 gunicorn을 설치한다.

FastAPI가 설치되면 다음 코드를 사용해 앱을 만들 수 있다.

```
from fastapi import FastAPI
app = FastAPI()
```

FastAPI 라이브러리는 포함된 웹 서버를 사용해 앱을 실행하고 엔드포인트에서 수신한 요청을 파이썬 파일의 메서드로 라우팅할 수 있다. 이는 함수 정의 시작 부분에 @app.post 속성을 추가해 지정한다. HTTP POST 요청을 수락하는 Sentiment API의 첫 번째 버전인 api/v1/sentiment가 되도록 엔드포인트를 지정한다. API는 시간이 흐르며 기능이 변경되면서 진화할 수 있다. 따라서 이전 버전의 사용자가 영향을 받지 않도록 이를 다른 버전으로 분리한다.

```
class Sentiment(Enum):
    POSITIVE = 1
```

```
    NEGATIVE = 0

@app.post("/api/v1/sentiment", response_model=Review)
def predict(review: Review, model = Depends(load_model())):
    text_clean = preprocessing.clean(review.text)
    text_tfidf = vectorizer.transform([text_clean])
    sentiment = prediction_model.predict(text_tfidf)
    review.sentiment = Sentiment(sentiment.item()).name
    return review
```

predict 메서드는 입력에서 텍스트 필드를 검색하고 전처리 및 벡터화 단계를 수행한다. 이전에 훈련한 모델을 사용해 제품 리뷰의 감성 결과를 예측한다. 반환된 감성값은 Enum 클래스를 상속하는 Sentiment 클래스에서 정의한 요소 중 하나로 바뀐다. 입력 매개변수 review는 Review 클래스의 인스턴스로 정의된다. 클래스는 다음과 같이 리뷰 텍스트, reviewerID, productID, sentiment와 함께 예측에 필요한 필수 필드를 포함한다.

FastAPI는 타입 힌트(https://oreil.ly/eErFf)를 사용해 필드 유형(str)을 추측하고 필요한 유효성 검사를 수행한다. 이후에 살펴보겠지만 FastAPI는 API를 직접 테스트할 수 있는 OpenAPI(https://openapis.org) 사양에 따라 API에 대한 웹 문서를 자동으로 생성한다. API를 사용하려는 개발자에게 가이드 역할을 하기 위해 schema_extra를 예제로 추가한다.

```
class Review(BaseModel):
    text: str
    reviewerID: Optional[str] = None
    asin: Optional[str] = None
    sentiment: Optional[str] = None

    class Config:
        schema_extra = {
            "example": {
                "text": "This was a great purchase, saved me much time!",
                "reviewerID": "A1VU337W6PKAR3",
                "productID": "B00K0TIC56"
            }
        }
```

함수 정의에서 **Depends** 키워드의 사용[118]을 알아차렸을 것이다. 함수가 호출되기 전에 필요한 종속성 또는 기타 리소스를 로드할 수 있다. 이것은 다른 파이썬 함수로 처리되며 다음과 같이 정의된다.

```python
def load_model():
    try:
        print('Calling Depends Function')
        global prediction_model, vectorizer
        prediction_model = pickle.load(
            open('models/sentiment_classification.pickle', 'rb'))
        vectorizer = pickle.load(open('models/tfidf_vectorizer.pickle', 'rb'))
        print('Models have been loaded')
    except Exception as e:
        raise ValueError('No model here')
```

> **NOTE_** pickle은 모델을 저장/내보내는 일반적인 방법 중 하나인 파이썬 직렬화 프레임워크다. 그 외 표준화된 형식으로는 joblib(**https://oreil.ly/iyl7W**) 및 ONNX(**https://onnx.ai**)가 있다. 일부 딥러닝 프레임워크는 자체 내보내기 형식을 사용한다. 예를 들어 텐서플로는 **SavedModel**을 사용하는 반면, 파이토치는 pickle을 사용하지만 자체 **save()** 함수를 구현한다. 사용한 모델 저장/내보내기 유형에 따라 로드 및 예측 기능을 조정하는 것이 중요하다.

개발하는 동안 FastAPI는 uvicorn(**https://uvicorn.org**) 같은, 모든 웹 서버에서 실행할 수 있지만 프로덕션을 지원하는 WSGI^Web Service Gateway Interface 서버를 사용하는 것이 좋다. 이것은 프로덕션에 준비되었으며, 여러 작업자 스레드를 지원한다. 요청을 수신하고 FastAPI 앱으로 리디렉션할 수 있는 HTTP 서버를 제공하는 Gunicorn(**https://gunicorn.org**)을 WSGI 서버로 사용한다. 설치가 완료되면 다음을 입력해 실행한다.

```
$ gunicorn -w 3 -b :5000 -t 5 -k uvicorn.workers.UvicornWorker main:app
```

-w 인수는 실행할 작업자 프로세스의 수를 지정하는 데 사용된다(이 경우, 3). -b 매개변수는 WSGI 서버가 수신 대기하는 포트를 지정하고 -t는 앱이 응답하지 않는 경우(즉, 멈춘 경우) 서버가 강제로 앱을 종료하고 다시 시작한 후 앱이 정상적으로 실행되기를 기다리는 시간을 나

---

118 옮긴이_ 위의 predict 함수의 정의를 보자.

타낸다.[119] -k 인수는 앱을 실행하기 위해 호출되어야 하는 작업자 클래스(uvicorn)의 인스턴스를 지정하는데, 이때 파이썬 모듈(main)과 이름(app)을 참조한다.

API를 배포하기 전에 environment.yml 파일을 재검토해야만 한다. 첫 번째 전략으로 분석을 재현하는 데 사용할 environment.yml 파일을 생성하고 공유하는 방법을 설명했다. 그러나 코드를 프로덕션에 배포할 때는 이 방법을 따르지 않는 것이 좋다. 내보낸 environment.yml 파일이 시작점이지만 수동으로 검사하고 사용하지 않는 패키지가 포함되어 있지 않은지 확인해야 한다. 패키지 업데이트가 프로덕션 배포를 방해하지 않도록 패키지의 정확한 버전 번호를 지정하는 것도 중요하다.

다음에는 사용하지 않는 패키지와 코드 조각을 식별하는 데 사용하는 Vulture(https://oreil.ly/fC71i)라는 파이썬 코드 분석 도구를 사용한다. app 폴더에서 분석을 실행한다.

```
vulture app/
```

| 출력 |

```
app/main.py:11: unused variable 'POSITIVE' (60% confidence)
app/main.py:12: unused variable 'NEGATIVE' (60% confidence)
app/main.py:16: unused variable 'reviewerID' (60% confidence)
app/main.py:17: unused variable 'asin' (60% confidence)
app/main.py:20: unused class 'Config' (60% confidence)
app/main.py:21: unused variable 'schema_extra' (60% confidence)
app/main.py:40: unused variable 'model' (100% confidence)
app/main.py:44: unused attribute 'sentiment' (60% confidence)
app/preprocessing.py:30: unused import 'spacy' (90% confidence)
app/preprocessing.py:34: unused function 'display_nlp' (60% confidence)
```

Vulture는 잠재적 문제 목록과 함께 신뢰도 점수도 제공한다. 목록에서 사용되지 않는 모듈을 확인하자. 이전 예에서 정의한 클래스 변수가 API에 대한 입력의 유효성을 검사하는 데 사용된다는 사실을 확인했다. spacy와 display_nlp가 전처리 모듈의 일부지만 현재 앱에서는 사용되지 않은 것을 알 수 있다. YAML 파일에서 사용되지 않는 종속성을 제거하도록 선택할 수 있다.

....

119 옮긴이_ 예를 들어 커다란 모델 파일을 메모리로 읽어야 하거나 DB에서 데이터를 읽어 전처리할 때 필요하다.

또한 conda list 명령을 실행해 콘다 환경에서 사용되는 각 패키지의 버전을 확인한 다음, 이 정보를 사용해 다음과 같이 최종적인 YAML 파일을 생성할 수 있다.

```
name: sentiment-app
channels:
  - conda-forge
dependencies:
  - python==3.8
  - fastapi==0.59.0
  - pandas==1.0.5
  - scikit-learn==0.23.2
  - gunicorn==20.0.4
  - uvicorn==0.11.3
```

마지막 단계로 API를 도커화할 수 있는데, 이는 자체 컨테이너에서 전체 앱을 더 쉽게 실행할 수 있기 때문이다. 이는 다음 전략에서 볼 수 있듯이 이는 클라우드에서 호스팅하려는 경우 매우 유용하다. 이전에 만든 Dockerfile을 다음과 같이 변경한다.

```
# 컨테이너 내 app 폴더에 서비스 배포에 필요한 파일을 복사한다.
COPY . /app
WORKDIR /app
```

이전 지침은 REST API의 배포와 실행에 필요한 파일이 모두 포함된 도커 이미지에 현재 app 폴더의 콘텐츠를 모두 복사(COPY)하는 데 사용된다. 그런 다음 WORKDIR 명령으로 컨테이너의 현재 디렉터리를 app 폴더로 변경한다.

```
# 컨테이너에서 WSGI 서버를 시작한다.
EXPOSE 5000
RUN ["chmod", "+x", "start_script.sh"]
ENTRYPOINT [ "/bin/bash", "-c" ]
CMD ["./start_script.sh"]
```

그런 다음 컨테이너에서 먼저 포트 5000을 노출해 WSGI 서버를 실행하는 단계를 제공한다. 다음으로 도커 데몬이 컨테이너 시작 시 실행할 수 있도록 start_script에 대한 권한을 활성화한다. 콘다 환경을 활성화하고 Gunicorn 서버를 시작하는 ENTRYPOINT(스크립트가 실행

될 bash 셸을 시작하는 데 사용)와 CMD(실제 스크립트를 bash 셸에 대한 인수로 지정하는 데 사용)의 조합을 사용한다. 도커 컨테이너 내에서 서버를 실행하고 있으므로, 액세스 로그 파일을 STDOUT(-)에 기록하도록 지정해 계속 볼 수 있도록 약간 변경한다.

```bash
#!/bin/bash
source activate my_env_name
GUNICORN_CMD_ARGS="--access-logfile -" gunicorn -w 3 -b :5000 -t 5 \
        -k uvicorn.workers.UvicornWorker main:app -
```

이전과 동일한 단계에 따라 도커 이미지를 빌드하고 실행한다. 그러면 Gunicorn WSGI 서버가 FastAPI 앱을 실행하는 도커 컨테이너가 실행된다. 컨테이너가 실행 중인 호스트 시스템에서 포트를 전달해야 한다.

```
$ sudo docker run -p 5000:5000 textblueprints/sentiment-app:v1
    [INFO] Starting gunicorn 20.0.4
    [INFO] Listening at: http://0.0.0.0:5000 (11)
    [INFO] Using worker: sync
    [INFO] Booting worker with pid: 14
```

다른 프로그램에서는 API를 실행하는 컨테이너를 호출한다. 별도의 터미널창 또는 IDE에서 API를 호출하고 응답을 확인하기 위해 샘플을 보내는 테스트 메서드를 만든다. 컨테이너 포트 5000번과 연결된 로컬 포트 5000번에 관련 사항을 요청하자.

```python
import requests
import json

url = 'http://0.0.0.0:5000/api/v1/sentiment'
data = {
    'text':
    'I could not ask for a better system for my small greenhouse, \
    easy to set up and nozzles do very well',
    'reviewerID': 'A1VU337W6PKAR3',
    'productID': 'B00K0TIC56'
}
input_data = json.dumps(data)
headers = {'content-type': 'application/json', 'Accept-Charset': 'UTF-8'}
r = requests.post(url, data=input_data, headers=headers)
print(r.text)
```

```
{
  "prediction": "POSITIVE"
}
```

API가 예상 응답을 생성했음을 알 수 있다. http://localhost:5000/docs에서 찾을 수 있는 이 API 문서도 확인하자. [그림 13-2]와 같이 페이지가 생성되고, /api/v1/sentiment 메서드에 대한 링크를 클릭하면 메서드가 호출되는 방법에 대한 추가 세부 정보가 제공되며 시도할 수 있는 옵션도 있다. 이를 통해 다른 사용자는 다른 텍스트 입력을 제공하고 코드를 작성하지 않고도 API에서 생성된 결과를 볼 수 있다.

도커 컨테이너는 항상 비특권 모드unprivileged mode로 시작된다. 즉, 터미널 오류가 있더라도 호스트 시스템에 영향을 주지 않고 컨테이너로만 제한된다. 결과적으로 호스트 시스템에 대한 영향을 걱정하지 않고 컨테이너 내에서 안전하게 루트 사용자로 서버를 실행할 수 있다.

그림 13-2 FastAPI에서 제공하는 API 사양 및 테스트

앞서 설명한 sudo docker tag와 sudo docker push 명령을 조합해 실행해서 REST API를 공유할 수도 있다. 동료는 도커 이미지를 쉽게 가져와 API를 실행하고 지원 티켓을 제공해서 불만이 있는 고객을 식별할 수 있다. 다음에는 클라우드에서 이미지를 실행하고 인터넷에서 사용할 수 있도록 만드는 방법을 소개한다.

13.5 전략: 클라우드 공급자를 사용한 API 배포 및 확장

머신러닝 모델의 배포와 성능 모니터링은 복잡한 작업으로, 다양한 도구 선택 또한 필요하다. 도구는 데이터 과학자와 개발자가 쉽게 사용할 수 있도록 지속적으로 연구되고 있는 끊임없는 혁신의 영역이다. 클라우드 제공업체를 통해 API를 배포하고 호스팅하는 방법도 여러 가지다. 이번에는 앞서 생성한 컨테이너를 쿠버네티스Kubernetes를 사용해 배포하는 간단한 방법을 소개한다(https://oreil.ly/C2KX2). 쿠버네티스는 물리적 또는 가상 인프라에 컨테이너를 배포하고 관리하는 기능을 제공하는 오픈 소스 기술이다. 여기서는 구글 클라우드 플랫폼Google Cloud Plaform(GCP)을 사용하지만 대부분의 주요 제공업체에서 쿠버네티스를 지원한다. 쿠버네티스는 도커 컨테이너를 클라우드 서비스에 직접 배포하고 REST API를 누구나 사용하게 할 수 있다. 그러나 배포에 사용되는 리소스를 확장하거나 축소하는 유연성을 주어서 쿠버네티스 클러스터 내에서 이를 배포하기로 했다.

GCP(https://oreil.ly/H1jQS)로 무료 계정에 가입할 수 있다. 클라우드 제공업체에 가입하면 타사 제공업체로부터 컴퓨팅 리소스를 임대하게 되며 청구 시 필요한 세부 정보를 제공하라는 메시지가 표시된다. 이번 실습을 진행하는 동안 프리 티어 한도를 초과할 일은 없지만, 실습이 끝난 후 리소스를 종료하지 않으면 자신도 모르게 계속 사용료를 내야 하므로 반드시 사용량을 확인해야 한다. 가입 절차를 완료하면 GCP 콘솔(https://oreil.ly/wX4wd)에서 결제 섹션을 방문해 이를 확인할 수 있다. 이번 실습을 실행하기 전에 REST API가 포함한 도커 이미지가 푸시되고 도커 허브나 다른 컨테이너 레지스트리에서 해당 이미지를 사용할 수 있는지 확인하자.

[그림 13-3]은 REST API를 배포하는 과정이다. GCP를 사용해 확장 가능한 컴퓨팅 클러스터를 만든다. 이것은 '노드'라고 부르는 개별 서버의 모음일 뿐이다. 그림에 표시된 컴퓨팅 클러스터에는 노드가 3개 있지만 필요할 때마다 확장할 수 있다. 쿠버네티스를 사용해 클러스터의 각

노드에 REST API를 배포한다. 노드 3개로 시작한다고 가정하면, 각각 하나의 노드에서 실행되는 도커 컨테이너 복제본이 3개 생성된다. 이 컨테이너는 여전히 인터넷에 연결되어 있지 않으며, 쿠버네티스를 사용해 인터넷에 대한 게이트웨이를 제공하고 사용량에 따라 각 컨테이너로 요청을 리디렉션하는 로드 밸런서 서비스를 실행해야 연결된다. 쿠버네티스를 사용하면, 배포 절차를 단순화하는 것 외에 추가 인스턴스를 자동으로 생성해 노드 장애 및 트래픽 급증을 처리할 수 있다.

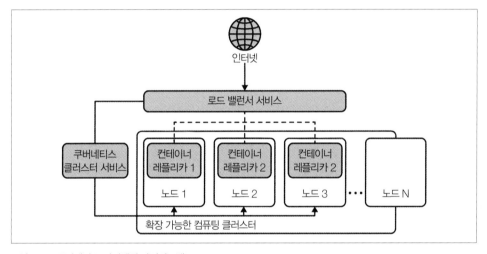

그림 13-3 쿠버네티스 아키텍처 다이어그램

배포에 사용할 프로젝트를 GCP에서 생성한다. 구글 클라우드(https://oreil.ly/5mCaQ)를 방문해 오른쪽 상단에서 '프로젝트 만들기' 옵션을 선택하고, 프로젝트를 만든다(프로젝트명은 sentiment-rest-api로 입력한다). 프로젝트가 생성되면 [그림 13-4]와 같이 왼쪽 상단의 탐색 메뉴를 클릭하고 '쿠버네티스 엔진'이라는 서비스로 이동한다. '결제 활성화' 링크를 클릭하고, 가입할 때 설정한 결제 계정을 선택한다. '결제' 탭을 직접 클릭해 프로젝트에 맞게 설정할 수도 있다. '무료 평가판'을 사용한다면 요금이 청구되지 않는다. 프로젝트에서 활성화되기까지 몇 분 정도 걸린다. 이 작업이 완료되면 배포를 진행할 준비가 된다.

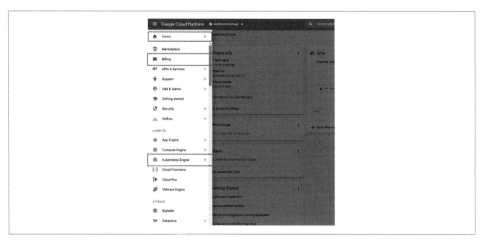

그림 13-4 GCP 콘솔의 '쿠버네티스 엔진' 옵션에서 결제 설정

웹 콘솔(https://oreil.ly/-eZ-W) 또는 명령줄 도구로 GCP를 계속 제어할 수 있다. 같은 기능이 제공되지만, 간결하도록 명령줄 인터페이스를 사용해 단계를 설명하고 복사할 수 있도록 명령어를 제공하겠다.

지침(https://oreil.ly/G3_js)에 따라 구글 클라우드 SDK를 설치한 후 다음을 실행해 쿠버네티스 명령줄 도구를 사용하자.

```
$ gcloud components install kubectl
```

새 터미널창에서 `gcloud auth login`을 실행해 사용자 계정을 인증한다. 브라우저가 열리고 구글 인증 페이지로 리디렉션된다. 이 작업을 완료하면 이 터미널창에서 다시 묻지 않는다. 클러스터를 배포할 프로젝트 및 컴퓨팅 영역을 구성한다. 방금 만든 프로젝트에서 사용 가능한 모든 옵션(https://oreil.ly/SnRc8)을 서비스할 곳과 가까운 위치를 선택한다. 여기서는 `us-central1-a`를 선택했다.

```
$ gcloud config set project sentiment-rest-api
$ gcloud config set compute/zone us-central1-a
```

다음 단계로 구글 쿠버네티스 엔진 컴퓨팅 클러스터를 만든다. 도커 컨테이너를 배포하는 데 사용할 컴퓨팅 클러스터로 노드가 3개 있는 클러스터를 만들고 n1-standard-1 유형의 머신을 요청한다. 이 유형의 컴퓨터에는 램RAM이 3.75GB, CPU가 1개 있다. 더 강력한 시스템을 요청할 수 있지만 여기서 제공하려는 API는 다음으로 충분하다.

```
$ gcloud container clusters create \
  sentiment-app-cluster --num-nodes 3 \
  --machine-type n1-standard-1
```

GCP의 모든 컨테이너 클러스터에는 CPU 사용률을 모니터링하고 필요한 경우 머신을 추가하는 HorizontalPodAutoscaling이 함께 제공된다. 요청한 머신이 프로비저닝되어 클러스터에 할당되고, 실행되면 gcloud compute instances 목록에서 실행 중인 컴퓨팅 인스턴스를 확인할 수 있다.

```
$ gcloud compute instances list
NAME                              ZONE          MACHINE_TYPE   STATUS
gke-sentiment-app-cluste-default-pool  us-central1-a  n1-standard-1  RUNNING
gke-sentiment-app-cluste-default-pool  us-central1-a  n1-standard-1  RUNNING
gke-sentiment-app-cluste-default-pool  us-central1-a  n1-standard-1  RUNNING
```

클러스터가 가동되어 실행 중이므로 쿠버네티스의 도움을 받아 이전에 생성한 도커 이미지를 클러스터에 배포한다. 도커 이미지는 도커 허브에서 사용할 수 있는데, username/project_name:tag로 고유하게 식별된다. 다음 명령을 실행해 배포 이름을 sentiment-app으로 지정한다.

```
$ kubectl create deployment sentiment-app --image=textblueprints/sentiment-app:v0.1
```

일단 시작되면 kubectl get pods 명령으로 실행 중인지 확인할 수 있다. 그러면 하나의 파드pod가 실행 중임을 알 수 있다. 여기서 파드는 컨테이너와 유사하다. 즉, 하나의 파드는 제공된 이미지의 실행 중인 컨테이너와 동일하다. 그러나 3노드 클러스터가 있으므로 도커 이미지의 더 많은 인스턴스를 쉽게 배포할 수 있다. 다음 명령으로 이를 복제본 3개로 확장한다.

```
$ kubectl scale deployment sentiment-app --replicas=3
```

다른 파드도 지금 실행을 시작했는지 확인할 수 있다. 때로는 컨테이너가 클러스터의 노드에 배포될 때 지연이 발생하는데, 자세한 정보는 kubectl describe pods 명령으로 찾을 수 있다. 하나 이상의 복제본을 보유함으로써 장애가 발생하더라도 REST API를 지속적으로 사용할수 있다. 예를 들어 오류로 파드 중 하나가 다운되었다고 가정하자. 그러나 API를 제공하는 두개의 인스턴스가 여전히 존재한다. 또한 쿠버네티스는 원하는 상태를 유지하지 못하면 자동으로 다른 파드를 생성한다. REST API가 비저장 상태이므로 다른 시나리오에서 추가 오류 처리기 필요한 경우에노 마찬가지다.

REST API를 배포하고 확장했지만 인터넷에서 사용할 수 있게 하지는 않았다. 마지막 단계에서는 REST API를 인터넷에 노출하고, Sentimentapp-loadbalancer라는 LoadBalancer 서비스를 추가한다. 이 서비스는 트래픽을 기반으로 요청을 3개 파드로 보내는 HTTP 서버 역할을 한다. 이때 LoadBalancer에 의해 노출되는 포트인 매개변수 포트와 각 컨테이너에 의해 노출되는 포트인 대상 포트를 구별하는 것이 중요하다.

```
$ kubectl expose deployment sentiment-app --name=sentiment-app-loadbalancer \
  --type=LoadBalancer --port 5000 --target-port 5000
```

kubectl get service 명령을 실행하면 감성 앱 로드 밸런서를 포함해 실행 중인 모든 쿠버네티스 서비스 목록이 제공된다. 주목할 매개변수는 EXTERNAL-IP인데, 이는 API에 액세스하는 데 사용한다. sentiment-app은 스웨거Swagger 문서를 제공하는 http://[EXTERNAL-IP]:5000/apidocs 링크를 사용해 액세스하며, http://[EXTERNAL-IP]:5000/ api/v1/sentiment로 요청할 수 있다.

```
$ kubectl expose deployment sentiment-app --name=sentiment-app-loadbalancer \
--type=LoadBalancer --port 5000 --target-port 5000
service "sentiment-app-loadbalancer" exposed

$ kubectl get service
NAME                         TYPE           CLUSTER-IP     EXTERNAL-IP
kubernetes                   ClusterIP      10.3.240.1     <none>
sentiment-app-loadbalancer   LoadBalancer   10.3.248.29    34.72.142.113
```

모델을 재훈련하고 API를 통해 최신 버전을 제공하는 경우를 보자. 새 태그(v0.2)를 사용해 새로운 도커 이미지를 빌드한 다음, kubectl set image 명령으로 해당 태그에 이미지를 설정한다. 쿠버네티스는 자동으로 클러스터의 포드를 롤링 방식으로 업데이트한다. 이렇게 하면 REST API를 항상 사용할 수 있지만 롤링을 사용해 새 버전을 배포할 수도 있다.

배포 및 클러스터를 종료하려는 경우, 다음 명령을 실행해 먼저 LoadBalancer 서비스를 삭제한 다음 클러스터를 해제할 수 있다. 다음 명령어를 입력하면 사용 중인 모든 컴퓨팅 인스턴스도 해제된다.

```
$ kubectl delete service sentiment-app-loadbalancer
$ gcloud container clusters delete sentiment-app-cluster
```

이 전략은 클라우드 리소스를 사용해 머신러닝 모델을 배포하고 확장하는 간단한 방법을 설명하고, 프로덕션 배포에 중요할 수 있는 또 다른 측면은 다루지 않는다. 정확도와 같은 매개변수를 지속적으로 모니터링하고 재훈련을 위한 트리거를 추가해 모델의 성능을 추적해야 한다. 예측의 품질을 보장하려면 API에서 결과를 반환하기 전에 충분한 테스트 케이스와 기타 품질 검사를 거쳐야 한다. 또한 우수한 소프트웨어 설계는 공개적으로 사용 가능한 API의 일부여야 하는 인증, ID 관리 및 보안을 제공해야 한다.

13.6 전략: 빌드 버전의 관리 및 배포 자동화

앞서 REST API의 첫 번째 배포를 생성했다. 이제 추가 데이터에 액세스하고 더 높은 수준의 정확도를 달성하기 위해 모델을 재훈련할 수 있다. 예측 결과가 향상되도록 새 버전으로 REST API를 업데이트하겠다. 이번에는 깃허브 작업을 통해 API에 업데이트를 배포하는 자동화된 방법을 제공한다. 이 책의 코드와 감성-앱(https://oreil.ly/SesD8)은 깃허브에서 호스팅되므로 깃허브 작업을 사용하는 것이 합리적이다. 하지만 환경에 따라 깃랩^{GitLab}(https://oreil.ly/vBS8i) 같은 도구를 사용할 수도 있다.

재훈련 후 모델 파일을 저장했다고 가정한다. 새 모델 파일을 체크인하고 main.py를 추가로 변경한다. 추가 사항은 깃허브 저장소(https://oreil.ly/ktwYX)에서 볼 수 있다. 모든 변경 사항이 확인되면 새 버전을 배포할 준비를 마친 것이다. git tag v0.2 명령으로 현재 상태의 태그를 배포하려는 상태로 지정한다. 그러면 커밋 히스토리의 현재 지점에 태그 이름(v0.2)을 바인딩한다. 태그는 일반적으로 시맨틱 버전 관리(https://semver.org)를 따라야 한다. 버전 번호는 MAJOR.MINOR.PATCH 형식으로 할당하고 주어진 소프트웨어 모듈에 대한 업데이트를 식별하는 데 사용된다. 태그가 할당되면 추가 변경이 가능하지만 이미 태그가 지정된 상태의 일부로 간주되지는 않는다. 항상 원래 커밋을 가리킨다. git push origin tag-name 명령으로 생성된 태그를 저장소로 푸시할 수 있다.

저장소에 태그를 지정하는 이벤트를 사용해 배포 파이프라인의 시작을 트리거하는 배포 파이프라인을 깃허브 액션을 사용해 만들었다. 이 파이프라인은 .github/workflow/ 폴더의 main.yml 파일에 정의되었으며, 새 태그가 할당될 때마다 실행할 단계를 정의한다. 따라서 API의 새 버전을 릴리스할 때마다 새 태그를 생성하고 이를 저장소에 푸시한다. 배포 단계를 살펴보겠다.

```
name: sentiment-app-deploy

on:
  push:
    tags:
      - '*'

jobs:
  build:
    name: build
    runs-on: ubuntu-latest
    timeout-minutes: 10
    steps:
```

파일은 깃허브 워크플로를 식별하는 이름으로 시작하고, on 키워드는 배포를 트리거하는 이벤트를 지정한다. 이 경우 태그가 포함된 git 푸시 명령만 이 배포를 시작하도록 지정한다. 이렇게 하면 커밋할 때마다 배포하지 않고 태그를 사용해 API에 대한 배포를 제어할 수 있다. 특정 태그(예: 주요 버전 개정)에서만 빌드하도록 선택할 수도 있다. 작업은 실행해야 하는 일련의 단계를 지정하고 깃허브가 작업을 수행하는 데 사용하는 환경을 설정한다. 빌드 매개변수는 사용할 빌드 머신의 종류(우분투)와 전체 단계의 시간 제한 값(10분으로 설정)을 정의한다.

다음과 같이 첫 번째 작업 집합을 지정한다.

```
  - name: Checkout
    uses: actions/checkout@v2

  - name: build and push image
    uses: docker/build-push-action@v1
    with:
      username: ${{ secrets.DOCKER_USERNAME }}
      password: ${{ secrets.DOCKER_PASSWORD }}
      repository: sidhusmart/sentiment-app
      tag_with_ref: true
      add_git_labels: true
      push: ${{ startsWith(github.ref, 'refs/tags/') }}

  - name: Get the Tag Name
    id: source_details
    run: |-
      echo ::set-output name=TAG_NAME::${github_REF#refs/tags/}
```

첫 단계는 일반적으로 항상 체크아웃이다. 이로써 빌드 머신상에서 최신의 코드로 업데이트하는 것이다. 다음 단계는 태그의 최신 커밋을 사용해 도커 컨테이너를 빌드하고, 이를 도커 허브 레지스트리에 푸시하는 것이다. docker/build-pushaction@v1은 깃허브의 마켓플레이스 (https://oreil.ly/dHiai)에서 이미 사용할 수 있는 깃허브 작업이므로, 이를 재사용한다. 깃허브의 Secret 탭에서 사용자 자격 증명을 전달한다. [그림 13-5]와 같이 깃허브 저장소의 'Settings' 〉 'Secrets' 탭으로 이동해 배포에 필요한 사용자 자격 증명을 암호화하고 저장할 수 있다. 이를 통해 보안을 유지하고 암호 프롬프트 없이 자동 빌드를 활성화할 수 있다. 깃 커밋에서 사용한 태그와 동일한 것으로 도커 이미지에 태그를 지정한다. 태그를 가져오는 또 다른 단계를 추가하고 클러스터를 업데이트하는 동안 사용할 환경 변수 TAG_NAME으로 설정한다.

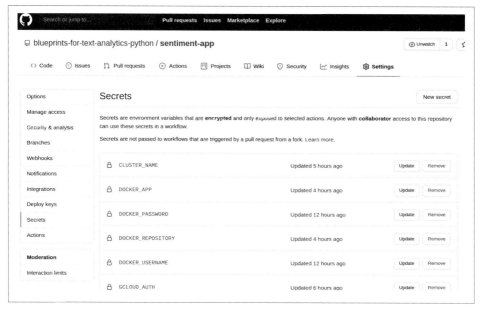

그림 13-5 깃허브의 Secret 탭에서 자격 증명 추가

배포 단계는 실행 중인 GCP 클러스터에 연결하고 배포에 사용할 이미지를 업데이트한다. 먼저 이 작업을 활성화하려면 `PROJECT_ID`, `LOCATION_NAME`, `CLUSTER_NAME`, `GCLOUD_AUTH` 정보를 깃허브의 Secret 탭에 추가해야 한다. 클라우드 배포의 프로젝트 세부 정보가 공개적으로 저장되지 않도록 이러한 정보를 비밀키로 인코딩한다. 제공된 지침(https://oreil.ly/EDELL)을 사용하고 다운로드한 키의 값을 이 필드의 비밀키로 추가해 `GCLOUD_AUTH`를 얻을 수 있다.

배포를 위한 다음 단계에는 빌드 머신에서 `gcloud` 유틸리티를 설정하고 이를 사용해 쿠버네티스 구성 파일을 가져오는 단계가 포함된다.

```
# gcloud CLI를 설정한다.
- uses: GoogleCloudPlatform/github-actions/setup-gcloud@master
  with:
    version: '290.0.1'
    service_account_key: ${{ secrets.GCLOUD_AUTH }}
    project_id: ${{ secrets.PROJECT_ID }}

# 클러스터에 배포할 수 있도록 GKE 자격 증명을 가져온다.
- run: |-
```

```
gcloud container clusters get-credentials ${{ secrets.CLUSTER_NAME }} \
                        --zone ${{ secrets.LOCATION_ZONE }}
```

마지막으로 최신 도커 이미지로 쿠버네티스 배포를 업데이트한다. 여기에서 TAG_NAME을 사용해 두 번째 단계에서 푸시한 최신 릴리스를 식별한다. 마지막으로 클러스터의 롤아웃 상태를 모니터링하는 작업을 추가한다.

```
# GKE 클러스터에 도커 이미지를 배포한다.
- name: Deploy
  run: |-
    kubectl set image --record deployment.apps/sentiment-app \
            sentiment-app=textblueprints/sentiment-app:\
            ${{ steps.source_details.outputs.TAG_NAME }}

# 배포가 완료되었는지 검증한다.
- name: Verify Deployment
  run: |-
    kubectl rollout status deployment.apps/sentiment-app
    kubectl get services -o wide
```

[그림 13-6]과 같이 저장소의 작업 탭을 사용해 빌드 파이프라인의 다양한 단계를 따를 수 있다. 배포 파이프라인이 끝나면 동일한 URL에서 API의 업데이트된 버전을 사용할 수 있어야 하며 API 설명서를 방문해 테스트할 수도 있다.

이 기술은 코드와 모델 파일이 도커 이미지에 패키징할 만큼 작을 때 잘 작동한다. 딥러닝 모델을 사용할 때는 그렇지 않은 경우가 많으며, 큰 도커 컨테이너를 만드는 것은 권장되지 않는다. 이러한 경우에도 도커 컨테이너를 사용해 API를 패키징하고 배포하지만, 모델 파일은 호스트 시스템에 상주하며 쿠버네티스 클러스터에 연결할 수 있다. 클라우드 배포는 퍼시스턴트 디스크Persistent Disk(https://oreil.ly/OZ4Ru) 같은 영구 저장소를 사용한다. 이러한 경우 클러스터 업데이트를 수행하고 연결된 볼륨을 변경해 모델 업데이트를 수행할 수 있다.

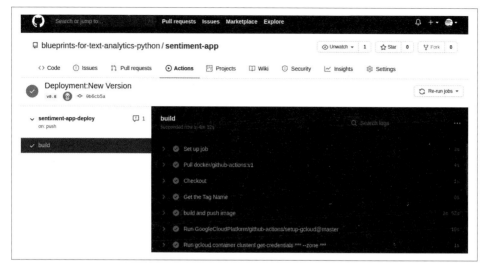

그림 13-6 Git 태그를 푸시해 시작된 깃허브 배포 워크플로

13.7 마치며

이전 장들에서 소개한 기술들을 사용해 생성한 분석 및 프로젝트를 공유할 수 있는 여러 전략을 소개했다. 팀원이나 동료 학습자가 결과를 쉽게 재현할 수 있도록 재현 가능한 콘다 환경을 만드는 것으로 시작했다. 도커 환경의 도움으로 공동 작업자가 사용하는 플랫폼이나 인프라에 관계없이 작동하는 완전한 환경을 생성해 분석을 훨씬 쉽게 공유할 수 있다. 누군가가 분석 결과를 제품 또는 서비스에 통합하려는 경우, 머신러닝 모델을 모든 언어 또는 플랫폼에서 호출할 수 있는 REST API로 캡슐화할 수 있다. 마지막으로 API의 클라우드 배포를 사용량에 따라 확장하거나 축소할 수 있는 전략도 선보였다. 이 클라우드 배포는 새 버전의 모델 또는 추가 기능을 쉽게 업데이트할 수 있다. 추상화의 각 계층을 추가하는 동안에는 분석을 다양한 (그리고 더 많은) 사용자가 액세스할 수 있도록 하고 노출되는 세부 정보의 양을 줄인다.

13.8 더 읽어보기

- Scully, D, et al. Hidden Technical Debt in Machine Learning Systems. `https://papers.nips.cc/paper/2015/file/86df7dcfd896fcaf2674f757a2463eba-Paper.pdf`

INDEX

ㄱ

가중 바이그램 빈도   61, 226
개체 연결 작업   418
개체명 인식 (NER)   137, 418, 420
개체명 인식기   154
경험적 정보   130
계층적 디리클레 절차 (HDP)   313
계층화   229
고유한 모호성   416
고윳값 분해   291
과소적합   239
과적합   239
관계 감지   419
관계 추출   418
교차 검증   239
구글 클라우드 플랫폼 (GCP)   482
구글 트렌드   62
구문 매처   174
그리드 검색 기술   239
극성   388
기능어   163
기본 특성   135
기업 지식 기반   419
깃허브   213

ㄴ

내용어   163
넘파이   203

ㄷ

다운스트림 작업   355
다중 레이블 분류   221
다중 클래스 분류   221
다층 양방향 장단기 기억 신경망   355

다항식   228
단어 가방 모델   46, 178
단어 가방 벡터화   172
단어 임베딩   351
대리 측정값   335, 393
대비   66
대용어   434
대용어 해결   441
데이터 가용성   69
데이터 지역성   206
도메인 의존적 지식   419
도커   465
동사 변화   199
동시 발생 그래프   427
동시 발생 분석   210
디리클레 분포   295
디피-헬먼 키 교환   109

ㄹ

라임 (LIME)   252, 262
랜덤 포레스트   227, 396
레딧 셀프포스트   137
레직스   142
로이터-211578   419
로튼토마토   99
리더빌리티   128
리퀘스트   71

ㅁ

말뭉치   30
머신러닝 모델 훈련   220
멱등성   125
모듈성   439
문서-용어 행렬   210
문자 정규화   136

바이그램 59, 201

바이올린 플롯 38

박스 플롯 37

방사형 기저 함수 228, 242

버그질라 213, 215

범용 품사 태그 162

범주형 데이터 30

벡터화 객체 178

별칭 해결 431

복잡성 416

부모 이미지 467

분류 방법 220

불변형 어근 161

불용어 29, 43, 160, 195

뷰티풀수프 114

비음수 행렬 분해 286

비정규 용어 빈도 203

빈도 다이어그램 29

빈도 분석 29

사용자 생성 콘텐츠 (UGC) 137

사용자 에이전트 104

사이파이 183

사전 컴파일 142

산점도 372

상태 코드 74, 80

상호 참조 해결 418

서미 327

서포트 벡터 226

서포트 벡터 머신 (SVM) 226

선택자 114

선형 228

설명 가능성 263

설명자 264

세분성 282

셀레니움 133

속도 제한 79

순방향 전달 411

숫자 특성 396

슈투트가르트튀빙겐 태그 집합 162

스크래피 130

스크래핑 98

스트리밍 데이터 93

스파이더링 123

스펙트럼 클러스터링 315

시간 리샘플링 40

심층 신경망 (DNN) 322

아파치 루씬 211

아파치 솔라 211

암시적 지식 415

앵커 252

어텐션 트랜스포머 355

어휘집 388

언어 분석 198

역 문서 빈도 (IDF) 54

역방향 전달 411

연마 142

연어 감지 62

영속성 메커니즘 99

옐프 99

요약 통계 34

워드 클라우드 29

원-핫 벡터화 179

원형 복원 137

유니디코드 148

유사도 부분 행렬 206

INDEX

유사성 계산 183

유사성 행렬 184

유엔총회 일반토의 31

유예기간 109

유클리드 거리 189

의존성 구문 분석기 154

의존성 트리 448

이름 기반 상호 참조 해결 422, 433

이름 통일 428

이름 해결 436

이진 분류 221

인공 신경망 (ANN) 399

일관성 318

일관성 모델 310

일관성 점수 306

일래스틱서치 211

ㅈ

자격 증명 85

자로–윙클러 거리 342

잠재 구조 285

잠재 디리클레 할당 (LDA) 186, 281, 295

잠재 의미 분석 (LSA) 327

재현율 199, 231

전단 374

전역 동시 발생 행렬 354

전이 학습 399

절대 빈도 46

절대 용어 빈도 66

절편 270

정리 142

정밀도 199, 231

정보 계층 154

정보 밀도 128

정오분류표 230

젠심 304

종속성 태그 157

주성분 분석 (PCA) 298

주축 정리 291

준대각 요소 205

준선형 스케일링 54, 66

지도 학습 219

지시자 표현법 331

지식 기반 415

직교 정방 문서–용어 행렬 291

ㅊ

차원 축소 319, 371

처리 파이프라인 41

초평면 226

ㅋ

칼린스키–하라바츠 점수 318

캐글 32

캐노니컬 URL 118

캣플롯 38

커먼크롤 99

컨테이너 465

컨텍스트 내 키워드 (KWIC) 57

컨텍스트 인식 임베딩 401

콘다 461

콘텐츠 배포 네트워크 109

콘텐츠 요소 73

쿠버네티스 482

클래스 불균형 219

ㅌ

탐색 기능 97

텍스트 벡터화 30

텐서   405

텐서플로   405

토큰화   42, 150

토픽 모델링   46

통사적 구문 관계   368

트라이그램   59, 201

트랜스포머   322

트위피   83

특성 엔지니어링   220

특성 추출   186

특잇값 분해 (SVD)   282, 291

파이토치   405

파이프라인   136

패러다임적 관계   368

퍼시스턴트 디스크   491

퍼플렉서티   308

페이로드   73

페이지 매기기   77, 86

펜트리뱅크 태그 집합   162

표준 URL   118

푸앵카레 임베딩   379

품사 태그   161

프록시 표시자   392

하위 모듈 선택   267

핸드셰이크   109

행렬 분해   282

허깅페이스   322

확률적 경사 하강법 (SGD)   228, 408

확률적 샘플링   296

회귀 모델   220

5가지 요약 수치   35

ABC 데이터셋   203

AFINN 어휘집   388

Bing Liu 어휘집   388

HTTP 사양   75

k-평균 클러스터링   315

K-폴드 교차 검증   240

KISS 원칙   30

KWIC 분석   58

N-그램   59, 201

OntoNotes5 말뭉치   162, 420

VADER 어휘집   388

INDEX

A

absolute term frequencies 66

ALBERT 413

alias resolution 431

anaphora 434

anaphora resolution 441

Anchor 252

Apache Lucene 211

Apache Solr 211

API 70

artificial neural network (ANN) 399

attention transformer 355

availability of data 69

B

backward pass 411

bag-of-words model 46, 178

bag-of-words vectorization 172

BeautifulSoup 114

BERT 400

bigram 59, 201

Binary classification 221

boxplot 37

BPE 180

C

Calinski–Harabasz score 318

canonical URL 118

categorical feature 30

catplot 38

CDN 109

character normalization 136

classification method 220

classification_report 233

clean_text 150

cleaning 142

co-occurrence analysis 210

co-occurrence graph 427

coherence 318

coherence model 310

coherence score 306

CoherenceModel 308

collocation finder 62

Common Crawl 99

compare_models 369

complexity 416

Conda 461

confusion matrix 230

confusion_matrix 232

conjugation 199

content element 73

content word 163

context-aware embedding 401

continuous bag-of-words (CBOW) 353

contrast 66

coreference resolution 418

corporate knowledge base 419

corpus 30

cosine_similarity 189

CountVectorizer 186

cross_val_score 241

crossvalidation 239

D

Dask 172

data locality 206

Deep Neural Network (DNN) 322

dependency parser 154

dependency tag   157

dependency tree   448

describe   35

df.fillna   36

df.isna   36

df.isnull   36

Diffie–Hellman key exchange   109

dimensionality reduction   319, 371

Dirichlet distribution   295

displacy   421

display_topics   299

DistilBERT   413

doc.retokenize   159

Dockerfile   468

domain–specific knowledge   419

downstream task   355

DUC   339

eigenvalue decomposition   291

Elasticsearch   211

ELI5   269

Embedding from Language Models (ELMo)   355

entity linking   418

EntityRuler   423

Euclidean distance   189

Explainability   263

Explainer   264

Extensible Markup Language (XML)   71

extract_nlp   169

extract.words   164

False Negative (FN)   231

False Positive (FP)   231

FastAPI   474

fastText   173, 354

feature   135

feature engineering   220

feature extraction   186

fit_transform   287

Five number summary   35

forward pass   411

frequency analysis   29

frequency diagrams   29

function word   163

GenSim   304

global co–occurrence matrix   354

GloVe   353, 354

Google Cloud Plaform (GCP)   482

GPT–2   400

grace period   109

granularity   282

grid search technique   239

GroupShuffleSplit   341

Gunicorn   474

handle_rate_limits   80

handshake   109

heuristics   130

Hierarchical Dirichlet Process (HDP)   313

Hugging Face   322

hyperplane   226

idempotence   125

INDEX

imbalanced-learn   235

implicit knowledge   415

Indicator Representation   331

information density   128

inherent ambiguity   416

intercept   270

inverse document frequency (IDF)   54

J

Jaro Winkler distance   342

Java Development Tools (JDT)   214

K

k-means clustering   315

Kaggle   32

keyword-in-context (KWIC)   57

knowledge base   415

Kubernetes   482

L

Latent Dirichlet Allocation (LDA)   186, 281, 295

latent semantic analysis (LSA)   327

latent structure   285

layersofinformation   154

LdaModel   307

lemmatization   137

lexicon   388

liblinear   228

linear   228

LinearSVC   228

linguistic analysis   198

Local Interpretable Model-Agnostic Explanations
          (LIME)   252, 262

LuhnSummarizer   330

M

make_spacy_doc   173

Miniconda   461

MKL   207

Modin   172

modularity   439

Multiclass classification   221

Multilabel classification   221

MultiLabelBinarizer   185

multilayer bidirectional long short-term memory
          neural network   355

multiprocessing   172

N

name resolution   436

name unification   428

name-based coreference resolution   422, 433

named-entity recognition (NER)   137, 418, 420

named-entity recognizer   154

navigation   97

NearMiss   235

NeuralCoref   434

ngram_range   319

ngrams   60

NLTK   152

NMF   286

non-negative matrix factorization   282

Normalized Pointwise Mutual Information
          (NPMI)   363

np.argsort   209

np.dot   206

numeric feature   396

NumPy   203

O

one-hot vectorizer 179

OpenBlas 207

orthogonal square document-term matrix 291

overfitting 239

P

PageRank 331

pagination 77, 86

pandarallel 45, 173

paradigmatic relation 368

part-of-speech tags 161

payload 73

perplexity 308

persistence mechanism 99

Persistent Disk 491

phrase matcher 174

pickle 140

pipeline 136

plot_confusion_matrix 232

plot_embeddings 373

Pointwise Mutual Information (PMI) 363

polarity 388

polishing 142

polynomial 228

PoorMansTSqlFormatter 33

precision 199, 231

precompilation 142

predict_proba 253

principal axis theorem 291

principal component analysis (PCA) 298

print_rouge_score 336

processing pipeline 41

proxy indicators 392

proxy measure 335, 393

px.scatter 372

pyLDAvis 297

R

radial basis function 228, 242

random forest 227, 396

random_state 239

RandomForestClassifier 345

rate limit 79

raw frequency 46

re.findall 151

re.match 114

re.search 114

re.split 151

Readability 128

readability-lxml 128

recall 199, 231

Recall Oriented Understudy for Gisting Evaluation
(ROUGE) 336

Reddit Self-Posts 137

regex 142

regression model 220

relation detection 419

relation extraction 418

replace_url 149

Representational State Transfer (REST) 71

Requests 71

Reuters-21578 419

robots.txt 101, 103

Rotten Tomatoes 99

rouge_scorer 336

RSS 102

rultimate-sitemap-parser 105

S

SciPy 183

scraping 98

Scrapy 130

scrapy.Spider 131

selector 114

Selenium 133

SentencePiece 180

SentiWordNet 388

SGDclassifier 228, 259

shearing 374

Simple Object Access Protocol (SOAP) 71

Singular Value Decomposition (SVD) 282, 291

sitemap.xml 102, 104

skip–gram 353

sklearn.svm.LinearSVC 227

spectral clustering 315

spidering 123

standard URL 118

Status Code 74, 80

Stochastic Gradient Descent (SGD) 228, 408

stochastic sampling 296

stop word 29, 43, 160, 195

stratify 229

streaming data 93

sublinear scaling 54, 66

submodular picks 267

subnormal term frequency 203

SUMMAC 339

summary statistics 34

sumy 327

supervised learning 220

Support Vector 226

Support Vector Machine (SVM) 226

SymSpell 174

syntagmatic relation 368

Synthetic–Minority Oversampling Technique (SMOTE) 234, 235

T

tensor 405

text vectorization 30

textacy 147, 173

textdistance 342

TextRank 331

TF–IDF 61, 226

TfidfVectorizer 195, 196, 344

tokenization 42, 150

topic modeling 46

training machine learning model 220

transfer learning 399

Transformers 322

trigram 59, 201

True Negative (TN) 230

True Positive (TP) 230

Turing 400

Tweepy 83

U

ULMFiT 400

umap 371

UN General Debate 31

underfitting 239

Unidecode 148

Uniform Resource Identifier (URI) 416

uninflected root 161

Universal Part–of–speech tags 162

user agents 104

user generated content (UGC) 137

Vaex **173**

vectorizer **178**

violin plot **38**

wget **111**

wikipediaapi **95**

word cloud **29**

wordcloud **51**

Yelp **99**